RÉPERTOIRE

UNIVERSEL ET RAISONNÉ

DE JURISPRUDENCE

CIVILE, CRIMINELLE,

CANONIQUE ET BÉNÉFICIALE.

OUVRAGE DE PLUSIEURS JURISCONSULTES :

Mis en ordre & publié par M. GUYOT, écuyer, ancien magistrat.

TOME QUARANTE-CINQUIÈME.

A PARIS,

Chez {

PANCKOUCKE, hôtel de Thou, rue des Poitevins.

DUPUIS, rue de la Harpe, près de la rue Serpente.

Et se trouve chez les principaux libraires de France.

M. DCC. LXXXI.

Avec approbation & privilége du roi.

A V I S.

LA plupart des jurifconfultes nommés dans les divers articles du Répertoire , ayant fini le manufcrit des parties dont ils s'étoient chargés , il paroît que cet ouvrage s'étendra environ à foixante volumes *in-octavo*. Au refte, à quelque nombre qu'il puiffe s'étendre au delà, le libraire s'eft engagé à n'en faire payer que foixante volumes aux perfonnes qui s'en feront procuré un exemplaire avant la publication du dernier volume, & même fi l'ouvrage n'a que foixante volumes, elles n'en payeront que cinquante-fept , attendu que les trois derniers doivent leur être délivrés *gratis*. Le prix de chaque volume broché ou en feuilles , eft de 4 liv. 10 fous : on publie très-exactement huit volumes par année.

RÉPERTOIRE

UNIVERSEL ET RAISONNÉ

DE JURISPRUDENCE

CIVILE, CRIMINELLE,

CANONIQUE ET BÉNÉFICIALE.

P.

PATRIARCHE. C'est un titre de dignité qui s'est donné dans l'église aux évêques des premiers siéges épiscopaux.

Les Patriarches étoient au nombre de cinq, ils occupoient les cinq grands siéges de la chrétienté, savoir, Rome, Constantinople, Alexandrie, Antioche & Jérusalem.

Les critiques ne sont pas d'accord sur le temps auquel on doit rapporter l'institution des Patriarches. Le père Morin & M. de Marca soutiennent qu'ils sont de droit divin & d'institution apoftolique ; mais ce fentiment n'eft pas fondé. Il paroît au contraire que l'autorité patriarchale n'eft que d'inftitution eccléfiaftique. Elle a été inconnue dans le temps des apôtres & dans les trois premiers fiècles ; on n'en trouve aucune trace dans les anciens monumens. Saint Juftin , faint Irénée , Tertullien , Eufèbe , n'en parlent point. D'ailleurs , la fupériorité des Patriarches fur les autres évêques , & même fur les métropolitains , eft trop éclatante pour être demeurée fi long-temps ignorée fi elle eût exifté. Enfin , quand le concile de Nicée , canon 6 , accorde la dignité de Patriarche à l'évêque d'Alexandrie , il ne dit pas qu'elle doive fa naiffance à l'autorité apoftolique ; il ne l'établit que fur l'ufage & la coutume.

Voici quels étoient autrefois les principaux droits des Patriarches : auffi-tôt après leur promotion , ils s'écrivoient réciproquement des lettres qui contenoient une efpèce de profeffion de foi, afin d'unir toutes les églifes par l'union des grands fiéges. C'eft dans le même efprit qu'on mettoit leurs noms dans les diptiques facrés , & qu'on prioit pour eux au milieu du facrifice : on ne terminoit les affaires importantes que par leur avis ; dans les conciles écuméniques, ils avoient un rang diftingué , & quand ils ne pouvoient y affifter en perfonne , ils y envoyoient leurs légats ; c'étoit à eux qu'il appartenoit de facrer tous les métropolitains qui relevoient de leur fiége. Le concile de Nicée donne même à l'évêque d'Alexandrie le droit de confacrer tous les évêques de fon reffort , fuivant l'ufage de l'églife romaine. On appeloit des jugemens des métropolitains au Patriarche , mais il ne proi nonçoit fur ces appellations, quand les caufes étoient importantes, que dans le concile, avec les prélats de fon reffort. Les canons de ces conciles devoient être obfervés dans toute l'étendue du patriarchat. Le huitième concile général, canon 17, confirme deux droits des plus confidérables attachés à la dignité des Patriarches, l'un de donner la plénitude de puiffance aux métropolitains, en leur envoyant le *pallium* ; l'autre, de les convoquer au concile univerfel du patriarchat, afin d'examiner leur conduite, & de leur faire leur procès. Mais le quatrième concile de Latran, fous le pape Innocent III, diminua les droits des Patriarches, en les obligeant à recevoir le pallium du faint fiége, & à lui prêter en même temps ferment de fidélité ; à ne donner le pallium à un métropolitain de leur dépendance, qu'après en avoir reçu le ferment d'obéiffance au pape ; & enfin, en ne leur permettant de juger des appellations des métropolitains, qu'à la charge de l'appel au faint fiége.

PATRONAGE. On définit le Patronage, *un droit confiftant en honneurs, charges & profits, qui appartient à quelqu'un, pour avoir, par lui ou par fes auteurs, fondé, doté & conftruit une églife.*

Nous diviferons cet article en vingt-quatre paragraphes.

§. I. Origine du droit de Patronage. C'eft une fuite du droit de propriété.

§. II. De la dénomination de patron.

§. III. Différentes efpèces de Patronage.

§. IV. Obfervations fur les différentes efpèces

de Patronage, & de quelle manière ces diftinctions
fe font établies.

§. V. Différence entre le Patronage eccléfiaftique & le Patronage laïque ; que le bénéfice à
Patronage laïque ne peut être ni réfigné ni permuté fans le confentement du patron ; qu'il n'eft
fujet ni à la prévention ni aux expectatives des
gradués.

§. VI. De la manière d'acquérir le droit de
Patronage.

§. VII. Prefcription du droit de Patronage.

§. VIII. Peut-on céder un Patronage perfonnel,
foit laïque, foit eccléfiaftique, fans le confentement de l'évêque ?

§. IX. Les infcriptions fur les cloches, les
énonciations dans des décrets, forment-elles des
preuves de Patronage ?

§. X. Les anciennes chartres par lefquelles on
donne l'autel, *altare*, emportent-elles la donation
du Patronage ?

§. XI. Comment fuccède-t-on au Patronage
laïque ? & de quelle manière il fe partage entre
cohéritiers. Donation de ce droit.

§. XII. Lorfqu'une terre à laquelle eft attaché
un droit de Patronage eft vendue, faut-il, pour
transférer ce droit à l'acquéreur, une ftipulation
expreffe dans le contrat ?

§. XIII. Du Patronage eccléfiaftique qui paffe
dans les mains du roi.

§. XIV. Si les patrons ou collateurs laïques
font fujets au droit de joyeux avénement fur les
bénéfices.

§. XV. Le fermier, l'engagifte, l'apanagifte
d'une terre à laquelle eft attaché un droit de
Patronage, préfentent-ils au bénéfice ?

§. XVI. Les Patronages appartenant à l'ordre de Malte font-ils ecclésiastiques ou laïques ?

§. XVII. Délais pour préfenter. Les patrons peuvent-ils varier dans leur choix ?

§. XVIII. De la collation laïque ; en quoi elle diffère du Patronage laïque ; que ces deux prérogatives font très-diftinctes : leurs différences.

§. XIX. Différence entre le droit de Patronage & le droit de préfenter au bénéfice.

§. XX. Le patron peut-il préfenter indifféremment au pape ou à l'ordinaire ?

§. XXI. Du dernier état.

§. XXII. Comment fe perd & s'éteint le Patronage ?

§. XXIII. Droit de Patronage tombe-t-il en confifcation ?

§. XXIV. Forme des actes de préfentation.

§. I. Origine du droit de Patronage. C'eft une fuite du droit de propriété.

Plaçons-nous au moment où le propriétaire vient de bâtir fur fon terrein un édifice qu'il deftine à former une églife, mais qui n'a point encore fervi à ce faint ufage ; alors il eft maître d'en accorder ou de n'en pas accorder la poffeffion à un miniftre, pour y faire l'office divin, & la religion ne lui ravit pas cette liberté. L'ordination des prêtres & autres miniftres vient du pouvoir fpirituel, à quoi fe joint une règle de difcipline très-ancienne. C'eft à l'évêque & à fon clergé d'ordonner les prêtres qui feront attachés aux églifes de fon diocèfe ; mais pour ce qui eft d'affigner au miniftre un lieu, un bâtiment où il exercera le faint miniftère, l'églife ne le peut pas , parce que, comme églife , elle n'a rien fur la terre. Jéfus-chrift n'a pas donné pouvoir à fes apôtres d'entrer dans les maifons malgré le maître, pour offrir le faint facrifice ; moins encore d'y établir , malgré le propriétaire , un miniftre à perpétuité. Ce feroit ufurper le bâtiment , ou du moins en ufurper la poffeffion.

Donc au feul propriétaire de l'édifice appartient d'y admettre un miniftre , pourvu qu'il foit ordonné , comme le demandent l'évangile & les faints décrets. A lui feul appartient d'y établir un miniftre pour fa vie , &, comme on parle, en titre ; car c'eft alors lui concéder une poffeffion de l'édifice , & fe mettre par cet engagement hors d'état d'en faire d'autres ufages : libre de n'en admettre aucun , il eft maître de n'en point recevoir qu'il n'auroit pas agréés. Il a donc le choix.

Le fondateur reftant à toujours propriétaire de fon églife , dont ni la deftination qu'il en fait au culte divin , ni les faints miniftères qui s'y offrent , ni la dédicace , ne peuvent lui enlever le domaine , c'eft donc à lui , à fes fucceffeurs dans fa propriété , qu'il appartient perpétuellement de concéder à un miniftre la poffeffion de l'édifice , & de le choifir.

Toutes les fois que le propriétaire nomme un miniftre à vie , il lui concède la poffeffion de l'édifice ; car certainement la poffeffion eft donnée à ce miniftre , qui , felon de fages réglemens , ne peut de fa vie être arbitrairement dépoffédé. Or, il n'eft pas poffible qu'il ait reçu la poffeffion de l'édifice d'un autre que du fondateur-propriétaire de l'édifice.

Telle eft la doctrine des conciles comme des

loix, & l'ufage conftant d'Italie, d'Efpagne, d'Angleterre, avant le fchifme, & de l'empire romain jufqu'au temps de Conftantin. Nous nous contenterons de rapporter les loix particulières à la France.

L'ordonnance faite en 816, au temps de Louis le Débonnaire, dans une affemblée des ordres du royaume, dont le clergé eft l'un, dit, article 9 : » Dans quelque églife que ce foit, les prêtres ne » feront ni établis ni renvoyés fans l'autorité ou » le confentement des évêques. Si des laïcs pré- » fentent aux évêques des clercs de bonnes mœurs » & de bonne doctrine, pour être confacrés & » établis dans leurs églifes, que les évêques ne » les refufent à quelque occafion que ce foit «. *Statutum eft ut fine autoritate vel confenfu epif- coporum prefbiteri, in quibuslibet ecclefiis, nec conftituantur, nec appellantur; & fi laïci clericos probabilis vita & doctrina epifcopis confecrandos, fuifque in ecclefiis conftituendos obtulerint, nullâ quâlibet occafione eos rejiciant.* Cette ordonnance fut renouvelée dans l'affemblée en 869, fous Charles le Chauve, chap. 9. *Ut fi abbates vel, abbatiffa, aut comites, feu vaffi noftri aut cæteri laïci, clericos probabilis vita & doctrina epifcopis canonicè confecrandos, fuifque in ecclefiis confti- tuendos obtulerint, nullâ quâlibet occafione eos epifcopi vel miniftri eorum rejiciant.* Le fixième concile de Paris, compofé des quatre provinces de Rheims, Sens, Tours & Rouen, a fait un canon qui revient au même; c'est le vingt- deuxième. Les pères du concile reconnoiffent que les laïcs font propriétaires dès églifes qu'ils ont conftruites, *fuis ecclefiis*: ils appellent *clercs des laïcs*, ceux qu'ils choififfent, *clerici laïcorum*. L'évêque ordonnera ceux qu'ils lui préfenteront,

& ne pourra les refuſer ſans en mettre la raiſon en
évidence, *evidenti ratione manifeſtetur* ; ce qui
exclut tout refus arbitraire & qui n'auroit pas
l'une des cauſes marquées par la loi, mauvaiſes
mœurs, mauvaiſe doctrine. Plus anciennement,
le quatrième concile d'Orléans, l'an 541, canon
trente-troiſième, avoit dit : *Si quelqu'un veut avoir
une paroiſſe dans ſa terre, qu'il lui aſſigne des
terres ſuffiſantes & nomme des eccléſiaſtiques pour
y faire l'office.* Il appelle *dioceſe*, ſelon l'ancien
uſage, ce que l'on a depuis nommé *paroiſſe*.
*Si quis in agro ſuo habet aut poſtulat habere
dioceſum, terras ei deputet ſufficientes, & clericos
qui ibidem officia impleant, ut ſacris locis condi-
gua reverentia tribuatur.*

Ces réglemens concilient le ſpirituel & le temporel, ſans que l'un prenne rien ſur l'autre. D'abord
la liberté du ſaint miniſtère eſt conſervée ; nul
n'exercera le ſacerdoce, que ceux qui l'auront
reçu de jéſus-chriſt par le canal de l'ordination :
l'évêque, auquel il appartient d'ordonner avec
ſon clergé, refuſera, comme l'évangile l'ordonne,
ceux qu'on préſenteroit qui ne ſeroient pas de
bonnes mœurs & de bonne doctrine. Et ſelon la
diſcipline ancienne, marquée dans le huitième des
canons attribués au concile de Calcédoine, & dans
le dix-ſeptième canon du concile d'Orléans en
511, les clercs préſentés pour une égliſe ſeront
ordonnés par l'évêque dans le dioceſe duquel l'égliſe
ſera conſtruite. Nul prêtre ne ſera admis dans
ces égliſes & n'en ſera expulſé ſans le conſentement de l'évêque.

Les libertés du propriétaire ſont auſſi conſer-
vées. Les laïcs préſentent des clercs pour être
conſacrés & établis dans leurs égliſes, *conſecrandos
ſuiſque in eccleſiis conſtituendos* ; & s'ils ſont de

bonnes mœurs & de bonne doctrine, l'évêque ne peut refuser de les ordonner, *episcopi . . . . nullâ quâlibet occasione eos rejiciant.* D'où vient à ces laïcs un tel droit ? Ce sont les propriétaires du terrein ; ils y ont construit des églises ; ils sont propriétaires de l'édifice. Les loix que l'on a précédemment rapportées, le disent ; celles-ci le répètent, *suæ ecclesiæ.* C'est donc comme propriétaires de leurs églises qu'ils ont le droit d'y nommer & d'y présenter, & un tel droit, que si les présentés sont de bonnes mœurs & de bonne doctrine, l'évêque ne peut refuser de les ordonner. S'il le refuse, il est contraint par l'autorité de la loi civile & de l'aveu des conciles. Car si l'évêque pouvoit refuser arbitrairement les présentés par le fondateur, & envoyer en possession de l'édifice d'autres ministres qu'ils n'auroient point choisis, il disposeroit de l'édifice qui n'est point à lui, & pécheroit contre les loix divines & humaines. Le droit de présentation des fondateurs vient donc uniquement de leur propriété, & non d'une concession de l'église.

C'est ce qu'exprime encore bien naïvement & en plusieurs manières les ordonnances touchant les églises divisées, *de ecclesiis inter cohæredes divisis.*

On ne connoissoit point les termes abstraits, *droit de nomination, droit de présentation,* inventés depuis. Les loix disent avec plus de simplicité : C'est au propriétaire de l'église de la faire desservir. *Si eas (ecclesias) voluerint tenere & honorare faciant.*

Il la fait desservir, comme l'explique l'ordonnance de 816, par un clerc qu'il choisit, & auquel l'ordination ne pourroit être refusée que pour les causes marquées dans le nouveau testament.

Accorder l'édifice à un miniſtre qui la deſſervira, eſt donc un droit de propriétaire, non une grâce de l'égliſe.

Si coħæredes eas (eccleſias) voluerunt tenere & honorare faciant. Pourquoi le droit de faire deſſervir l'égliſe paſſe-t-il aux héritiers? c'eſt que l'édifice leur paſſe par ſucceſſion.

Quelle lumière auſſi dans la diſpoſition qui dit, *ſi les héritiers ſe partagent ſur le choix d'un miniſtre, l'évêque les avertira de s'accorder, &, juſqu'à ce qu'ils ſoient d'accord, il ſera libre ou de laiſſer l'égliſe en cet état ſans être deſſervie, ſine honore, ou d'en ôter les reliques!*

Ainſi, lors même que, par la faute des propriétaires, par leurs diſputes, l'égliſe paroiſſiale manque d'être deſſervie, l'évêque n'a pas le droit d'y établir un prêtre; c'eſt que la faute de l'héritier ne donne pas à l'évêque la propriété de l'édifice, & c'eſt à l'autorité ſouveraine qu'il appartient de contraindre les propriétaires.

Si l'on a fixé aux fondateurs un temps pour nommer, faute de quoi la nomination eſt dévolue pour cette fois, afin que l'égliſe ne demeure pas ſans paſteur, ni les évêques, ni les papes, n'ont eu par eux-mêmes ce pouvoir ſur le temporel: il a fallu la puiſſance publique, &, ce qui marque bien que c'eſt elle ſeule qui a pu limiter un temps, c'eſt qu'elle l'a réglé diverſement; ſix mois ſelon la coutume de Normandie, quatre mois ailleurs; c'eſt que le droit de nomination eſt purement temporel, & vient de la propriété.

Dans cette longue ſuite de diplomes que l'on a rapportés (& il en eſt une bien plus grande quantité de ſemblables), on a vu la propriété de

l'églife emporter le choix du prêtre, la donation
de l'églife emporter le choix du miniftre; abbé, fi
c'eft un monaftère, curé, fi c'eft une églife pa-
roifliale. Ce grand Terrien, Gammon, fondateur
d'un monaftère en 697, y nomme deux abbeffes,
& n'en tient le droit que de fa propriété. Quand
il veut que ce droit paffe aux religieux de Saint-
Vincent, près de Paris, que fait-il? Il leur donne
le monaftère, & dit nettement que par-là ils auront droit à l'avenir de nommer les abbeffes. Le
comte Etienne donne fon églife paroiffiale de
Sucy à l'évêque de Paris, & par-là lui donne
le droit de nommer le curé; droit dont l'évêché de Paris jouit encore à préfent. Hugues I,
comte de Montford, fondateur du monaftère de
faint Ymes, a tellement droit d'y mettre des
miniftres, foit clercs ou religieux, que ce droit
paffe à fon fils, qui le tranfporte à l'abbaye du
Bec; & comment? En donnant l'églife de Saint-
Ymes à l'abbaye du Bec. Rivollon & tant d'autres propriétaires d'églifes paroiffiales, qui les
donnent à des monaftères avec les dîmes &
autres biens deftinés à ces églifes, leur tranf-
portent la nomination des curés par ce feul mot:
Je donne l'églife. Les comtes de Meulan, qui donnent au monaftère de Saint-Nicaife en Normandie leurs églifes paroiffiales de Saint-Gervais &
de Saint-Jean-en-Grève, ne connoiffoient pas
d'autres moyens de tranfporter le droit de nomination aux deux cures. Donner l'édifice, c'eft donner le droit de nomination.

Mais, dira-t-on, fi le Patronage étoit toujours
réel, attaché à un glèbe, il n'y auroit pas de
Patronage *perfonnel*. Neanmoins en tout pays,
hors la Normandie, il eft un Patronage perfon-

nel qui paſſe à la famille du fondateur, à la différence du Patronage réel attaché à la terre ; & c'eſt une ſingularité de la coutume de Normandie, de n'admettre que le Patronage annexé à la glèbe.

Ceux qui parleroient ainſi n'y auroient pas aſſez refléchi. Il eſt un Patronage qu'on nomme avec raiſon *perſonnel*, parce qu'il paſſe aux perſonnes de la famille du fondateur ; ce qui arrive quand le fondateur a déclaré par acte, qu'il veut que le Patronage appartienne à ſa famille. Une telle volonté ſépare le corps de l'édifice, du reſte de la terre, de ſorte que l'édifice paſſe à la famille du fondateur, pendant que le reſte de la terre eſt ou donné ou vendu hors de la famille. Pourquoi cela ? C'eſt que le Patronage ou droit de nomination qu'il réſerve à ſa famille, ne ſauroit exiſter ſans la propriété de l'édifice. Car inutilement un miniſtre ſeroit-il nommé par quelqu'un, ſi un autre que le nominateur avoit la propriété de l'édifice & refuſoit d'y admettre le miniſtre. C'eſt pourquoi, dans toute l'antiquité, donner l'édifice ou égliſe, c'eſt donner le droit d'y nommer. Et dans l'article 142 de la coutume de Normandie, donner l'héritage qui renferme l'égliſe, c'eſt donner l'égliſe & le droit d'y nommer. Ainſi, quand le fondateur dit, je veux que le Patronage de l'égliſe que j'établis appartienne à moi & à ma famille, il réſerve pour lui, pour ſa famille, l'édifice, qui ne paſſera pas aux acquéreurs de la terre. La famille, perpétuellement propriétaire de l'édifice, a le droit de le concéder à un miniſtre de ſon choix ; ce qui eſt le Patronage. Ce Patronage eſt tout enſemble *perſonnel*, en ce qu'il ſe tranſmet à la famille, à l'excluſion

de l'acquéreur de la terre, & *réel*, en ce qu'il
consiste toujours dans la propriété de l'édifice.
L'acquéreur du reste de la terre n'est point propriétaire de l'édifice de l'église, la volonté du
fondateur l'en ayant séparé dès qu'il a ordonné
que le Patronage appartînt à sa famille, & non
aux acquéreurs : & véritablement, si dans ce cas
la propriété de l'édifice suivoit le reste de la
terre entre les mains de l'acquéreur, celui-ci
auroit le Patronage ; ce qui ne sauroit être, la
volonte du fondateur s'y opposant.

Cela devient sensible par l'exemple des sépul-
tures de famille, & des sépulcres attachés à la
terre, si bien distingués dans la loi 5, au digeste
de religiosis, &c. en ces termes : *Familiaria se-
pulchra dicuntur, quæ quis sibi familiæque suæ
constituit : hæreditaria autem, quæ quis sibi hæ-
redibusque suis constituit (L. 5), vel quod pa-
terfamilias jure hæreditario acquisiit.*

Les sépulcres de famille sont personnels à celui
qui les établit pour lui & pour sa famille à l'exclusion de ceux qui recueillent la terre à titre
d'héritiers institués, ou qui l'acquièrent, & cependant ces sépulcres personnels font une propriété. C'est la propriété du terrein & de l'édifice
élevé dessus, qui passe à la famille & se trouve
séparé du reste de la terre. Les sépulcres *héréditaires* passent avec la terre aux héritiers institués,
aux acquéreurs, & ne sont point personnels. Il
en va de même des églises. Le constructeur qui
ordonne que le Patronage, ou, ce qui est la même
chose, l'édifice, appartiendra à sa famille, en fait
une église de famille, & en ce sens, un Patronage personnel, qui n'ira point aux acquéreurs
de la terre, mais qui n'en sera pas moins un Pa-

tronage réel, puisqu'il confifte en un corps de
bâtiment.

Ainfi dans tout pays, comme en Normandie, le
Patronage eft toujours réel, attaché à une glèbe,
c'eft-à-dire à l'édifice, quoiqu'il y ait un Patronage perfonnel, en ce que ce droit réel, cette
propriété, eft donné à la famille du fondateur :
& en Normandie, comme en tout pays, rien
n'empêche qu'il n'y ait un Patronage *perfonnel*,
c'eft-à-dire attaché à la famille du fondateur,
quoique le Patronage foit toujours annexé à la
glèbe de l'églife.

§. II. *De la dénomination du patron.*

Pourquoi le fondateur, véritablement propriétaire, a-t-il été défigné, vers le neuvième fiècle,
par le terme de *Patron* ? Les langues d'Europe
ont donné ce nom à tout propriétaire, & fingu-
lièrement à celui qui concède un ufufruit. On
l'a donné au propriétaire qui concède un fief.
Ducange en cite des exemples anciens, & les
feudiftes allemands & françois le défignent ainfi.
On l'a donné au fondateur propriétaire de l'édifice, qui en concède la poffeffion à un prêtre,
pour y faire l'office divin. Dans l'un & dans l'autre il y a rétention du domaine & conceffion
de jouiffance, à certaine charge. La conceffion
à charge de foi & hommage & de fervice militaire, étoit appelée, fous la feconde race, *Beneficium*. La conceffion d'une églife par le fondateur, fe nommoit *Beneficium ecclefiafticum*, dans
le même temps, comme encore aujourd'hui.

L'un concède fa terre à la charge du fervice
militaire & de foi & hommage ; l'autre concède fon édifice à la charge de faire le fervice
divin,

divin, & fous la condition de fidélité. Le nommé
en faifoit le ferment au patron, difent les conciles de Bayeux en 1130, can. 3 ; d'Avignon en
1326, can. 31. Le ferment ne fe fait plus ; l'o-
bligation de fidélicé fubfifte : *les préfentés & pourvus*, dit la coutume de Normadie, article 75,
*doivent porter la fidélité à leurs patrons, fans
toutefois leur faire foi & hommage.* L'obligation
de fidélité a des effets très-réels ; par exemple,
un arrêt du parlement de Normandie (*), le
20 mars 1638, a jugé que le pourvu perdoit
fon bénéfice pour injure faite au patron. Achevons
le parallèle. La conceffion en fief ou bénéfice a
été révocable ; la conceffion d'une églife l'a pareillement été, jufqu'à ce que des loix & des
canons l'aient rendue irrévocable. La conceffion
en fief ou bénéfice eft devenue viagère fous
la feconde race, de forte qu'à la mort du vaffal,
la poffeffion de la terre revenoit en la main du
feigneur ou patron féodal, & n'en pouvoit plus
fortir que par une nouvelle inveftiture. La conceffion du patron eft devenue ftable pour la vie,
du pourvu, mais feulement viagère, de forte
qu'à la mort & à la démiffion de chaque pour-

(*) Beraut, fur l'article : » Le préfenté doit honneur &
» fidélité au patron, tout ainfi que le vaffal doit au fei-
» gneur foi & hommage, *uterque enim habet beneficium
» à patrono & domino, & cliens feu vaffalus dicitur bene-
» ficiarius, & feudum, beneficium.* Donc appert que l'églife
» eft tenue par aumône de fon fondateur, comme le fief
» lui eft tenu par hommage du feigneur féodal ; les
» préfentés doivent fidélité & hommage, comme les évêques
» pour le temporel de leur évêché, comme dit le Maître
» au traité des régales, chap. 6 «.

vu, il faut une nouvelle conceſſion du patron. Les fiefs ou bénéfices laïques ſont devenus héréditaires patrimoniaux ; ce qui a énervé le domaine du ſeigneur du fief, & l'a réduit à ce que les juriſtes appellent *domaine direct*. Les égliſes ne ſont point devenues héréditaires ni patrimoniales dans la perſonne des pourvus ; mais à chaque vacance le patron concède de nouveau : le domaine du fondateur eſt reſté plus plein que le domaine direct du ſeigneur du fief.

§. III. *Différentes eſpèces de Patronage.*

On connoît cinq eſpèces de Patronage, l'eccléſiaſtique, le laïque, le mixte, le perſonnel & le réel.

De tous les droits qui appartiennent au patron, le plus conſidérable eſt celui de préſenter un clerc au collateur, quand le bénéfice eſt vacant. Le collateur en doit donner l'inſtitution, ſi le préſenté a les qualités requiſes, en cas qu'il ait été préſenté dans le temps preſcrit par les canons.

Le Patronage eccléſiaſtique eſt celui qui appartient à un clerc, à cauſe du bénéfice dont il eſt pourvu : le Patronage laïque eſt celui qui appartient à un laïc ou à un eccléſiaſtique, à cauſe de ſon patrimoine, ou parce qu'il eſt de la famille du fondateur.

Le droit de Patronage, qui appartient aux univerſités, eſt regardé comme Patronage laïque, parce que les univerſités ſont compoſées de laïcs & de clercs, & que les fonctions de ceux qui les compoſent, ſont d'enſeigner toutes le ſciences ſacrées & profanes. On juge la même choſe, par rapport aux marguilliers des paroiſſes, quand cette qualité leur donne le droit de préfenter à quelque bénéfice.

Le Patronage mixte eft celui qui appartient à un ou plufieurs laïcs, conjointement avec un ou plufieurs eccléfiaftiques.

On divife encore le Patronage en réel & en perfonnel. Le Patronage réel eft attaché à un fonds de terre, qu'on appelle glèbe dans la coutume de Normandie. Le Patronage perfonnel eft attaché à la perfonne du fondateur & à celle de ceux qui le repréfentent.

» Celui qui a fait un don à l'églife de fon » héritage, n'y peut réclamer autre chofe que » ce qu'il a expreffément réfervé. Néanmoins » » fi il lui a fait don de Patronage fans réferva- » tion, les droits honoraires dus au patron, lui » demeurent entiers & à fes hoirs ou ayans- » caufe au fief ou glèbe auquel étoit annexé » ledit Patronage. *Coutume de Normandie, ar-* » *ticle* 142 «.

§. IV. *Obfervations fur les différentes efpèces de Patronage, & de quelle manière ces diftinc- tions fe font établies.*

Le Patronage étoit, dans le principe, un droit uniforme dans quelque main qu'il fe trouvât: par-tout il étoit réputé le même, procédant tou- jours de la même fource, la fondation, la conf- truction, la donation de domaines & de biens temporels, une caufe unique ne pouvant pro- duire que des effets femblables (*). Dans la fuite,

---

(*) Notant communiter interpretes, multis feculis unius

on a inventé des diſtinctions , on a examiné quelles perſonnes poſſédoient le Patronage , comment on le poſſédoit , de quelle manière il ſe tranſmettoit.

Le principe de ces diſtinctions n'a pas été une de ces déciſions reſpectables dont nous reconnoiſſons l'autorité ſous le nom de *canons* : ç'a été la coutume, l'uſage , *non tam canone quàm conſuetudine* , dit Van-Eſpen ; & cet uſage a été introduit par les eccléſiaſtiques, dans la vûe de leur avantage perſonnel. Ils obligeoient les patrons laïques à préſenter dans le délai de quatre mois , tandis qu'ils ſe réſervoient à eux-mêmes un délai de ſix mois. Les patrons de Normandie ſeuls, plus attentifs à conſerver leurs droits , ſe ſont maintenus dans la poſſeſſion de ne pas ſouffrir qu'on conférât à leur préjudice avant ſix mois de vacance.

Bientôt la diſtinction établie par les eccléſiaſtiques s'eſt tournée contre eux. Dans ces ſiécles

---

duntaxat generis jus Patronatûs fuiſſe, neque differentiam ullam inter eccleſiaſticum & laicum in antiquis canonibus vel novellis Juſtiniani notam eſſe , ſed diviſionem juris Patronatûs in eccleſiaſticum & laicum , & differentias inter utrumque ſenſm labentibus ſeculis, non tam canone quàm conſuetudine invaluiſſe. (*Van-Eſpen.* jus eccl. p. 2 , ſect. 3 , tit. 8 , cap. 2 , n. 1.) — Antiquioribus canonibus parum nota fuit Patronatûs eccleſiaſtici & laici differentia. (*Florens*, ad tit. de jure Patron. c. 1 , p. 259.) — Omnes ferè interpretes putant olim unum fuiſſe jus Patronatûs, unius generis, unius naturæ , ita ut omnes eccleſiarum fundatores eodem jure cenſerentur, cujuſcumque tandem conditionis eſſent. Contendunt & in ſacris canonibus, & in antiquis conſtitutionibus apoſtolicis , & in novellis Juſtiniani nullam prorſùs occurrere differentiam inter patronos eccleſiaſticos & laïcos. *De Roye* , ad tit. de jure Patr. cap. 6.

de l'ignorance du clergé & du defpotifme papal,
où le plus léger prétexte étoit pour les papes un
titre & un droit de conférer, les laïcs rappellè-
rent avec fuccès la diftinction imaginée entre leur
Patronage & celui des eccléfiaftiques.

Le clergé s'étoit affervi au pape ; on lui laiffa
à défendre fes droits, & ils ne le furent point:
nos rois eux-mêmes ne voulurent prendre la
défenfe que des droits dont jouiffoient les patrons laiques (*). De là la facilité avec laquelle le
pape étendit l'exercice de fes expectatives, de fes
réferves, de fes mandats, non feulement fur les
Patronages eccléfiaftiques proprement dits, mais
en général fur tous les droits de Patronage qui
exiftoient entre les mains des eccléfiaftiques,
quelle que fût d'ailleurs leur origine & leur
nature.

Mais c'eft affez parler de la diftinction du Patronage, en Patronage eccléfiaftique & Patronage laïque; paffons à une autre diftinction non moins célèbre du Patronage, en droit de Patronage fubfiftant

(*) L'article 3b des libertés ne parle pas en général des
Patronages laïques, mais des *patrons laïques* du royaume ;
& l'on remarque dans toutes les preuves de cet article, que
& les plaintes contre les entreprifes des papes ne font
portées que par les patrons laïques, & les décifions données
contre le pape, le font feulement en faveur des patrons
laïques. Auffi Dumoulin, en rapportant la pragmatique de
faint Louis (ftyl. parl.) après avoir averti que cette ordonnance ne fe rapportoit pas moins au droit des patrons
eccléfiaftiques, qu'aux droits des patrons laïques, a-t-il
foin d'avertir que les rois fucceffeurs de faint Louis ne
voulurent plus prendre la défenfe des patrons eccléfiaftiques. *Intelligit etiam de eccléfiaticis, quorum curam
pofteriores reges abjecerunt ; fed ftat in perfonis laïcis.*

B iij

seul & par lui-même , & droit de Patronage faifant partie d'un tout, d'une univerfalité, annexé au chef-lieu de ce tout, à un château, à une feigneurie. Il eft effentiel de ne fe méprendre ni fur l'origine ni fur le caractère de cette diftinction.

Le Patronage eft, felon l'expreffion de Dumoulin, un refte de l'ancien domaine, que l'on avoit lorfqu'on a fondé, *reliquiæ veteris domnii*; il étoit donc naturel que le droit de Patronage demeurât annexé au domaine dont les fonds avoient été démembrés : mais des fondateurs particuliers ont voulu établir un autre ordre; ils fe font réfervé perfonnellement le droit de Patronage, & ils l'ont enfuite, tantôt confervé dans leur famille, tantôt donné à l'églife. C'eft là l'origine du Patronage perfonnel laïque & du Patronage perfonnel eccléfiaftique, deux efpèces de Patronages que l'on pourroit dire, en quelque forte, contraires à la nature des chofes. Auffi en Normandie, où, comme on l'a déjà vu, les droits des Patrons fe font confervés avec plus de foin, le Patronage eft préfumé réel, tant que l'on ne juftifie pas fa qualité de Patronage perfonnel (*).

(*) Il paroît même, fi l'on prenoit les expreffions de Bafnage à la rigueur, qu'on ne reconnoît en Normandie abfolument aucun Patronage perfonnel ; car voici dans quels termes il s'exprime : » On appelle Patronage réel, celui » qui eft attaché à la glèbe, comme font aujourd'hui tous » les Patronages, parce que le fonds donné par le patron » eft réputé faire encore partie de la feigneurie..... Je » me perfuade que les droits de Patronage furent rendus » tout-à-fait réels, quand les fiefs devinrent héréditaires

Le Patronage réel est donc celui qui ne subsiste pas seul, mais annexé à un autre objet quel qu'il soit ; celui qui fait partie d'une universalité. On dit ordinairement de ce Patronage, qu'il est annexé à une glèbe ; mais sous ce nom on comprend tout ce qui forme un domaine ; &, pour le dire en un mot, dès qu'il existe entre les mains, soit d'un laic, soit d'un ecclésiastique, une universalité quelconque, composée d'un domaine, d'une seigneurie, d'une justice, de droits honorifiques, de Patronage, le Patronage fait en ce cas partie de l'universalité que composent ces droits ; il est réel, & il se transmet avec le tout que forme leur réunion. Ce fait de la transmission du Patronage réel avec l'universalité des droits dont il fait partie, est un point attesté unanimement par les canonistes ; ils conviennent tous que le Patronage se transmet alors sans exiger aucune forme particulière, aucun décret, aucun consentement de l'ordinaire (*).

" & patrimoniaux &c. (Sur l'article 142 de la coutume de Normandie.)

(*) In concessione universali, jus Patronatûs transit cum universitate. *Ant. de Butrio*, ad cap. 7, x de jure Patr. *Sur quoi un autre canoniste, Roch de la Cour, demande :* Quando jus Patronatûs dicatur esse in universitate, vel adhærere universitati, & sic quid sit universitas de quâ nos loquimur ? *Et il répond :* Doctores communiter concludunt, quòd universitas in proposito nostro dicatur illa quæ absque aliâ expressione jura universitatis in se continet ; sicut est villa, vel castrum & jus Patronatûs, & quòd vendito castro vel villâ transeat jus Patronatûs, nemo negat. (*De jure Patr. pag. 412.*) Venditione transfertur jus Patronatûs, non quidem per se, sed cum ejus fundi universitate cui annexum est.... Nec opus est autoritate

Après la diſtinction que l'uſage a établie entre
les différentes eſpèces de Patronage, il ſeroit à
ſouhaiter ſans doute que l'on pût juger toujours par les titres, à quelle claſſe on doit rapporter tel ou tel droit de Patronage dont il s'a-
git dans une conteſtation particulière. Mais, d'un
coté, un grand nombre de Patronages ſont trop
anciens pour que les titres de leur établiſſement
puiſſent avoir été conſervés; d'un autre côté, quelle
lumière pourroit-on tirer de titres qui dateroient
d'un temps où le droit de Patronage n'étoit pas encore diviſé en différentes claſſes ? C'eſt à l'égard des
Patronages réels ſur-tout, qu'il doit être difficile de
rapporter un titre conſtitutif, puiſque le fait de la
fondation ſuffit pour aſſurer au domaine qui a été
diminué par la fondation, le droit de Patronage
réſultant de cette fondation. La réſerve étant de
droit, elle n'a pas beſoin d'un acte écrit qui la
conſtate. S'il faut des titres, ſi l'on peut en exiger la repréſentation, parce qu'on a lieu de croire
qu'il en a été dreſſé, c'eſt quand il s'agit du

vel conſenſu epiſcopi, quia illud fit ipſo jure, cùm per
rerum naturam acceſſio ſequatur principale. *De Roye, ad
tit. de jure Patr. c.* 18. — Le Patronage réel peut être vendu
avec la glèbe à laquelle il eſt annexé; *cum fundi univerſitate cui annexum eſt.* Il n'eſt pas même beſoin du conſentement de l'évêque. *Ferriere, du Patr. ch.* 6, *n.* 2 & 4.
— Van-Eſpen, après avoir parlé de la tranſmiſſion d'un
Patronage avec une univerſalité dont il dépend, *ajoute:*
Quia hic agitur principaliter de alienatione rei merè pro-
fanæ & laicalis, de alienatione verò juris Patronatûs duntaxat acceſſoriè, ſive in conſequentiam, nullam requiri
in hac alienatione epiſcopi licentiam, aliamve ſolemnitatem
in alienandis rebus eccleſiæ obſervandam, tradunt paſſim
canoniſtæ, quibus & praxis conſonat. (*Jus eccl. p.* 2,
ſect. 3, tit. 2, cap. 4, n. 5.)

Patronage perſonnel. Un pareil Patronage ne pouvant appartenir à des eccléſiaſtiques, que par une
conceſſion faite à leur profit, il éſt bien plus légitime de leur demander l'acte de cette conceſſion, que d'exiger la repréſentation d'un acte qui
n'a pas été néceſſaire pour établir un Patronage
réel.

§. V. *Différence entre le Patronage eccléſiaſtique
& le Patronage laïque; que le bénéfice à Patronage laïque ne peut être ni réſigné ni permuté ſans le conſentement du patron; qu'il
n'eſt ſujet ni à la prévention, ni aux expectatives des gradués.*

Les règles ſont différentes par rapport aux
Patronages eccléſiaſtiques & aux Patronages laïques. Quand le Patronage eſt eccléſiaſtique, le
bénéfice fondé eſt ſujet à toutes les réſerves &
expectatives reçues en France : il peut être permuté, réſigné, acquis par les gradués; enfin,
il ſe règle par les loix & les uſages généraux qui
régiſſent tous les bénéfices du royaume.

Il n'en eſt pas de même lorſque la fondation
eſt laïque. Le droit de préſenter un ſujet ne
peut être alors altéré, diminué ou anéanti dans
la main du patron, par des préventions, des
réſignations en faveur, des permutations, & des
réquiſitions des gradués.

C'eſt ce que Dumoulin a parfaitement établi
dans ſes notes ſur la règle *de infirmis reſig.* Le pape, dit-il, ne peut pas prévenir le patron laïque,
*patroni laïci hujus regni numquam ſubjecerunt
colla dictis præventionibus*; il ne peut pas admettre,
ſuivant le même auteur, des réſignations en faveur & des permutations. Ce juriſconſulte ſe pro-

pofe encore la queftion de favoir fi l'on peut permuter deux bénéfices, dont l'un eft à Patronage laïque, l'autre à Patronage eccléfiaftique, fans le confentement des patrons; & il décide pofitivement qu'on ne le peut pas, *adhuc non poterit, nec per papam quidem, fine confenfu vel præfentatione laici permutatio expediri.* Et quel eft le motif de fa décifion? C'eft parce que le pape ne peut porter aucun préjudice aux fondations laïques : *quia in his quæ funt de patronatu laïco, non habent locum præventiones papæ hæc receptæ funt in hoc regno, etiamfi maximè papa juri patronatûs pro hac vice deroget.*

Ces principes font fi reconnus & fi facrés, qu'ils forment un article de nos libertés. *Le pape ne peut déroger ni préjudicier par provifions bénéficiales ou autrement, aux fondations laïcales & aux droits des patrons laïques de ce royaume.* (Art. 30.).

Auffi n'exifte-t-il aucun auteur qui n'ait expreffément reconnu que les bénéfices à Patronage laïque ne peuvent être ni réfignés ni permutés fans le confentement du patron. » Pour ce qui » eft des bénéfices qui font en Patronage laïque », dit d'Héricourt, chap. 7, n°. 31, 32 & 37, » le pape ne peut en aucun cas déroger au droit » du patron, ni l'empêcher de préfenter en con- » férant le bénéfice avant fa préfentation, ni ad- » mettre les démiffions des réfignations en faveur » ou des permutations à fon préjudice.... Ainfi » il faut (dans ce cas) avoir le confentement du » patron avant la prife de poffeffion, *fous peine* » *de nullité* de tout ce qui fe peut faire au pré- » judice du patron «.

Maréchal, dans fon traité du Patronage, tit.

9, dit à peu près la même chose : « On ne
» peut réfigner en faveur fans le confente-
» ment du patron laïque. ... La permutation
faite fans le confentement du patron laïque,
» eft auffi nulle «, ajoute le même auteur.

Les mêmes principes font développés dans le
nouveau traité des collations & des provifions des
bénéfices, tom. 3, chap. 3. « La réfignation en
» faveur feroit nulle, fi le pape avoit dérogé au
» droit de Patronage, & elle feroit certaine-
» ment fujette à être annullée (& , felon quel-
» ques auteurs, nulle de plein droit), fi le pape
» l'avoit admife fans le confentement du patron,
» quoique fans déroger à fon droit. ... Il en eft
» de même des permutations. ... Les permutans
» ne font pas moins obligés de requérir & d'ob-
» tenir par écrit le confentement du patron,
» lorfque la permutation doit être admife par le
» collateur ordinaire, que quand elle doit l'être
» par le pape «.

Ces principes font ceux de l'auteur du traité de
l'abus; de Dubois dans fon recueil des maximes
du droit canonique. Il établit comme un point
inconteftable, que *le titulaire d'un bénéfice à Patronage laïque ne peut ni réfigner ni permuter
fans le confentement du patron;* ce font auffi
ceux de M. le procureur général Brulard, dans
fes mémoires fur les libertés de l'églife gallicane : *Jamais,* dit ce magiftrat, *on n'a fouffert
dans ce Royaume que l'on pût déroger ni rien
faire au préjudice des patrons laïques.* En un mot,
il n'exifte pas un feul auteur qui ne reconnoiffe
expreffément que les bénéfices à Patronage laïque
ne peuvent être ni réfignés ni permutés fans le
confentement des patrons; & pour abréger le

détail des autorités, on fe réduira à deux, qui feules pourroient tenir lieu de toutes les autres.

La première eft un arrêt du Parlement de Paris, du 27 mai 1671, rapporté dans le troifième volume du journal des audiences, par lequel il a été jugé que le titulaire d'un bénéfice dont le Patronage appartient à un laïc & à un ecclé-fiaftique conjointement, ne pouvoit réfigner fans le confentement des patrons.

La feconde de ces autorités eft une déclaration donnée au mois de février 1678 pour la province de Guienne, & dont on va rapporter la teneur, parce qu'on ne fauroit puifer les principes & les ufages dans une fource plus pure.

» Nous avons reçu les plaintes de plufieurs de » nos fujets dans la province de Guienne, de ce » que les gens tenant notre cour de parlement » de Guienne, jugeant les inftances pour raifon » du poffeffoire des bénéfices qui font en Pa-» tronage laïque, autorifent les concordats & » réfignations expédiées pour caufe de permuta-» tion faite par les titulaires des bénéfices, fans » le confentement & préfentation des patrons » laïques, pourvu que lefdits patrons aient été » requis & fommés d'accorder leur confentement » & préfentation; fur lefquelles plaintes nous » aurions ordonné à notre procureur général de » notredite cour de parlement de Guienne, de » nous envoyer les motifs des arrêts qui ont été » fur ce rendus par notredite cour; lefquels mo-» tifs nous aurions fait examiner, & nous n'y » aurions rien trouvé qui pût autorifer *cet ufage* » *oppofé aux maximes reçues dans tout notre* » *royaume, & établies par les arrêts de tous les* » *autres Parlemens, contraire aux droits de no-*

» tre couronne & aux libertés de notre église
» gallicane, & préjudiciable à l'intérêt de ceux de
» nos sujets qui possèdent les terres auxquelles
» le Patronage laïque est annexé comme un droit
» réel : à quoi voulant pourvoir, voulons que do-
» rénavant tous les concordats de permutations
» de bénéfices étant à Patronage laïque, & les
» résignations & actes passés en conséquence, de-
» meurent nuls & abusifs, si les Patrons laïques
» n'ont accordé leur présentation, ou donné leur
» consentement par écrit avant la prise de posses-
» sion, quoique lesdits patrons en eussent été
» requis & sommés ; lesquelles réquisitions &
» sommations nous déclarons nulles & de nulle
» valeur «.

D'après des autorités si précises, si multipliées &
si respectables ; pourroit-on contester le principe,
que les bénéfices à Patronage laïque ne peuvent
être ni résignés ni permutés sans le consentement du patron ? Mais cette maxime inviolable
s'applique-t-elle aux bénéfices à Patronages laïques qui peuvent exister dans la main des ec-
cléfiastiques ?

Les auteurs ont distingué les Patronages laïques, en Patronages personnels & en Patronages
réels. Il conviennent que la cession d'un Patronage personnel, faite par un laïc à un ecclésiaf-
tique, rend ce Patronage ecclésiastique, parce
que la nature du Patronage est déterminée, dans
ce cas, par la personne qui le possède ; mais, par
rapport au Patronage laïque réel, l'opinion unanime des auteurs est, qu'il conserve sa qualité de
laïque avec tous ses privilèges, même lorsqu'il
passe dans la main des ecclésiastiques. Idem dicendum, si initio fuit fundatio laïca (Dumoulin,

loc. cit.) ; *& nunc fpe'c̆lat ad ecclefiam ratione caſtri vel alterius rei temporalis.*

. M. Louet, fur la règle *de infirmis refignantibus,* s'exprime avec encore plus de force, en parlant des Patronages réels dans la main des eccléfiaftiques.

· *Ideò fi jura Patronatûs à feudo dependant, naturam & qualitatem primam juris Patronatûs laïcorum retinent, quæ non confunditur nec muta-. tur : ecclefia enim alio jure immobilia poſſidet, alio ea quæ funt juris fpiritualis, feu ecclefiaftici ; & cùm ecclefiaftico ordini interſit primam hanc juris. qualitatem retinere, ut libera & abſque ullâ fummi pontificis præventione juris patronatûs remaneat diſpoſitio, iniquum eſſet privilegia conceſſa eis eſſe damnofa. Hæc autem dic̆ta funt de illo jure Patronatûs, ratione feudi vel fundi competente, non de illo ratione perſonæ tantùm : fi enim jus illud Patronatûs merè perſonale ad ecclefiam quoquo titulo pervenerit, erit ecclefiafticum, cùm primum laïci ſubjec̆tum amiferit, & aliud ecclefiafticum ſuſcepe- rit. Ita intelligitur, §. verùmlicet capit, fi laïcus, de jure Patronatûs, in fexto, non verò patronatu fundo vel feudo inhærente, ut imperitè nonnulli dixerunt.*

· Maréchal, traité du droit de Patronage, tit. 3 , ne s'exprime pas moins pofitivement : » Si le Pa- » tronage qui appartient ordinairement à des » laïcs, retombe entre les mains de l'églife *à* » *caufe du fief ou de la chofe* temporelle à laquelle » il eft annexé, il conferve toujours fa même » nature, nonobftant l'amortiffement du fief...... » En ce cas, les eccléfiaftiques qui en jouiffent » ont l'avantage de ne pouvoir être prévenus «.

. . Enfin, on ofe dire qu'il n'eft pas dans notre

jurisprudence de maxime plus universellement reçue & mieux établie que celle-ci, que le Patronage réel, dans la main des ecclésiastiques, conserve tous les privilèges des Patronages laïques, & qu'il exclut la prévention, les permutations & les résignations sans le consentement des patrons.

L'auteur des mémoires du clergé, tome 12, pages 56 & suiv. établit d'une manière invincible, que tel est le droit sous lequel nous vivons, & que *tel est l'usage constant & général du royaume.* On ne peut donc élever là-dessus aucun doute.

Aussi l'auteur du traité de l'expectative des gradués, tome 1, pages 38 & 39, dit-il expressément que c'est une maxime inviolable, *que tous les bénéfices qui sont à la présentation des patrons laïques, sont affranchis des mandats, des grâces expectatives, des réserves, & de toutes autres semblables servitudes.*

» L'expectative des gradués, dit pareillement » l'auteur des loix ecclésiastiques, l. 2, chap. 8, » n. 24, n'a point lieu sur les bénéfices qui sont » en Patronage laïque, ni sur ceux que les pa- » trons ecclésiastiques confèrent avec des patrons » laïques; mais quand le Patronage est alternatif » entre un ecclésiastique & un laïc, les gradués » peuvent requérir les bénéfices vacans dans les » mois du patron ecclésiastique «.

Cet auteur cite même un arrêt de 1651, qui l'a ainsi décidé; & son sentiment est le sentiment commun de tous ceux qui ont écrit sur cette matière.

Il faut donc tenir pour maxime constante & inviolable, que les bénéfices à Patronage laïque ne sont pas sujets à l'expectative des gradués, &

qu'ils ne peuvent être ni permutés ni réfignés fans·
le confentement des patrons.

§. VI. *De la manière d'acquérir le droit de Patronage.*

On acquiert le droit de Patronage en donnant
le fonds fur lequel l'églife ou la chapelle où
le bénéfice doit être deffervi, eft bâtie ; en four-
niffant la fomme néceffaire pour la conftruction
de l'églife ou de la chapelle ; ou en donnant à
l'églife de quoi l'entretenir & de quoi faire fubfifter celui qui doit la deffervir. Ainfi il peut y
avoir dans l'établiffement d'un bénéfice trois
copatrons ; l'un donateur du fonds fur lequel
l'églife eft bâtie, l'autre qui fait la dépenfe de
la conftruction, & le troifième qui a doté l'églife
& le bénéficier.

Comme le privilége de la préfentation eft
acquis de plein droit, fuivant les canons, à celui
qui a fondé, doté ou fait conftruire une églife
du confentement de l'évêque, il n'eft pas néceffaire, pour que le patron jouiffe de ce privilége, qu'il fe le foit réfervé expreffément par
l'acte de la fondation.

Cependant quand il s'agit d'une églife con-
ventuelle, dont le chef doit être choifi par la
voie de l'élection, fuivant le droit commun,
le patron n'a pas d'autre droit que celui d'ap-
prouver l'élu, à moins qu'il ne fe foit réfervé
expreffément le pouvoir de difpofer de la première
dignité, ou d'affifter à l'élection, ou que fa qualité
ne lui donne un droit particulier.

Si l'églife eft abfolument détruite, ou fi la dot
eft entiérement diffipée & perdue, celui qui a

fait

fait bâtir de nouveau l'églife, ou qui la dote
du confentement de l'évêque, acquiert un droit
de Patronage, pourvu que ceux qui avoient acquis le droit de Patronage par la conftruction
de l'églife ou par la dot, ne veuillent pas faire
la dépenfe néceffaire pour la rebâtir ou pour
lui conftituer une nouvelle dot.

Le droit de Patronage a eu diverfes caufes,
auxquelles fe rapportent les différens noms donnés aux patrons par les anciennes loix françoifes,
angloifes & normandes. On trouve dans les ca-
pitulaires, que les églifes avoient droit de demander des avocats ou defenfeurs, *advocatos,
deffenfores*, toutes les fois qu'elles avoient à re-
douter l'oppreffion de quelque puiffance. On y
voit auffi, qu'outre les avocats ou avoués, les
églifes avoient des feigneurs auxquels les curés
devoient des honneurs dans leurs églifes, *ut
epifcopi provideant quem honorem presbiteri,
pro ecclefiis fuis, fenioribus tribuant.* Ces feigneurs étoient ceux qui avoient doté & bâti fur
leurs fonds une églife paroiffiale ; l'évêque y
prépofoit des prêtres ou curés pour y exercer le
faint miniftère, mais ils lui étoient préfentés par le feigneur ou patron. Dans la fuite,
ces patrons & les avoués ont été confondus,
foit parce que les évêques préférèrent de mettre
leur évêché fous la protection des grands, qui,
dans leur diocèfe, par leurs fondations, avoient
donné plus de preuves de leur attachement pour
le culte divin, foit parce que ceux que le roi
leur avoit choifis ou permis de prendre pour protecteurs de leurs évêchés, fondèrent eux-mêmes
des monaftères ou des églifes, à condition qu'ils
en nommeroient les miniftres ; foit enfin parce

que les fondateurs d'églises appofèrent à leur
générofité cette claufe, qu'elles feroient à perpétuité fous la protection de tel feigneur ou de
fes defcendans ; en'forte que le Patronage, vers
la fin de la deuzième race & dans la fuite, a
non feulement donné la faculté de préfenter à
l'églife un miniftre, mais encore celle de foutenir les droits de l'églife en juftice, & même
de rendre juftice aux vaffaux de l'églife. Les Patrons normands avoient les mêmes prérogatives,
à l'exception de la dernière, parce que toute
juridiction s'exerçoit, en Normandie, au nom feul
de fes ducs.

Bafnage, dans fon commentaire fur la coutume
de Normandie, penfe de même, que dans le principe les patrons étoient défignes fous la dénomination d'avocats des églifes : il y avoit, dit
ce jurifconfulte, des avocats de deux fortes ;
les premiers, qui étoient les plus importans,
étoient les protecteurs & les défenfeurs des
perfonnes & des biens des eccléfiaftiques. Car,
depuis que l'églife fut devenue très-opulente,
plufieurs grands feigneurs ne firent pas de fcru-
pule de s'emparer des terres qui étoient à leur
bienféance : les gens d'églife, pour fe défendre
de ces ufurpations, choifirent des perfonnes d'autorité, pour vivre fous leur protection ; & ces
avocats, dans les anciennes chartres, font appelés
avoués des moutiers, & c'eft auffi de là que les
vidames ont pris leur origine, felon Pithou dans
fon hiftoire des comtes de Champagne.

Les autres avocats étoient les fondateurs des
églifes : il n'y a rien de plus commun dans le
droit canon, qu'*advocatus & advocatia*, pour fignifier ce que nous appelons maintenant *patron* ou

Patronage. Dans les loix anciennes d'Angleterre, les patrons ne font point appelés autrement.

En France, le nom le plus commun a été celui de patron, qui eft plus doux que celui de feigneur, qui pouvoit lui être confervé *ob reliquias priftini dominii;* mais nos auteurs ne font pas d'accord touchant le temps où ce mot a commencé d'être en ufage pour fignifier celui qui a la nomination & les honneurs de l'églife. Suivant l'opinion de Dumoulin, *ad c.* 3, *de jure Patron.* ce nom, dans le fens que je viens de dire, a été inconnu aux anciens conciles, aux pères & aux hiftoriens eccléfiaftiques, jufqu'au temps de Grégoire VII ou jufqu'au temps des décrétales. De Roye, *in prolegom. de jure Patron.* a prouvé au contraire qu'il étoit en ufage dans le cinquième fiècle, par une lettre de Clovis d'environ l'an 480, où ce mot de patron fe trouve employé, & qu'enfin il devint fort commun fous l'empereur Charles le Chauve.

On peut induire néanmoins d'un capitulaire de Charlemagne, que, du temps de cet empereur, les fondateurs des églifes étoient qualifiés feigneurs, *cap. l. i. c.* 748, *ut epifcopi provideant quem honorem presbiteri pro eclefiis fuis fenioribus reddant.* Car perfonne n'ignore que dans ce fiècle-là le mot *fenior* fignifie feigneur : ce capitulaire eft répété mot à mot dans le concile de Wormes, can. 58. Mais enfin, dit Duaren, *de benef. l.* 5, *c.* 4, *patroni appellatio magis quàm domini convenire credita eft.*

Quoi qu'il en foit, fi le nom de patron étoit en ufage dès le cinquième fiècle pour fignifier le bienfaiteur de l'églife, il s'enfuit néceffairement que le droit de Patronage étoit établi dès ce temps-là : & bien que les anciens interprètes aient soutenu que ce droit n'avoit commencé que dans le sixième siècle, sous l'empereur Justinien, qu'ils font l'auteur du droit de présentation, son origine toutefois est plus ancienne ; car dans le concile d'Orange, qui fut tenu l'an 441, sous les empereurs Théodose le Jeune & Valentinien III, la présentation est donnée expressément au fondateur de l'église, *reservatâ ædificatori episcopo hâc gratiâ, ut quos desiderat clericos in re suâ videre ipsos ordinetis, cujus est territorium* ; de Roye, *de juris Patronatûs origine & progressu, c.* 2 ; ce qui fut confirmé depuis dans le second concile d'Arles, & le pape Zacharie écrivoit en ces termes à Pepin, maire du palais. *In præceptis apostolicis contineri, ut qui in suâ proprietate oratorium construxerit, presbiterum ab episcopo impetret qui solus in eo celebrare possit.* Et les barons d'Angleterre, dans une lettre qu'ils écrivoient à Grégoire IX en l'an 1239, soutiennent que leurs prédécesseurs avoient joui de ce droit depuis que la religion chrétienne avoit été établie en Angleterre.

§. VII. *Prescription du droit de Patronage.*

Le droit de Patronage peut s'acquérir par la prescription. Telle est la règle ; en voici le développement.

Ou il s'agit d'assujettir au Patronage une église qui est présumée libre par la fondation, ou il est question de prescrire un Patronage contre un patron qui a négligé d'user de son droit.

Dans le premier cas, la prescription est très-défavorable, il faut au moins un temps immémorial;

dans le fecond cas, quelques-uns ont écrit que le temps de dix ans entre préfens, & de vingt ans par rapport aux abfens, pourroit être fuffifant ; d'autres, comme Panorme & Barbofa, qu'il falloit deux collations, & d'autres un temps immémorial. L'opinion la plus commune eft, qu'il faut, 1°. que le prétendu patron foit en poffeffion conftante & paifible d'exercer le Patronage au moins depuis quarante ans : 2°. que pendant cet efpace de temps il rapporte trois préfentations qui aient été fuivies de collations en faveur des préfentés, & de leur part d'une jouiffance paifible du bénéfice, en forte que fi le prétendu patron juftifioit des trois préfentations paifiblement exécutées pendant un temps confidérable, mais au deffous de quarante ans, la prefcription ne feroit point acquife.

Il faut donc pour la validité de cette prefcription, trois préfentations fuivies d'une exécution paifible, & de plus une poffeffion de quarante ans. Cette maxime paroît aujourd'hui conftante & même univerfelle en France. Mémoires du clergé, t. 12, p. 500 & fuiv. Mais l'on demande fi elle a lieu en faveur de l'évêque.

Différens auteurs prétendent que non, en foutenant que l'évêque ne peut jamais prefcrire contre le Patron. M. Duperrai & Baffet rapportent des arrêts des parlemens de Paris & de Grenoble, qu'ils prétendent conformes à cette opinion ; mais, à cet égard, la jurifprudence n'eft pas uniforme ; car on admet cette prefcription au parlement d'Aix & à celui de Touloufe. Véritablement, en ce cas, la prefcription étant moins favorable, on exige en ces parlemens que l'évêque rapporte trois collations, & prouve de plus une

poſſeſſion de quarante ans , à compter de la
dernière collation. Boniface, tome 1 , livre 2,
titre 28 ; Vedel ſur Catelan , livre 1 , chapitre
21 ; mémoires du clergé , *loc. cit.* M. de Catelan,
en l'endroit cité , dit qu'un patron ne ſauroit
jamais preſcrire la pleine collation d'un bénéfice ,
comme étant choſe ſpirituelle dont il eſt incapable.

Voici le décret du concile de Trente ſur cette
matière ; nous le rapporterons dans toutes ſes
diſpoſitions , parce que toutes intéreſſent pluſieurs
laïcs à qui il importe quelquefois de connoître
l'eſprit de l'égliſe ſur la nature & l'exercice du
droit de Patronage.

" Comme il n'eſt pas juſte d'ôter les droits
" légitimes de Patronage , ni de violer les pieuſes
" intentions que les fidèles ont eues dans leur inſ-
" titution, auſſi ne faut-il pas ſouffrir l'entrepriſe
" inſolente de pluſieurs perſonnes qui , ſous ce
" prétexte , réduiſent les bénéfices eccléſiaſtiques
" en une manière de ſervitude. Pour garder donc
" en toutes choſes ce qui eſt de raiſon , le ſaint
" concile ordonne & déclare , que la juſtification
" du droit de Patronage doit être tirée de la fon-
" dation ou dotation , & prouvé par quelque acte
" authentique & autres preuves requiſes par le
" droit , ou même par un grand nombre de
" préſentations réitérées pendant le cours d'un
" ſi long temps,qu'il paſſe la mémoire des hommes,
" ou autrement encore , ſuivant la diſpoſition du
" droit ; mais à l'égard des perſonnes , commu-
" nautés ou univerſités par leſquelles d'ordinaire
" il y a lieu de préſumer que ce droit a été uſurpé
" plutôt qu'autrement , ſera requiſe encore une
" preuve plus entière & plus exacte , pour juſ-

» tifier de la vérité du titre ; & la preuve du
» temps immémorial ne leur servira de rien, si,
» outre les autres choses qui y sont nécessaires,
» on ne fait aussi, par des écritures authentiques,
» apparoir de présentations continuées, même sans
» interruption, pendant l'espace au moins de cin-
» quante ans, qui toutes aient eu leur effet,
» tous droits de Patronage autres que dessus, sur
» quelques bénéfices que ce puisse être, dans une
» église cathédrale ou collégiale, comme aussi
» toutes facultés & priviléges accordés, tant en
» vertu du Patronage que par quelque autre
» droit que ce soit, pour nommer, choisir ou
» présenter, auxdits bénéfices, quand ils viennent
» à vaquer, excepté les droits de Patronage sur
» les églises cathédrales, & excepté encore les
» autres droits qui appartiennent à l'empereur,
» aux rois ou à ceux qui possèdent des royaumes,
» & aux autres hauts & puissans princes qui sont
» souverains dans leurs états ; comme aussi ceux
» qui ont été accordés en faveur des écoles gé-
» nérales de toutes les sciences, seront tenus
» pour entièrement nuls & abrogés, avec la pré-
» tendue possession qui s'en est ensuivie ; de sorte
» que tous lesdits bénéfices pourront être con-
» férés librement par leurs collateurs, & les pro-
» visions qu'ils en donneront, auront leur plein
» & entier effet.

» Pourra outre cela l'évêque refuser ceux qui
» seront présentés par les patrons, s'ils ne se
» trouvent pas capables ; & si l'entière institution
» appartient à des inférieurs, ils ne laisseront pas
» toutefois d'être examinés par l'évêque, suivant
» les autres ordonnances de ce saint concile ; au-

» trement l'inftitution faite par lefdits inférieurs
» fera nulle & de nul effet.

» Cependant les patrons des bénéfices, de quel-
» que ordre & de quelque dignité qu'ils foient,
» quand ce feroit même des communautés, uni-
» verfités ou colléges, quels qu'ils puiffent être,
» eccléfiaftiques ou laïcs, ne s'ingéreront nulle-
» ment, pour quelque caufe ou occafion que ce
» foit, en la perception des fruits, rentes ni re-
» venus d'aucuns bénéfices, quand ils feroient vé-
» ritablement par titre de fondation ou donation
» de leur droit de Patronage; mais ils en laifferont
» la libre difpofition au recteur ou bénéficier, no-
» nobftant même toute coutume contraire; ils ne
» préfumeront point non plus de transférer à d'au-
» tres, contre les ordonnances canoniques, ledit
» droit de Patronage à titre de vente ou autre-
» ment; & s'ils le font, ils encourront les peines
» de l'excommunication & de l'interdit, & feront
» privés, de droit même, de leur droit de Pa-
» tronage.

» Quant aux jonctions faites par voie d'union de
» bénéfices libres à des églifes fujettes au Patro-
» nage même de perfonnes laïques, foit églifes
» paroiffiales, ou tels autres bénéfices que ce foit,
» même fimples, ou dignités ou hôpitaux, de ma-
» nière que les fufdits bénéfices libres foient faits
» & rendus de même nature que ceux auxquels
» ils font unis, & foumis par-là au même droit
» de Patronage; fi elles n'ont pas encore eu leur
» plein & entier effet, elles feront tenues pour
» fubreptices, auffi bien que celles qui ci-après
» feront accordées à l'inftance de qui que ce foit
» & par quelque autorité que ce puiffe être, même

» apostolique , & pour obtenues par surprises ,
» ainsi que les unions mêmes, nonobstant quelques
» termes que ce soit qui y soient inférés , & quel-
» que dérogation qui soit tenue pour exprimée ,
» & ne feront plus mises à exécution ; mais les
» bénéfices mêmes ainsi unis venant à vaquer,
» feront librement conférés comme auparavant
» l'union.

» A l'égard de celles qui ayant été faites depuis
» quarante ans , auront été suivies de l'effet &
» de l'entière incorporation , elles ne laisseront pas
» d'être revues & examinées par les ordinaires ,
» comme déléguées du siége apostolique ; & celles
» qui se trouveront avoir été obtenues par subrep-
» tion, ou obreption , feront déclarées nulles aussi
» bien que les unions , & lesdits bénéfices feront
» séparés & conférés à d'autres. · -- ·

» Semblablement aussi tous droits de Patronage
» sur les églises ou sur quelques bénéfices que ce
» soit , ou même sur les dignités auparavant libres,
» acquis depuis quarante ans , ou qui s'acquerront
» à l'avenir , soit pour avoir augmenté la dot , soit
» pour avoir fait quelque nouvel édifice, ou pour
» quelque autre cause semblable , même par l'au-
» torité du siége apostolique , feront soigneusement
» reconnus par les mêmes ordinaires , en qualité
» de délégués comme dessus , sans qu'ils puissent
» être empêchés , & cela par les facultés ou pri-
» viléges de qui que ce soit ; & ceux qu'ils ne
» trouveront pas avoir été légitimement établies
» pour quelque besoin & nécessité bien manifeste ,
» soit de l'église , bénéfice ou dignité ; feront par
» eux entiérement révoqués , & lesdits bénéfices
» remis en leur premier état de liberté , sans aucun
» dommage pourtant de ceux qui les posséderont ,

» & en reftituant aux patrons ce qu'ils avoient
» donné pour l'acquifition de ce droit, nonobf-
» tant tous priviléges, coutumes & conftitutions
» même de temps immémorial. Seff. 25, c. 9,
» de ref. «

§. VIII. *Peut-on céder un Patronage perfonnel,*
foit laïque, foit eccléfiaftique, fans le confen-
tement de l'évêque ?

. Voici de quelle manière M. le chancelier
d'Aguelfeau, tome 4 de fes œuvres, page 551,
s'exprime fur cette queftion dans la caufe de
l'abbé Bernard, contre l'abbé Malefpine.

. » En lifant attentivement la collection des dé-
» crétales, on n'y trouve rien qui décide préci-
» fément fi le droit de Patronage (perfonnel)
» peut ou ne peut pas être transféré à des
» laïcs.

» Si l'on confulte les interprètes fur ce point,
» il a donné lieu à une ancienne difcorde entre
» deux interprètes du droit canonique, Jean &
» Barthelemi de Breffe ; l'un a foutenu qu'on ne
» pouvoit céder le droit de Patronage fans le con-
» fentement de l'évêque ; l'autre, qu'on le pou-
» voit.

» Mais il y a plus de concorde entre les in-
» terprètes des fiècles fuivans. Si on en excepte
» un très-petit nombre, ou peut-être un feul,
» qui eft le pape Innocent IV, tous les autres,
» & ceux qui font d'un plus grand poids, tels
» que le cardinal d'Oftie, Jean André Panorme,
» Bouhic, Antoine de Butrio, Pierre Ancharran,
. » Roch de Curte, Lambertinus ; & entre les
» modernes, M. Tiraqueau, Dumoulin, Fagnan,

» Joannes Acofta, Gonzales, fe font tous réunis pour
» une même opinion, qui confifte à diftinguer
» entre deux cas différens : ou la donation, la
» ceffion du droit de Patronage, eft faite *loco*
» *religiofo*, à une églife, à un monaftère, à une
» communauté eccléfiaftique, & alors le confen-
» tement de l'évêque n'eft pas néceffaire; c'eft
» ce que le pape Boniface VIII dit expreffément
» dans le chapitre 1 du titre *de jure Patronatûs*,
» que nous ne citons ici que comme un témoi-
» gnage de l'opinion qui avoit prévalu de fon
» temps; ou la donation, le tranfport ou la ceffion
» fe font faits en faveur d'un laïc, & alors
» il eft néceffaire d'avoir recours à l'autorité de
» l'évêque.

» Si nous examinons les raifons qui ont déter-
» miné les interprètes, ils en rapportent deux
» principales : la première, que le changement
» de patrons peut être contraire à l'intérêt de
» l'églife.

» La feconde, qu'il y a toujours lieu de foup-
» çonner la fimonie : on craint des ventes fimulées
» fous le titre fpécieux de libéralité.

» On peut ajouter une troifième raifon tirée
» de la nature du Patronage; c'eft une fervi-
» tude, &c. «.

» Après avoir pefé ces raifons, nous avons en-
» core à répondre à deux objections que font les
» défenfeurs du parti oppofé.

» Première objection : nulle différence à faire
» entre les eccléfiaftiques & les laïcs, puifqu'ils
» font également capables d'exercer le droit de
» Patronage : mais cette objection n'eft fondée
» que fur un faux principe; il y a de grandes

» raifons de différence entre les uns & les autres à
» cet égard.

» En premier lieu , le retour au droit com-
» mun eft favorable : or , quand une églife pré-
» fente à une autre églife, le droit commun eft
» fatisfait.

» En fecond lieu , le Patronage eccléfiaftique
» eft à préfent moins à charge à l'églife que
» le droit de Patronage laïque : donc la dona-
» tion de ce droit à des églifes ou à des corps
» eccléfiaftiques , eft conforme à l'intérêt de
» l'églife «.

Tels furent les principes établis par M. d'A-
gueffeau, au fujet de la ceffion faite à un laïc
d'un Patronage même laïque. Ce magiftrat, en
conféquence, fe déclara contre le pourvu , fur la
préfentation du ceffionnaire du droit de Patronage,
& fes conclufions furent adoptées par l'arrêt.
Mais s'il fut décidé que le confentement de
l'évêque étoit néceffaire pour autorifer la tranfmiffion d'un Patronage laïque perfonnel à un
laïc , à combien plus forte raifon ce confentement devient indifpenfable quand il s'agit de
la tranfmiffion d'un Patronage eccléfiaftique à un
laïc.

On peut donc établir comme une maxime
inviolable & facrée , que l'agrément de l'évêque
eft abfolument néceffaire dans ce cas ; & cet
agrément fe donne ou expreffément par un décret, ou tacitement par des provifions pures &
fimples, fur la préfentation du laïc ceffionnaire du Patronage : c'eft ce que Ferriere explique dans fon traité du droit de Patronage, chapitre 6.

» Le confentement de l'évêque, dit-il, eft
» cenfé intervenu, lorfque l'évêque a inftitué fur
» la préfentation du donataire, & il n'eft plus
» befoin d'autre confentement, parce que telle
» inftitution eft une véritable confirmation du
» droit «.

§. IX. *Les infcriptions fur les cloches, les énonciations dans les décrets, forment-elles des preuves
de Patronage?*

A l'article droits honorifiques, nous avons
examiné quels font les actes & les fignes exté-
rieurs qui, à défaut du titre primitif, peuvent
établir le droit de Patronage. Nous ne revenons
fur cet objet que pour rapporter les détails d'un
arrêt très-intéreffant. Voici le fait tel qu'il eft
configné dans les mémoires imprimés.

Les villages de Savie & Berlette, en Artois
n'ont que la même églife paroiffiale ; elle s'appelle de Savie ; elle eft fituée au milieu du village
de Savie.

En 1559, les feigneurs de Berlette étoient
fous la domination de l'Efpagne ; ceux de Savie
étoient fous la domination de France. En ladite
année, on fit refondre les trois cloches de l'é-
glife de Savie, & fur la plus groffe on mit cette
infcription :

» Martine par baptême fuis nommée ; ce nom
» m'ont donné noble dame madame Jacqueline
» de Berlette, veuve de meffire Claude d'Oi-
» gnies, chevalier feigneur d'Eftrées, dame pro-
» priétaire dudit Berlette, *fondatrice de l'églife* ;
» fire Guillaume de la Ruelle, abbé du Mont

» Saint-Eloy ; fire Robert Huttier, prieur d'Aubi-
» gny , 1559 «.

En 1621 , les cloches furent encore refondues,
& fur la plus groffe on lifoit :

» Ifabelle fuis nommée par noble & puiffant
» feigneur meffire Charles-Philippes d'Oignies,
» chevalier feigneur de Rolancourt, fieur d'Eftrées
» & Berlette, & dame Eléonore-Hippolite d'Oignies
» fa compagne, *fondateurs de cette eglife ;* fire
» Adrien du Quefnoy , abbé du Mont-Saint-
» Eloi; fire abbé Connel , prieur d'Aubigny ,
» 1621 «.

Alors Berlette & Savie étoient encore fous les
deux dominations de France & d'Efpagne.

En 1665 , la terre de Berlette fut faifie réellement fur le comte d'Eftrées : dans l'expofé en
vente du parquet du confeil d'Artois , du 30
juin 1683 , on inféra cette claufe : *Comme auffi
les feigneurs de Berlette font feigneurs de l'églife
de Savie , & comme tels jouiffent des droits honorifiques*

Ledit jour 30 , dame Françoife Boucherat ,
dame de Savie , forma oppofition à cette
claufe.

Le 6 décembre fuivant , requête de fa part
à fin de radiation de cette claufe. Le 5 décembre
1684 , appointement à faire preuves.

Le 17 octobre 1685 , adjudication de la terre
de Berlette à dame Thérèfe de Geneviers, à la
charge & fans garantie de l'oppofition.

En 1690 , la dame de Geneviers fit mettre
un banc dans le chœur, fes armoiries à la maî-
treffe vître du chœur ; elle fe fit recommander
aux prières nominales le 8 octobre 1689 , elle en
avoit donné un billet d'indemnité au curé.

En 1697, les sieur & dame de Beauraint acquirent la terre de Savie : le 13 mai 1702 ils firent ôter le banc de la dame de Geneviers ; le 20, complainte de la part de cette dame ; 4 août 1702, sentence qui par provision condamne les sieur & dame de Beauraint à faire rétablir le banc, & sur les droits honorifiques appointe en droit.

En 1703, la terre de Berlette fut saisie réellement sur la dame de Geneviers : dans l'exposé en vente au parquet du conseil d'Artois, on inséra cette clause : *Comme aussi les seigneurs de Berlette sont seigneurs de l'église de Savie, & comme tels jouissent des droits honorifiques.* Le même jour, opposition à cette clause par le sieur de Beauraint.

Le 16 juin 1706, le sieur Bon l'Allard se rendit adjudicataire de Berlette, à la charge de l'opposition du sieur de Beauraint.

Le sieur Bon l'Allard a suivi le procès ; il a soutenu qu'il étoit fondateur de l'église de Savie, ayant le plus ancien & le plus noble fief de la paroisse, Berlette étant baronnie : il rapporta les inscriptions sur les cloches, les adjudications de Berlette de 1685 & de 1706, un dénombrement de 1543, un contrat de vente de cette terre en 1451, où ces qualités étoient relatées ; il articula la possession des droits honorifiques, il excipa de ses armes à la maîtresse vître du chœur, de son banc dans le chœur à la place la plus honorable, & que le sieur de Beauraint avoit été condamné de rétablir.

Au contraire, le sieur de Beauraint prouva qu'il étoit seigneur de Savie, *où l'église étoit située ;* que de tout temps les seigneurs de Savie, les

jours de patron, de pâques & de noël, avoient
reçu publiquement les honneurs de l'églife de
Savie ; que les tableaux funebres des anciens feigneurs de Savie étoient attachés aux murailles du
chœur. Il rapporta un procès-verbal du confeil
d'Artois du 2 mai 1635 , des atteftations de
1621 & 1664, qui prouvoient que les feigneurs
de Savie avoient été recommandés aux prières
nominales. Il en rapporta des certificats des curés,
notamment un de 1690.

Le 21 juillet 1712 , fentence au confeil provincial d'Artois, qui appointe les parties à faire
preuve.

Appel interjeté d'abord par le fieur de Beauraint, qui forma le procès par écrit , joint fon
appel verbal de l'ordonnance & fentence du 4
août 1702. Le 7 juillet 1714 , le fieur Bon l'Allard interjeta auffi appel de la fentence du 21
juillet 1712.

Les abbé & religieux du Mont-Saint-Eloi pré-
tendirent les mêmes droits ; ils fe prétendoient
auffi feigneurs vicomtiers du contour de l'églife ;
ils fe firent recevoir parties intervenantes : dans la
fuite, ils fe défiftèrent de leur prétention. Le curé
étoit auffi intervenant. Le 27 juin 1714 , arrêt qui
disjoignit les interventions.

Le 14 juillet, audit an 1714 , arrêt définitif,
entre les fieur & dame de Beauraint, feigneur
& dame de Savie, & le fieur Bon l'Allard,
feigneur de Berlette, en la première des enquêtes, au rapport de M. l'abbé Lorenchet. Le
voici.

» Notredite cour, par fon jugement & arrêt,
» faifant droit fur les appellations & demandes
» d'entre lefdits de Beauraint & Bon l'Allard,

» a

» a mis & met les appellations refpectivement
» interjetées, fentences & ce dont eft appel au
» néant ; émendant , ayant aucunement égard
» aux demandes dudit de Beaurainr , or-
» donne que les deux adjudications faites au
» confeil d'Artois les 18 octobre 1685 & 16 juin
» 1706, de la terre de Berlette, feront réfor-
» mées, *en ce qu'elles portent que les feigneurs*
» *de Berlette font feigneurs de l'églife de Savie,*
» *& comme tels jouiffent des droits honorifiques;*
» ce faifant, que lefdits mots feront rayés, &
» qu'en marge d'icelles où fe trouveront lefdits
» mots, mention fera faite du préfent arrêt :
» fait défenfes audit l'Ailard, feigneur de Berlette,
» fes fucceffeurs & ayans-caufes, *de fe qualifier*
» *réellement & perfonnellement feigneurs de l'églife*
» *de Savie, ni fondateurs d'icelle;* comme auffi
» que les mots de fondateurs d'icelle qui font
» écrits fur une cloche de l'églife de Savie, ne
» pourront nuire ni préjudicier audit fieur de
» Beaurainr, fes fucceffeurs & ayans-caufe, ni
» l'Allard en tirer avantage ; maintient & garde
» ledit de Beaurainr dans le droit de fe dire &
» qualifier *feul* feigneur jufticier, foncier & vi-
» comtier du village de Savie , & , *comme tel ,*
» *feigneur temporel & réputé fondateur de l'églife*
» *de Savie :* en conféquence, ordonne que ledit
» de Beaurainr , *en cette qualité,* continuera d'être
» recommandé par les curés du village de Savie
» dans les prières publiques du prône; que les
» comptes de la fabrique feront préfentés audit
» de Beaurainr , fuivant & conformément au
» placard du premier juin 1587, & qu'il con-
» tinuera auffi de jouir de tous les autres droits
» honorifiques; fait défenfes audit l'Allard de l'y

Tome XLV.   D

» troubler ; ordonne que les armoiries de Thé-
» rèfe de Geneviers, pofées en l'année 1690 fur
» une des vîtres du chœur de ladite églife, &
» l'accoudoir en forme de banc, placé dans le
« chœur du côté de l'évangile, en la même an-
» née, depuis le procès commencé en l'année
» 1683, feront enlevés ; fait défenfes auxdits
» l'Allard & fon lieutenant d'aller les premiers
» aux proceffions & aux offrandes, ni de fe faire
» donner les premiers l'eau benite & le pain
» beni, ni de prétendre aucunes prééminences
» de cette nature, lefquelles appartiendront &
» feront données par les curés & autres officiers de
» l'églife de Savie audit de Beauraint, à fon époufe
» & à leurs fucceffeurs, feigneurs & dames de
» Savie, *& en leur abfence, à leur bailli ou lieu-*
» *tenant, comme premier officier de juftice* ; & fur
» le furplus des demandes dudit de Beauraint,
» met les parties hors de cour ; déclare, en tant
» que befoin feroit, le préfent arrêt commun
» avec la dame du Quefnoy, époufe dudit de
» Beauraint ; déboute ledit l'Allard de toutes les
» autres demandes, & le condamne aux dépens,
» tant des caufes principales que d'appel : &
» demandes envers ledit de Beauraint & fa
» femme «.

§. X. *Les anciennes chartres par lefquelles on
donne l'autel,* altare, *emportent-elles la donation
du Patronage?*

La difcipline de l'églife de France, au fixième
fiècle, étoit que les évêques euffent une part
dans les oblations ou offrandes qui fe faifoient
aux paroiffes. C'eft un fait établi par les canons

de plusieurs conciles, & en particulier par ceux du concile d'Orléans, tenu en 511. *De his quæ in altario oblatione fidelium conferuntur, medietatem sibi episcopus vindicet.* (Concil. Aurel. can. 14.)

Les siècles qui suivirent cette époque, furent pour l'état ecclésiastique & pour les paroisses de campagne sur-tout, des temps de troubles & de désolation. Les revenus des églises tentèrent d'abord la cupidité des laïcs : les conciles les forcèrent, par leurs anathêmes, à renoncer à cette possession injuste ; mais un abus est remplacé la plupart du temps par un autre. Au lieu de rendre les revenus des églises aux titulaires qui les desservoient, on les donna souvent aux moines ; ils les sollicitoient eux-mêmes avec ardeur, & parvenoient à se mettre en possession de tous les revenus attachés à la cure, c'est-à-dire, des dîmes, des oblations ou casuel, & des terres dont le titulaire devoit jouir. On distinguoit entre ces trois espèces de produits, le revenu total des églises. Une lettre de Jean de Sarisburi, qui fut l'un des plus savans hommes du douzième siècle, le prouve clairement : *Est quiddam,* dit-il, *quòd tam meam quàm aliam vehementer angit ecclesias ; quorumdam scilicet rapax & intemperans audacia monachorum, qui quò liberiùs effluant .... parochiales ecclesias cum altariis & decimationibus, cæterisque beneficiis de manu laïcâ recipere pactis quibuslibet, sacrilegâ temeritate præsumunt.*

Ces expressions désignent chacune des parties qui constituent le revenu de l'église : le casuel, *cum altariis* ; les dîmes, *cum decimationibus* ; les terres, *cum cæteris beneficiis.*

A l'égard de ces pactes que Jean de Sarisburi condamne, ils confiſtoient à ſe ſoumettre au droit de *rachat* ou *relief* de l'autel, pour avoir la poſſeſſion du caſuel.

» On appeloit, dit l'abbé Fleuri en parlant » de l'uſage de ces ſiècles, on appeloit *égliſe*, » les dîmes & les autres revenus fixes, & *autels*, » les oblations & le caſuel «. (Hiſt. eccléſ. liv. 64, n. 24.) *Autel* étoit donc ce que l'on mettoit ſur l'autel; & à cauſe du droit que les évêques avoient conſervé d'y participer, conformément à l'uſage établi par le concile de Clermont, on diſoit de l'autel, ainſi diſtingué de l'égliſe, qu'il appartenoit ſpécialement à l'évêque, lors même que le produit des fonds de la cure appartenoit à un tiers. C'eſt ce que témoignent ces expreſſions d'Aimon dans la vie de ſaint Abbon : *Eſt etiam alius error graviſſimus, quo fertur altare eſſe epiſcopi, & eccleſiam alterius cujuſlibet domini, cùm ex domo conſecratâ & altari unum quoddam fiat quod dicitur ecclesia.* Bibliot. Floriac. p. 320, édit. de 1608).

Une preuve évidente que les évêques, en accordant alors les autels, ne donnoient que les oblations, ou plutôt la part qu'ils y avoient, en conſéquence des diſpoſitions des anciens conciles, ſe trouve conſignée dans une chartre de Beaudoin, évêque de Noyon, de l'an 1047, par laquelle il donne trois autels au monaſtère de ſaint Eloi. *Hæc tria altaria*, dit-il, *S. Eligio & monachis ibi ſervientibus eâ ratione dedimus, ut cunctis diebus ea teneant & tenenda poſſideant. Et ne aliquis*, ajoute Beaudouin, *putet nos præceptis canonum obviaſſe, ſententia concilii Toletani IX ſcripta capitulo 6, huic chartæ annotamus, ut episcopus tertiam partem ecclesiasticarum rerum , tam sibi quàm cui elegerit conferat. Cum praeteritis sanctionibus notissimum habeatur quod de rebus parochialium ecclesiarum pars episcopo conferatur , opportunè tamen duximus decernendum ut episcopus tertiam partem , quam de rebus eisdem sanctione pariter sibi debitam novit , aut ipsi ecclesiae cujus res esse patebit , aut alteri ecclesiae cui elegerit , conferre decreverit , & licitum maneat , & irrevocabile robur ejus sententia ferat. (Gallia christ. t. 10 , instrum. p. 364.)* Remarquons en passant, sur cette chartre, que le texte du concile de Tolede, dont Beaudoin appuye sa donation , prouve démonstrativement que le don d'un autel est toute autre chose qu'un don de Patronage.

Les moines eurent soin d'entretenir cette distinction d'*autel* & d'*église*. Elle leur étoit avantageuse , en ce qu'ils se faisoient donner par chaque personne ce qu'elle pouvoit avoir de droits sur une église paroissiale ; de sorte qu'il en restoit peu sur lesquelles ils ne parvinssent à acquérir eux-mêmes quelque droit. De l'un ils recevoient la grosse dîme , de l'autre les oblations , des troisièmes le droit de présentation. Nous avons dans les chartres de ces siècles, des exemples de toutes ces espèces de donations : dans les unes, un seul de ces objets est donné ; dans d'autres , on en réunit plusieurs.

Il suffit d'ouvrir les recueils de preuves rassemblées à la fin des différens volumes du *gallia christiana*, pour trouver une multitude de chartres semblables. En voici une où l'on spécifie l'*église* , c'est-à-dire les dîmes , & l'*autel* , c'est-à-dire les oblations , comme deux choses distinctes , qui forment deux objets dans une donation. Elle est

D iij

de Gui, évêque de Beauvais, & de l'année 1081 :
Hugo, comes de domno Martino villæ quæ dicitur
Escelens, ecclesiam cum altari quam tenebat, quia
in nostro episcopio sita erat, mihi reddidit; quam
posteà, cum altari similiter, B. Petro Cluniacensi
& ejusdem monasterii monachis donavimus. (Gall.
christ. t. 10, inst. p. 248.) Dans une autre de
l'année 1064, Gui, évêque d'Amiens, donne à
l'abbé de Corbie, sur sa prière, l'autel d'une
église dont il possédoit déjà les autres revenus.
F. prælibati monasterii abb..s paternitatem nostram
mansueto affectu adiit, atque ardenti caritate exo-
ratus fuit, quatenùs altare vici qui dicitur Ciri-
ciacus, exteriora enim loci ejus beneficia posside-
bat, præfatæ ecclesiæ conferremus. L'évêque y confent ; mais on voit par la suite de sa disposition,
que le don qu'il faisoit de l'autel n'entraînoit
pas la nomination du pasteur ; car aussi-tôt il le
nomme lui même, ou plutôt il en nomme deux,
ainsi qu'il fut souvent d'usage alors, & qu'on en
voit des vestiges dans plusieurs églises : *Ita tamen*
ut illud altare duo clerici, scilicet Robertus Othi-
cusque personaliter susciperent, quorum alteruter,
bis per annos singulos, ad concilia nostra accederet.
(Gall. ch. *ibid.* p. 189.)

Une chartre de Volgrin, archevêque de Bourges, de l'an 1124, fournit au contraire l'exemple
d'une église donnée au monastère de Souvigni,
avec le droit de présentation exprimé par cette
clause : *Defunctis capellanis licebit vobis cappel-*
lanos eligere. (Gall. christ. tom. 2, instr. p. 11.)
La même clause est écrite dans une autre chartre de
1156. (Ibid, p. 12.) Ailleurs on trouve le droit
de Patronage littéralement nommé, & joint au
don de l'*autel ;* c'est dans une chartre de Nive-

lon, évêque de Soiſſons, de l'an 1207 : *Scire volumus univerſos quòd nos altare de Vincelis, cum jure Patronatûs, contulimus eccleſiæ B. Petri Sueſſionenſis.* (Gall. chriſt. tom. 10, inſt. pag. 130.)

On donnoit donc alors aux moines plus ou moins de droit ſur les égliſes paroiſſiales & ſur leurs revenus ; mais lorſqu'on ne leur donnoit que l'autel, ce n'étoit que les oblations, le caſuel, & les menues dîmes qu'on leur tranſportoit. Nous ajoutons les menues dîmes, c'eſt-à-dire celles de charnage & de menus grains, qui étoient regardées comme une partie des oblations. S'il faut encore de nouvelles preuves de ce fait, voici le texte d'une chartre de 1084, qui déclare ce dont on doit jouir en vertu du don de l'autel : *Altare ſitum in villâ quæ vulgò Nepegliſia nominatur, concedo, ad opus monachorum de clauſtro S. Martini majoris monaſterii, quatenùs ipſi oblationes & decimas ad altare pertinentes, ad uſus ſuos habeant, exceptis duobus ſo.idis.*

L'autorité des perſonnages les plus ſavans & les plus reſpectés, lorſqu'il s'agit de l'interprétation des chartres ; l'autorité de Ducange, des religieux bénédictins qui ont donné la nouvelle édition de ſon gloſſaire, & de dom Carpentier, ſe joint à tout ce qui vient d'être dit ; leur ſuffrage confirme le ſens que nous donnons au mot *altare.* Ducange avoit interprété le mot *altare* par *oblationes. Altare dominicum*, avoit-il dit, *oblationes facta ad altare majus* ; il avoit ajouté, *altare, eccleſia vel obventiones, ac reditus altaris ſeu eccleſiæ.* Cette ſeconde interprétation, plus vague que la première, étoit trop générale ; elle pouvoit induire en erreur. Ses ſavans éditeurs ſont

à ce sujet une note : *Quæ quidem omnia*, disent-
ils, *ut magis illustrentur*, *nonnulla præstat ob-
servare.* Ces observations se réduisent à quatre
chefs. 1°. Le mot *autel* est pris, mais quelquefois seulement, pour l'église elle-même ; *altare*
ALIQUANDO usurpatur pro ecclesiâ. 2°. Dans
d'autres chartres, il a une signification plus
étroite : *Strictioris est significationis quàm ecclesia*
in nonnullis instrumentis. 3°. Ailleurs il signifie
les oblations, dîmes & autres revenus de l'église :
Altare sumitur pro decimis, *oblationibus*, *aliif-
que reditibus ecclesiæ.* Mais, 4°. le plus souvent,
le plus ordinairement l'usage fut de le restreindre
à désigner les oblations faites sur l'autel : *altare*
ad oblationes altaris designandas sæpiùs restrictum
fuit. Dans ces différentes interprétations, dont il
est essentiel de remarquer que pas une n'indique
le droit de Patronage, à laquelle le bon sens
exige-t-il qu'on se fixe, sinon à celle qui est conforme à l'usage le plus fréquent, *sæpius ad oblationes altaris restrictum fuit ?* Il faudroit des motifs
pressans pour adopter une autre interprétation.

Dom Carpentier n'insiste que sur cette signification la plus ordinaire du mot *altare.* *Minuta oblationes*, dit-il, *in chartâ & in arresto curiæ parlamenti*
anni 1416, 8 *augusti.* Il explique de même
altariagium, *altalagium*, & sur ce dernier mot
il rapporte l'extrait d'une chartre de Piene, évêque
de Bayeux, où on lit : *Dictus vicarius habeat &*
percipiat, *anno quolibet*, *totum altalagium quod*
consistit in lanis, *agris*, *animalibus*, *anseribus*,
linis, *canabis*, *& oblationibus*, *ac juribus funerum*,
& omnes minutas decimas, *quocumque nomine*
censeantur.

§. XI. *Comment on succède au Patronage laïque, & de quelle manière il se partage entre cohéritiers, Donation de ce droit.*

Le droit de Patronage réel passe aux héritiers du patron avec la terre à laquelle il est attaché, & chacun d'eux conserve, pour la présentation du bénéficier, un droit proportionné à la portion qu'il a dans la terre. Si la terre dont le Patronage dépend est un fief, & que le mâle exclue la femelle en succession collatérale, elle n'aura aucune part au droit de Patronage non plus qu'au fief. Si l'aîné en directe emporte le fief tout entier par droit d'aînesse, il aura le droit de Patronage tout entier; s'il n'emporte que la moitié du fief, il n'aura que la moitié du Patronage. Il y a cependant des coutumes qui donnent à l'aîné par préciput le droit de Patronage tout entier, quand il est attaché au fief, quoiqu'elles ne lui accordent qu'une portion avantageuse dans les fiefs au dessus de ses frères & sœurs.

» A l'aîné ou l'aînée desdits comtés, vicomtés » ou baronnies, appartient le châtel, fossé & pour- » prinse d'icelui, avec le droit de guet, tel qu'il » lui peut appartenir par titre particulier dûment » vérifié, ou jouissance de temps immémorial, » pour esdits cas en jouir suivant l'ordonnance » sur ce fait. Aussi lui appartiennent un hommage » en châtellenie à son choix, droit de Patronage, » don d'aumônerie & maladrerie. *Cout. de Tours,* *art.* 294.

» Lequel droit d'aînesse est le châtel, fossé & » pourprinse d'icelui, avec le droit de guet tel

» qu'il lui peut compéter & appartenir, une foi
» & hommage en châtellenie à son choix, droit de
» Patronage, don d'aumônerie & de maladrerie «.
Coutume de Loudunois, ch. 28 ; art. 3.

Le Patronage personnel se partage dans la succession du patron comme ses autres biens ; de sorte que si ce Patronage est un propre, il appartient à l'héritier des propres; si c'est un acquêt, ce sont les héritiers des acquêts qui en profitent : entre plusieurs héritiers qui viennent les uns par représentation, les autres de leur chef, la division du Patronage, pour le droit dans la présentation, se doit faire par souche, & non par têtes.

L'ancienne coutume de Montdidier n'admettoit point la représentation ni en ligne directe ni en ligne collatérale ; ce qui fut corrigé dans la nouvelle coutume. Avant cette réformation, le sieur Tristan avoit fondé une chapelle, avec la réserve du Patronage à perpétuité en faveur du plus prochain héritier mâle & premier né de degré en degré descendant de lui. Arnaud & Edmon Tristan eurent entre eux une contestation au sujet du Patronage en 1690 ; le premier, qui étoit oncle du second, disoit qu'il se trouvoit le plus prochain héritier mâle du fondateur, suivant l'ancienne coutume, par laquelle il prétendoit qu'on devoit expliquer la fondation. Le neveu faisoit valoir la représentation, & il remontroit que le testament ayant déféré le Patronage à celui à qui la coutume donnoit la qualité de plus prochain héritier mâle & de premier né, il falloit suivre cette loi pour le Patronage comme pour les autres biens de la succession. Par arrêt rendu au parlement de Paris en 1693, le neveu fut maintenu en poſſeſſion du Patronage. Voyez le cinquième volume du journal des audiences.

Ainſi la fille qui eſt exclue par ſon contrat de mariage ou par la diſpoſition de la coutume, des ſucceſſions de ſes père & mère, ne peut prendre aucune part au droit de Patronage.

Toutes ces maximes ſont fondées ſur ce que le Patronage laïque, réel ou perſonnel, ſe partage en France comme tous les autres biens du patron.

Cependant, s'il s'étoit juſtifié par le titre de la fondation ou par des actes & des partages anciens, que le droit de Patronage fût attaché à la famille du fondateur, il n'y auroit que ceux de ſa famille qui pourroient jouir de ce privilége, & il leur ſeroit tranſmis de plein droit, ſans qu'ils fuſſent héritiers du dernier patron. Il faut auſſi obſerver le titre de la fondation & les actes poſtérieurs. Quand il eſt prouvé par ces pièces que l'aîné ſeul de la famille doit avoir le droit de Patronage entier, cette dernière diſpoſition doit être obſervée avec d'autant plus d'exactitude, qu'elle eſt très-utile pour prévenir les embarras que peut cauſer la diviſion du Patronage.

La donation de tous les biens comprend le droit de Patronage, qui appartient au donateur à raiſon d'un fief auquel il eſt attaché ; mais non pas par la donation de tous les droits, parce que la donation des droits ne comprend que des droits incorporels, & paſſe pour une donation particulière, & le Patronage eſt un bien, quoiqu'il ne tombe pas en commerce quand il eſt ſéparé. Dumoulin, §. 55, gloſſaire 10, in verbo, payant les droits, num. 8.

Le confentement de l'évêque à la donation du droit de Patronage eft feulement néceffaire quand elle eft particulère à ce droit, mais non pas aux donations univerfelles ou de la feigneurie à laquelle ce droit eft inhérent, *quia tunc tranfit cum univerfitate. Ibid.*

§. XII. *Lorfqu'une terre à laquelle eft attaché un droit de Patronage, eft vendue, faut-il pour transférer le droit à l'acquéreur une ftipulation expreffe dans le contrat ?*

Pour difcuter cette difficulté avec l'attention qu'elle exige, il faut fe rappeler la diftinction fi connue entre le Patronage perfonnel & le Patronage réel.

Le premier eft celui qui fubfifte feul, fans aucun acceffoire, fans être annexé à aucune glèbe. Un fondateur, en fe réfervant le Patronage, déclare qu'il l'attache à fa perfonne, à fa famille, ou bien le propriétaire d'une feigneurie en fépare le Patronage pour l'annexer à l'églife qui le poffède feul & fans aucun fonds de la feigneurie : dans ces deux cas, le droit eft perfonnel.

Au contraire, il eft réel toutes les fois qu'il ne fubfifte pas feul, qu'il eft annexé à un objet tel qu'il foit, qu'il fait partie d'une univerfalité ; en un mot dès qu'il exifte entre les mains, foit d'un laïc, foit d'un eccléfiaftique, une univerfalité quelconque, compofée d'un domaine, d'une feigneurie, de droits honorifiques de Patronage, le Patronage fait en ce cas partie de l'univerfafalité ; il eft réel.

De cette réalité réfultent deux conféquences ; la première que ce Patronage fait une partie intégrante de la terre ; la deuxième , qu'il eſt compris dans la vente de cette terre , ſans qu'il ait été beſoin de le déſigner plus particulière-ment.

Nous diſons que le droit de Patronage fait partie du fonds du domaine de la ſeigneurie: ce ſont les propres termes de Dumoulin : *Tantùm abeſt*, dit cet auteur, *ut Patronatus ex fondatione ejus Patronatûs habeat ex numerâ gratiâ ut commenti novi canoniſtæ ut hoc habeat jure primitivo*, *ET TANQUAM PAR-TEM JURIS ET DOMINII PRIMITIVI*, in edic. adv. parv. epit. gl. v. n. 34. Ailleurs, cet auteur ajoute : *Jus Patronatûs eſt imago quædam & re-liquiæ veteris dominii.* » Comme cet ancien do-» maine auroit appartenu à l'acquéreur, il eſt » juſte qu'il jouiſſe de l'honneur *qui tient lieu de* » *fonds*, qui eſt comme ſubſtitué , ſubrogé à la » place du fonds. M. d'Agueſſau, tome 4 , page » 553 «.

Des autorités auſſi reſpectables nous diſpen-ſent d'en rapporter d'autres : il doit donc demeu-rer pour conſtant , que le Patronage & les hon-neurs qui en dérivent , *tiennent lieu du fonds*, *lui ſont ſubſtitués ſubrogés* ; qu'ils ſont réputés faire partie du domaine , de la ſeigneurie même, *reliquiæ veteris dominii.*

Si cela eſt , notre aſſertion eſt ſuffiſamment prouvée, puiſque la vente d'une terre , d'une ſeigneurie , comprend néceſſairement tous les droits ſeigneuriaux, comme tous les fonds de terre.

Cependant , pour ne laiſſer aucun nuage ſur ce point , on croit devoir citer encore quelques au-torités.

In conceſſione univerſali jus Patronatûs tranſit

cum univerfalitate. Ant. de Butrio, ad capit. 7.
X. de jure Patr.

Quòd vendito caftro vel villâ tranfeat jus Pa-
tronatûs nemo negat. Roch de la Cour, *de jure*
Patronatûs, page 412.

Veut-on une preuve encore plus pofitive de
cette maxime, que le Patronage eft compris dans
la vente d'une feigneurie, par cela feul qu'il
n'en eft pas excepté? on la trouve cette preuve
dans un jugement du pape Alexandre III : cette
décifion forme le chapitre feptième du titre du
droit de Patronage aux décrétales.

Un abbeffe avoit tranfporté à un laïc une terre,
villam, moyennant une redevance ; il y avoit
dans cette terre une paroiffe ; *villam in quâ eccle-*
fia fita eft ; la terre & l'églife dépendoient du
monaftère, *à monaferio tenebat.* Cette églife
devient vacante : le laïc détempteur de la terre,
& l'abbeffe, y préfentent chacun un fujet. On
confulte le pape, & voici la régle de décifion
qu'il donne : » Si la terre a été tranfportée fans
» réferve du droit de Patronage, *fi villa fuerit*
» *non excepto jure Patronatûs conceffa* ; il faut
» adjuger le bénéfice au préfenté par le laïc ;
» *ad præfentationem militis iftituto adjudicetur*
» *ecclefiam* «.

§. XIII. *Du Patronage eccléfiaftique qui paffe*
dans les mains du roi.

On reconnoît pour Patronage royal & purement laïque, celui que le roi exerce comme repréfentant l'églife, & cela quoique dans fon origine il fût purement eccléfiaftique: on peut citer
pour exemple les nominations de plufieurs béné-

fices simples qui appartenoient aux abbayes de
Saint-Michel-en-l'Herme, de Saint-Denis, de
Marmoutier & autres, avant leurs unions & suppressions : ces nominations ayant été cédées au
roi, forment aujourd'hui un Patronage royal, qui
est non seulement affranchi de la prévention,
mais qui n'oblige même pas le roi à présenter
à ces bénéfices dans les quatre ou six mois accordés aux patrons pour nommer.

Si un Patronage, qui étoit originairement ecclésiastique, a appartenu au roi, & qu'il se détermine à le céder à quelqu'un de ses sujets, il
conserve toujours sa qualité de Patronage royal ;
on en voit un exemple dans ce qui s'est fait à
l'égard des abbayes de Saint-Gildas, du Bourg-
Dieu, & du Prieuré de Grandmont.

Le roi Louis XIII, ayant approuvé le dessein
que M. le prince de Condé avoit de faire sécu-
lariser ces abbayes, & de substituer à la place
un collége de jésuites & une église collégiale
à Château-Roux, il y eut une première bulle,
en date du 29 décembre 1622, par laquelle le
pape, après avoir supprimé à perpétuité le titre
& la dignité des deux abbayes & prieurés, & en
avoir uni les biens au duché de Château-Roux,
sa sainteté charge M. le prince de Condé de fonder un collége de jésuites à Château-Roux,
avec une collégiale composée d'un abbé séculier
& de douze chanoines, & de doter l'une &
l'autre maison de ses propres biens. Ensuite la
bulle, après avoir dit que la nomination de l'abbé
séculier appartiendra au roi en vertu du concordat, accorde à M. le prince & à ses successeurs
ducs de Château-Roux, la nomination aux canonicats & aux bénéfices, qui appartenoit aupa-

ravant aux abbés de Bourg-Dieu, de Saint-Gildas
& du prieuré de Grandmont. Enfin, le pape
déclare & reconnoît que ce Patronage eſt laïque,
noble & illuſtre, de fondation & de dotation
abſolument laïque.

Depuis, le roi ayant cédé à M. le prince de
Condé la nomination de l'abbaye ſéculière de
Château-Roux, il fut rendu un arrêt au conſeil
d'état, le 28 août 1627, par lequel le roi ordonne
que dans ſes nominations à la dignité d'abbé
ſéculier, aux canonicats de Château-Roux, &
aux bénéfices dépendans des abbayes & prieurés ſupprimés, M. le prince ſera tenu d'énoncer
qu'il tient du roi ce droit de nomination, & qu'il
lui appartient par conceſſion royale.

Or, dès que les ducs de Château-Roux ne
nomment aux bénéfices dépendans autrefois des
abbayes de Saint-Gildas & du Bourg-Dieu, que
par conceſſion du roi, & qu'ils ſont obligés de
faire mention de cette conceſſion dans les préſentations qu'ils font, il n'eſt pas douteux que
c'eſt un droit de nomination royale, & qu'il en
a toutes les prérogatives ; par où l'on voit que,
ſoit que le roi exerce lui-même un droit de nomination qui lui appartient, ſoit qu'il le céde, il
conſerve toujours ſa nature de droit royal, quoiqu'il fût auparavant un droit de Patronage purement eccléſiaſtique.

§. XIV. *Si les patrons ou collateurs laïques ſont
ſujets au droit de joyeux avénement ſur les
bénéfices.*

Quelques auteurs ont penſé que l'empereur
d'Allemagne eſt en poſſeſſion d'adreſſer ſes premières

thières prières aux patrons , & même aux collateurs laïques de l'empire, & qu'ils satisfaisoient aux
brevets ; & sur ce fondement on a cru que le
roi, comme subrogé aux droits de l'empire pour
l'Alsace & quelques autres provinces, pouvoit
donner des brevets de joyeux avénement sur les
églises dont les prébendes étoient en Patronage
laïque ; c'est ce qui paroît par des mémoires qui
furent faits dans une contestation jugée au grand
conseil en l'année 1726 , au sujet d'un canonicat de l'église de Bethfort , & dont voici le sujet.

La province d'Alsace est, entre autres, composée
du comté de Férette , qui renferme dans son étendue la seigneurie de Bethfort : Jeanne de Mon-
beillard , à qui cette seigneurie appartenoit autrefois , y fonda, en 1342 , un chapitre , avec
réserve du droit de Patronage , qui a été converti
par l'usage & la possession , en pleine & libre
collation , sans réclamation de la part de M.
l'archevêque de Besançon , dans le diocèse duquel
le chapitre de Bethfort est situé.

Le comté de Férette étant venu , à la maison
d'Autriche , elle l'a cédé , par le traité de paix
de Munster, au roi Louis XIV , avec tous les droits
de souveraineté & autres qui lui appartenoient.

En 1658 , le roi fit don au cardinal de Mazarin du comté de Férette , de la seigneurie de
Bethfort , avec tous les droits de justice , juridiction, *Patronage d'église* , *collations de bénéfices* ,
à la réserve seulement de la souveraineté & du
ressort.

Dans la suite M. le cardinal de Mazarin ,
& après lui ses héritiers ont continué de
conférer , en qualité de seigneurs de Bethfort ;

les canonicats de l'églife collégiale de la même ville, fondés par Jeanne de Montbeillard, & leurs provifions ont opéré en faveur de chacun des pourvus, une jouiffance paifible ; ce point étoit conftant dans la caufe.

. Le 12 janvier 1772, le roi gratifia le fieur Antoine Fournier d'un brevet de joyeux avénement fur le chapitre de Bethfort, lequel brevet n'étoit pas tout a fait dans la forme ordinaire ; mais il fuffit de remarquer qu'il étoit feulement adreffé aux prévôt, chanoines &, chapitre de Bethfort, fans aucune mention de M. le duc de Mazarin.

Le fieur Fournier fit notifier fon brevet le premier avril 1722, au chapitre de Bethfort, & le 13 du même mois, à M. le duc de Mazarin, en la perfonne de l'intendant de fes affaires en Alface.

Le 30 mars 1724, il vaqua au canonicat par la mort du fieur Obrier : le fieur Fournier en fit la réquifition au chapitre le 10 avril fuivant ; mais ayant effuyé un refus, il prit poffeffion le lendemain 11 avril, de fa propre autorité, fans aucun titre canonique. Nulle réquifition à M. le duc de Mazarin.

M. le duc de Mazarin, de fon côté, donna des provifions de ce canonicat au fieur Pierre-Léger Boug, qui prit poffeffion le 11 avril, c'eft-à-dire le même jour que le fieur Fournier ; & comme ce dernier n'avoit point de titre, croyant réparer le vice d'intrufion qu'on ne manqueroit pas de lui oppofer, il fe retira par devers M. l'archevêque de Befançon, qui lui donna des provifions le 9 mars 1725, fur le refus qui lui avoit été fait par le chapitre de Bethfort l'année précédente.

Dès le 26 avril 1724, M. le duc de Mazarin avoit obtenu au grand conseil une commission pour y faire assigner le sieur Fournier, & il y conclut à ce qu'il fût maintenu dans le droit de Patronage laïque des canonicats & prébendes de l'église collégiale de Bethfort; à être déchargé du droit de nomination du roi auxdits canonicats pour son joyeux avénement, & à ce que le sieur Boug, par lui pourvu, fût main enu en possession du bénéfice contentieux. Le sieur Boug intervint aussi dans la contestation.

Du côté du sieur Fournier, pour soutenir son brevet, on avança, qu'en Alsace le roi n'exerçoit pas le droit de joyeux avénement, tel qu'il en jouit dans les autres parties du royaume, mais qu'il usoit du droit de premières prières, par subrogation à la place de l'empereur; qu'en tout cas il y exerçoit les deux droits de premières prières & de joyeux avénement, réunis & consolidés, en sorte que par ce moyen le droit de joyeux avénement participoit à tous les avantages du droit de premières prières, qui, entre autres, avoit le décret irritant, & s'étendoit à tous les collateurs & patrons laïques, comme aux ecclésiastiques.

M. le duc de Mazarin, pour faire échouer ce bréveraire, commençoit d'abord par tirer avantage de l'adresse même du brevet du roi, qui étoit faite aux *prévôt, chanoines & chapitre de l'église collégiale de Bethfort,* sans qu'il y fût fait mention de M. le duc de Mazarin; ce qui supposoit que les canonicats de cette église étoient dépendans du chapitre, & que l'intention du roi n'avoit point été de grever M. le duc de Mazarin, de qui elles dépendoient.

Il excipoit aussi du défaut de réquisition fait

à fa perfonne de la part du fieur Fournier, ainfi
que de fon intrufion ; après quoi il examinoit la
queftion de favoir fi , dans les provinces unies
ou réunies à la couronne, & qui étoient auparavant foumifes à la fouveraineté de l'empire, il
convenoit au roi d'ufer du droit de premières
prières, qui y étoit exercé par les empereurs ,
plutôt que celui de joyeux avénement, qui eft
propre à fa majefté, & qu'elle ne tient que de
fa couronne, ou de les mêler enfemble ; & il
obfervoit que cette importante queftion ayant été
agitée & approfondie au confeil de régence en
l'année 1717, il y avoit été décidé, » qu'il étoit plus
» avantageux au roi de faire valoir dans ces
» provinces le droit de joyeux avénement que
» celui des premières prières , afin d'éviter toute
» difficulté avec le pape fur la néceffité de l'in-
» dult « ; qu'en conféquence de cette décifion, le
roi, dans la Flandres, les Trois-Evêchés & la Franche-
Comté, n'avoit accordé que des brevets de joyeux
avénement, conformes à ceux qu'il donnoit fur
les autres collateurs du royaume ; qu'on ne voyoit
pas que le roi eût agi autrement par rapport à
la province d'Alface , & qu'en tous cas on ne
devoit point dire, comme le fieur Fournier, que
le droit des premières prières relevoit celui de
joyeux avénement & lui donnoit de l'éclat, puifqu'il
n'en avoit pas befoin pour fe foutenir par lui-même.

Et de ce que le roi n'exerçoit en Alface que
le droit de joyeux avénement, M. le duc de
Mazarin en concluoit, qu'étant plein collateur
des canonicats de l'églife de Bethfort, il étoit par
conféquent exempt de cette expectative, fuivant
qu'il avoit été jugé par deux arrêts, l'un du
confeil privé, rendu le 19 octobre 1580, & l'autre

du grand conseil, de l'année 1613 ; & qu'en tout cas, suivant le témoignage de Jean Chokier, chanoine de Liége, les collateurs & patrons laïques de l'empire n'avoient jamais été assujettis au droit de premières prières.

L'affaire ayant été appointée & distribuée à M. de Breget, conseiller, les conclusions du parquet rendoient à ce que M. le duc de Mazarin fût maintenu & gardé dans le droit de Patronage laïque, des canonicats & prébendes de l'église collégiale, droit de nomination du roi auxdits canonicats & prébendes, pour son joyeux avénement à la couronne, & en conséquence le sieur Bourg maintenu & gardé en la possession du bénéfice contentieux.

Sur quoi, le 22 mars 1726, il intervint arrêt conforme aux conclusions. Brillon, qui rapporte les conclusions du parquet ainsi que les mémoires des parties, ajoute qu'il y eut trois avis, le premier de renvoyer au roi, & cependant de juger la complainte en faveur du pourvu par M. le duc de Mazarin, attendu l'intrusion & les nullités du titre du brevetaire.

Le second avis fut celui des conclusions, qui forma l'arrêt.

Et le troisième d'étendre le droit du roi, &, en le fixant à la seule dénomination de joyeux avénement, lui attribuer ou communiquer pour l'Alsace les droits de premières prières, qui sont le décret irritant & l'assujettissement des patrons & collateurs laïques.

Mais il ajoute, que ceux qui étoient du premier avis, ayant été obligés de l'abandonner, de six qui formoient cet avis, quatre étant revenus aux conclusions, ils avoient fait passer l'arrêt d'une voix.

§. XV. *Le fermier, l'engagiste, l'apanagiste, &*
d'une terre à laquelle est attaché un droit d
Patronage, présentent-ils au bénéfice?

Le fermier qui tient un domaine à ferme
à la charge d'en payer le prix par chacune an
née, & celui à qui le patron a abandonné pen
dant un certain temps les revenus de la terre
pour acquitter quelque dette, ne devant joui
que des fruits utiles, n'ont pas la présentation
aux bénéfices dépendans de la terre affermée or
engagée, parce que la présentation est un de
fruits honorifiques.

Le roi, en engageant une terre de son domaine
n'est point censé avoir accordé à l'engagiste la
présentation aux bénéfices, non plus que la nomination aux offices, à moins qu'il n'y en ait une
clause expresse dans le contrat d'engagement. A
l'égard des apanagistes, le roi leur accorde toujours le droit de présenter aux bénéfices qui ne
sont pas consistoriaux : à l'égard de ces derniers,
les apanagistes n'y peuvent présenter, quand ce
droit ne leur est point expressément attribué par
le titre de leur apanage, ou par quelque déclaration du roi, postérieure au titre de l'apanage.

» Nous avons donné, octroyé & délaissé ......
» à notre dit petit fils Charles, fils de France,
» & à ses enfans mâles, descendant de lui en
» loyal mariage, pour leur apanage & entretene-
» ment, selon la nature des apanages de la maison
» de France & les loix de notre royaume, les
» duchés d'Alençon & d'Angoulême &c. .....
» ainsi que lesdits duchés, comtés, châtellenies,
» terres & seigneuries se poursuivent & com-

» portent, étendent & confistent en villes, cités,
» châteaux, châtellenies......juftices, juridic-
» tions, Patronages d'églifes, collations de béné-
» fices «. *Lettres d'apanage de feu M. le duc de*
Berri, du mois de juin 1710.

En pays coutumier, tous les fruits utiles &
honorifiques du bien de la femme, entrent dans
la communauté, dont le mari eft tellement le
maître, que la femme ne peut exercer aucun
de fes droits fans être autorifée : de ce principe,
il faut conclure que c'eft le mari, dans le pays
coutumier, qui doit préfenter au bénéfice, dont
le Patronage réel & perfonnel appartient à la
femme, ou que la femme y préfente, ayant été
à cet effet autorifée par fon mari. Il faudroit rai-
fonner autrement s'il y avoit une féparation de
bien entre le mari & la femme, avec autorifation générale en faveur de la femme pour adminiftrer fon bien ; car, dans ce cas, la préfentation appartiendroit à la femme, & non à fon
mari : quelques auteurs croient que quand le
Patronage eft perfonnel, la femme feule doit
préfenter.

Suivant le droit romain, le mari a fur tous
les biens dotaux de fa femme un droit de propriété, qui dure autant que le mariage : ainfi la
femme s'étant conftitué en dot tous fes biens
préfens & à venir dans le pays de droit écrit,
il eft certain que le mari doit préfenter à tous
les bénéfices dont le Patronage appartient à la
femme. Mais fi la femme s'eft réfervé des
biens paraphernaux, dont elle a la libre difpofition, fuivant le droit romain, & fi le Patronage
eft entre fes biens paraphernaux, la préfentation au bénéfice doit appartenir à la femme.

L'ufufruitier & la veuve qui jouit d'une terre à titre de douaire, ont la préfentation, au bénéfice qui eft attaché à la terre, comme faifant partie des droits honorifiques.

Un enfant de quatorze ans, pourvu d'un bénéfice fimple, duquel dépend le Patronage d'une églife, peut préfenter aux bénéfices fans le confentement de fon tuteur, parce qu'on n'a aucun égard à la minorité, par rapport aux bénéficiers. Il femble qu'on devoit étendre ce principe au patron laïque; cependant la plupart de nos auteurs difent que le patron laïque ne doit préfenter que quand il approche de la majorité. Cette opinion paroît la mieux fondée, parce qu'il ne faut pas faire dépendre la difpofition des bénéfices, d'un enfant qui n'eft point en état de connoître les qualités de celui qu'il préfente.

Dans les pays où la puiffance paternelle a lieu, tant que le fils eft fous la puiffance de fon père, le père préfente à tous les bénéfices, dont le Patronage appartient à fon fils, foit que le Patronage foit réel, foit qu'il foit perfonnel. A l'égard de la garde noble, s'il s'agit d'une coutume où le gardien noble a tous les fruits utiles, & honorifiques appartenans au mineur du côté de la perfonne, par le décès de laquelle la garde eft ouverte, le gardien peut préfenter aux bénéfices dont le Patronage eft tombé dans la garde, fans diftinguer le Patronage réel du perfonnel. Mais pour les coutumes où le gardien noble ne jouit que des fruits des fiefs, il ne peut, en cette qualité de gardien noble, difpofer que des bénéfices dont le Patronage eft attaché aux fiefs. A l'égard du Patronage perfonnel ou de celui qui eft annexé à des rotures, il ne peut, dans ces coutumes, y prendre aucune part que comme tuteur, en cas qu'il joigne cette qualité à celle de gardien noble.

En Normandie, c'est le seigneur de fief à qui la garde du mineur appartient : le seigneur gardien n'a les fruits que des fiefs nobles qui sont tenus de lui immédiatement; & chaque seigneur (si le mineur a des fiefs qui relèvent de différentes terres) prend les fruits de la terre qui relèvent de lui ; par-là, chaque seigneur est en droit de présenter aux bénéfices dont le Patronage est attaché au fief qui tombe en sa garde. Mais celui qui a la garde seigneuriale ne peut présenter aux bénéfices dont le Patronage est personnel.

» Les enfans mineurs d'ans, après la mort de » leurs père, mère ou autres leurs prédécesseurs, » tombent en la garde du seigneur duquel est » tenu par foi & hommage le fief noble à eux » échu «. cout. de Normandie, art. 213.

» Le seigneur féodal a seulement la garde » des fiefs nobles qui sont tenus de lui immé- » diatement, & non des autres fiefs & biens ap- » partenans auxdits mineurs, tenus des autres sei- » gneurs, soit en fief ou en roture «.

Quand il échet au mineur, dans la coutume de Normandie, un fief tenu immédiatement du roi, le roi, en qualité de duc de Normandie, prend la garde, non seulement du fief mouvant immédiatement de lui, mais encore de tous les autres fiefs du mineur, mouvans d'autres seigneurs, des rotures, & de tous les revenus du mineur dont il peut disposer, & par conséquent du droit de présentation aux bénéfices, en vertu du Patronage qui appartient au mineur, soit personnel, soit réel. C'est un usage constant dans

cette province , que quand le roi fait un don
au mineur, à quelqu'un de ses parens, ou à un
étranger, des fruits de la garde, il n'est point censé
avoir cédé le droit de présentation au bénéfice
qui est dans le Patronage du mineur, & auquel
il présente de la même manière que s'il n'avoit
pas fait cession de son droit de garde. Pour les
arrière - gardes (c'est-à-dire les gardes mineurs,
qui tiennent en arrière fief du roi, & en plein fief
du seigneur qui est sous la garde royale), le roi
n'a pas plus de droit que les autres seigneurs de
présenter aux bénéfices attachés aux fiefs qu'il tient
en · arrière-garde , sans disposer de ceux dont le
Patronage est personnel , attaché à des rotures
ou à d'autres fiefs qui ne tombent point dans l'arrière garde.

» La garde royale est quand elle échet pour
» raison de fief noble, tenu nuement & immé-
» diatement de lui : & a le roi, par privilège spé-
» cial, que non seulement il fait les fruits siens
» des fiefs nobles immédiatement tenus de lui,
» & pour raison desquels on tombe en sa garde,
» mais aussi a la garde & fait les fruits siens
» de tous les autres fiefs nobles , rotures , rentes
» & revenus tenus d'autres seigneurs que de lui,
» médiatement & immédiatement «. *Cout. de*
Normandie, art. 215.

» Pendant que le mineur d'ans est en garde,
» si ceux qui tiennent fief noble de lui, tombent
» en sa garde, la garde en appartient au seigneur
» gardien dudit mineur ; & où ledit mineur
» seroit à la garde du roi, il a pareil droit à
» l'arrière-garde que les autres seigneurs , & non
» plus «. *Cout. de Normandie* , art. 222.

La garde seigneuriale finit à vingt ans accom-

plis, & la garde royale à vingt-un ans accomplis :
pour faire cesser la dernière, il ne suffit pas d'avoir
l'âge prescrit par la coutume, il faut encore avoir
obtenu du roi des lettres de main-levée, & les
avoir fait enregistrer : jusqu'à ce qu'on ait satisfait à toutes ces formalités, le roi présente aux
bénéfices dont le Patronage appartient au mineur.
La fille sort de garde par un mariage contracté du
consentement du seigneur.

» La garde noble finit après que le mineur
» a vingt ans accomplis, & s'il est en la garde du
» roi, après vingt-un ans accomplis «. *Cout. de
Normandie*, art. 223.

» Et néanmoins il demeure toujours en garde,
» jusqu'à ce qu'il ait obtenu du roi des lettres-
» patentes de main-levée, & icelles fait expédier «.
Cout. de Normandie, art. 223.

» Le seigneur, dit d'Hericourt dans ses loix
» ecclésiastiques, qui a saisi féodalement le fief
» mouvant de lui, parce qu'on ne lui a point fait
» la foi & l'hommage dans le temps prescrit
» par la coutume, a tous les fruits utiles & ho-
» norifiques du fief ; il reçoit les foi & hom-
» mage des vassaux du fief saisi ; il peut par
» conséquent présenter aux bénéfices qu'il trouve
» vacans, quand le Patronage dépend de ce fief.
» Il n'en est pas de même quand le fief n'est
» saisi qu'à faute de dénombrement, parce que
» le seigneur étant obligé de restituer tous les
» fruits qu'il a saisis, après que le vassal lui a
» donné son dénombrement, il ne doit jouir d'un
» droit qu'il ne peut pas restituer.

» Le seigneur présente aux bénéfices qui vien-
» dront à vaquer pendant l'an du relief, aussi
» bien que pendant la saisie féodale, n'y ayant

» aucune différence à faire pour ce regard entre
» deux jouiſſances «. *Brodeau ſur Paris*, art. 47,
n. 18.

» Le ſeigneur dominant a droit de préſenter
» aux bénéfices pendant l'an du relief «. Lacombe,
v. relief, ſect. 1 ; *idem*, le Maitre ſur Paris.

» Charondas ſur Paris, *art.* 47 ; Ferriere *idem*,
» gl. 1 ; Brodeau *ſur l'art.* 124 *du Maine* ; Du-
» pleſſis, des fiefs, liv. 4, ch. 2, tiennent l'avis
» contraire. Nous nous rangeons de leur opinion,
» dit Livoniere, *des fiefs, liv.* 4, *ch.* 6, *ſect.* 8,
» parce que le droit de Patronage n'eſt point
» un droit ordinaire & annuel, quoiqu'il ſoit mis
» au nombre des fruits, ſon exécution s'étendant
» beaucoup au delà de l'année du rachat «.

*Bonorum appellatione, non continetur jus Pa-
tronatûs.* Balde, *lib.* 1, *conſ.* 32.

» On a demandé, dit Guiot, *du relief,* ch.
13, *n.* 12, ſi le ſeigneur peut préſenter au bé-
» néfice dépendant du fief, pendant l'an du re-
» lief : il y a combat d'avis ſur cela ; pour moi,
» je tiens que le droit de Patronage, qui donne
» la nomination au bénéfice, n'eſt pas un fruit
» de la nature de ceux qui peuvent tomber au
» dominant pendant l'an du relief. Ce droit a un
» effet perpétuel ; le pourvu ſur la nomination
» du dominant pourroit n'être pas agréable au
» vaſſal qui revient à ſon fief après l'an ; & je
» tiens que, quoiqu'on diſe que *preſentatio eſt*
» *in fructu*, le vaſſal dont le fief eſt en rachat doit
» préſenter «.

La ſaiſie réelle ou le ſimple déguerpiſſement
d'une terre ne dépouillant point le propriétaire,
le patron ſur lequel on a ſaiſi réellement un bien
auquel le Patronage eſt annexé, ou qui a dé-

guerpi ce bien, est en droit de présenter aux bénéfices, jusqu'à ce que le bien décrété ou déguerpi ait été adjugé à un nouveau propriétaire.

Par arrêt du 27 mars 1685, rapporté au journal des audiences, jugé qu'un interdit ne peut pas présenter au bénéfice dont il a le Patronage.

Un patron ne peut point se présenter lui-même, *cap. per nostros, 26, extr. de jur. Patronatûs.* Tournet, *lettre P*, chap. 49; mais il peut présenter son copatron. *Bibl. can. tom. 2, pag. 192.*

Un seigneur de fief auquel est annexé le droit de Patronage d'un bénéfice, vend sa terre avec le droit de Patronage, circonstances & dépendances. Quelque temps après le contrat passé, l'acquéreur n'étant pas encore reçu en foi, mais n'y ayant pas encore de saisie féodale, le titulaire du bénéfice décède. Présentation par l'acquéreur, par le vendeur & par le seigneur dominant, & collation par l'évêque; l'acquéreur doit être préféré. Carondas, liv. 1, rep. 71; Tournet, lettre P, chap. 11.

Le présenté par le patron acquéreur avant le retrait, est préféré au présenté par le retrayant, parce que, lors de la vacance du bénéfice, l'acquéreur étoit en possession, & que, lors de la présentation, le retrayant n'y avoit encore aucun droit. Carondas, liv. 4, rep. 100; Tournet, lettre P, chap. 12.

Lorsque le patron est captif ou absent pour voyage de long cours, l'évêque peut conférer sans attendre la révolution des quatre mois, sans que les enfans du patron puissent présenter, s'ils n'ont

procuration fpéciale, & encore cette procuration
ne vaudroit rien *ad beneficia vacatura.* Vivianus,
de jur. Patron. part. 1, lib. 4, cap. 4 ; Tournet,
lettre P, chap. 201. La procuration feroit valable fi elle étoit générale pour les bénéfices dépendans du patron.

Mais au bout de dix ans d'abfence ou des
dernières nouvelles, les héritiers du patron abfent peuvent préfenter, parce qu'alors il eft réputé mort à l'égard de fes préfomptifs héritiers.
Ainfi jugé par arrêt du 23 mars 1688. Bretonnier fur Henrys, tom. 2, liv. 4, queft. 46.

En Patronage alternatif entre un patron eccléfiaftique & un laïque, la prévention du pape,
au tour du patron eccléfiaftique, remplit fon tour.
Fevret, liv. 2, chap. 6, nomb. 13 ; *fecùs* entre
patrons eccléfiaftiques. Arrêt du parlement de
Rouen du 21 juillet 1603 ; Forget, chap. 38.

Et en ce cas de Patronage alternatif entre un
patron eccléfiaftique & un laïque, le pourvu
par le patron laïque peut réfigner fans fon confentement, parce que fa réfignation ne porte
préjudice qu'au patron eccléfiaftique, dont le
pape remplira le tour, qui, à la vacance d'après,
viendra au patron laïque. Arrêt du parlement de
Touloufe du 23 avril 1678. Catelan, *liv.* 1,
chap. 21.

Le mari feul eft en droit d'ufer du droit de
préfentation attaché à la terre donnée en dot à
fa femme, parce qu'il eft *dominus dotis,* &
que ce droit eft au nombre des fruits dont il
jouit.

Mais fi le droit de Patronage appartenoit à la
femme, *jure fanguinis & familiæ,* & qu'il ne

fût pas attaché à la glèbe , la préfentation lui appartiendroit, parce qu'alors ce droit étant attaché à fa perfonne & ne faifant point partie de fa dot , le mari n'y peut rien prétendre. Louet, *de infirm.* n. 45 ; de Roye, *ibid.*

Le fequeftre d'une terre peut, pendant fon adminiftration, préfenter aux bénéfices qui vaquent en Patronage , foit laïque , foit eccléfiaftique. Voyez Dupineau, confult. 65 , *fecùs* du commiffaire aux failies réelles ; Bafnage fur Normandie, article 69.

Selon plufieurs docteurs, le droit de Patronage qui appartient au pupille au deffous de fept ans , doit être exercé par fon tuteur. Cependant le fentiment contraire a prévalu, que la préfentation d'un tel pupille eft valab'e. Bafnage , *ibid.* Pourvu que le fujet foit capable , puifque cela ne dépend pas tant de la volonté du pupille que du jugement du fupérieur qui inftitue , & que l'églife n'eft point léfée lorfqu'elle a un bon fujet. Louet, *de infirm.* n. 45.

Celui qui eft en poffeffion des fruits , parce qu'il a été inftitué le premier, a , pendant la complainte , le droit de conférer ou préfenter , attaché au bénéfice , quoiqu'il n'ait pas de fentence de recréance en fa faveur.

Au rapport de M. Bochard, en la cinquième des enquêtes , cette queftion s'eft préfentée à juger entre le fieur le Bouft, clerc tonfuré du diocèfe de Paris , prétendant droit à la chapelle de faint Maurice de Noyon , appelant d'une fentence du prévôt de Paris du 21 feptembre 1677 , d'une part; & maître François le Fevre, maître ès arts, prétendant droit à la même chapelle, intimé, d'autre part. Voici le fait.

Après le décès du sieur Rocher, chanoine de Noyon, sa prébende fut contentieuse entre le nommé de Barle, pourvu par procuration, & le nommé la Terrade, pourvu par mort.

De Barle s'étant présenté le premier au chapitre, il y fut installé : mais au lieu des fruits qui lui appartenoient, le chapitre, suivant son usage, lui fit une pension de 200 livres, parce qu'il étoit *in minoribus*. Ainsi, quand la Terrade vint après à se présenter, les chanoines lui répondirent, *locus est plenus*. La Terrade prit néanmoins possession sur le refus du chapitre ; mais de part & d'autre il n'y eut aucune sentence de recréance.

Pendant le litige, la chapelle de saint Maurice, dont le chapitre de Noyon a la présentation & la collation, vint à vaquer par le décès de Me Simon Martin, au tour du chanoine dont la prébende étoit contestée. De Barle, qui étoit *in minoribus*, n'y pouvoit nommer, & par-là ce droit fut dévolu aux chanoines semainiers de l'autel, suivant un ancien statut de l'église de Noyon. Le sieur Picard, chanoine & trésorier, présente le Fevre au chapitre le 4 décembre 1675, & en requit acte. Le septième jour suivant, le sieur Percheron, chanoine aussi semainier, présente le même le Fevre au chapitre, qui lui donne des provisions de la chapelle, en conséquence de quoi il prit possession.

La Terrade, de son côté, le deuxième décembre, nomme le sieur le Boust par acte passé pardevant notaires, & le onzième, un chanoine chargé de procuration du sieur le Boust pour prendre aussi possession, déclare au chapitre qu'il lui présente le sieur le Boust. Le chapitre lui dit

pour

pour toute réponse , *locus eft plenus*. Sur ce refus, il obtient des provisions de M. l'évêque de Noyon.

Dans la suite, par arrêt rendu à l'audience de la grand'chambre , la Terrade eft maintenu dans la poffeffion & jouiffance du canonicat, fruits , profits & revenus , fans reftitution de fruits , dépens compenfés ; cet arrêt donna lieu principalement à la conteftation touchant la chapelle.

Le fieur le Bouft foutenoit que l'arrêt ayant adjugé le canonicat à la Terrade , comme le feul canoniquement pourvu , lui feul avoir eu droit de nommer à la chapelle qui avoit vaqué en fa femaine.

Qu'il eft vrai que *collatio eft in fructu*, & qu'ainfi l'arrêt ayant déchargé de Barle de la reftitution des fruits , il femble qu'il a eu droit de conférer la chapelle en queftion ; mais que cette objection reçoit trois réponfes.

1°. Il faut faire diftinction des fruits utiles d'avec les fruits honoraires. Les collations font au rang des fruits honoraires qui ne peuvent appartenir qu'au véritable titulaire, parce qu'on ne peut tenir compte ni faire la reftitution de ces fortes de fruits , lefquels ne tombent point en eftimation.

2°. Un poffeffeur de mauvaife foi , comme de Barle , ne fait jamais les fruits fiens , & le chapitre n'a pu , par fon inftallation , lui donner aucun droit aux fruits qu'il ne pouvoit poffeder légitimement qu'en vertu d'une fentence de recréance.

3°. Quand l'arrêt a laiffé à de Barle les fruits par lui perçus , il n'a pas ôté à la Terrade ceux qu'il a confommés, d'autant qu'il l'a maintenu dans la poſſeſſion du canonicat, fruits, profits & revenus : en ſorte que ça été par grâce qu'on n'a point fait rendre à de Barle ceux qu'il a perçus. Or la Terrade avoit conſommé ce fruit par la nomination de la perſonne du ſieur le Bouſt à la chapelle dès le deuxième décembre. De Barle au contraire, ou, pour mieux dire, les chanoines ſemainiers n'y avoient nommé que les 4 & 7 ſuivans, & par conſéquent le ſieur le Bouſt eſt légitimement pourvu.

De la part de le Fevre, on répondoit que la diſtinction des fruits honoraires & utiles n'a aucun fondement dans les canons, & n'a jamais été en uſage. Que la maxime *collatio eſt in fructu*, eſt générale, & ôte toute ſorte de diſtinction, puiſqu'elle ne ſignifie autre choſe, ſinon que la collation eſt dans les fruits, ou, pour mieux dire, qu'il n'y a que le poſſeſſeur des fruits qui ait droit de conférer.

Encore que de Barle n'ait point obtenu de ſentence de recréance, il lui ſuffit d'avoir joui des fruits en vertu d'un titre apparent, pour avoir la collation, & laquelle étant faite, ne ſe peut plus rétracter ; car c'eſt une maxime inviolable, que la collation ſubſiſte toujours, quand même le collateur auroit été condamné à la reſtitution des fruits.

A plus forte raiſon, comme dans l'eſpèce préſente, de Barle, nominateur, a été, par arrêt, déchargé de la reſtitution des fruits ſans dépens; la nomination qui a été faite par les chanoines ſemainiers exerçant ſes droits, doit d'autant plus ſubſiſter, qu'on l'a jugé poſſeſſeur de bonne foi.

Quand même la Terrade auroit été en droit

de confommer ce fruit, il ne l'a point fait, puifque la nomination qu'il a faite du fieur le Bouft,
le deuxième décembre, eft abfolument nulle. Ce
n'eft qu'une fimple nomination par un abfent,
qui ne porte aucune procuration à perfonne de
préfenter le fieur le Bouft au chapitre. Il eft
vrai que l'on rapporte une procuration du fieur
le Bouft, pour prendre poffeffion de la chapelle ;
mais elle devoit être précédée de la préfentation de la Terrade, & de la collation ou d'un
acte de refus du chapitre, qui précédât auffi la
préfentation de le Fevre ; ce que le fieur le
Bouft n'a point fait : il ne rapporte qu'un acte
de refus du onzième par le chapitre, après que
le Fevre a non feulement été préfenté dès le 4
& le 7 par les chanoines femainiers qui exer-
çoient le droit de Barle, mais encore après qu'il
a été pourvu de la chapelle & admis par le
chapitre. Par conféquent le fieur le Bouft n'a
aucun droit en la chapelle.

Sur ces raifons intervint arrêt le 11 août 1678,
confirmatif de la fentence, qui, conformément
aux conclufions de M. le procureur général,
maintint le Fevre dans la poffeffion de la
chapelle.

Lorfqu'un bénéfice eft en fequeftre, le droit
de Patronage attaché à ce bénéfice eft dévolu au
collateur.

Le 8 août 1687, cette queftion a été jugée
par arrêt de la grand'chambre : en voici le
fait.

Pierre Gautier fut pourvu, comme gradué,
d'une prébende de Notre-Dame-la-Grande dans
l'églife collégiale de Poitiers ; le 24 octobre 1684,
il y fut troublé par Jacques Joanne : fur leur

conteſtation il y eut une ſentence au ſiége préſidial de Poitiers, le 6 juillet 1685, qui appointa
les parties en droit, & cependant ordonna un ſequeſtre des fruits; c'étoit un jugement contradictoire, ainſi *interim :* ſuivant cette ſentence, les
fruits utiles & les droits honorifiques demeu-
roient actuellement entre les mains du chapitre.

.La prébende en queſtion avoit vaqué par mort
le 10 ſeptembre 1683, au jour & à la ſemaine
de la prébende qui étoit litigieuſe entre Pierre
Gautier & Jacques Joanne; là-deſſus ils préten-
dirent tous deux avoir droit de nommer; le chapitre au contraire ſoutint qu'aucun d'eux ne pouvoit nommer; que la ſentence de ſequeſtre qui
les avoit mis l'un & l'autre en condition égale,
leur avoit lié les mains : cela donna lieu au chapitre aſſemblé de conférer au ſieur de Belhoir
ladite prébende , comme étant pour cette fois
à la pleine diſpoſition du chapitre, à cauſe du
litige & du ſequeſtre : mais Pierre Gautier s'i-
maginant que le droit de nomination lui appartenoit, nomma Georges Gautier, & ſe fit
autoriſer par deux autres chanoines ſes parens.
Ce Georges Gautier céda ſon droit à Jean Picot,
qui ſe fit ſubroger; il étoit ſoutenu par Pierre
Gautier, lequel tâchoit de faire valoir la nomination qu'il avoit faite : il ſe fondoit ſur l'arrêt
du 12 février 1686, qu'il avoit obtenu contre
Jacques Joanne; ainſi toute la queſtion étoit de
ſavoir ſi, au préjudice de la ſentence, Pierre
Gautier avoit pu faire une valable nomination; &,
ſuppoſé qu'elle fût nulle, ſi l'arrêt du 12 février
1686, qu'il avoit obtenu, pouvoit la rendre valide,
ou bien ſi, pendant le litige ou dans le temps
que la ſentence de ſequeſtre ſubſiſtoit, la dévo-

lution ou nomination du bénéfice appartenoit au chapitre en corps.

Le fieur de Belhoir foutenoit que le chapitre ayant le droit de collation dans fon origine, il avoit pu l'exercer dans cette occafion indépendemment de Pierre Gautier, parce que le chanoine qui auroit eu droit de nommer, & lequel *vices gerit capituli præfentando*, n'avoit pas eu ce pouvoir à caufe de la fentence de fequeftre ; ce qui faifoit même que fi le chapitre avoit conféré fur une nomination nulle, la collation feroit nulle aufli bien que la préfentation, fuivant l'opinion de Dumoulin & des autres docteurs ; que l'empêchement où avoit été Pierre Gautier, venoit de la fentence de fequeftre, qui ne rendoit pas feulement fa qualité de chanoine douteufe & incertaine, mais qui renfermoit des défenfes de faire aucuns actes poffeffoires, ainfi que remarque Rebuffe dans fon traité *de pacificis poffeff.* num. 80, que quand un bénéfice en France eft fequeftré, les contendans ne peuvent avoir plus d'avantage l'un que l'autre. *Dicerem tamen in hoc regno fi fit fequeftratio per legem regiam, nunc quia quilibet fe dicit poffefforem ; & non apparet quis poffiderit, non poteft unus magis quàm alter.* De forte qu'il s'enfuit, difoit-on, que Pierre Gautier n'ayant pas plus de droit que Joanne, il n'avoit pu s'attribuer le droit de nomination ; pendant que le droit de Joanne avoit femblé aufli apparent que celui de Gautier, puifque même ledit Gautier étoit en jouiffance avant la fentence de fequeftre, de laquelle jouiffance il avoit été privé par la fentence de fequeftre, dès le moment qu'elle avoit été prononcée : quoiqu'il y en eût appel, elle s'étoit exécutée par provifion, & avoit

arrêté de plein droit les prétentions des deux
contendans ; qu'on pouvoit dire que les priviléges
de ladite prébende étoient devenus endormis &
in suspenso.

§. XVI. *Les Patronages appartenans à l'ordre
de Malte , sont-ils ecclésiastiques ou laïques.*

Cette question s'est présentée au grand conseil.
M. de Marillac , avocat général , après avoir dis-
cuté les moyens préposés par les parties ; & fait
voir leur insuffisance , continue en ces termes :
Toutes les raisons alléguées de part & d'autre ,
ainsi détruites, il faut chercher d'autres lumières
pour connoître l'état véritable des chevaliers &
la nature de leur Patronage ; & comme on n'en
sauroit trouver de plus certaine que dans l'histoire de l'ordre, il faut remonter à son origine,
& voir de quelle manière il a été gouverné jusqu'à présent.

L'histoire nous apprend que plus de quarante
années avant la prise de Jérusalem par Godefroi
de Bouillon , plusieurs séculiers , dont la plupart
étoient nobles, ayant formé un hôpital dans cette
ville , sous le titre de Saint-Jean , ce fameux
capitaine trouva cette institution si belle , & les
blessés de son armée en furent si avantageusement
secourus, qu'il augmenta fort cette institution
& y donna de grands biens. Ensuite la réputation
de cet hôpital se répandit tellement par toute la
terre, que beaucoup de seigneurs particuliers de
tout pays , & particulièrement de France & d'I-
talie, lui firent des legs considérables. Il y eut
aussi beaucoup de personnes de qualité qui s'y
dévouèrent pour le service des pauvres, en sorte

qu'il devint en peu de temps très-riche, illuſtre & nombreux.

Ceux qui compoſoient l'hôpital éliſoient entre eux un maître à qui ils obéiſſoient ; & il n'eſt pas inutile de remarquer que la même hiſtoire apprend qu'il n'étoient alors que ſéculiers ſans faire de vœux ; on les appelloit néanmoins les religieux de l'hôpital.

En ce temps-là, Raymond du Puy, homme de grand mérite, fort recommandable dans la profeſſion des armes, s'étoit donné au ſervice des pauvres de cet hôpital, & en fut élu maître après la mort d'un nommé Gérard. Ce grand homme ayant beaucoup plus de perſonnes qu'il n'en falloit pour le ſervice des pauvres, & que la plupart étoient de qualité, forma le deſſein de faire un ordre qu'il deſtina à prendre les armes & à combattre pour la défenſe de la foi. Ses confrères acceptèrent la propoſition qu'il leur fit de ſon deſſein ſi conforme à leur naiſſance, & peu éloigné de leur première dévotion ; ainſi il compoſa la règle des chevaliers, telle dans ſa ſubſtance que nous la voyons aujourd'hui. Il les obligea à faire les trois vœux, de pauvreté, de chaſteté & d'obéiſſance, & leur fit porter le manteau noir avec la croix blanche ; il ſépara les nobles d'avec les Plébéiens : les nobles furent les chevaliers deſtinés à la profeſſion des armes pour la défenſe de la foi ; les autres furent deſtinés à être frères ſervans & chapelains. Leur régle eſt approuvée par les papes Paſcal II, Gélaſe, Calixte II, & Honorius II. Ce dernier ordonna qu'ils vivroient ſous la règle de ſaint Auguſtin, & tous leur accordèrent de très-grands priviléges. Il y a pluſieurs endroits dans l'hiſtoire qui nous font con-

noître qu'ils étoient soumis aux papes, avec une
grande dépendance. Il se trouve même, à l'égard
des affaires temporelles ; que le souverain pontife
leur a donné souvent des permissions de faire
des emprunts ; que vers l'année 1317, il ordonna à l'ordre de vendre le château de l'rexe-
nal aux habitans de Séville , & d'en employer le
prix à d'autres fonds plus utiles ; que vers le même
temps il députa le grand maître de Villeneuve,
pour terminer le différend entre le dauphin de
Viennois & le comte de Savoye ; ce qui marque
une grande soumission au saint siége. Quelque
temps après, le pape commanda au grand-maître
de retourner à Rhodes, pour se préparer à la
guerre contre les Turcs.

Mais on trouve aussi que l'ordre a quelquefois
agi en souverain. Le grand-maître, en 1403,
fit une trève avec le soudan d'Egypte ; vers le
même temps il fit un traité de paix avec le duc
de Sparte, dans lequel il y eut un échange de
terre, ce qui est à remarquer ; & vers l'année
1543 , le pape ayant mandé au grand-maître de
joindre les galères de Malte aux siennes & à
celles de l'empereur, contre Barberousse, il refusa
de le faire, disant que l'ordre avoit en recommandation de ne point se mêler aux différends
des princes séculiers : cela n'empêche pas néanmoins qu'ils ne soient entièrement soumis au
saint siége pour la correction des mœurs.

Le grand-maître de Villaret, donnant trop
à ses plaisirs, & administrant mal les biens de
l'ordre, fut déposé par le chapitre, qui élut en sa
place Maurice de Pagnac, en 1317. Cette desti-
tution & cette nouvelle élection si prompte parta-
gèrent les esprits, & formèrent de grandes divisions

dans l'ordre. On fut obligé d'envoyer fur ce fujet des ambaffadeurs à Rome ; l'hiftoire dit que le pape, fur cet avis, députa deux prélats pour aller à Rhodes (alors le fiége des chevaliers), afin d'informer de ce fait, & cependant manda vers lui les deux grands-maîtres, c'eft-à-dire, le deftitué & le nouvellement élu, *& retira en fes mains la dignité de grand-maître*, ce font les termes de l'hiftorien. Il créa en même temps Gerard de Pins, chevalier de grande fuffifance, vicaire général, pour gouverner l'ordre pendant ce différend, & commanda à tous les chevaliers de lui obéir. L'affaire ayant tiré en longueur, ce vicaire général régit l'ordre jufqu'en 1321, auquel temps Maurice de Pagnac étant décédé & le différend terminé par fa mort, le pape rétablit le grand-maître de Villaret, qui néanmoins abdiqua en même temps entre les mains du pape, & donna lieu à une nouvelle élection ; mais cet exemple n'eft pas le feul dans cette hiftoire, des accufations des grands-maîtres portées devant le pape, on en trouve encore une en 1448.

Souvent le pape non feulement a convoqué des affemblées de chevaliers de l'ordre, pour procéder à la réformation de leurs ftatuts, mais même, lorfqu'ils y avoient changé quelque chofe dans leurs chapitres généraux, il leur a ordonné, dit l'hiftoire, en 1404, lors d'un chapitre général tenu à Aix, de lui envoyer le réfultat du chapitre, pour le réformer, corriger & confirmer de fon autorité.

Il arriva une chofe bien remarquable en 1466, fur quelques plaintes faites entre le grand-maître, & fur quelques défordres qui s'étoient gliffés parmi les chevaliers. Le pape convoqua un cha-

pitre général à Rouen, où il appela le grand-
maître. Le pape tint ce chapitre en personne;
sa séance est marquée dans l'histoire : le pape
étoit sur un trône, le grand maître assis trois
degrés au dessous de lui, mais à la droite, &
quelques cardinaux à la gauche ; ce qui fait connoître qnel rang on donne à Rome au grand-
maître de Malte. Le pape fit en latin une ex-
hortation sur les désordres passés; ensuite le grand-
maître, le genou en terre, témoigna en sa
langue, que l'ordre avoit un extrême déplaisir
des fautes passées ; *que les chevaliers étoient dans*
le deffein de le réformer, & résolus de lui prêter
humble & entière obéiffance, ce sont les termes
de l'histoire. Ces remarques suffisent pour faire
connoître la grande soumission que l'ordre de
Malte a au saint siége, & qu'il reconnoît le pape
pour son supérieur.

Il faut néanmoins observer que si l'ordre est
entiérement soumis au pape pour la discipline
& la réformation des mœurs, il a résisté lorsque
le pape a voulu toucher aux bénéfices de l'ordre.
Un chevalier nommé de Heridia, qui avoit été,
pour des causes très-légitimes, dépouillé de l'habit
& des commanderies par le chapitre, obtint un
bref du pape en 1535, par la recommandation
de l'empereur ; &, pour donner plus de considération au bref, il eut le crédit de le faire porter
par un exprès à ce chapitre, qui se tenoit à
Malte, car ce fut peu après que les chevaliers
eurent établi leur siége en cette île. Ce bref
portoit, que l'habit, la commanderie & le titre
de prieur fussent rendus à ce chevalier avec restitution de fruits, & en cas de refus, le bref
portoit de rigoureuses clauses, & que le pape

en retenoit la connoiſſance. L'hiſtorien dit que cette *nouveauté*, ce terme eſt remarquable, donna un mécontentement ſi public, que l'exprès qui avoit apporté ce bref penſa être aſſommé; & l'on tient que le grand-maître, qui décéda peu après, en conçut un tel déplaiſir, qu'il fut la cauſe de ſa mort. Cependant les chevaliers ne déférèrent point à ce bref; il eſt dit ſeulement qu'on envoya des ambaſſadeurs afin de traiter de cette affaire.

Quelle concluſion doit-on tirer de ces remarques? On n'en peut tirer d'autres pour l'eſpèce de la cauſe, que de dire que les chevaliers de Malte font les trois vœux ſolennels entre les mains d'un ſupérieur, ſous une règle approuvée par le ſaint ſiége, auquel ils ſont ſoumis avec beaucoup de dépendance, & que par conſéquent, ſuivant la définition des religieux, les chevaliers de Malte ſont de ce nombre. Il faut toutefois demeurer d'accord qu'ils ſont très-différens du reſte des religieux: car la profeſſion des armes, qui eſt un emploi abſolument ſéculier, fait le principal point de leurs ſtatuts.

La même hiſtoire apprend que dans un chapitre général de l'ordre, tenu par Pie II, ce pape les diſpenſa de quelques auſtérités qu'ils pratiquoient, à cauſe de leur continuelle application au fait des armes, qui eſt, dit l'hiſtorien, le principal point de leur profeſſion. Ils ſe ſont toujours même éloignés des dignités eccléſiaſtiques; il y a un ſtatut exprès qui porte, que le grand-maître ne peut être prêtre. Et lorſqu'après la levée du premier ſiége de Malte, le pape envoya le chapeau de cardinal au grand-maître, en récompenſe de ſes belles actions, il l'en re-

mercia, comme d'une chofe qui n'étoit pas féante
à la profeſſion des armes.

Cet hiſtorien fait auſſi mention d'un bref de
l'année 1543, qui porte, que les chevaliers de
ſaint Jean de Jéruſalem ne ſont cenſés religieux, qu'en ce qui concerne leur utilité, &
qu'au reſte ils peuvent ſuccéder comme laics.
Ce bref eſt remarquable, quoique contraire à
tous les arrêts qui ont empêché, par des raiſons
politiques, les chevaliers de Malte de ſuccéder;
car il fait connoître que leur prétention a toujours été de participer à l'état laïque.

En effet, à bien examiner leur profeſſion, il
ſemble qu'ils ne vouent pas les mêmes chofes
que les autres religieux; on peut dire même
qu'ils ne font le vœu de chaſteté, que parce que
les voluptés amoliſſent le courage, ralentiſſent
l'activité, & détournent de la profeſſion des
armes; qu'ils ne font le vœu de parenté, que
parce que la propriété des biens attache le cœur
des hommes, & les porte, contre le devoir des
bons ſoldats, à être plus vigilans pour leur intérêt
particulier, que pour la défenſe publique; &
enfin qu'ils ne font vœu d'obéiſſance, que comme
propre à l'ordre militaire, & plus religieuſement
obſervée par les gens de guerre que par les
réguliers; de ſorte qu'on peut juſtement conclure
que les chevaliers de Malte ne font pas des
vœux pour être religieux, mais pour devenir de
véritables ſoldats.

Ces obſervations ne doivent toutefois rien diminuer du mérite de leurs vœux, puiſque s'il
eſt vrai qu'ils ne le font que pour ſe dévouer
davantage à la profeſſion des armes, il eſt certain
auſſi qu'ils n'embraſſent cette profeſſion que pour

confacrer leur vie à la défenfe de la foi, & pour fe rendre de très-patriculiers & très-religieux imitateurs de ce grand facrifice de la rédemption des hommes.

Il faut donc dire avec Panorme, qu'ils font religieux, parce qu'ils font ces trois vœux fous une règle approuvée par le faint fiége, mais religieux d'une manière bien plus libre que les autres religieux : *fed certum eft quòd in ftrictâ fignificatione illi dicuntur religiofi, qui promiferunt tria vota fubftantialia, fub regulâ à fede apoftolicâ approbatâ : tamen hofpitarii hieiofolimitani largo modo funt religiofæ perfonæ.*

Un célèbre théologien remarque que toutes les fois que le dernier concile parle des religieux, il fait mention particulière des chevaliers de faint Jean de Jérufalem, dans le doute qu'on ne les crût pas compris fous le nom de religieux. Le concile fe fert de ces termes : *etiam fub nomine capitulorum fancti Joannis ;* & cet auteur obferve que la particule *etiam, cafum magis dubitatum indicat.* En effet, fi l'on fait deux claffes d'hommes, fi l'on range dans la première ceux qui vivent fous une règle, & tous ceux qui font plus particuliérement foumis au pape que les autres hommes, pour les nommer eccléfiaftiques, fans doute que les chevaliers de Malte fe trouveront compris dans ce nombre ; mais fi l'on compare ceux qui feront de cette claffe les uns aux autres, on trouvera que les chevaliers de Malte, tout religieux qu'ils font, auront plus de rapport aux laïcs qu'aux réguliers ; car l'on peut dire que leur régularité eft femblable à la chafteté des gens mariés, & que de même que ceux-ci femblent chaftes fi on les compare aux hommes débauchés , & ceffent de le paroître quand on les compare aux vierges, les chevaliers de Malte paroîtront religieux fi on les compare aux laïcs , & au contraire ils paroîtront laïcs fi on les compare aux religieux : de là vient qu'en quelques textes on les a nommés laïcs , bien qu'ils foient véritablement religieux , mais religieux, comme on a rémarqué, d'une manière moins reftreinte.

Voilà quel eft l'état du chevalier de Malte; il faut voir quelle application on en peut faire à la décifion de la caufe , & de quelle nature eft leur Patronage.

Nous avons dit que cette illuftre compagnie qui étoit dans l'hôpital de Jérufalem , fe donna à l'églife , & fe foumit aux papes pour combattre les ennemis de la foi ; & que les papes acceptèrent par des bulles de confirmation de leur règle , le facrifice glorieux qu'ils faifoient de leurs perfonnes, d'où il s'enfuit qu'ils ne font dépendans du pape que parce qu'ils s'y font volontairement foumis. De là naît auffi cette conféquence décifive dans la caufe, que le pape n'a pas fur l'ordre de Malte une juridiction naturelle, mais étrangère & accidentelle. Car la juridiction naturelle du faint fiége eft fur les perfonnes qui font dans l'ordre facré & deftinées au culte des autels; mais à l'égard des religieux , en tant que moines, & des religieux comme les chevaliers de Malte, qui ne font foumis plus particuliérement au pape que les autres hommes , que parce qu'ils l'ont voulu, le pape n'a fur eux qu'une juridiction accidentelle. La raifon eft, que leur état ne les foumet pas par lui-même à fa puiffance, de même que l'état du facerdoce y soumet les prêtres, puisque les chevaliers de Malte font foumis au pape par un contrat, mais contrat tout faint, par lequel ils ont fait un abandonnement de toutes chofes, pour fe confacrer à la défenfe de l'églife ; auffi les papes, par les fentimens d'une jufte reconnoiffance, ont illuftré & célébré ce facrifice par de très-grands priviléges.

Toutes les fois donc qu'on doute du pouvoir des fouverains pontifes fur l'ordre de Malte, & de quelle manière cet ordre doit jouir de fes droits, il ne faut point recourir au droit commun, mais au titre particulier de l'ordre, à fon contrat, c'eft-à-dire aux bulles qui ont approuvé & confirmé cet ordre. Ainfi les deux premières queftions de la caufe fe réduifoient à examiner ces bulles, & fi l'on en pouvoit induire que les bénéfices dépendans de l'ordre de Malte ne pouvoient être réfignés qu'avec le confentement du grand-maître & qu'entre fes mains, fans qu'on eût droit de fe pourvoir en cour de Rome.

Premiérement, à l'égard des commanderies, il n'y a pas de difficulté, parce qu'il y a un ftatut exprès, qui porte, que les réfignations des commanderies font nulles, fi elles ne font pas faites entre les mains du grand maître ; & Dumoulin, fur le nombre 313 de la règle *de infirm.* dit que ce ne font pas des bénéfices, & que le pape n'y peut pourvoir.

La queftion n'eft donc que pour les cures dépendantes de l'ordre.

Il faut obferver que toutes ces bulles fe confirment les unes & les autres, & reconnoiffent les grands fervices des chevaliers ; qu'elles leur

donnent le Patronage, & en quelques endroits
la collation des bénéfices qui font dans l'étendue des commanderies ; qu'elles les déchargent
de toutes expectatives ; qu'elles veulent que quand
les bénéfices vaqueroient *in curiâ* ; l'ordre les confère ; que les bénéfices même eccléfiaftiques de
l'ordre ne foient donnés que par le grand-maître &
le couvent, ou de leur confentement. Elles permettent auffi d'admettre les réfignations, créer
des-penfions, & portent qu'on ne pourra déroger à leurs priviléges fans le confentement du
grand maître ou du couvent. Enfin, il y a une
claufe expreffe dans la bulle de Pie IV, qui
confirme toutes les bulles de fes prédéceffeurs,
favoir, que l'on ne pourra réfigner en cour de
Rome les bénéfices dépendans de l'ordre, fans
le confentement du grand-maître ou du couvent :
après cela, il ne doit plus y avoir de difficultés en
la caufe.

Tout ce qu'on a dit contre ces bulles n'eft point
confidérable : on a objecté qu'elles n'ont point
été vérifiées, mais on a rapporté la vérification
qui en a été faite au parlement d'Aix ; & quand
il n'y en auroit point, ces bulles font favorables,
en ce qu'elles confervent le droit de l'ordinaire
& favorifent un ordre très-utile à l'églife ; auffi
avons-nous deux arrêts qui ont maintenu des
pourvus par réfignation en cour de Rome, &
qui alléguoient même la triennale paifible poffeffion. Le premier, du parlement de Paris en
1624, & l'autre, du parlement de Touloufe en
1664.

Contre ces arrêts, on oppofoit que les pourvus en cour de Rome n'étoient pas pourvus
avec la claufe *pro cupiente profiteri* ; mais cela

ne

ne fe voit point ; & ainfi il eft certain que la cure d'Amerville , qui eft dépendante de la commanderie de Saint-Amand , n'a pu être réfignée en cour de Rome. Mais il y a un autre principe dans la caufe, par lequel la réfignation dont il s'agiffoit feroit nulle, quand même il n'y auroit pas de claufe fi expreffe dans les bulles pour l'annuller.

· Quand les chevaliers de Malte n'auroient que le Patronage des cures, qui ne leur eft pas contefté, on ne pourroit réfigner en cour de Rome ces mêmes cures fans leur confentement ; c'eft à eux feuls qu'appartiennent la nomination & la collation de leurs bénéfices par un privilége particulier. Il font patrons , & quoiqu'ils ne foient pas purement laïcs , parce qu'ils font religieux, leur Patronage , qui reffemble au Patronage laïque , doit avoir les mêmes avantages , puifqu'il y a parité de raifon en l'un & en l'autre.

· Le patron laïque ne peut dans un certain temps être prévenu , & il n'eft jamais permis, fans fon confentement, de réfigner en cour de Rome. La raifon eft , que ce droit dont il jouit defcend d'un contrat qu'il a fait avec l'églife , & lequel il s'eft retenu en donnant fon fonds; ainfi fon droit peut paffer à des perfonnes eccléfiaftiques avec le même avantage de ne pouvoir être prévenu.

Les priviléges des chevaliers de Malte defcendent auffi d'un contrat qu'ils ont fait avec l'églife : car enfin , ils n'ont pas été tirés du fond d'un cloître ou des fonctions eccléfiaftiques , pour être employés, par la deftination dans la profeffion des armes, à la défenfe de la foi. Comme i's étoient libres, ils se sont donnés volontairement ; de sorte que les concessions que les papes leur ont accordées par les mêmes bulles qui acceptent le sacrifice que ces pieux & illustres chevaliers ont fait de leurs propres personnes à l'église, ne sont pas des dons gratuits, mais des clauses d'un contrat si avantageux à la religion, que les papes en doivent être éternellement les garans. Aussi les souverains pontifes se sont-ils efforcés, par une juste émulation, de reconnoître les services importans de ces fidèles soldats, & de les récompenser de tout ce que les trésors du saint siége ont pu fournir de priviléges. C'est ce qui a fait dire à un célèbre théologien, en parlant de l'ordre de Malte : *Regula à sede apostolicâ approbata, laudata & ad sidera privilegiis meritò exaltata.*

Or, comme il ne seroit pas juste que celui qui auroit donné seulement sa terre, eût plus de privilége que celui qui donne sa vie, & que ce seroit faire une injure au souverain pontife, que de soutenir qu'il auroit des intérêts plus sensibles que ceux de la religion, en favorisant davantage ceux qui auroient augmenté les revenus de l'église, que ceux qui auroient combattu pour la propagation de la foi, certainement Rome refuseroit ce qu'on lui veut attribuer en cette cause, & seroit bien éloignée de vouloir ôter aux chevaliers de Malte des prérogatives qu'elle auroit intérêt même d'augmenter.

§. XVII. *Délais pour présenter. Les patrons peuvent-il varier dans leur choix ?*

Anciennement les bénéfices étant conférés lors de l'ordination, les patrons offroient les sujets à l'évêque, pour être ordonnés. *Cauſ. 7, qu. 7, can.*

Après que la collation des bénéfices a commencé à être ſéparée de l'ordination, les patrons ou fondateurs ont offert les eccléſiastiques aux bénéfices vacans, pour avoir l'inſtitution canonique de l'évêque, & cette oblation s'appelle préſentation.

Aujourd'hui ces évêques ſon aſtreints à inſtituer celui qui eſt préſenté par le patron, à moins qu'ils ne prouvent qu'il eſt abſolument indigne ou incapable : c'eſt pourquoi cette inſtitution s'appelle collation néceſſaire. Ainſi les patrons doivent avoir beaucoup d'attention à préſenter de bons ſujets à l'égliſe, puiſque de leur préſentation dépend la proviſion canonique.

Le can. 24 du ſynode romain tenu ſous Eugène II, & le can. 24 d'un autre, tenu ſous Léon IV, parlant des patrons laïques, ſous les termes de *ſecularium hominum*, leur ont accordé trois mois pour préſenter ; le canon 27 du concile de Latran, tenu ſous Alexandre III, ajoute qu'après les trois mois la collation ſera libre. Mais comme dans quelques éditions de ce canon 27 on liſoit quatre au lieu de trois, le chap. 3, *extr. de jur. Patronatûs*, a fixé ce temps à quatre mois, ſans néanmoins expliquer ſi c'étoit pour le Patronage laïque, & le chapitre 22, *extr. de conceſſ. prebend.* tiré du même concile, ayant fixé le temps de ſix mois pour la collation des bénéfices, l'on a commencé à donner ſix mois aux patrons eccléſiaſtiques pour préſenter ; ce qui a été ordonné par Alexandre III, *cap. 22, de jur. Patron*, mais ſans expliquer pareillement ſi c'étoit pour le Patronage eccléſiaſtique.

De ſorte que les commentateurs des décrétales

pour concilier le chapitre 3 & le chapitre 22 ;
extr. de jur. Patronatûs, ont interprété l'un pour
les patrons laïques, & l'autre pour les patrons
ecclésiastiques ; ce qui a été approuvé par Boniface VIII, *in cap. un. de jur. Patron. in-6°*.
Mais en Normandie, les patrons ecclésiastiques
& laïques ont six mois, article 69. Philippe-Au-
guste, par une ordonnance du mois d'octobre
1207, rendue sur les représentations des évêques
de Normandie, avoit ordonné que ces évêques
ne pourroient disposer librement des bénéfices
à Patronage qu'après six mois. *Nisi vacaverit per
sex menses*. Concil. Rothom. provinc. tom. 1,
pag. 106.

Ce délai de quatre ou six mois pour présenter, ne commence à courir que du jour que
le patron a pu savoir vraisemblablement que le
bénéfice avoit vaqué ; c'est-à-dire qu'il n'est pas
nécessaire que le patron ait su cette vacance de
science certaine ; mais il suffit que, par science inter-
prétative & morale, il ait pu & dû savoir que
le bénéfice avoir vaqué, & qu'il suffit que la
vacance soit connue publiquement dans le lieu,
comme l'enseigne Dumoulin sur la coutume de
Paris, §. 55, nov. conf. glof. 10, n. 32 & seq.
du jour que la mort du dernier possesseur est su
communément. Normandie, art. 69.

Il a aussi été établi par commune interprétation des docteurs, sans aucun texte de droit
qui y soit formel, que le patron laïque, pendant le temps qui lui est donné, peut successivement présenter plusieurs personnes à l'évêque,
qui, de sa part, peut préférer le dernier présenté au premier, & qu'à l'égard du patron ecclésiastique, il ne peut présenter qu'une personne,

& s'il en préfente plufieurs , le premier préfenté doit être préféré ; d'où eft venue cette diction vulgaire , que le patron laïque peut varier pendant le délai qui eft accordé, & que le patron eccléfiaftique ne le peut pas. Il paroît que cette diftinction tire fon origine du chapitre 24 , *extr. de jur. Patron.*

Les docteurs appellent cette variation du patron laïque , *accumulative* , parce qu'en préfentant une feconde perfonne , il a accumulé une préfentation à une autre , fans néanmoins révoquer la première. Fagnan *ad dict. cap.* 24 ; Dumoulin , *in gloff. cap. cùm autem,* 24 , *extr. de jur. Patron.* Mais après avoir préfenté un indigne , il peut varier, & révoquer fa première préfentation, s'il a ignoré l'indignité, & non autrement. *cap. cùm vof. extr. de offic. ordinar.* 7.

Fagnan eft d'avis , *loc. cit.* , que le patron laïque ne peut varier qu'une fois pendant fes quatre mois. La glofe *ad clem. plures de jur. Patr.* dit avec raifon qu'il peut varier plufieurs fois, parce que cela donne à l'évêque une plus grande liberté de choifir un fujet capable.

Mais quoique le patron laïque puiffe varier pendant les quatre mois, *licet prima præfentatio pulfaverit aures ordinarii , quia talis præfentatio non tribuit jus ad rem, fed eft in pendenti ;* de Roye , *ad dict. cap.* 24. Il ne peut plus varier après l'inftitution accordée par l'évêque; Efpen, *num.* 20 ; ce qui s'entend quand il a nommé une perfonne capable , *fecùs* , s'il avoit nommé un incapable; car , en ce dernier cas , l'inftitution doit être regardée comme non avenue.

Si le patron eccléfiaftique préfente une perfonne incapable, il perd fon droit pour cette fois, &

l'évêque peut conférer librement, comme le décide Innocent III, *lib. 3, epist.* 226 ; ce qui doit s'entendre, à moins qu'il ne soit probable qu'il a ignoré l'incapacité de la personne présentée. Espen. n. 23.

Ainsi, si le patron ecclésiastique présente une personne qui ne soit pas tonsurée lors de la présentation, cette personne est incapable, quoiqu'elle prenne la tonsure avant l'institution. Par arrêt du parlement de Rouen, du 19 décembre 1637, un pourvu en cour de Rome a été maintenu dans la possession du bénéfice simple en Patronage ecclésiastique, préférablement à un pourvu par le patron, qui n'étoit pas tonsuré lors de la présentation, parce que la tonsure est une qualité de caractère qui est nécessaire au temps même de la présentation, à la différence d'une qualité de suffisance, qui peut s'acquérir après. Basnage sur Normandie, article 69.

Si au contraire le patron laïque a présenté une personne incapable, il n'est point privé de son droit pour cette fois, mais il en peut présenter une autre. D. D. *ad cap.* 24 *, extr. de jur. Patr.* quand même il auroit présenté sciemment une personne indigne ; Fagnan, *ad dict. cap.* 24. De Roye, *ibid.*, dit que c'est l'usage que nous observons aujourd'hui, lequel a été introduit par les interprètes sur les nouvelles décrétales contre le droit ancien & contre la novelle 123, *cap.* 18, *v. sup. n. 6, v. devolut. n.* 20.

Faute par les patrons de présenter dans le temps qui leur est accordé, l'évêque confère librement, non pas *jure devoluto,* mais *jure ordinario,* en vertu du droit primitif des collateurs, â la différence du métropolitain, lequel, quand il confère au bout de fix mois par la négligence du collateur, eſt tenu d'inférer dans les provi-fions] qu'il confère *jure devoluto*; de Roye, *in proteg.* Louet, *de infirm.* n. 6, v. dévol.

C'eſt fur ce fondement qu'il eſt établi que la collation de l'évêque ou de tout autre ordinaire étant faite pendant le cours du temps qui eſt accordé au patron pour préfenter, vaut *ut ex tunc*, c'eſt-à-dire à compter du jour de la collation, ſi le patron y confent expreſſément ou tacite-ment en ne préfentant point du tout, ou en faifant une préfentation nulle; ou s'il ne s'y op-pofe point, & empêche la prévention du pape à l'égard du patron eccléſiaſtique. Dumoulin, *de infirm.* n. 53 & 68; Louet, *ibid.* n. 60; Fevret, liv. 2, chap 3, nomb. 13; de Roye, *ad cap.* 8, *extr. de jur. Patron.* Car par rapport au patron laïque, il ne peut point être prévenu par le pape pendant le temps qui lui eſt accordé pour préfenter ; & la proviſion du pape feroit nulle & abuſive, quand même le patron ou fon préfenté ne s'en plaindroit pas.

§. XVIII. *De la collation laïque. En quoi elle diffère du Patronage laïque ; que ces deux prérogatives font très-diſtinɛts. Leurs différences.*

» La plupart des canoniſtes françois, dit l'au-
» teur du traité de la dévolution, foutiennent que
» les bénéfices de collation laique font dif-
» tingués du commun des bénéfices par leur éta-
» bliſſement & leur conſtitution, qu'ils forment
» un ordre à part, & que c'eſt une nature par-
» ticulière de bénéfices, qui fe régit par des

» maximes. qui lui font propres , & que cette
» différence eft une fuite néceffaire de leur qua-
» lité. & de leur être ; & de là vient que ces
» fortes de bénéfices ne font pas, à proprement
» parler , des bénéfices eccléfiaftiques ; que fi les
» fondateurs les ont affectés à des clercs , c'eft
» toujours avec pleine retenue du domaine & de
» la temporalité. D'où ils concluent qu'ils ne font
» point foumis aux régles canoniques , & que
» *la puiffance eccléfiaftique n'en peut jamais dif-*
» *pofer* «.

Dumoulin , qui le premier a éclairci cette
matière , établit pour principe, d'abord relativement aux bénéfices de collation royale, qu'ils ne
font point confidérés comme des titres eccléfiaftiques. D'où il conclut, que les règles canoniques
leur font étrangères ; que c'eft au roi feul à admettre la réfignation de ces fortes de bénéfices ;
que le roi en eft le fouverain légiflateur & dif-
penfateur ; qu'enfin fon droit à cet égard eft
imprefcriptible.

Il applique enfuite les mêmes maximes aux
feigneurs particuliers qui ont des droits de collation. *Idem dicendum de fimilibus beneficiis*
fpectantibus ad liberam collationem dominorum
temporalium hujus regni. Il ajoute que les feigneurs peuvent feuls en admettre les réfignations
fimples , ou en faveur , ou pour caufe de permutation ; qu'ils font affranchis à cet égard de
toutes les loix canoniques, & que fi les loix du
royaume & les arrêts des cours ne s'y oppo-
foient, ils pourroient les conférer pour un temps
ou fous condition , & que telles font les maximes obfervées non feulement en France , mais
encore dans les pays voifins. *Et ita fervatur*

*non solùm in Galliâ, sed etiam in Provinciis
vicinis extrà regnum.*

Hotman, Bengy, Pinson, M. Louet, Pérard
Castel, tous les canonistes, en un mot, enseignent
les mêmes maximes, qui se trouvent reférées
dans tous les auteurs modernes.

Mais il y a plus : ces maximes sont consacrées
par une jurisprudence constante, & jamais les
tribunaux n'ont souffert que l'autorité ecclésiastique entreprît sur la disposition de ces bénéfices.

La Chantrerie de S. Tugal de Laval avoit été
conférée à un capucin apostat. La chose ayant été
découverte, le sieur Duplessis d'Argentré obtint
ce bénéfice en cour de Rome, à titre de dévolut,
fondé sur l'apostasie & l'incapacité du pourvu.
Alors le seigneur de Laval conféra au sieur Le-
verrier, qui interjeta appel comme d'abus des
provisions du dévolutaire.

» La question, dit M. Talon, avocat général,
» qui porta la parole, de savoir si le pape a le
» droit de dévolution sur les collateurs laïques,
» est très-importante. Les docteurs ultramontains
» regardent les collations qui dépendent des
» laïcs, comme des monstres dans la discipline
» de l'église...... En France nous n'avons point
» reçu cette doctrine. Le roi & quelques seigneurs
» confèrent des bénéfices *pleno jure*, sans qu'il
» soit besoin de l'interposition du pape ni des
» ordinaires. *Ainsi la dévolution de ces sortes de*
» *bénéfices ne se peut faire* EN AUCUNE MA-
» NIÈRE *aux collateurs ecclésiastiques* ".

Ce magistrat écarte ensuite les prétextes dont
on ne manque jamais de colorer les entreprises
les plus mal fondées; que ce seroit renverser la

difcipline de l'églife, autorifer les abus ; qu'un collateur pourroit mal ufer de fon droit, &c.

» Cette objection, répond-il, n'eſt d'aucune
» conféquence, au moyen d'une diſtinction qu'il
» faut faire entre la collation qui appartient aux
» laïcs par le titre de fondation, & la police
» des mœurs, qui appartient aux fupérieurs ecclé-
» fiaſtiques. *L'inſtitution des bénéfices qui appar-*
» *tient aux laïcs par le titre de fondation, ne*
» *peut être fujette à la dévolution à l'égard d'un*
» *fupérieur eccléfiaſtique.* Néanmoins ſi le colla-
» teur abufoit de fon droit, & qu'il conférât à
» une perfonne incapable, alors l'évêque pourroit
» interpofer fon autorité & fe fervir des cenfures
» eccléfiaſtiques, pour empêcher que celui qui
» auroit été pourvu du bénéfice n'en exerçât les
» fonctions & n'en perçût les fruits. Voilà le
» tempérament qui conferve aux collateurs laï-
» ques leurs priviléges, & qui donne en même-
» temps aux fupérieurs eccléfiaſtiques un moyen
» légitime pour conferver la difcipline de l'églife.
» Et le cas arrivant que les collateurs pourvoient
» une perfonne indigne, l'évêque, qui, par le pou-
» voir de fon caractère, interdiroit les fonctions
» à ce titulaire, remettroit les chofes dans le
» même état où elles fe trouvoient avant l'inſti-
» tution. Ce feroit un droit qui auroit été inu-
» tilement confommé, *& qui retourneroit au*
» *collateur, pour en ufer tout de nouveau.* Si ce
» collateur demeuroit dans la contumace de ne
» pourvoir que des perfonnes incapables, en ce
» cas, *on pourroit avoir recours au roi, qui eſt*
» *L'UNIQUE SUPÉRIEUR DES COLLATEURS*
» *LAIQUES* «.

Sur ces conclufions, arrêt intervint le 18 août

1675 , qui déclara abusives les provisions du dévolutaire , & maintint le pourvu par le collateur
laïque.

La même question se présenta à juger en 1697,
pour un canonicat de Châteauvilain : il fut de
même impétré par dévolut , sur le fondement
de l'incapacité du pourvu. Le collateur en disposa
en faveur d'un autre. M. d'Aguesseau porta la
parole dans cette cause. Il rappela tous les moyens
que M. Talon , son illustre prédécesseur , avoit
fait valoir en 1675 ; sa voix éloquente leur prêta
une nouvelle force & une nouvelle grâce , &
l'arrêt de la cour fut le même.

Ce magistrat commença par établir la différence qu'il y a entre le Patronage laïque & la
collation laïque.

» Dans l'un, dit-il , le choix n'est qu'une pré-
» sentation qui dépend ensuite du jugement du
» collateur ecclésiastique ; dans l'autre, *c'est un*
» *choix absolu qui n'est soumis à la censure de*
» *personne :* dans l'un , le patron ne donne qu'une
» disposition à être pourvu ; dans l'autre , *le*
» *collateur laïque donne le titre & les provisions*
» *même :* dans l'un , sans difficulté , le bénéfice
» est *verè & merè ecclesiasticum ,* & tout ce que
» le Patronage y ajoute , c'est une espèce de
» servitude que l'église reconnoît , mais qui
» ne change point la nature du bénéfice ; elle
» ajoute sans détruire ; ainsi le bénéfice demeure
» toujours soumis à la puissance ecclésiastique : dans
» l'autre, *le bénéfice est plus laïque qu'ecclésias-*
» *tique ,* parce que la collation appartient au
» laïc , & la qualité du collateur influe sur le
» bénéfice. *L'église ne donne rien au titulaire ,*
» *il reçoit tout de la main du seigneur temporel* «.

Ce grand homme, qui portoit l'efprit d'analyfe dans tous les fujets qu'il traitoit, explique & développe l'origine & la nature des bénéfices de collation laïque, & partage cette difcuffion en trois réflexions.

» Première réflexion. Suppofons qu'un feigneur » fe choififfe un chapelain pour célébrer l'office » divin dans fa chapelle ; fuppofons même, fi l'on » veut, qu'il en choififfe plufieurs (c'eft ainfi » que la plupart de ces titres de bénéfices fe » font formés), qu'il leur donne un certain re- » venu ; dira-t-on pour lors que ce foient de » véritables titulaires de bénéfices ?

» Ajoutons enfuite qu'il s'engage envers eux » de ne les priver jamais de leurs places : c'eft » une condition qu'il ajoute à fon choix ; mais » cela ne change rien à la nature de ces titres.

» Or, qu'eft-ce qu'une fondation perpétuelle » de ces bénéfices, fi ce n'eft une obligation im- » pofée à tous fes fucceffeurs de choifir un cer- » tain nombre de chapelains, & leur attribuer le » même revenu ?

» C'eft un choix qui fe renouvelle à chaque » mutation, un choix néceffaire, à la vérité ; » c'eft-à-dire que les fucceffeurs ne peuvent fe » difpenfer de remplir les places de chapelains ; » mais le droit demeure toujours de même que » dans la perfonne du premier fondateur.

» En un mot, qu'un homme inftitue un cha- » pelain pour fa vie, on ne prétendra point que » fa place foit un bénéfice eccléfiaftique.

» Que furvient-il après fa mort, lorfqu'il » charge fes fucceffeurs de l'inftituer ?

» 1°. Que ce chapelain eft un titulaire per- » pétuel.

2°. Que le fucceffeur doit néceffairement rem-
» plir fa place , toutes les fois qu'elle eft va-
» cante.

. » Mais qu'en peut-on conclure ? Les héritiers
» ne font-ils pas toujours libres collateurs ? L'é-
» glife doit-elle être plus appelée par eux , que
» pour le choix du premier chapelain établi par
» le fondateur même » ?

Dans fa feconde réflexion, M. d'Agueffeau
montre que ce qu'il vient de dire n'eft pas une
fiction , mais la vérité même , & il le prouve par
trois ou quatre argumens.

» 1°. La collation de ces bénéfices ne fe dé-
» fère point dans aucun ordre qui approche de
» la hiérarchie , ou même des dernières régles
» canoniques : *la poffeffion feule de la terre fuffit*
» *pour attribuer le droit de conférer.* Eft-ce donc
» là un véritable titre eccléfiaftique ?

» 2°. Les coutumes difpofent de ce droit comme
» d'un droit patrimonial. La coutume de Lorraine
» le donne à l'aîné, fans récompenfe par préciput ;
» celle de Nivernois le donne au feigneur pendant
» la faifie féodale ; & Dumoulin étend ce droit à
» toutes les coutumes du royaume.

» 3. Ce qui décide, c'eft que le droit de dé-
» vulution eft un acte de juridiction : ce n'eft
» point une collation ordinaire ; au contraire ,
» c'eft un remède nouveau, par lequel celui qui
» n'eft point réguliérement collateur, le devient
» pour réparer les fautes de l'inférieur. Or , *nous*
» *n'avons point reconnu la juridiction eccléfiafti-*
» *que , pour ce qui concerne le titre de ces for-*
» *tes de bénéfices.* Non feulement les juges royaux
» connoiffoient du poffeffoire, mais du pétitoire
» même de ces bénéfices. Il y a eu un temps où

» pour les autres bénéfices , après le poffeffoire
» jugé , on retournoit devant le juge d'églife ,
» pour régler le pétitoire ; mais jamais , en ce
» temps , les eccléfiaftiques n'ont demandé à être
» juges des bénéfices qui dépendoient des laïcs.....

    » 4°. Les ultramontains même ont reconnu
» cet ufage.

Dans fa troifième réflexion , ce magiftrat , que
nous copions avec tant de plaifir , fait valoir un
moyen digne du miniftère qui lui étoit confié.

    » L'intérêt du roi , dit-il , eft trop joint , en
» cette occafion , à celui des feigneurs ; pour pou-
» voir les féparer.

    » Nous favons les prérogatives & les priviléges
» des collations faites par le roi.

    » Mais il faut diftinguer : ou il confère *jure*
» *coronæ* ; & alors c'eft le cas de parler de la
» qualité de roi , qui eft le principe de ces pré-
» rogatives ; ou il confère comme étant aux droits
» des feigneurs particuliers auxquels il a fuccédé ,
» comme dans plufieurs faintes chapelles , en
» Bourgogne , en Berry , à Bourbon , à Saint-
» Quentin , &c. ; & alors on pourroit prétendre
» que tout ce que l'on décideroit pour les fei-
» gneurs particuliers , devroit avoir lieu contre le
» roi. Or , qui a jamais ouï dire que le roi re-
» connût le droit de dévolution ? ....

    » Mais d'ailleurs , indépendamment de cette
» confidération , le roi n'a-t-il pas droit de foutenir
» les priviléges temporels de fes fujets ? Dès le
» moment que cela fera confidéré *comme faifant*
» *partie de la temporalité* , ainfi que s'explique
» l'ordonnance de Louis XI , peuvent-ils recon-
» noître un autre fupérieur que le roi « ?

M. d'Ormeffon , dit l'auteur du traité du dévolut, propofa, en 1750, les mêmes maximes, dans une caufe pour le chapitre de Dreux.

Ce chapitre, par une délibération de 1685, avoit fixé la réfidence à neuf mois, en affiftant chaque jour à l'un des trois grands offices, & cette délibération avoit été homologuée par l'évêque de Chartres, & confirmée par arrêt de la cour.

· En 1695, le prélat avoit fait pour ce chapitre un réglement concernant la célébration du fervice divin, & la fixation des gros fruits & des diftributions manuelles.

En 1749, fix chanoines, de quatorze dont le chapitre eft compofé, arrêtent, par une délibération, que pour gagner les gros fruits il faudra affifter pendant neuf mois aux trois grands offices. L'un des fix capitulans s'oppofe à la délibétion, & trois des abfens adhèrent à cette oppofition. Les oppofans attaquent la délibération par la voie d'appel fimple en l'officialité de Chartres, & fe fondent fur la délibération de 1685 & fur le réglement de 1695; ce qui donne lieu aux capitulans d'en interjeter appel comme d'abus.

M. l'avocat général, après avoir obfervé qu'il n'y a point de loi précife qui décide qu'un chanoine, pour gagner les gros fruits, foit tenu, pendant les neuf mois de réfidence, d'affifter aux trois grands offices, ajouta, » que le chapitre de » Dreux *eft un corps féculier, compofé d'ecclé-* » *fiaftiques.* Les canonicats de cette églife font, » comme difent les auteurs, *des bénéfices tem-* » *porels, indépendans de la puiffance eccléfiafti-* » *que,* non fujets par conféquent aux loix de » l'églife touchant la réfidence des chanoines

» & la police qui doit être obfervée dans
» les chapitres. M. l'évêque de Chartres n'a donc
» pu, fans entreprife fur le droit du fondateur,
» homologuer la délibération de 1685, ni faire,
» en 1695, un réglement pour la réformation
» des abus. *S'il y avoit des abus à reformer,*
» *c'étoit au roi, qui eft aux droits du fondateur,*
» *& par conféquent à la cour, qui eft dépofi-*
» *taire de l'autorité du roi, à en prendre con-*
» *noiffance,* fur la réquifition du procureur gé-
» néral, & à donner tels réglemens qu'elle ju-
» geroit convenable ... «.

» Toute l'autorité des évêques fur ces corps
» féculiers fe réduit à prendre connoiffance des
» mœurs des particuliers, à un droit de vifite
» des vafes facrés, des ornemens, & à veiller
» à ce que le fervice divin fe célèbre felon le rit
» prefcrit & avec la décence convenable ; mais
» à l'égard des heures auxquelles cet office doit
» être célébré, de la quantité des offices, de l'o-
» bligation d'y affifter, &c., il n'appartient point
» à l'ordinaire d'en connoître. *Là connoiffance en*
» *eft réfervée aux juges féculiers,* qui, dans la
» la décifion de ces fortes de queftions, prennent
» pour régles, non les loix de l'églife, mais celles
» de la fondation.

» De là il réfulte que l'on ne peut qualifier
» d'abufif l'ancien réglement du chapitre de Dreux,
» où les chanoines gagnoient les gros fruits par
» une réfidence de vingt femaines, & par l'affif-
» tance à un feul office, parce que le fondateur
» avoit pu fonder ces bénéfices à ces conditions «.

Par ces motifs, M. l'avocat général fe rendit
appelant comme d'abus des ordonnances de M.
l'évêque de Chartres de 1685 & 1695, & oppofant

fant aux arrêts d'homologation, & demanda
qu'avant faire droit au fond, il fût enjoint au
chapitre de Dreux de remettre entre les mains de
M. le procureur général des mémoires instructifs
de ce qu'il peut y avoir à réformer dans le chapitre, pour mettre la cour en état de dresser tel
réglement qu'elle jugera convenable.

L'arrêt du 3 août 1750 fut conforme aux conclusions.

§. XIX. *Différence entre le droit de Patronage & le droit de préfenter au bénéfice.*

Dans les siècles d'ignorance on fut obligé de
donner la desserte des cures à des religieux, les
seuls prêtres qui eussent alors quelques connois-
sances des lettres ; dans la suite ils se dégoûtèrent
de ce soin, & y commirent des prêtres séculiers
qu'ils stipendioient ; mais ils ne laissoient pas de
conserver tous les revenus. Bientôt les conciles
les obligèrent à se retirer dans leurs monastères,
& à nommer des vicaires pour faire toutes les
fonctions curiales : dans les commencemens, ces
vicaires étoient amovibles au gré des religieux,
mais depuis ils furent rendus perpétuels. L'église
& nos rois se réunirent pour l'ordonner par des
loix expresses. Ces vicairies perpétuelles devinrent
des titres de bénéfice, dont la nomination appartenoit aux religieux chargés originairement de la
desserte, en sorte qu'il y eut deux titres de bénéfice dans la même église ; celui de curé primitif & celui de vicaire perpétuel, & c'est ce que
l'on voit dans une multitude innombrable d'églises
paroissiales.

Il arrivoit souvent que pour la desserte des

cures on prenoit des religieux d'un monaſtère
aſſez éloigné ; le monaſtère députoit alors un de
ſes religieux , qui s'y établiſſoit. Quand le dégoût
de la dèſſerte prit aux religieux , & qu'ils com-
mencèrent à faire deſſervir les cures par des
prêtres ſéculiers ; comme la maiſon conſervoit
les revenus , elle envoyoit toujours un religieux
pour les adminiſtrer. Cela formoit une obédience
d'où ſont venus les prieurs ſimples. Ce religieux dé-
puté , en adminiſtrant ces revenus , nommoit le
deſſervant. Car ces deſſervans s'établiſſoient par
des baux qui ſe faiſoient entre le religieux & le
prêtre ſéculier pour un certain nombre d'années.
Quand donc les titres de vicaires ſont devenus
perpétuels , ce religieux , qui juſque-là avoit fait
des baux de la deſſerte , nommoit les titulaires
perpétuels. Ces obédiences à leur tour ſont devenues par ſucceſſion de temps des titres de bénéfice , & elles ont conſervé la nomination aux
cures ou vicairies perpétuelles qui en dépendoient.
C'eſt ainſi que la nomination ou préſentation de
ces vicaires perpétuels eſt demeurée à ces obédiences ou prieurés , depuis même qu'ils ſont devenus titres de bénéfice.

Il n'eſt pas extraordinaire de voir des communautés eccléſiaſtiques , ſéculières & régulières ,
préſenter à des cures ſans qu'elles en aient le
Patronage : ce droit vient alors de la qualité
de curé primitif qu'on leur a donnée , ou
qu'elles ont uſurpée dans les ſiècles d'ignorance
& de déſordres. La poſſeſſion , ou , ſi l'on veut,
le droit dans lequel les communautés ſont , en
pareil cas , de préſenter à la cure , diffère infiniment du droit de Patronage , & il n'y a pas
un auteur exact qui ne les ait ſoigneuſement

diftingués. Ces deux droits diffèrent d'abord par
le principe qui les produit. La préfentation de
la part du curé primitif, eft une charge ; c'eft
une fuite de l'obligation où il a été de deffervir ou de faire deffervir le titre dont il per-
cevoit les revenus ; dans le patron, c'eft un droit
honorifique, dont il jouit en reconnoiffance du
bienfait de la fondation : *presbyterorum præfen-*
tatio, dit Van-Efpen, *capitulis vel monafteriis quæ*
primitivos paftores vocant, non fuit primitùs de-
lata per modum remunerationis, ob munificentiam
ab ipfis in ecclefias parochiales faclam, quem-
admodùm benefactoribus, fed per modum oneris
ipfis injunctam fuit, ut curarent quatenùs per
presbyteros cura animarum ritè exerceretur. (*Jus*
eccl. p. 2 , *fect.* 4 , *tit.* 3 , *chap.* 1, *n.* 9.)
- Le droit de préfentation, dans les patrons &
dans les curés primitifs, diffère encore par les
attributs dont il eft accompagné. Dans le patron,
il eft accompagné des honneurs de l'églife, les
prières nominales, l'encens, l'eau bénite. *Ca-*
pitula & monafteria, dit encore Van-Efpen,
quæ folo titulo incorporationis habent jus præfen-
tandi, jura honorifica veris patronis titulo data-
tionis vel fundationis competere folita prætendere
non poffunt. (Ubi fupra fect. 3 , tit. 7 , chap. 11 ,
n°. 31.)
Si les eccléfiaftiques qui préfentent à un autre
titre que celui de patron, n'ont pas les mêmes
honneurs, ce n'eft nullement que l'on puiffe
fuppofer dans leur perfonne aucune inhabileté
à en jouir. Ils les ont auffi bien que les laïcs,
lorfqu'ils font réellement patrons. *Jura honorifica*
ecclefiafticis non fecùs ac laïcis deferuntur, in
recognitionem munificentiæ & liberalitatis quam

in fondatione aut dotatione ecclefiis exhibuerunt. (*Van-Efpen, ubi modo.*) La raifon qui les en prive, c'eft qu'ils ne font pas patrons : *Nequaquam ut veri patroni reputandi funt, certum eft ob hanc præfentationem capitula aut monafteria verum jus Patronatûs non confequi, neque poffe dici veros patronos* (Van-Efpen, loc. cit.)

Autre chofe eft donc le Patronage & les honneurs qui y font attachés, autre chofe le titre de curé primitif & les charges inhérentes à ce titre, » Il peut, comme l'obferve d'Hericourt, » y avoir dans la même paroiffe un patron, un » curé primitif, & un gros décimateur, qui foient » trois perfonnes différentes «. (Loix ecclef. part. 5, chap. 10, n°. 21.)

§. XX. *Le patron peut-il préfenter indifférem-ment au pape ou à l'ordinaire ?*

On a agité la queftion de favoir fi un patron pouvoit préfenter indifféremment ou au pape ou à l'ordinaire ; & après avoir difcuté les raifons de part & d'autre, on a trouvé que la préfentation fe pouvoit faire légitimement au pape, parce qu'il eft l'ordinaire des ordinaires, & que d'ailleurs il n'admet dans ces rencontres aucune perfonne, qu'à la charge d'être examinée par l'évêque diocéfain. M. Charles Dumoulin, fur la règle *de infirmis*, nomb. 331, après avoir combattu cette propofition, demeure néanmoins tacitement d'accord que cela n'eft pas fans exemple ni hors d'ufage : car il dit feulement qu'il eft très-rare que le pape ou le légat confère fur la préfentation du patron, ce qui marque que cela arrive quelquefois ; & fi c'eft rarement, cela vient de ce que les préfentés ne pouvant par cette voie éviter l'examen de l'évêque , ils éloigneroient par ce circuit leur promotion, au lieu de l'accélérer ; & c'eft la raifon pour laquelle M. de Roye , dans fon traité de *jure Patronatûs* , chapitre 21 des prologomenes, dit que cette manière de préfenter n'eft guère en ufage. Mais il fuffit que ces préfentations foient légitimes , quoique rares , pour conclure que l'ordinaire n'a pas plus d'avantage à l'égard des bénéfices en Patronage que le pape , & par conféquent on peut dire que fi le pape peut recevoir la préfentation à l'égard d'un bénéfice en Patronage , à plus forte raifon peut-il , par l'incapacité du patron, prévenir l'ordinaire , & le conferer *pleno jure.*

§. XXI. *Du dernier état.*

Les principes fur le *dernier état* des bénéfices , & les conféquences qui en réfultent pour la maintenue du préfenté , font connus. Ils prennent leur fource dans le chapitre 24 , *extrà de elecl. & elecl. poteft.*; dans le chap. 7 , *ibid. de caufâ poffeff. & propriet.* , & dans le chap. 19 , *ibid. de jure Patr. Si aliquis clericus* , lit-on dans le dernier de ces chapitres , *ab ordinario judice in ecclefiâ fuerit inftitutus , ad præfentationem illius qui ejufdem ecclefiæ credebatur effe patronus , & pofteà jus Patronatûs alius evicerit in judicio , inftitutus non debet ab ipfâ , propter hos removeri , fi tempore præfentationis fuæ ille qui eum præfentavit jus Patronatûs ecclefiæ poffidebat.* Cette décifion porte avec elle fon motif : *cùm ex hoc ei qui de jure debet habere nullum in pofterum præjudicium generetur.*

On peut ajouter qu'il eſt de l'intérêt de l'égliſe que le bénéfice ait un titulaire actuellement deſ-ſervant, & qu'il y reſte.

Enfin, il eſt certain que le droit de Patronage eſt dans les fruits. C'eſt par cette raiſon que le gardien préſente pour les mineurs qui ſont en ſa garde, l'uſufruitier pour le propriétaire, le mari pour ſa femme, le ſeigneur dominant pour ſon vaſſal pendant la ſaiſie féodale, &c. Or, il eſt de principe reconnu, que le poſſeſſeur de bonne foi fait les fruits ſiens. La nomination qu'il fait pendant ſa poſſeſſion du droit de Pa-tronage, eſt donc regardée comme un fruit con-ſommé, & doit être efficace. *Bona fides tan-tùm poſſidenti præſtat*, dit la loi 136, *ff. de reg. jur. quantùm veritas, quoties lex impedimento non eſt.*

Pendant le procès au pétitoire, entre les pré-tendans droit au Patronage, la préſentation faite par celui qui eſt en poſſeſſion ſeroit valable; *pendente lite nemo privari debet ſuâ poſſeſſione, cap. 1, extrà de cauſâ poſſ. & propr.* A plus forte raiſon, la nomination faite avant le procès, par celui qui étoit en poſſeſſion de préſenter, doit-elle être confirmée.

Il ſuffit même, à cet égard, d'une *quaſi poſ-ſeſſion*, ſuivant le chapitre 24, *extrà de elect. & elect. pot*, qui défère la maintenue, au préjudice du Patronage réclamé, à celui que le peuple avoit élu, parce qu'il étoit *in quaſi poſſeſſione præſentandi*; or, pour établir cette quaſi poſ-ſeſſion, il ſuffit de la dernière préſentation faite avec effet & ſans réclamation, ſuivant la déciſion du ch. 7. *extrà de cauſâ poſſ. & propr.* Voilà

ce qui conftitue ce qu'on appelle le *dernier état*
de bénéfice.

Ces principes font adoptés par tous nos auteurs ; par Dumoulin dans fon apoftille fur le
ch. *ecclefia , extrà dic. tit.* ; par Fevret dans fon
traité de l'abus, liv. 2, ch. 6, n. 13 ; par Ferriere dans fon *Traité du Patronage*, part. 2,
ch. 3, fect. 2, n. 80 & fuivans, & par Lacombe,
dans fon *récueil de jurifprudence canonique*, au
mot *état*, fect. 2.

Ces principes ont été, en 1737, plaidés par
Me. de l'Averdy, & défendus par M. d'Aguesseau,
lors avocat général, dans l'affaire de la chapelle
de faint Nicolas de Berlancourt.

Ces principes enfin ont été confacrés par la
jurifprudence du parlement : un arrêt du 24 avril
1651 a jugé que le poffeffoire d'une cure litigieufe entre deux patrons qui avoient fait
ufage du droit de nomination réclamé par chacun d'eux, devoit fe décider fuivant le dernier
état, même en Normandie, où la prefcription
n'a pas lieu en matière de Patronage. Il s'agiffoit,
dans l'efpèce, de la cure du village de Burfy,
diocèfe de Bayeux : le Patronage en étoit prétendu, d'un côté, par le feigneur du fief de
Beaumanoir, dépendant de cette paroiffe ; & de
l'autre, par l'abbé de Troart. M. l'avocat général
Bignon fut d'avis que les deux feigneurs n'ayant
pas fuffifamment éclairci leur droit, il y avoit
lieu d'appointer fur la queftion du Patronage ;
mais que cependant la complainte, pour le
poffeffoire de la cure fe devoit juger par le
dernier état, » comme il fe pratique en matière

» de bénéfices dont la collation ou préſentation
» eſt litigieuſe , *ne diutiùs eccleſiæ viduatæ ſint*
» *paſtore* «. qu'en conſéquence , le ſeigneur étant
le dernier poſſeſſeur du droit , c'étoit à ſon préſenté que la maintenue devoit être accordée.
Cet avis fut adopté , & le ſieur Hamel , nommé
par le ſieur de Beaumanoir , fut maintenu , ſans
préjudice du droit de Patronage entre les pré-
tendans , pour lequel il fut dit qu'ils conteſteroient
plus amplement. Cet arrêt eſt rapporté au premier
tome du journal des audiences , liv. 6 , ch. 24.
Soëvfe , tome 2 , cent. 3 , ch. 46 , en cite un pareil du 25 février 1665. . .

Les auteurs n'ont été diviſés que relativement
aux bénéfices ſimples ; quelques-uns ont penſé
que la queſtion de la maintenue pouvoit , à
l'égard de ces bénéfices , être renvoyée à la déciſion du fond & en dépendre , parce qu'il n'eſt
pas inſtant d'y nommer un titulaire qui n'y réſide
ordinairement pas ; mais le contraire a été jugé
entre le ſieur de Berlancourt & le marquis de
Romeſnil. Dans l'eſpèce , les ſeigneurs de Berlancourt paroiſſoient avoir été en poſſeſſion juſqu'en 1722 , pendant plus de 140 ans , quoique
ſans titre conſtitutif , de nommer à la chapelle
de ſaint Nicolas , bénéfice ſimple ſitué dans la
Paroiſſe de Berlancourt. Le marquis de Romeſnil,
ſeigneur d'une paroiſſe contiguë à celle de Berlancourt , qui autrefois avoit appartenu au même
ſeigneur , ſe prétendoit auſſi en droit de nommer
à cette chapelle en qualité de patron. Egalement
dénué de titre conſtitutif , il appuyoit ſa poſſeſſion
ſur pluſieurs aveux ; il invoquoit d'ailleurs une
nomination utile par lui faite en 1722 , ſans obſ-

tacle. En 1736, cette chapelle étant venue à vaquer, le seigneur de Berlancourt & le marquis de Romesnil y nommèrent. Les deux présentés ayant été pourvus & mis en possession, il se forma entre eux une instance de complainte; les présentateurs y intervinrent : une sentence des requêtes du palais appointa, tant sur la pleine maintenue en la chapelle que sur la question du Patronage, & ordonna le séquestre de la chapelle. Sur l'appel interjeté par celui que le marquis de Romesnil avoit nommé, la sentence fut confirmée par l'arrêt du 31 décembre 1737. Néanmoins le jugement du fond n'influa pas sur la maintenue au bénéfice, qui fut en définitif adjugée, d'après la maxime du dernier état. Par sentence rendue sur l'appointement, le 19 août 1740, le seigneur de Berlancourt fut maintenu dans le droit de Patronage; mais comme le *dernier état* étoit en faveur du marquis de Romesnil, d'après la nomination utile qu'il avoit faite en 1722, ce fut son présenté qui fut maintenu dans la possession de la chapelle; & sur l'appel, la cour, par arrêt du 17 juillet 1744, confirma la sentence dans toutes ses dispositions. Ainsi le premier arrêt avoit décidé que, relativement à un bénéfice simple, il n'étoit pas instant de juger la maintenue entre les présentés; mais le second décida qu'elle n'en devoit pas moins être déférée, d'après la maxime du *dernier état*; & c'est par ce principe, qu'en rétablissant le vrai patron dans son droit de présenter, ce fut néanmoins le titulaire présenté par le faux patron qui, pour cette fois, *pro hac vice*, suivant l'expression des canonistes, fut maintenu, parce qu'au temps de sa présentation & dans le *dernier état*, c'étoit ce faux patron qui étoit en possession de nommer. (V. Lacombe au mot *Etat*, & les mém. du clergé, tom. 12, pag. 556.) C'est à ce cas, dit Ferriere, qu'on peut appliquer la règle, que *communis error facit jus*, & que *plus valet quod est in opinione, quàm quod est in veritate.*

La maxime du *dernier état* a lieu, même contre le roi; & Brillon, dans son *dictionnaire des arrêts*, au mot *bénéfices*, sommaire 151, rapporte plusieurs jugemens qui l'ont ainsi décidé.

§. XXII. *Comment se perd & s'éteint le Patronage ?*

Les canonistes marquent les causes qui donnent lieu à l'extinction ou privation du droit de Patronage. 1°. Si l'église vient à être entiérement détruite, ou si tous les biens du Patronage dépérissent; *arg. §. ..... fin. instit. de usufr.* 2°. Si le patron souffre, sans protestation, qu'on érige l'église de son Patronage en collégiale ou en monastère; *cap. nobis de jur. Patr.* 3°. Quand la cause pour laquelle quelqu'un étoit patron vient à cesser; *Lambertinus, lib. 3, quest. 7, art. 1.* 4°. Par la mort & l'extinction des personnes ou parens d'une famille à qui appartenoit le Patronage; ce qui auroit également lieu par l'extinction d'une communauté ou confrérie; *c. cùm secundùm, de jur. Patron.* 5°. Si le patron a tué ou insulté malicieusement le recteur ou un autre clerc de son église; *c. in quibusdam, §. sacris, C. ad aures de pœnis*; le Patronage passe alors à cette même église. 6°. Si le patron tombe dans l'hérésie, dans l'apostasie ou dans le fchifme, s'il croupit même plus d'un an dans un état d'excommunication ; *c. fin. de haref. Barbofa , n.* 260. 7°. S'il tombe dans le crime de fimonie. 8°. S'il eft ingrat envers l'églife. 9°. S'il s'arroge la perception ou la jouiffance des fruits du Patronage ; *réglement du concile de Trente.* 10°. Le Patronage s'éteint lorfque le patron devient le collateur du bénéfice dont il avoit la fimple nomination, ce que les cano- niftes appellent *confolidatio collationis & præfen- tationis.* 11°. Enfin par l'union.

§. XXIII. *Droit de Patronage tombe-t-il en confifcation ?*

La plupart des auteurs font une diftinction qui paroît fort raifonnable : ou ce droit eft attaché à un fonds, ou il eft tranfmiffible à des étrangers. Si le Patronage eft attaché à un fonds, il ne peut être confifqué qu'avec ce même fonds ; & s'il n'y eft point attaché, il ne peut être confifqué qu'a- vec l'univerfalité des biens du condamné ; encore faut il que ce foit pour une vraie confifcaiton, car autre chofe feroit, par exemple, fi pour quel- que raifon politique il avoit plu au roi de faire faifir tous les droits de Patronage qui appartien- droient à un prélat étranger dans ce royaume , comme il fut jugé par un arrêt rendu au parle- ment de Metz le 23 février 1696.

» La confifcation d'un fief, dit le Grand , » emporte & contient en foi tous les droits qui » font annexés au fief, comme lorfque le droit » de Patronage compète & appartient au feigneur » propriétaire du fief, en qualité de feigneur

» dudit fief, le droit de Patronage paſſera, avec
» le fief, au ſeigneur haut-juſticier auquel le fief
» eſt confiſqué. Et ainſi doit être entendue l'opi-
» nion d'Accurſe & Bart., qui tiennent que le
» droit de Patronage paſſe à l'acquéreur, ſuivis
» par Dumoulin, *in conſuet. Paris*, §. 37, *gl.* 20,
» *num.* 9 ; *Chopin, libr.* 1, *de doman. tit.* 8,
» *num.* 15. Mais ſi le droit de Patronage n'ap-
» partient pas au condamné, à cauſe du fief &
» ſeigneurie confiſqués, ains pour quelque autre
» cauſe, comme pour être de la famille des
» fondateurs, dans laquelle le droit de Patronage
» doit demeurer, ſuivant que nous avons dit ſur
» l'article 92, gloſe 3, nombre 14 & ſuivant;
» en ce cas, le droit de Patronage ne paſſera pas
» avec le fief au ſeigneur haut-juſticier, *Jul. clar.*
» 5, *ſent.* §. *ult. queſt.* 78, *num.* 8, non plus
» qu'en ce même cas le droit de Patronage ne
» paſſe pas à l'acquéreur de la terre. Et ſelon cette
» diſtinction doit être entendue l'opinion des doc-
» teurs, & *de Tiraq. de jur. primig. queſt.* 37,
» qui ont tenu que le droit de Patronage paſſe
» à l'acquéreur; voire même en ce même cas;
» quand bien même celui auquel ce droit compète
» auroit vendu tous les biens généralement, inſti-
» tué un légataire univerſel, ou fait une dona-
» tion univerſelle ; ſi eſt-ce que ce droit ne
» paſſera pas à l'acquéreur, légataire ou dona-
» taire univerſel, d'autant que l'acheteur même
» d'une hérédité ne repréſente pas la perſonne
» du défunt & ne ſuccède pas en tous ſes droits.
» *Cujas, lib.* 12, *obſervat. cap.* 13. Et par con-
» ſéquent ce même droit de Patronage ne paſſe
» pas aux légataires ou donataires univerſels, n'é-
» toit que d'ailleurs ils fuſſent de la famille, &

» que, ceſſant le legs univerſel, ce droit ne laiſſât
» de leur être déféré en vertu des clauſes de la
» conſtitution du Patronage : ou bien que le droit
» de Patronage fût attaché à une terre qui fût
» compriſe dans la vendition univerſelle, legs
» univerſel ou donation univerſelle. Et ainſi ſem-
» blent auſſi devoir être entendus Dumoulin,
» *in conſuet. pariſ. §. 37, gl. 10, num. 7,* &
» autres, qui diſent que *jus Patronatûs tranſit
» cum univerſitate ; Adde, infr. gl. 3, num. 14 &
» ſuiv. ; le Grand ſur l'art. 120 de la coutume,
de Troies, gl. 1, n. 21.*

§. XXIV. *Forme des actes de préſentation.*

Il n'eſt pas abſolument requis qu'une préſentation, même d'un patron laïque, ſoit faite pardevant notaires. L'édit de 1691, article 7, défend à tous autres notaires., ſinon les royaux
apoſtoliques, ou ceux à qui leurs fonctions ſont,
réunies, tabellions, huiſſiers, ſergens, de s'entremettre pour paſſer ou faire aucun des actes,
mentionnés en cet édit, à peine de nullité ; mais
ne défend pas aux patrons de dreſſer eux-mêmes
leurs préſentations. Néanmoins les patrons, &
principalement les patrons laïques, ne doivent,
pas ſe diſpenſer de s'adreſſer aux notaires pour
cela, attendu que ces officiers ſavent mieux la
forme de ces ſortes d'actes, & ſont en état de
n'y laiſſer gliſſer aucune choſe qui pourroit les
annuller.

Il eſt abſolument néceſſaire à tous patrons de
dreſſer une minute & une groſſe de cet acte,
de faire ſigner la minute par deux témoins, gens
domiciliés & connus, qui ne ſoient point parens

du préfentateur ni du préfenté ; de faire expédier la groſſe en papier ou parchemin timbré,
de la figner eux-mêmes, de la faire figner par
leur fecrétaire, & d'y faire appoſer le fceau de
leurs armes.

 Il eſt encore abfolument néceſſaire de faire
infinuer les préfentations dans le mois de leur
date, fous peine de nullité.

 Les lettres de préfentation ont huit parties.

 La première eſt l'adreſſe & le falut. Ces lettres font ordinairement adreſſées au collateur,
ou à fes grands vicaires, où à l'un d'eux. Cependant fi la préfentation fe paſſoit pardevant
notaires, elle pourroit être fans aucune adreſſe
ni falutation.

 La feconde eſt la déclaration des droits que
le patron & le collateur ont fur le bénéfice ; le
patron doit ici énoncer comment & par quel titre
le droit de Patronage lui appartient ; & en quelle
qualité le collateur le confère.

 La troifième eſt la déclaration du genre de
vacance.

 La quatrième, la préfentation d'un fujet comme
capable.

 La cinquième, la prière faite au collateur
d'accorder fes lettres de collation & de provifion.

 La fixième, le *in quorum fidem*, &c. c'eſt-à-
dire, l'énonciation de l'expédition des lettres, de
leur fignature, & l'appofition du fceau.

 La feptième, la date.

 La huitième enfin, la mention de la préfence
des témoins & de leur fignature dans la
minute.

Préfentation faite pardevant notaires avec adreffe.

«.» A Monfeigneur l'illuftriffime & révérendif-
» fime évêque de la Rochelle, MM. fes vicaires
» généraux, ou l'un d'eux. Jacques Tiraqueau,
» chevalier, marquis, &c., falut, avec tout hon-
» neur & révérence. La chapelle ou chapellenie
» perpétuelle de N. D. de Pitié, fituée ...... &
» deffervie ....: en votre diocèfe, dont, vacance
» arrivant, la nomination, préfentation & droit
» de Patronage nous appartiennent, comme l'aîné
» de la famille de Tiraqueau; & à vous, mon-
» feigneur, le droit de collation, provifion &
» toute autre difpofition, à raifon de votre di-
» gnité épifcopale, étant vacante par la démif-
» fion pure & fimple faite entre nos mains par
» maître N., dernier titulaire & paifible poffef-
» feur d'icelle, nous avons nommé & préfenté
» à icelle, nommons & préfentons par ces pré-
» fentes, difcrète perfonne Me Guillaume de la
» Chaffe, prêtre du diocèfe d'Auxerre, chanoine
» de l'églife cathédrale dudit Auxerre, y demeu-
» rant, comme capable de tenir & poffeder ladite
» chapelle ou chapellenie perpétuelle de N. D.
» de Pitié, fife & fondée comme dit eft, jouir
» des fruits & revenus d'icelle; vous priant &
» requérant humblement d'accepter notre pré-
» fente, & lui accorder, fur nos lettres de no-
» mination & préfentation, vos lettres de colla-
» tion & provifion néceffaires, fauf notre droit
» & l'autrui. En foi de quoi nous avons figné
» ces préfentes de notre main. Donné à Paris
» le ...... &c. en préfence de ......, témoins requis
» & appelés, qui ont figné.

» Les jour & an susdits, la susdite présenta-
» tion a été signée dudit sieur marquis & des
» témoins susdits, en présence du notaire soussi-
» gné, & la minute déposée, pour être conservée
» parmi les écritures dudit notaire «.

Il n'en est pas d'une présentation comme de
l'élection aux grandes prélatures, auxquelles on ne
doit point songer à pourvoir ou à donner un
nouvel époux à l'église veuve, qu'après avoir en-
terré le défunt, & donné quelque jour à la dou-
leur de sa perte ; une présentation peut être faite
le jour même du décès & avant l'enterrement du
dernier titulaire.

Il y a dans plusieurs lieux trois degrés pour
parvenir aux bénéfices qui sont en Patronage ;
la nomination, la présentation, & l'institution,
ou bien la présentation, la représentation, &
l'institution, ou bien le choix de plusieurs sujets, la présentation que le patron fait de l'un
d'eux, & l'institution que le collateur donne au
présenté par le patron.

Il faut alors trois actes différens. Celui qui a
droit de nommer nomme au présentateur, le
présentateur présente au collateur, le collateur
donne des provisions. Il en est de même du présentateur au représentateur, & de celui qui nomme
plusieur sujets au présentateur, qui en choisit un
qu'il présente.

La règle générale de ces actes est qu'ils soient
adressés à celui qui est dans le degré supérieur,
comme la nomination au présentateur, la présentation au collateur, la présentation simple au
représentateur, & ainsi du reste.

*Voyez les mémoires du clergé ; le traité de
l'abus, de Fevret ; les œuvres de Van-Espen ;*
celles

telles de M. d'Aguesseau ; les loix ecclésiastiques de d'Héricourt ; le recueil de jurisprudence de la Combe ; le traité du droit de Patronage de de Roye ; celui de Ferriere ; le journal des audiences ; le sixième tome des œuvres de Guyot ; la savante dissertation de M. de Terouville sur le droit de Patronage ; Dumoulin sur la règle de infirmis, &c. ; les coutumes de Tours, Loudunois, Normandie ; le commentaire de Basnage sur cette dernière ; celui de Berraut sur la même coutume ; les libertés de l'église gallicane ; le traité des collations & des provisions des bénéfices de M. Piales ; le traité du droit de Patronage de Maréchal ; M. Louet sur la règle de infirmis resignantibus ; le traité de l'expectation des gradués ; le notaire apostolique ; & il existe aussi sur cette matière d'excellens mémoires de MM. Courtin, Camus & Treilhard, avocats au parlement. Ces mémoires renferment des discussions très-savantes ; la justice & la reconnoissance nous obligent de dire qu'elles nous ont été très-utiles.

(Article de M. H ***, avocat au parlement.)

PATRONAT. C'est un espèce de droit de gambage que l'abbaye de saint Sépulchre de Cambrai lève sur les bierres marchandes qui se font ou se débitent dans les trois paroisses de cette ville, connues sous les noms de Saint-George, de la Magdeleine, & de Saint-Nicolas.

Ce droit semble avoir emprunté sa qualification de ce que les abbé & religieux de saint Sépulchre sont patrons de ces trois paroisses.

Voyez les articles HOTELAGE, GAMBAGE, CHENELLES, AFFORAGE, &c.

(*Article de M. MERLIN, avocat au parlement de Flandres*).

PATURAGE. C'est ce qui sert à nourrir les bestiaux.

Les règles à observer pour l'exercice du droit de Pâturage dans les forêts du roi, sont déterminées par le titre 19 de l'ordonnance des eaux & forêts du mois d'août 1669.

Suivant l'article premier, il n'y a que les communautés ou habitans dénommés dans l'état arrêté au conseil, qui puissent envoyer leurs bestiaux pâturer dans les forêts du roi, & ceux à qui ce droit est accordé ne peuvent en user que dans les endroits que les officiers des eaux & forêts ont déclarés défensables. Ces endroits sont ceux où le bois est assez fort pour que le bétail ne puisse pas l'endommager.

L'ordonnance n'a point fixé le temps auquel les taillis doivent être déclarés défensables. Cela dépend tout à la fois de la nature du sol & de l'espèce des bois qui y croissent. Un réglement de la maîtrise des eaux & forêts d'Orléans du 20 janvier 1720, a fixé ce temps à cinq ans pour les bêtes aumailles, & à trois ans pour les chevaux.

Le même réglement a défendu aux habitans qui ont droit de Pâturage dans la forêt d'Orléans, d'envoyer paître leurs bestiaux dans les endroits incendiés depuis dix ans.

Les habitans qui ont droit de Pâturage doivent déclarer le nombre des bestiaux qu'ils possèdent, & cette déclaration doit être enregistrée au greffe de la maîtrife. C'eft ce qui réfulte de l'article 2 du titre cité.

L'article 3 veut que les officiers affignent à chaque communauté ufagère une contrée particulière, la plus commode qu'il foit poffible, où les beftiaux de cette communauté puiffent être menés & gardés féparément, fans mêlange d'autres troupeaux. Cette loi doit être exécutée fous peine de confifcation des beftiaux, & d'amende arbitraire contre les pâtres contrevenans, & de privation de leurs charges contre les officiers ou gardes qui viendroient à permettre le contraire. Il eft d'ailleurs défendu aux officiers, fous peine de concuffion, de percevoir aucun droit pour les permiffions relatives à l'exercice du droit de Pâturage.

La déclaration des contrées dont on vient de parler, & de la liberté d'y envoyer paître le bétail, doit, fuivant l'article 4, être publiée aux prônes des meffes des paroilles ufagères, l'un des dimanches du mois de février de chaque année, à la diligence du procureur du roi (*); & il doit en même temps être fait défenfe aux ufagers d'envoyer leurs beftiaux paître en d'autres

_____

(*) Cette formalité n'eft plus néceffaire depuis l'édit du mois d'avril 1695 & la déclaration du 16 décembre 1698. Ces loix ont établi que les curés ou leurs vicaires, & les autres eccléfiaftiques, ne feroient plus obligés de publier au prône, ni pendant le fervice divin, les actes de juftice & autres qui concernent les affaires du roi ou l'intérêt particulier de fes fujets : ainfi les publications faites par les huiffiers ou fergens font aujourd'hui fuffi-fantes, & tiennent lieu de celles qui devoient précédemment fe faire aux prônes.

I ij

lieux, à peine de confiscation & de privation de leurs usages.

Le droit de Pâturage ne peut être exercé que par les possesseurs des fiefs & maisons désigné dans les états dressés par les commissaires ré formateurs ou les grands maîtres des eaux & forêts, & conformément à ce que ces officier ont réglé pour le nombre des bestiaux, eu égard à la possibilité des forêts. C'est ce qui résulte de l'article 5.

» Tous les bestiaux, *porte l'article 6*, appar » tenans aux usagers d'une même paroisse or » hameau ayant droit d'usage, seront marqué » d'une même marque, dont l'empreinte ser » mise au greffe, avant que de les pouvoir en » voyer au Pâturage, & chacun jour assemblé » en un lieu qui sera destiné pour chacun bourg » village ou hameau, en un seul troupeau, & » conduit par un seul chemin, qui sera désign » par les officiers de la maîtrise, le plus com » mode & le mieux défendu, sans qu'il soi » permis de changer & prendre une autre rout » en allant & retournant, à peine de confiscatio » des bestiaux, amende arbitraire contre le » propriétaires des bestiaux, & de punition exem » plaire contre les pâtres & gardes «. ———

L'article 7 veut que les particuliers metten au cou de leurs bestiaux des clochettes dont l son puisse avertir des lieux où ils sont, afi qu'en cas de dégât les pâtres y courent, & qu les gardes se saisissent des bêtes trouvées e dommage hors des cantons désignés & déclaré défensables.

Aucun habitant ne peut mener ses bestiau à garde séparée, ni les envoyer dans la forê par fa femme, fes enfans ou fes doméftiques, à peine de dix livres d'amende pour la première contravention, de confifcation pour la feconde, & de privation du droit de Pâturage pour la troifième : cette règle doit être obfervée par toutes fortes de perfonnes indiftinctement, même par les feigneurs eccléfiaftiques & les gentils-hommes qui jouiffent du droit dont il s'agit, comme habitans, nonobftant les droits de trou-peau à part, & toute coutume ou poffeffion contraire. Telles font les difpofitions de l'ar-ticle 8.

Les pâtres & gardes doivent être choifis & nommés annuellement à la diligence des pro-cureurs d'office ou fyndics de chaque paroiffe, par les habitans affemblés en préfence du juge des lieux, qui doit en délivrer acte fans frais, ou en préfence d'un notaire. Cela eft ainfi réglé par l'article 9, qui déclare en outre la commu-nauté refponfable des pâtres qu'elle a choifis.

Un particulier ufager ne peut prêter ni fon nom ni fa maifon aux habitans des paroiffes voifines, pour y retirer leurs beftiaux, &, dans le cas de contravention a cette défenfe, les bef-tiaux doivent être confifqués, & l'ufager con-damné à une amende de cinquante livres pour la première fois, & privé de fon droit de Pâ-turage en cas de récidive. C'eft ce qui réfulte de l'article 10.

L'article 11 défend à toutes fortes de perfonnes d'envoyer leurs beftiaux en Pâturage, fous pré-texte de baux ou congés des officiers receveurs ou fermiers du domaine, même des engagiftes ou ufufruitiers, à peine de confifcation des beſtiaux trouvés en Pâturage, & de cent livres d'amende.

Il eſt pareillement défendu par l'article 13, à tout uſager de mener ou envoyer paître dans les forêts, ni même dans le voiſinage, aucune chevre ou bête à laine, à peine de confiſcation de ces bêtes, & de trois livres d'amende pour chacune. Les bergers ou gardes de ces ſortes de bêtes, doivent d'ailleurs être condamnés à dix livres d'amende pour la première fois, & à être fouettés & bannis du reſſort de la maîtriſe, en cas de récidive. Les propriétaires des beſtiaux ſont déclarés reſponſables civilement des condamnations prononcées contre les bergers.

Ces diſpoſitions rigoureuſes ſont fondées ſur ce que les animaux dont il s'agit cauſent aux bois un dommage certain.

Suivant l'article 14, les habitans des maiſons uſagères ne doivent jouir du droit de Pâturage que pour les beſtiaux qu'ils ont nourris, & non pour ceux dont ils font trafic & commerce, à peine d'amende & de confiſcation (*).

(*) Les abus qui s'étoient introduits relativement à l'exercice des droits de Pâturage, panage, &c. en différentes maîtriſes du département de Paris, ayant excité le zèle des procureurs du roi de ces maîtriſes, le grand maître des eaux & forêts de ce département rendit ſur leur réquiſition, le 30 mars 1718, une ordonnance générale qu'il importe de faire connoître, attendu qu'elle peut ſervir de modèle pour en rendre de pareilles dans les autres départemens, autant que les circonſtances locales peuvent le permettre. Elle contient les vingt-huit articles ſuivans :

ARTICLE I. Nous, ayant égard à la remontrance & réquiſition deſdits procureurs du roi, ordonnons que les ordonnances & réglemens concernant les droits de Pâtu-

Obfervez que la prohibition portée par cet article, ne s'étend pas aux beftiaux qu'un ufager

---

rages, panages & glandées, feront exécutés felon leur forme & teneur : & en conféquence, avons fait & faifons inhibitions & défenfes à tous feigneurs particuliers & communautés, tant eccléfiaftiques que laïques, dont les droits de Pâturages, panages & glandées ont été liquidés en argent, & à tous autres, de quelque qualité & condition qu'ils foient, qui n'ont aucun droit d'ufage, d'envoyer paître aucuns beftiaux dans les forêts, bois & buiffons du roi, même dans ceux tenus par indivis, ufufruit, apanage & engagement, à peine de perte de leurs droits, confifcation defdits beftiaux, & d'amende arbitraire pour la première fois, & de plus grande en cas de récidive.

2. Ordonnons que les héritiers d'une maifon ufagère ne pourront jouir que d'un feul droit d'ufage, à l'effet de quoi ledit ufage fera loti entre eux, comme bon leur femblera, dont fera mis acte au greffe de la maîtrife, à peine de perte dudit droit & d'amende arbitraire.

3. Faifons défenfes à tous ceux qui ont droit de Pâturages dans lefdites forêts, bois & buiffons, d'y envoyer paître aucuns beftiaux, qu'après avoir obtenu notre ordonnance fur l'avis des officiers des maîtrifes, portant défignation de cantons défenfables, qui ne pourront être au deffous de l'âge de fept ans dans les taillis, & de vingt-cinq dans les revenus de futaye.

4. Ordonnons qu'en exécution des ordonnances qui feront par nous annuellement ici dues fur l'avis des officiers, lefdits officiers feront tenus d'affigner à chaque paroiffe, hameau, village ou communauté ufagère, une contrée particulière, la plus commode qu'il fe pourra, en laquelle, és lieux défenfables feulement, lefdits ufagers pourront envoyer paître leurs beftiaux, qui feront gardés féparément, fans mélange de ceux des autres ufagers, à peine de confifcation & d'amende arbitraire contre les pâtres, & d'interdiction contre les officiers & gardes qui permettroient ou fouffriroient le contraire, & feront toutes les délivrances faites fans frais ni droits, à peine de concuffion.

5. Ordonnons pareillement que la délivrance des contrées & de la liberté d'y envoyer en Pâturage, fera publiée au

tient à cheptel. Le parlement l'a ainsi jugé par deux arrêts des 24 juillet 1628 & 15 juin 1722.

prône des messes des paroisses des lieux usagers, l'un des dimanches du mois de février de chaque année, ou à l'issue desdites messes, par le sergent à garde, à la diligence du procureur du roi ; & sera le certificat du curé, ou procès-verbal du sergent à garde, mis & registré au greffe de la maîtrise, à la même diligence, sans frais ni droits.

6. Faisons défenses à tous usagers d'envoyer paître leurs bestiaux en d'autres cantons ou usages desdites forêts & buissons, a peine de confiscation & d'amende arbitraire, même de privation de leurs usages en cas de récidive.

7. Enjoignons à tous lesdits usagers de comparoir aux assises de la maîtrise de leur ressort, par leurs syndics ou marguilliers, pour y entendre la lecture des réglemens qui les concernent. & donner aux officiers nouvelles déclarations des habitans par lesquels les maisons usagères seront possédées, les changemens survenus en icelles, bien & dûment certifiés, & signés par les curés, officiers & principaux habitans desdits lieux, comme aussi la déclaration des bestiaux de chacun usager, à peine, faute de ladite comparution, de dix livres d'amende contre chacun desdits syndics ou marguilliers, solidairement avec lesdits usagers, & seront lesdits marguilliers réajournés & poursuivis jusqu'à ce qu'ils aient satisfait.

8. Faisons défenses aux officiers desdites maîtrises d'employer ni souffrir qu'il soit employé dans les rôles des usagers, les noms d'aucuns des défaillans auxdites assises, ni aussi aucuns de ceux qui se trouveront avoir été condamnés auxdites amendes ou autres, pour délits commis dans lesdits bois, & y mettre aucuns bestiaux au Pâturage, qu'au préalable il ne leur soit apparu du payement desdites amendes, à peine par lesdits officiers & sergens à garde d'en répondre en leurs noms.

9 Ordonnons que si aucuns usagers & fermiers des fermes usagères, condamnés en des amendes non payées, se trouvent avoir été employés sur lesdits rôles, & leurs bestiaux mis en Pâturage pour la présente année, leurs

Ce que nous avons dit jufqu'à préfent ne s'applique qu'à l'exercice du droit de Pâturage

noms, faute de payement, feront rayés defdits rôles trois jours après un fimple commandement de payer leurs condamnations d'amende, & qu'a la requête du procureur du roi il fera inceffamment par le fergent-collecteur procédé à la faifie & vente de leurs vaches & de leurs fuivans, jufqu'à concurrence des fommes contre eux prononcées, & des frais qui fe trouveront avoir été faits pour y parvenir, lefquelles vaches le pâtre fera tenu, & par corps, de repréfenter, fans qu'il foit befoin d'autre jugement, à peine contre lefdits officiers & fergent-collecteur d'en répondre en leurs noms, & contre ledit pâtre de trente livres d'amende, & de pareille fomme de trente livres par l'évaluation de chacune defdites vaches non repréfentées, defquelles fommes les habitans demeureront folidairement refponfables.

10./ Permettrons aux pauvres habitans ufagers, de prendre à moitié ou à louage des autres ufagers, & non d'autres, jufques au nombre de deux vaches & deux fuivans de deux ans, pour être mifes avec les autres au Pâturage.

11. Faifons défenfes à tous propriétaires de beftiaux d'en louer, donner à moitié, ou vendre à crédit à aucuns defdits pauvres ufagers, qu'au préalable ils n'aient pris des certificats qui leur feront délivrés fans frais par les fergens-collecteurs, qu'il ne leur fera dû aucune amende par lefdits ufagers, à peine contre lefdits propriétaires de beftiaux de payer en leurs noms les amendes auxquelles lefdits pauvres ufagers fe trouveront avoir été condamnés au jour defdits marchés ou amodiation.

12. Pour fûreté defdites amendes, les beftiaux qui auront été ainfi amodiés ou vendus, feront faifis à la requête du procureur du roi, &, faute de payement dans les trois jours après la fignification faite de ladite faifie aux propriétaires, ils feront vendus en la forme ordinaire par le fergent-collecteur au plus prochain jour de marché, & le prix en provenant, employé au payement d'icelles amendes & des frais fi tant fe montent, finon l'excédent reftitué audit propriétaire, laquelle vente fera faite nonobftant toutes

dans les forêts. A l'égard du droit d'envoyer
paître les bestiaux dans les autres lieux, il se

---

oppositions, revendications & saifies quelconques, même
de la part de ceux qui auroient prêté leurs deniers pour
les acquérir.

13. Les propriétaires seulement des maisons usagères
pourront jouir desdits usages & Pâturages, à raison d'un
seul usager & d'un seul feu pour chaque maison, sans que
les copropriétaires ou locataires d'icelles puissent user d'aucuns
de ces droits, ni, sous ce prétexte, envoyer leurs bestiaux
dans lesdites forêts : faisons défenses auxdits officiers de
le souffrir, ni même que leurs noms soient employés dans
les rôles des usagers pour lesdits Pâturages, à peine contre
lesdits locataires & copropriétaires de confiscation & de
trente livres d'amende, & contre les officiers de la maîtrise
d'amende arbitraire.

14. Faisons pareillement défenses à tous lesdits usagers,
soit qu'ils soient propriétaires de fiefs, fermes, ou de plusieurs maisons, d'envoyer paître plus de deux vaches &
leurs suivans de deux ans pour chacun usager, avec un
taureau pour toute la paroisse ou hameau, sans aucuns
chevaux, poulins, moutons, brebis ni chèvres, à peine
de confiscation & d'amende arbitraire pour la première fois ;
& en cas de récidive, de perte de leur droit d'usage, cent
livres d'amende, & d'être responsables des abroutissemens.

15. Ordonnons que les gardes ou pâtres seront choisis
& nommés annuellement à la diligence du procureur d'office, syndic ou marguillier de chacune paroisse, ou principal habitant d'un hameau, & par les habitans assemblés
en présence du juge des lieux, qui en délivrera acte sans
frais, ou du notaire, ou tabellion, & que la communauté
fera dans ledit acte la soumission de demeurer solidairement
responsable de celui qu'elle aura choisi, dont sera mis une
expédition au greffe de la maîtrise, & serment prêté par
lesdits pâtres avant que lesdits bestiaux entrent dans lesdites
forêts & buissons, à peine de cinquante livres d'amende
solidairement contre lesdits habitans.

16. Tous les bestiaux de chacune paroisse ou village
seront gardés par un seul pâtre, qui ne pourra les conduire dans lesdites forêts & buissons, qu'après qu'ils auront

règle ordinairement par des usages locaux. Il y a, par exemple, des communautés où les habitans

---

été marqués d'une marque différente pour chacun desdits villages ; que l'empreinte en aura été mise au greffe de la maîtrise, & qu'ils en auront pris le certificat du greffier, & icelui représenté au garde du canton, à peine de confiscation & d'amende arbitraire contre lesdits pâtres pour la première fois, & de punition corporelle pour la seconde.

17. Lesdits bestiaux seront assemblés, en chacun village ou hameau, en un même lieu, & conduits chaque jour en troupeaux par un seul chemin qui sera désigné par les officiers de la maîtrise, sans qu'il puisse être changé ni en être pris un autre, soit pour aller ou revenir. Comme aussi faisons défenses de marquer d'autres & plus grand nombre de bestiaux que ceux qui auront été employés dans les rôles ; & à cet effet enjoignons aux gardes d'en prendre le compte de huitaine en huitaine par recolement, & d'en faire mention sur leurs registres, le tout à peine de confiscation des bestiaux, amende arbitraire contre les propriétaires, & de punition exemplaire contre les pâtres & gardes.

18. Enjoignons à tous lesdits usagers de mettre au cou de leurs bestiaux des sonnettes dont le son puisse avertir du lieu où ils pourront s'échapper & faire dégât, afin que les pasteurs y courent, & que les gardes se saisissent des bêtes écartées & trouvées en dommage hors les cantons désignés & publiés défensables, à peine contre lesdits usagers de trois livres d'amende pour chacune bête, & de plus grande en cas de récidive.

19. Faisons défenses à tous lesdits usagers de mener leurs bestiaux à garde séparée dans les forêts, bois & buissons, par leurs femmes, enfans ou domestiques, à peine de dix livres d'amende pour la première fois, confiscation pour la seconde, & pour la troisième de privation du droit d'usage.

20. Faisons défenses à tous particuliers de prêter leurs noms & maisons aux marchands des villes, bourgs & paroisses voisines, pour y retirer leurs bestiaux, à peine de confiscation desdits bestiaux, & de cinquante livres d'a-

ne peuvent jamais faire paître leurs bêtes à
laine dans les communaux , parce qu'ils font

mende pour la première fois contre l'usager, & de demeurer,
en cas de récidive , privé de tout usage.

21. Faisons pareillement défenses à tous lesdits particuliers d'envoyer leurs bestiaux en Pâturage , sous prétexte
de baux ou congés d'aucuns officiers , receveurs ou fermiers
des domaines , même des engagistes , propriétaires par
indivis , ou usufruitiers , à peine de confiscation des bestiaux
trouvés en Pâturages , & de cent livres d'amende.

22. Ordonnons qu'où il y a de jeunes ventes de futaye
ou de taillis le long des routes ou chemins où les bestiaux
passent pour aller ès lieux destinés au Pâturage, lesdits officiers tiendront la main à ce qu'il soit fait des fossés suffisamment larges & profonds , ou les anciens seront entretenus aux dépens desdits usagers par contribution.

23. Faisons défenses aux habitans des paroisses usagères,
& à toutes personnes ayant droit de panage dans les forêts ,
bois & buissons du roi , & en ceux des ecclésiastiques,
communautés & particulières , d'y mener ou envoyer bêtes
à laine ou chèvres , ni même dans les landes , bruyères,
places vaines & vagues, aux rives desdites forêts , bois &
buissons , à peine de confiscation des bestiaux & de trois
livres d'amende contre les propriétaires pour chacune bête ;
de dix livres contre les bergers pour la première fois , qui
seront fustigés & bannis du ressort de la maîtrise en cas
de récidive ; & les maîtres demeureront civilement responsables de leurs bergers & domestiques.

24. Comme aussi à tous lesdits usagers de mener ou
envoyer en Pâturage d'autres bestiaux que ceux de leur
nourriture , & non ceux dont ils font trafic & commerce ,
à peine d'amende arbitraire & de confiscation.

25. Faisons en outre défenses à tous lesdits usagers de
vendre leurs droits d'usage séparément de leurs maisons
usagères, & à toutes personnes de les acheter, ni d'envoyer,
sous prétexte de plusieurs acquisitions , paître plus de deux
vaches & leurs suivans de deux ans , à peine d'amende
arbitraire. Déclarons nuls tous contrats à ce contraires , si
aucuns ont été faits.

26. Lesdits usagers se conformeront au surplus à tout ce

uniquement deftinés au Pâturage des chevaux, des bœufs & des vaches : dans d'autres paroiffes les bêtes à laine ne peuvent paître dans les communaux, que depuis la faint Jean jufqu'au premier mars.

La coutume d'Amiens interdit le Pâturage dans les prés aux bêtes à l'aine, & celle de Tours le leur permet.

---

qui eft porté par les réglemens généraux de réformation & ordonnance des eaux & forêts de 1669, & feront en conféquence tenus de fe pourvoir de règne en règne pour obtenir des lettres de continuation de leurs ufages ; leur enjoignons de rapporter lefdits ufages, & d'être, en cas de contravention, pourfuivis comme délinquans, fuivant la rigueur des ordonnances.

27. Enjoignons pareillement auxdits officiers & gardes de tenir bon & fidèle regiftre des déclarations, pour nous les repréfenter lors de nos vifites : leur faifons défenfes de permettre ni fouffrir autres Pâturages & panages dans lefdites forêts, bois & buiffons, même ceux fixés par les volumes de réformation, fans nouvelles lettres de confirmation, à peine de privation de leurs charges, & de répondre en leurs noms de tous les abroutiffemens & délits qui fe trouveront avoir été commis par lefdits ufagers.

28. Ordonnons qu'à la pourfuite & diligence de chaque procureur du roi, il fera inceffamment informé contre les propriétaires des maifons & fermes riveraines defdites forêts, bois & buiffons, & leurs fermiers qui ont mis & fait mettre en Pâturage grand nombre de beftiaux & tiré terres pour tuileries, marne ou autres contraventions, pour être jugés au fiége de chaque maîtrife, fuivant la rigueur des ordonnances, à peine, par lefdits procureurs du roi, d'en répondre en leurs noms. Et fera notre préfente ordonnance regiftrée ès greffes defdites maîtrifes, lue, publiée & affichée par-tout où befoin fera, & icelle exécutée nonobftant oppofitions ou appellations quelconques, & fans préjudice d'icelles. Donné à Paris, en notre hôtel, ce 30 mars 1718. *Signé*, Le Fevre de la Faluère. Et par mondit feigneur, l'Instruiseur.

Il est défendu par-tout de mener les cochons paître dans les vignes & dans les prés ; on ne peut les envoyer que dans les jachères & dans les terres en friche.

La procureur général du roi au parlement de Paris, ayant été informé qu'il se commettoit dans beaucoup de paroisses situées dans l'étendue du ressort de la sénéchaussée de Saumur, des délits occasionnés par la multiplicité des moutons & brebis que beaucoup d'habitans envoyoient pâturer dans la campagne au delà du nombre fixé par les réglemens, suivant lesquels on ne peut avoir par arpent qu'une bête à laine & son suivant ; qu'on menoit les bêtes à laine dans les vignes ou dans les bois ; que d'autres habitans avoient chez eux beaucoup de vaches & des chevaux qu'ils envoyoient dans la campagne à la pâture sur différens héritages, quoiqu'ils ne dussent les conduire que dans les endroits où il y a des communaux, & dans les vaines pâtures, depuis le temps où la moisson est faite, jusqu'au temps où les terres sont ensemencées ; que d'autres habitans avoient des porcs & des oies qu'ils laissoient vaguer, soit dans les prés & sainfoins, ou dans les terres ensemencées, &c. Ce magistrat, pour faire cesser ces abus, a présenté à la cour une requête sur laquelle a été rendu, le 9 mai 1777, un arrêt ainsi conçu :

» La cour ordonne que les habitans des paroisses » situées dans l'étendue du ressort de la sénéchaussée de Saumur, ne pourront avoir qu'une » bête à laine & son suivant par arpent de terre » labourable, leur fait défenses d'en avoir une » plus grande quantité, & à tous autres habitans » qui ne font valoir aucunes terres, d'en envoyer

» paître dans la campagne, sous quelque prétexte
» que ce puisse être, à peine contre les contreve-
» nans de dix livres d'amende, & de saisie &
» confiscation des bêtes à laine qui seroient trou-
» vées dans la campagne ; fait défenses, sous les
» mêmes peines, de mener paître lesdites bêtes
» à laine & les vaches, chevaux & bestiaux, soit
» dans les vignes, soit dans les bois : ordonne
» que ceux qui n'ont aucune pâture ne pourront
» conduire leurs chevaux, vaches & bestiaux,
» paître que dans les communes qui peuvent être
» dans les paroisses, ou dans les vaines pâtures,
» dans la campagne, depuis que la moisson est
» faite jusqu'au temps où les terres sont ense-
» mencées ; fait aussi défenses de mener paître,
» soit dans les prés & sainfoins, ou dans les
» vignes & terres ensemencées, à l'exception des
» fermiers & propriétaires, lorsque la récolte &
» les vendanges sont faites, les porcs, oies &
» autres bêtes volatiles ; fait défenses à toutes
» personnes, excepté aux propriétaires & fermiers,
» d'aller dans les blés pour y arracher des herbes
» lorsqu'ils commencent à épier, d'aller dans les
» vignes, d'y pratiquer des sentiers à pied & à
» cheval, d'y laisser vaguer leurs chiens, ni d'y
» commettre aucun autre délit en façon quelcon-
» que, à compter du premier mai de chaque
» année, jusqu'après la vendange faite : enjoint
» à ceux qui sont commis à la garde des bes-
» tiaux de veiller attentivement à ce qu'il ne soit
» commis aucuns dommages, soit aux arbres &
» haies, soit dans les terres qui sont ensemen-
» cées, le tout sous peine de dix livres d'amende
» contre chacun des contrevenans, & même de
» plus grande peine si le cas y échet ; de laquelle

» amende les pères & mères à l'égard de leurs
» enfans, & les maîtres & maîtreſſes à l'égard
» de leurs domeſtiques, feront civilement. garans
» & reſponfables, & fauf au furplus les droits
» & actions de ceux auxquels il auroit pu avoir
» été fait quelques dommages ; fait défenfes à
» toutes perfonnes de glaner dans les champs avant
» que les blés aient été enlevés, ni avant le lever
» ni après le coucher du foleil, de grapper dans
» les vignes avant que la vendange ne foit faite,
» fous peine de trois livres d'amende contre cha-
» cun des contrevenans, & de plus grande peine
» fuivant l'exigence des cas : enjoint aux fyndics
» des paroiſſes & aux gardes-meſſiers de veiller,
» chacun à leur égard, à ce qu'il ne foit con-
» trevenu à l'exécution du préfent arrêt, &, en
» cas de contravention, d'en donner avis fur le
» champ aux officiers de juſtice des lieux & au
» fubſtitut du procureur général du roi en la
» fénéchauſſée de Saumur, pour y être pourvu
» ainfi qu'il appartiendra : enjoint aux officiers
» de la fénéchauſſée de Saumur de veiller à
» l'exécution du préfent arrêt, & au fubſtitut
» du procureur général du roi audit fiége, de
» certifier le procureur général du roi de fon
» exécution : &c. ».

Il a été rendu par le même parlement, le 11
novembre 1778, un autre arrêt de réglement
dont voici le difpofitif :

» La cour fait défenfes à tous propriétaires,
» fermiers, cultivateurs, journaliers & habitans
» de la campagne, de mener paître en aucun
» temps les boucs & chevres dans les vignes,
» bois & buiſſons, & dans les jardins, prairies
» & vergers, à moins que ces jardins, prairies &
» vergers

» vergers ne foient enclos de murs ou de haies
» appartenans aux propriétaires defdits boucs &
» chevres , le tout fous·peine de confifcation
» defdits boucs & chevres, de l'amende de trois
» livres par chacune bête , & des dommages in-
» térêts envers ceux qui en auront fouffert des
» dommages ; ordonne que ceux qui meneront
» paître lefdits boucs & chevres dans les cam-
» pagnes & terres non enfemencées, feront te-
» nus de les tenir attachés avec une corde, fans
» pouvoir les laiffer approcher des vignes, haies
» ou arbres , ni des terres enfemencées, fous
» peine d'amende & de telle autre peine qu'il
» appartiendra; ordonne que les pères & mères
» à l'égard de leurs enfans , & les maîtres &
» maîtreffes à l'égard de leurs domeftiques, fe-
» ront & demeureront garans & refponfables
» des amendes & des dommages & intérêts qui
» feront prononcés pour raifon des contraven-
» tions au préfent arrêt , & des dégâts qui auront
» été occafionnés par les boucs & chevres; en-
» joint aux fubftituts du procureur général du
» roi, dans les bailliages & fénéchauffées, & aux
» officiers des juftices des lieux , de tenir la main
» à l'exécution du préfent arrêt , & de pourfuivre
» les contrevenants par les voies de droit ; ainfi
» qu'il appartiendra ; enjoint pareillement aux
» fyndics & gardes-meffiers des paroiffes , de
» dénoncer les contrevenans, & aux officiers &
» cavaliers de maréchauffées de prêter main-forte
» pour l'exécution dudit arrêt , &c. ".

Les lieux où chaque habitant d'une communauté peut faire pâturer fon bétail, font les héritages qui font dépouillés de fruits & qui ne
font point entourés de murs ni de haies.

Tome XLV. .   K

Vaine pâture, porte l'article 5 du chapitre 9 de la coutume de Nevers, *doit être entendue en chemin, prés & prairies dépouillés, terres, bois & autres héritages non clos ni fermés, excepté toutefois où & quand lesdits héritages font de défenſe par la coutume.*

On ne peut point acquérir ſans titre & par la ſimple poſſeſſion, le droit de paſſer dans le fonds d'autrui pour conduire du bétail au Pâturage. Tel eſt le droit commun, & c'eſt ce que décident formellement pluſieurs coutumes (*).

Les ordonnances défendent très-expreſſément de faire paître le bétail la nuit, parce qu'il peut s'écarter & cauſer du dommage dans les héritages cultivés.

Voyez l'ordonnance des eaux & forêts du mois d'août 1669, & les commentateurs ; la pratique des terriers ; le traité du gouvernement des biens des communautés d'habitans, &c. Voyez auſſi les articles PARCOURS, MÉSUS, BERGER, BESTIAUX, &c.

PAVÉ. Il ſe dit, tant des matériaux dont on ſe ſert pour paver, que du lieu qui eſt pavé.

La police à obſerver dans les atteliers des

(*) L'article 23 du titre 14 de la coutume de Lorraine, porte, » qu'aucun pour aller, venir, paſſer, repaſſer, ou » menet ſon bétail vain pâturer en l'héritage d'autrui, lorſ- » qu'il n'eſt en garde ou défenſe, n'acquiert droit ni poſ- » ſeſſion de ſervitude, de paſſage ou vain Pâturage, & » n'empéche que le ſeigneur ce nonobſtant n'en puiſſe » faire profit, ſi ce n'eſt qu'il conſte de titre, ou que » depuis la contradiction du ſeigneur il y eût preſcription » de trente ans «.

paveurs, & la confervation de leurs ouvrages, ont été l'objet d'une ordonnance que le bureau des finances de la généralité de Paris a rendue le 2 août 1774, & qui contient les difpofitions fuivantes :

» ARTICLE I. Faifons défenfes à tous ouvriers » & compagnons paveurs qui feront employés à » la réparation du Pavé de Paris & des routes » entretenues par ordre du roi, & pareillement » à tous carriers employés à fabriquer du Pavé » pour les entrepreneurs du Pavé de Paris & » des ponts & chauffées, de défemparer les atte- » liers, & de paffer au fervice, foit des particu- » liers, foit de quelque autre entrepreneur, fans » un congé par écrit de celui des entrepreneurs » pour lequel ils auront été employés, à peine » de cinquante livres d'amende contre chacun, » conformément aux ordonnances des 25 février » & 4 juillet 1669.

» 2. Défendons aux ouvriers, manœuvres & » compagnons paveurs, & pareillement aux ou- » vriers employés dans les carrières de Pavé, d'a- » bandonner leurs atteliers, & de quitter hors » des temps de repos les ouvrages commencés, » fous prétexte de mécontentement, à peine de » quinze livres d'amende chacun, au payement » de laquelle ils feront contraints même par corps ; » leur défendons d'exciter aucun trouble dans » lefdits atteliers, d'ameuter les ouvriers pour » abandonner les ouvrages, d'injurier de paro- » les, menaces, voies de fait ou autrement, les » entrepreneurs, leurs commis ou autres prépo- » fés fur les atteliers à la conduite de leurs ou- » vrages, à peine de cinquante livres d'amende » chacun, & autres peines même afflictives,

K ij

» fuivant l'exigence des cas ; fauf néanmoins
» auxdits ouvriers à fe pourvoir devant nous con-
» tre lefdits entrepreneurs, leurs commis & pré-
» pofés, dans les cas où ils auroient quelque
» demande ou plainte à former relativement à
» leurfdits ouvrages.

» 3. Renouvelons les défenfes faites aux
» manœuvres & compagnons paveurs, aux
» voituriers & à toutes perfonnes, d'enlever
» aucuns Pavés des rues, chemins & atteliers,
» fables ou autres matériaux deftinés aux ouvra-
» ges publics ou mis en œuvre, à peine contre
» les contrevenans d'être, pour la première fois,
» attachés au carcan, & en cas de récidive, con-
» damnés au galères : faifons défenfes à toutes
» perfonnes de recevoir ou recéler en leurs mai-
» fons, même d'acheter aucuns defdits Pavés
» ou autres matériaux volés, à peine de mille
» livres d'amende, le tout ainfi qu'il eft porté
» par le réglement du 4 août 1731, & par les
» ordonnances des 29 mars 1754 & 30 avril
» 1772.

» 4. Réitérons pareillement les défenfes faites à
» toutes perfonnes, de quelque rang & qualité
» qu'elles puiffent être, de troubler les paveurs
» dans leurs atteliers, foit dans Paris, foit fur
» les routes ; d'arracher les pieux & barrières éta-
» blis pour la fûreté de leurs ouvrages, d'en-
» dommager leurs bâtardeaux, d'entreprendre d'y
» paffer avec voitures, d'injurier & maltraiter
» lefdits paveurs & ouvriers, à peine de trois
» cents livres d'amende, & de plus grande fi
» le cas y échet, même afflictive, conformé-
» ment aux ordonnances des 14 février 1670,
» 29 mars 1754, & 30 avril 1772.

» 5. Faifons défenfes à tous carriers travail-
» lans pour les entrepreneurs du Pavé de Paris
» & des ponts & chauffées, de vendre le Pavé
» qu'ils auront façonné, à d'autres qu'auxdits en-
» preneurs, à peine de cinquante livres d'amende,
» au payement de laquelle & pour fûreté des
» deniers qui auroient été avancés auxdits carriers
» par lefdits entrepreneurs, ils feront contraints
» par corps par le premier huiffier ou fergent fur
» ce requis. Ordonnons que le Pavé qui aura
» été livré à d'autres qu'auxdits entrepreneurs,
» enfemble les chevaux & harnois, feront faifis
» à la diligence defdits entrepreneurs, pour en-
» fuite être pourvu ainfi qu'il appartiendra, fur
» la confifcation des chofes faifies, conformément
» à l'ordonnance du 4 juillet 1669.

» 6. Défendons à tous carriers travaillans pour
» le Pavé de Paris ou des ponts & chauffées,
» de fabriquer pour les entrepreneurs aucuns
» Pavés de grès tendre ou d'autres roches que
» celles qui leur auront été indiquées par les
» infpecteurs du Pavé de Paris & des ponts &
» chauffées ; leur défendons de fabriquer du Pavé
» de moindre échantillon que de fept à huit pou-
» ces en tous fens, à peine de confifcation du
» Pavé d'échantillon prohibé, de cent livres d'a-
» mende contre chacun des carriers en contra-
» vention, pour la première fois, & en cas de
» récidive, d'emprifonnement de leur perfonne ;
» & de fix mille livres d'amende contre les en-
» trepreneurs qui auront fait fabriquer ledit Pavé,
» conformément à l'arrêt du confeil du premier
» juillet 1687.

» 7. Défendons à toutes perfonnes, de quel-
» que rang & qualité qu'elles puiffent être, de

» faire ou faire faire aucune tranchée ou ouver-
» ture quelconque, soit dans le Pavé de Paris
» & de ses fauxbourgs, soit dans le Pavé ou dans
» les accottemens, revers & glacis des routes
» royales, traverses des villes & villages, & sur
» tous chemins entretenus par ordre de sa ma-
» jesté, pour quelque cause que ce puisse être,
» telles que visites & réparations des tuyaux de
» fontaines, regards, conduites d'eaux, appo-
» sition d'étaies, raccordemens de seuils & bor-
» nes, ou autres quelconques, sans en avoir pris
» la permission des sieurs trésoriers de France &
» commissaires du Pavé de Paris & des ponts &
» chaussées, à peine de cent livres d'amende,
» tant contre les particuliers qui auront fait faire
» lesdites fouilles, que contre les plombiers,
» fonteniers, maçons & charpentiers qui y au-
» ront travaillé sans avoir pris lesdites permis-
» sions; au payement desquelles amendes ils se-
» ront contraints même par corps, conformément
» aux ordonnances des 31 mai 1666, 25 février
» 1669, & 19 mars 1754; & ne pourront les-
» dites fouilles, tranchées & raccordemens de
» Pavés, être comblés & rétablis que par les
» entrepreneurs du Pavé de Paris & des ponts
» & chaussées, & ce aux dépens des particuliers
» pour qui lesdites fouilles & raccordemens de
» Pavés auront été faits.

» 8. Pour assurer l'exécution de notre présente
» ordonnance, ainsi que les édits, arrêts, régle-
» mens & autres ordonnances rendus en matière
» de voirie, autorisons tous lieutenans, brigadiers
» & cavaliers de maréchaussées, & sergens du
» guet dans Paris, à vérifier, en faisant leurs
» rondes & tournées, les contraventions auxdits

» réglemens; à s'informer des noms & demeu-
» res des contrevenans, les dénoncer, soit aux
» sieurs commissaires du Pavé de Paris & des
» ponts & chaussées, soit aux inspecteurs géné-
» raux, soit au procureur du roi, pour, sur les-
» dites dénonciations, les délinquans être assignés
» pardevant nous, à la requête du procureur du
» roi; même à arrêter les délinquans qui seront
» pris sur le fait, & ainsi qu'il est prescrit par
» les ordonnances pour les cas de flagrant délit;
» à la charge par lesdits officiers & cavaliers de
» maréchaussée, de dresser leur procès - verbal
» sommaire, & de le remettre dans le jour, soit
» auxdits sieurs commissaires, soit au procureur
» du roi, pour lesdits délinquans être assignés
» sur le champ pardevant nous, à la requête du
» procureur du roi; le tiers des amendes qui se-
» ront prononcées contre les contrevenans, ap-
» partiendra auxdits officiers & cavaliers de ma-
» réchaussées, le tout conformément & en exé-
» cution de l'arrêt du conseil du 17 juin 1721;
» du réglement du 4 août 1731, ordonnances des
» 23 août 1743, 29 mars 1754, & 30 avril
» 1772.

9. Et pour que personne n'en puisse prétendre
» cause d'ignorance, ordonnons que la présente
» ordonnance sera imprimée & affichée par-tout
» où besoin sera, notamment dans la ville, faux-
» bourgs & banlieue de Paris, & dans les villes,
» bourgs & villages, grands chemins & autres
» endroits de cette généralité, même publiée
» dans les villes à la diligence des maires &
» échevins; & dans les bourgs & villages par les
» syndics des paroisses, le dimanche le plus pro-
» chain, au sortir de la messe paroissiale, dont

» ils feront tenus de certifier dans le mois l'un
» defdits fieurs commiffaires, chacun dans leur
» département, ou le procureur du roi, à ce que
» perfonne n'en ignore : & fera la préfente ordon-
» nance exécutée, nonobftant oppofitions ou em-
» pêchemens quelconques, pour lefquels ne fera
» différé, fauf l'appel au confeil. Fait, &c. «

PAVILLON. C'eft une efpèce de bannière ou
d'étendard qui varie felon les pays, & qu'on
arbore au haut des mâts ou fur le bâton de
l'arrière, pour faire connoître la qualité des commandans des vaiffeaux, & la nation à laquelle
ils appartiennent.

Le roi ayant confidéré que la couleur blanche
avoit été de tout temps la marque diftinctive de
la nation françoife, & que les Pavillons bleus, ou
blancs & bleus, qui, felon l'ordonnance du 25
mars 1765, devoient être les marques de commandement des chefs de fes armées, efcadres
& divifions, relativement au nombre des vaiffeaux dont elles étoient compofées, les mettoient
dans le cas de ne pas être reconnues comme
françoifes par les flottes & citadelles maritimes
des autres puiffances ; fa majefté a jugé néceffaire de pourvoir aux moyens de prévenir des
méprifes qui auroient pu compromettre l'honneur
de fon Pavillon, & donner lieu à plufieurs autres
inconvéniens : en conféquence, elle a rendu, le 19
novembre 1776, une ordonnance qui contient les
difpofitions fuivantes :

» ARTICLE I. Dans quelque occafion que ce
» foit, & de quelque nombre de bâtimens que
» foient compofées les armées, efcadres & di-
» vifions, la marque de commandement du chef

» qui fera à leur tête, ne pourra jamais être que
» toute blanche.

» 2. Le feul vaiffeau que montera l'amiral en
» perfonne, portera au grand mât un Pavillon
» carré blanc, avec l'écuffon de France au
» milieu, & deux ancres en fautoir derrière
» l'écuffon.

» 3. Un vice-amiral commandant en chef une
» armée, portera un Pavillon carré blanc au grand
» mât.

» 4. Un lieutenant général, foit qu'il com-
» mande en chef une efcadre, ou qu'il foit em-
» ployé en fa qualité fous l'amiral ou fous un
» vice-amiral, portera un Pavillon carré blanc au
» mât de mifaine.

» 5. Un chef d'efcadre, foit qu'il commande
» en chef une efcadre, ou qu'il foit employé
» dans une armée ou efcadre en fa qualité,
» fous un officier général d'un grade fupérieur,
» portera un Pavillon carré blanc au mât d'ar-
» timon.

» 6. Un capitaine de vaiffeau commandant
» en chef une divifion, de quelque nombre de
» bâtimens qu'elle foit compofée, portera un
» guidon blanc au grand mât, placé comme un
» Pavillon.

» 7. Un officier de la marine du roi, dont le
» grade fera au deffous de celui de capitaine de
» vaiffeau, & qui aura fous fes ordres plus d'un
» bâtiment de fa majefté, portera au grand mât
» un guidon blanc envergué, flottant comme une
» flamme.

» 8. Tout vaiffeau, frégate ou autre bâtiment
» appartenant à fa majefté, étant feul, quelque

» grade qu'ait l'officier qui le commande, ne por-
» tera qu'une flamme blanche au grand mât.

» 9. Tous les vaiſſeaux, frégates & autres bâ-
» timens appartenans à ſa majeſté, réunis par
» ſon ordre, ou fortuitement, ſous le comman-
» dement d'un officier général, capitaine de vaiſ-
» ſeau ou autre officier de ſa marine, à la mer
» ou dans les rades, porteront tous, ſous le Pa-
» villon ou guidon de celui qui commandera,
» une flamme blanche au grand mât, cette flamme
» ne devant être conſidérée que comme la marque
» ſpéciale diſtinctive de tout bâtiment appartenant
» à ſa majeſté.

» 10. Dans les grandes armées, où il eſt eſſen-
» tiel que les trois corps principaux ou eſcadres
» qui les compoſent, aient des marques de com-
» mandement qui les diſtinguent entre eux, le
» général de l'armée, qui dans l'ordre de bataille
» ſe trouve au centre du premier corps ou eſcadre
» appelée *eſcadre blanche*, portera un Pavillon
» carré blanc au grand mât.

» 11. L'officier général, quel que ſoit ſon grade,
» commandant, ſous les ordres du général, le ſe-
» cond corps ou eſcadre appelée *eſcadre blanche &*
» *bleue*, portera un Pavillon carré, mi-partie
» blanc & bleu, au grand mât.

» 12. L'officier général, quel que ſoit ſon
» grade, commandant ſous les ordres du géné-
» ral, le troiſième corps ou eſcadre appelée *eſ-*
» *cadre bleue*, portera un Pavillon carré bleu au
» grand mât.

» 13. Chacun des trois corps de l'armée étant
» partagé en trois diviſions, les officiers géné-
» raux qui ſeront à la tête des ſecondes diviſions de

» chacun de ces trois corps, porteront au mât de
» misaine le Pavillon carré de la couleur de leur
» escadre.

» 14. Les officiers généraux qui seront à la tête
» des troisièmes divisions de chaque corps, porte-
» ront au mât d'artimon le Pavillon carré de la
» couleur de leur escadre.

» 15. S'il y a d'autres officiers généraux dans
» l'armée qui ne commandent ni corps ni divi-
» sion, ils porteront au grand mât un guidon
» de la couleur de l'escadre à laquelle ils seront
» attachés.

» 16. Les capitaines des vaisseaux & autres
» officiers commandant les bâtimens de l'armée,
» porteront les flammes de la couleur de leur
» escadre au mât qui indique la division dont ils
» seront.

» 17. Si dans une armée il n'y a pas autant
» d'officiers généraux qu'il en faudroit pour en
» mettre à la tête des trois escadres & de leurs
» divisions, les capitaines des vaisseaux de l'armée
» à qui on donnera ces commandemens, por-
» teront, au lieu de Pavillons carrés, ou mât
» qui indiquera la division qui sera à leurs or-
» dres, des guidons de la couleur de l'escadre
» dans laquelle ils seront employés en cette
» qualité.

» 18. Les Pavillons mi-partie blancs & bleus,
» & tout bleus, ne seront employés que dans les
» grandes armées dont la force exigera ces mar-
» ques de distinctions d'escadres & de divisions
» particulières ; & dans les escadres moins nom-
» breuses, il ne sera, autant qu'il sera possible,
» employé que la couleur blanche pour en mar-
» quer les divisions.

» 19. Si le général de l'armée en faifoit un
» détachement auquel il donnât une miffion par-
» ticulière qui l'en féparât, le commandant de
» ce corps féparé, s'il portoit dans l'armée un
» Pavillon de divifion mi-partie blanc & bleu,
» ou tout bleu, le quittera pendant le temps
» de fa féparation, pour porter le Pavillon blanc
» de fon grade, & tous les vaiffeaux à fes ordres en
» uferont de même, & ils ne remettront les mar-
» ques de diftinction qu'ils portoient dans l'armée,
» que lorfqu'ils l'auront rejointe.

» 20. Nonobftant la difpofition générale des
» Pavillons affectés aux grades des officiers géné-
» raux, portés par les articles 3, 4 & 5, fa ma-
» jefté fe réferve de donner des ordres particu-
» liers fur les Pavillons qu'elle voudra que les
» commandans de fes armées ou efcadres por-
» tent, felon la force defdites armées ou efca-
» dres, ou les circonftances de leur deftination.

» 21. Si le général eft obligé de changer dé
» vaiffeau par la fuite du combat, ou dans quelque
» autre circonftance, il portera fon Pavillon fur
» celui des vaiffeaux de l'armée qu'il jugera à pro-
» pos de choifir.

» 22. En cas de mort du général, ou d'ab-
» fence par maladie, ou autrement, le Pavillon
» qui lui étoit affecté demeurera arboré au même
» mât pendant le. refte de la campagne, fous le
» commandement de l'officier général ou autre
» qui commandera l'armée, foit qu'il paffe fur
» le vaiffeau que le général a laiffé vacant, foit
» qu'il préfère de conferver fon propre vaiffeau,
» fur lequel, en ce cas, le Pavillon fera porté,
» & la même chofe fera obfervée pour les autres
» Pavillons dans les mêmes circonftances.

» 23. Deux escadres ou divisions se rencon-
» trant à la mer ou dans les rades, si leurs
» commandans portent des marques de comman-
» dement à la même place, le commandant
» moins ancien changera la marque du sien,
» en prenant celle de distinction immédiate-
» ment inférieure à l'autre, tant qu'ils resteront
» ensemble.

» Il en sera usé de même, si un officier général
» se trouve employé dans une escadre, sous le
» commandement d'un autre officier général du
» même grade.

» 24. Pour conserver à la flamme blanche au
» grand mât, qui caractérise spécialement tout
» bâtiment appartenant à sa majesté, le respect
» & la prééminence qui lui est due, les seuls
» bâtimens appartenans à sa majesté & armés
» pour son service, auront le droit de la porter
» à la mer, dans les ports & rades du royaume
» & dans les rades étrangères.

» 25. Un officier de la marine royale, com-
» mandant un bâtiment de guerre ou de com-
» merce, même quand il appartiendroit à sa ma-
» jesté, s'il n'est pas armé directement pour son
» service & à sa solde, ne pourra jouir, pendant
» tout le temps qu'il aura ce commandement par-
» ticulier, d'aucune des marques de distinction &
» prérogatives attachées à la marine royale, & qui
» la caractérisent; &, quel que soit son grade, il
» n'en portera jamais la marque.

» 26. Dans les grandes rades de commerce,
» aux colonies françoises, ou chez l'étranger, où
» il se trouve toujours beaucoup de bâtimens
» marchands françois rassemblés, l'ancien capi-
» taine marchand, chargé de la police des bâti-

» mens de fa nation, en l'abfence des bâtimens
» du roi, ne portera qu'au mât de mifaine la
» flamme blanche deftinée à le faire reconnoître,
» & il l'amenera dès qu'un bâtiment de fa majefté
» voudra mouiller dans cette rade.

» 27. Il fera permis, pendant la guerre, aux
» bâtimens armés en courfe pour le particulier, de
» mettre la flamme blanche au grand mât, mais feu-
» lement quand ils feront à la mer, & dans les
» circonftances où ils croiront cette marque de
» diftinction néceffaire au fuccès de leur manœu-
» vre. Dans tous les cas ils l'ameneront devant
» tout bâtiment de fa majefté.

» 28. Le feul général commandant en chef
» l'armée ou efcadre, portera un Pavillon blanc
» à l'avant de fon canot, pour le diftinguer des
» autres officiers généraux & des capitaines de
» vaiffeau, qui ne le porteront qu'à la poupe.

» 29. Le général commandant l'armée ou ef-
» cadre, portera fon Pavillon de diftinction au
» mât de fon canot; & fi l'armée eft partagée en
» trois corps, dont chacun ait fa couleur, les
» commandans des fecond & troifième corps,
» porteront également, au mât de leur canot, leur
» Pavillon de diftinction, pour être reconnus des
» vaiffeaux de l'armée.

30. Les officiers généraux qui ne commande-
» ront aucun corps dans l'armée, les capitaines
» chefs de divifions, & les autres capitaines com-
» mandans, porteront au mât de leur canot un
» guidon ou flamme, felon qu'il eft attribué à
» leur grade ou à leur divifion.

31. Les canots de l'amiral, ou, en fon abfence,
» du vice-amiral, porteront, lorfqu'ils y feront
» embarqués en perfonne, leur Pavillon en avant,

» foit dans le port, foit en rade ou à la mer;
» mais les autres officiers généraux ameneront
» leur Pavillon d'avant en rentrant dans le port,
» s'ils ne commandent qu'en rade, ou en entrant
» en rade, s'ils ne commandent que dans le
» port, & qu'il y ait un officier général en rade.

» 32. Les Pavillons de poupe & de beaupré
» feront toujours blancs, foit pendant la naviga-
» tion, foit pendant le combat, quelle que foit
» la couleur des Pavillons, guidons ou flammes
» de diftinction que les vaiffeaux porteront.

» 33. Les Pavillons de commandement mis au
» haut des mâts, auront de guindant un tiers de
» la longueur du maître-bau du vaiffeau fur le-
» quel ils feront arborés, & un tiers plus de
» battant que de guindant.

» 34. Les guidons auront de guindant ou en-
» vergure deux neuvièmes du maître-bau, &
» de longueur les deux tiers du maître-bau du
» vaiffeau fur lequel ils feront arborés; ils feront
» fendus dans les deux tiers de leur longueur,
» & terminés en pointe. Les flammes auront un
» neuvième du maître-bau d'envergure, & de
» longueur une fois le maître-bau, & un tiers
» en fus.

» 35. Le général de l'armée ou efcadre, &
» tous les officiers généraux, porteront trois fa-
» naux à la poupe de leur vaiffeau. Le général
» portera de plus un fanal dans la grande hune;
» & fi l'armée eft partagée en trois corps, les
» commandans des fecond & troifième corps por-
» teront auffi un fanal dans la grande hune.

» Tous les autres vaiffeaux de l'armée & autres
» bâtimens à la fuite, ne porteront qu'un fanal à
» la poupe.

» 36. Le vaisseau amiral, dans les ports de Brest,
» Toulon & Rochefort, & dans les autres ports
» de sa majesté, portera un Pavillon carré blanc
» au grand mât.

» 37. Les pavois seront, pour les seuls vais-
» seaux, frégates & autres bâtimens de sa ma-
» jesté, de couleur bleue, bordés de blanc &
» semés de fleurs-de-lys jaunes.

» 38. Veut sa majesté que tout ce qui est
» prescrit par la présente ordonnance soit exécuté
» selon sa forme & teneur, dérogeant en ce à
» toutes ordonnances contraires à icelle «.

PAULETTE. C'est le nom qu'on donnoit
autrefois au droit qu'on appelle ajourd'hui *annuel*
ou *centième denier*. Voyez ANNUEL.

PAUVRE. C'est celui qui est dans le
besoin.

Quelque égale qu'on suppose avoir été dans
l'origine la fortune des citoyens d'un état quelconque, il étoit impossible que cette égalité
subsistât long-temps. Un peuple qui commence
à se former, fait des conquêtes; il se partage
les terres qu'il a usurpées sur des voisins; il les
cultive après la guerre, & se trouve pour l'instant à l'abri de la misère. Mais bientôt la négligence, la paresse, le défaut d'économie, la dis-
sipation, viennent ravir à une partie de ces con-
quérans les biens dont ils ont dépouillé leurs
ennemis. Forcés de vendre ces mêmes terres
qu'ils avoient acquises les armes à la main, ils
se trouvent réduits en peu de temps à la condition
même des vaincus, n'ayant plus de ressources
pour vivre, que leur travail & leur industrie.
Voilà

Voilà la fource primitive de l'inégalité des fortunes, des conditions , & par conféquent de l'indigence.

D'après ce principe , il ne reftoit aux chefs des empires & des républiques , d'autre parti à prendre , que de chercher les moyens de pourvoir à la fubfiftance des citoyens furvenus après le partage des terres conquifes , ou déchus de ce partage par leur inconduite. Auffi en ont-ils tous fait un point capital de leur adminiftration , en s'efforçant de faire naître le commerce & les arts , auxquels fe dévouoient par befoin ceux qui n'avoient point dans l'état de propriétés en biens fonds ; ou en employant à la guerre , à la culture des champs , aux travaux publics , ceux dont les bras pouvoient être utiles à la patrie , & en procurant d'autres moyens de fubfifter à ceux que leur âge ou leur infirmité rendoient incapables de travail. Le commerce , les arts , l'agriculture , paroiffoient des reffources tellement affectées au peuple , c'eft-à-dire à la claffe la plus pauvre , que les citoyens aifés & poffeffeurs de terres ou de dignités , dédaignèrent long-temps de s'en occuper , regardant ces objets comme indignes d'eux. Il n'y a pas deux fiècles que ce préjugé fubfiftoit encore en France dans toute fa force , foit que notre nobleffe eût un mépris réel pour ces profeffions , qu'elle plaçoit infiniment au deffous du métier de la guerre , foit qu'elle fe fît un point d'honneur de les abandonner à ceux qui n'avoient pas d'autres moyens pour vivre.

Dans tous les états biens réglés , les Pauvres font l'objet de l'attention fpéciale du gouvernement. La France , à cet égard , ne le cède à aucun. Dans tous les temps , on y a vu émaner du trône

& des cours , interprètes de fes volontés , les ordonnances & les réglemens les plus fages en
faveur des Pauvres ; mais, par malheur, on n'a pas
toujours veillé affez foigneufement à leur exécution. Selon l'efprit de toutes ces ordonnances
& de ces réglemens, les Pauvres d'un endroit
quelconque doivent être nourris par les habitans du lieu , tant laiques qu'eccléfiaftiques , lefquels font invités à fe cotifer volontairement pour
cet effet, finon ils font impofés par la loi du fouverain , à une taxe proportionnée à leurs facultés.

Un arrêt du parlement de Paris de 1533 ,
ordonne que les chapitres & couvens de religieux qui font dans cette ville , contribueront
pour la taxe des Pauvres, finon qu'ils y feront
contraints par la faifie de leur temporel. Cet arrêt
fe trouve dans les *preuves des libertés* , t. 2 , chap.
35 , nomb. 52.

Le Parlement de Dijon déclara par un arrêt
du 7 juillet 1599 , que les eccléfiaftiques étoient
impofables pour la nourriture des Pauvres. Le
clergé a toujours reconnu cette jurifprudence par
l'empreffement qu'il a témoigné dans toutes les
occafions pour fubvenir aux befoins des Pauvres
de l'état. On peut voir les réglemens qu'il s'eft
tracés lui-même fur ce point dans les *mémoires
du clergé*, première édition , tom. 3 , part. 3 , tit.
4 , c. 2.

Le parlement de Touloufe , par un arrêt du
mois de juillet 1592 , fixa pour fon diftrict la
part que chaque bénéficier eccléfiaftique & régulier devoit fournir fur le revenu de fon bénéfice pour l'entretien & le foulagement des
Pauvres ; il ordonna par cet arrêt , que la fixième
partie du revenu des évêchés, prieurés, cures &

autres bénéfices, même ceux des religieux, les décimes déduites, seroit employée & distribuée aux vrais Pauvres, sans dol & sans fraude, par le titulaire du bénéfice ou son représentant, en présence du seigneur juridictionnel & consul du lieu, & du curé ou de son vicaire. Le même arrêt ordonna que ceux qui refuseroient ou qui différeroient de s'y conformer, seroient contraints, par la saisie de leurs fruits, à payer les sommes auxquelles ils auroient été cotisés.

Ce ne sont pas les seuls ecclésiastiques & religieux bénéficiers que la loi assujettit à la taxe pour les Pauvres ; les laïcs, de quelque rang & condition qu'ils soient, n'en sont pas plus dispensés. Un arrêt du parlement de Bretagne du 16 avril 1570, ordonne que les présidens & conseillers qui ont maison en ville, payeront comme les autres habitans, de ce que libéralement ils se voudront cotiser pour les Pauvres.

Nous ne finirions pas si nous voulions rapporter tous les arrêts rendus par les tribunaux supérieurs du royaume en faveur des Pauvres, ainsi que les ordonnances de nos rois sur le même sujet. Une des plus sages & des plus essentielles de ces dernières, est la déclaration du 22 mai 1586, regîtrée au parlement le 23 du même mois, & par laquelle les habitans de chaque ville du royaume sont tenus de nourrir & entretenir les pauvres qui sont dans leur ville, sans que ces Pauvres puissent se transporter d'un lieu dans un autre pour y exercer le métier honteux de mendians.

Toutes ces dispositions prouvent les droits incontestables que les Pauvres ont à la bienfaisance de leurs concitoyens, & comme hommes, &

comme membres du même état. Les secours que
le gouvernement s'efforce de leur procurer, sont
une dette sacrée qu'il acquitte. Il faut convenir
néanmoins que cette dette ne l'oblige pas également envers tous les individus qu'il voit réduits à l'état de pauvreté. Il en est qu'il ne peut
regarder que comme des membres inutiles & à
charge même à la patrie ; tels sont ceux que la
paresse ou le libertinage dévouent à une vie errante & vagabonde, qui les transforme bientôt
en scélérats. Nous avons rapporté ailleurs les
loix sages que la justice a portées contre eux.
Mais autant les Pauvres de cette dernière classe
paroissent mériter l'animadversion du gouvernement, autant les autres, qu'on nomme les *vrais
Pauvres*, & qui ne se trouvent dans cet état
d'indigence que par des revers de fortune, des
maladies, des infirmités naturelles, ou par le
manque absolu de travail, sont dignes de ses soins
& de son attention.

1. Pour se faire une idée des ressources prodigieuses
que les Pauvres trouvent en France, & dans la
capitale en particulier, il n'y a qu'à jeter les yeux
sur les établissemens sans nombre que la piété &
la justice y ont érigés en leur faveur.

Un des plus vastes & des plus utiles de ces établissemens, est sans contredit l'*hôtel-dieu* (*). On

___

(*) *Cet établissement vient d'être perfectionné par des
lettres-patentes du 22 avril 1781, que nous insérerons ici
comme un monument de bonté & d'humanité.*

Louis, &c. Salut. Instruits de l'état de l'hôtel-dieu, &
frappés de la nécessité où l'on a été jusqu'à présent d'y
réunir souvent, dans un même lit, des personnes attaquées
d'infirmités différentes, & des malades avec des mourans,
nous avons partagé le sentiment de compassion dont ce
triste spectacle pénètre depuis long-temps tous ceux qui en

y reçoit indiftinctement tous les Pauvres malades
hors d'état de fe faire foigner chez eux, de quelque

---

font les témoins. Après avoir pris connoiffance de différens
projets, & nous être fait rendre compte des obftacles qui
traverfoient leur exécution, nous avons reconnu combien
il étoit difficile de remplir entièrement nos vûes ; mais ne
voulant pas que le vain défir de la perfection arrête l'exécution d'un très-grand bien, fur-tout quand ce bien inté-
reffe auffi effentiellement la partie de nos fujets la plus
infortunée, nous nous fommes déterminés à adopter un
plan qui a réuni les opinions, & qui, en fatisfaifant aux
principales vûes d'humanité, n'oblige, ni à de grands
édifices, ni à des dépenfes confidérables, ni à une longue
attente, ni au facrifice enfin de toutes les convenances
attachées à la fituation de l'hôtel-dieu ; nous nous fommes
donc bornés à faire difpofer cet hôpital de manière qu'il
pût contenir au moins trois mille malades, feuls dans un
lit, & placés dans des falles féparées, fuivant les principaux genres de maladies, & en obfervant encore que les
hommes & les femmes foient mis dans des corps de logis
diftincts, & qu'il y ait des promenades & des falles particulières pour les convalefcens : & nous avons vu, avec
fatisfaction, à la fuite d'un travail que nous avions ordonné, que toutes ces difpofitions pouvoient être parfaitement
remplies ; mais notre intention eft qu'on ne procède que
graduellement à leur exécution, afin de ne point géner ni
arrêter le fervice.

Nous avons vu que le nombre commun des malades
qui étoient réunis annuellement à l'hôtel-dieu & à l'hôpital
faint Louis, n'étoit que de deux mille quatre cents, à deux
mille cinq cents ; nous ne nous diffimulons pas cependant
que ce nombre pourra augmenter à mefure qu'on ne fera
pas repouffé de ces lieux de fecours par le fentiment des
maux qu'on y craignoit : mais, d'un autre côté, nous avons
diminué la quantité des malheureux qui font dans le cas
d'y chercher un afile, en préparant des infirmeries dans
tous les hôpitaux deftinés aux valides, & en formant
quelques hofpices affignés particuliérement à des paroiffes :
d'ailleurs, le plus grand ordre qui réfultera des nouveaux
plans, rendra les maladies moins longues, & permettra par

pays & de quelque religion qu'ils foient. On s'y
charge de même de toutes les femmes groffes,

---

conféquent de foulager un plus grand nombre de Pauvres
avec la même quantité de lits : enfin les nouveaux réglemens dont on s'occupe, & qui feront conformes aux pin-
cipes que nous avons indiqués, arrêteront l'abus & l'ufur-
pation que le vice ou la pareffe ont fouvent faits des fecours
deftinés aux véritables malades : cependant, pour fubvenir
à la poffibilité d'une trop grande foule excitée par le meilleur traitement, nous faifons ménager, dans le plan que
nous adoptons, un efpace qui pourra contenir mille malades de plus, mais placés comme ils le font actuellement;
& l'hôpital faint Louis fera toujours réfervé pour les maladies fufceptibles de contagion, ou pour fervir de fupplé-
ment dans des circonftances extraordinaires.

Après avoir donné notre première attention à la nature
& a l'étendue des fecours qu'on pouvoit affurer aux malades, il étoit de notre fageffe d'examiner attentivement
quelle feroit la dépenfe des nouveaux arrangemens que
nous avions deffein d'ordonner, & quels étoient les moyens
que nous pouvions y deftiner fans nous priver d'aucune
des reffources que nous devions aux befoins préfens & aux
grands intérêts de notre état. Nous avons d'abord vu
qu'en fuppofant la dépenfe de chaque journée de malade
fur le pied de vingt fous, ce qu'il eft fi facile d'établir,
l'hôtel-dieu avoit des revenus fuffifans pour fubvenir à
peu-près à 3600 journées de malades, & que ces revenus pouvoient être augmentés par la vente des immeubles
de cette maifon & le placement avantageux que nous
lui avons ouvert ; nous fommes d'ailleurs perfuadés que
les adminiftrateurs de l'hôtel-dieu, dont nous connoiffons
les fentimens charitables, redoubleront de foins & d'attention pour feconder nos vûes & pour faire fervir les
fonds dont ils difpofent, au foulagement d'un plus grand
nombre d'infortunés ; &, afin de ménager à ces adminiftrateurs le tribut d'opinion qui doit être une de leurs principales récompenfes, notre intention eft que les comptes
de la recette & de la dépenfe foient imprimés annuellement;
nous ne doutons point qu'une pareille connoiffance, donnée à tous les citoyens, n'excite les dons de la charité;
& la voix publique devenant alors auprès de nous un

à qui leur pauvreté ne permet pas de se faire
délivrer chez elles & de se procurer les secours

nouveau garant de la bonne & sage gestion de cet hôpital, nous serons d'autant plus encouragés à donner les
secours qui paroîtroient nécessaires.

Portant ensuite notre attention sur la dépense extraordinaire & momentanée qu'exigeroient l'exécution des dispositions intérieures & l'achat de tous les nouveaux lits,
nous avons vu avec satisfaction que cette dépense n'excéderoit pas six cent mille livres, & que nous pourrions
y pourvoir, ainsi que nous l'avons fait aux frais des nouvelles prisons, sans rien détourner de notre trésor royal ;
mais en destinant, tant à cet objet qu'à la dépense des
nouvelles prisons, un fonds qui nous est particulier, & de
plus les droits que notre cousin l'archevêque de Paris avoit
acquis sur la ville de Paris, mais qu'il nous a cédés en
partie pour être employés à un établissement d'utilité publique, & enfin le montant des offres que les fermiers
généraux, les administrateurs des domaines & les régisseurs
généraux nous ont faites d'eux-mêmes, après la signature
de leurs derniers traités, avec l'intention pareillement que
ces offres fussent employées à quelque objet charitable.

De cette manière, nos dispositions bienfaisantes seront
remplies avec sagesse, & nous pourrons jouir, sans trouble,
de la douce satisfaction que nous occasionne l'espérance de
remédier bientôt à des maux dont nous étions si justement
affectés ; &, en réformant ainsi des abus que le temps
avoit entraînés, nous restituerons à l'hôtel-dieu tout le
respect que l'excellence & la pureté de sa fondation doivent
lui conserver d'âge en âge. A ces causes & autres à ce nous
mouvant, de l'avis de notre conseil & de notre certaine
science, pleine puissance & autorité royale, nous avons
dit, déclaré & ordonné, & par ces présentes signées de
notre main, disons, déclarons & ordonnons, voulons &
nous plaît ce qui suit :

ART. 1. Il sera incessamment procédé aux distributions
du local actuel de l'hôtel-dieu de notre bonne ville de
Paris, & aux nouvelles constructions que nous avons jugées
nécessaires, conformément aux plans que nous avons approuvés, & qui demeurent annexés sous le contre-scel de
nos présentes lettres ; ordonnons néanmoins que ces amé-

fi néceffaires à leur fituation. On y admet encore tous les enfans, fruits malheureux de la

---

liorations ne feront faites que par degré, afin de ne point
interrompre ni même gêner le fervice. Ordonnons en
outre que les nouvelles conftructions feulement feront ad-
jugées publiquement au rabais, & d'après des affiches &
publications, ainfi qu'il eft d'ufage en pareil cas.

2. Au moyen defdites diftributions & nouvelles conftructions, les malades dudit hôpital, jufqu'à concurrence
de trois mille au moins, feront couchés feuls; favoir, deux
mille cinq cents chacun dans un lit, & les autres deux à
deux dans un grand lit, féparé dans fa longueur par une
cloifon, de manière que les deux malades auront chacun
leur coucher particulier, fans pouvoir fe voir ni fe toucher; & quoique la quantité de trois mille perfonnes,
couchées feules, excéderoit le nombre ordinaire de malades
de l'hôtel-dieu & de l'hôpital faint Louis, nous avons
ordonné cependant la difpofition de plufieurs emplacemens,
pour y recevoir, en cas de foule, mille malades de plus.

3. A mefure que les falles feront difpofées ou conftruites
fuivant les nouveaux plans, il y fera établi des lits feuls,
ou de grands lits à cloifon, pour deux, ainfi qu'il eft dit en
l'article précédent, dont les couchers feront garnis de ma-
telas de laine & de crin, au lieu de lits de plumes, & les
malades y feront auffi-tôt placés.

4. La dépenfe de ces améliorations dont nous voulons
faire jouir les Pauvres, fans qu'il en coûte rien à l'hôtel-
dieu, fera entièrement à notre charge; en conféquence,
nous y deftinons, dès à préfent, les objets particuliers que
nous avons défignés, &, en cas d'infuffifance, nous y
pourvoirons des fonds de notre tréfor royal.

5. Auffi-tôt que les diftributions & conftructions énoncées
aux plans le permettront, voulons que les délibérations
faites au bureau de l'hôtel-dieu & au grand bureau, les 10,
17 & 21 mars dernier, d'après la communication defdits
plans & des difpofitions y relatives, aient leur pleine &
entière exécution.

6. Voulons qu'il foit inceffamment procédé, par les adminiftrateurs dudit hôtel-dieu, aux réglemens de fervice
& de difcipline à faire en conformité des changemens &
améliorations par nous ordonnés, & des principes que

foibleſſe ou du libertinage, que leurs parens abandonnent en naiſſant, ſoit par indigence, ſoit pour
ſauver les reſtes d'un triſte honneur qu'ils n'ont
pas craint d'immoler.

A côté de l'hôtel-dieu, on peut placer *l'hôpital général & bicêtre*, deux maiſons de charité
& de force tout enſemble, dans leſquelles une
infinité de Pauvres des deux ſexes trouvent des
retraites particulières, moyennant une penſion modique, qui par-tout ailleurs ne leur ſuffiroit pas
pour vivre ; l'hôpital immenſe des *petites-maiſons*,
celui de *la trinité*, celui *des quinze vingts*, *des incu-
rables*, ſans parler d'une foule de maiſons d'hommes
& de filles ſpécialement conſacrées au ſervice des
Pauvres malades, ou à donner des aſiles aux or-
phelins, & l'hoſpitalité aux paſſagers indigens ;
ſans parler non plus des hôpitaux particuliers qu'on
projette d'attacher à chacune des paroiſſes de Paris,
projet qui commence déjà à s'exécuter, & qui
vraiſemblablement amenera une adminiſtration
nouvelle & plus ſage des biens deſtinés aux
Pauvres ; car, il faut le dire à la gloire de notre
ſiècle, jamais on ne s'eſt tant occupé des moyens
de bannir l'indigence du royaume ; jamais le miniſtère n'a reçu tant de plans & de mémoires ſur
ce ſujet. Toutes nos académies invitent à l'envi

nous avons indiqués, leſquels réglemens ſeront homologués
en la forme ordinaire.

7. Les états de ſituation de l'hôtel-dieu ſeront imprimés
tous les ans à notre imprimerie royale, & à nos frais. Ces
états contiendront, 1º. le nombre de journées des malades
reçus & traités pendant l'année, ainſi que la quantité des
perſonnes attachées & employées au ſervice dudit hôpital ;
2º. les recettes & dépenſes de toute nature, avec des obſervations ſur tous les objets qui en ſeront ſuſceptibles. Si
donnons en mandement, &c.

les plumes des gens de lettres & des favans à s'exercer fur cette matière, fi propre à faire briller leur éloquence & leur fenfibilité. Nous avons déjà les *idées des droits & des devoirs des vrais Pauvres*; le *tableau de la bienfaifance & de l'humanité*; l'*ami de ceux qui n'en ont point*; ouvrages dignes d'être médités.

On peut mettre encore au nombre des établiffemens utiles aux Pauvres, le magnifique *hôtel des invalides*, deftiné à offrir une retraite honorable aux citoyens que les bleffures reçues pour la défenfe de l'état rendent incapables de gagner leur vie; la fuperbe *maifon de faint Cyr*, ouverte à l'inftruction & à l'entretien des jeunes demoifelles de condition dont les parens font hors d'état, par le défaut de fortune, de leur procurer une éducation convenable à leur naiffance; le bel établiffement de l'*école royale militaire*.

Ajoutons à toutes ces reffources les fecours abondans verfés fur les Pauvres par les mains du grand aumônier de France, par celles des princes, des évêques, des citoyens riches, des curés, des religieux, des villes, des communautés; les amendes que leur confacrent les tribunaux, les bourfes établies pour eux dans les colléges, les inftructions qu'on leur offre gratuitement, & une infinité d'autres établiffemens que nous paffons fous filence.

Il y a de plus à Paris un bureau, connu fous le titre de *grand bureau des Pauvres de la ville & faux-bourgs de Paris*, établi pour la perception d'une taxe impofée en faveur des Pauvres fur tous les habitans domiciliés dans cette capitale. Ce bureau eft compofé de M. le procureur général, qui y préfide les affemblées par lui-même ou par l'un de fes fub-

ſtituts, des commiſſaires des Pauvres répartis dans
chacune des pároiſſe de Paris, du greffier, des huiſſiers, des diſtributeurs & des vergers.

Les commiſſaires des Pauvres des paroiſſes de
Paris doivent être nommés chaque année par les
curés, les marguilliers, les anciens commiſſaires
des Pauvres & les notables paroiſſiens, dans une
aſſemblée que chaque curé eſt tenu d'annoncer
au prône le dimanche ou autre fête qui précède
celle de noël : ceux qui ſont ainſi nommés doivent ſo préſenter à la première aſſemblée du
bureau des Pauvres, pour y prêter ſerment &
recevoir les rôles, à peine d'y être contraints
par établiſſement de garniſon, juſqu'au payement
de cinq cents livres au profit des Pauvres, ſans
répétition. C'eſt ce qui réſulte de divers arrêts,
& ſingulièrement d'un du 15 mars 1709.

Les conteſtations qui s'élèvent au ſujet de la
nomination des commiſſaires des Pauvres de
Paris, doivent être portées au grand bureau des
Pauvres, qui a, relativement à cet objet ainſi qu'à
la recette que font ces commiſſaires, une juridiction dans laquelle il a été maintenu par arrêt du
conſeil du 29 juillet 1755.

Dans la plupart des paroiſſes de province où
il y a des revenus deſtinés à ſoulager les Pauvres, l'adminiſtration en eſt confiée à des compagnies ou bureaux de charité, qui ſont ordinairement compoſés du curé, d'un certain nombre
de femmes, appelées *dames* ou *demoiſelles des
Pauvres*, dont une fait les fonctions de tréſorière,
& d'un receveur des Pauvres, que l'on nomme
quelquefois *procureur de charité*.

Suivant un arrêt de réglement rendu le 25
février 1763 pour Nogent-ſur-Marne, les dames

des Pauvres doivent être choisies par les dames qui composent l'assemblée de charité.

Le procureur de charité doit être élu dans une assemblée générale des habitans pour deux ou trois ans, & on peut le continuer. Il doit être d'une probité & solvabilité reconnues, savoir lire & écrire, & résider sur les lieux. Il a le droit d'assister à toutes les assemblées générales & particulières, mais sans y avoir voix délibé-rative : il ne doit délivrer aucune somme qu'en vertu des délibérations des assemblées générales & particulières, & il peut être destitué par l'as-semblée générale. C'est ce qui résulte des ar-ticles 43 & 44 du réglement qu'on vient de citer, & des articles 3, 4 & 13 de l'arrêt de réglement rendu pour la paroisse de saint Cha-mond le 8 mars 1764.

Divers arrêts du parlement de Paris, & entre autres un du 14 février 1761 pour la paroisse de saint Germain-l'Auxerrois, un autre du 4 mars 1763 pour la paroisse de saint Barthélemi, & un autre du 7 septembre 1764 pour la paroisse de saint Nicolas des champs, ont or-donné que quand il auroit été remis entre les mains du curé quelques sommes de deniers pour être distribuées par lui seul, ou qu'il auroit été donné d'autres sommes par acte aux Pauvres de la paroisse, sous la condition imposée par les donateurs, que la distribution en seroit faite par le curé, il pourroit seul faire cette distribu-tion selon sa discrétion, prudence & fidélité, sans être tenu d'en rendre aucun compte : à l'égard des revenus fixes qui ont été donnés ou légués aux Pauvres de ces paroisses, avec condition spé-ciale de la part des donateurs ou testateurs que

la distribution s'en fera par le curé & ses successeurs
en la cure, ou autres termes équipollens, les
mêmes arrêts veulent que le trésorier chargé de
la recette de ces revenus, les remette à ces curés
sur leurs simples quittances, pour la distribution
en être pareillement faite par eux selon leur
discrétion, prudence & fidélité, & sans être
tenus d'en rendre aucun compte : mais si ces revenus avoient été légués ou donnés aux Pauvres
de la paroisse, sous la simple condition que la
distribution s'en feroit par les mains du curé,
sans aucune mention ou vocation de ses successeurs, cette condition n'auroit d'effet que pour
le temps pendant lequel le curé en place lors de
l'acte portant legs ou donation, conserveroit sa
cure ; & ses successeurs ne pourroient pas, suivant les mêmes arrêts, exiger que la distribution
de ces revenus leur fût confiée : ils rentreroient
alors dans la masse commune de ceux dont la
distribution doit être réglée par l'assemblée des
dames de charité.

L'article 52 de l'arrêt de réglement rendu le
25 février 1763 pour Nogent-sur-Marne, veut
que les quêtes qui ont lieu en faveur des Pauvres pendant les offices divins, se fassent suivant
l'usage de la paroisse, & que le produit en
soit remis sur le champ, en présence du curé,
au procureur de charité, qui doit l'enregistrer sur
un journal destiné à servir de pièces justificatives
de cette recette ; à l'égard de ce qui peut être
donné en chanvre, fil, ou autre chose en nature, il doit être remis, suivant le même réglement, à la trésorière, pour en être rendu compte
dans une assemblée particulière.

L'art. 53 veut que, lors de chaque assemblée de

charité, il foit remis par le procureur de charité, entre les mainsde la tréforière, une fomme de deniers telle que l'affemblée l'aura réglée, pour-être employée aux befoins urgens qui peuvent furvenir, de laquelle fomme la tréforière doit rendre-compte en détail dans l'affemblée fuivante.

Dans les lieux où il n'y a point de tréforier des Pauvres ni de procureur de charité, les deniers néceffaires pour les befoins urgens des Pauvres, doivent être remis à la tréforière par le marguillier en exercice, ou autre perfonne chargée de la recette des aumônes & biens des Pauvres.

Dans toutes les affemblées de charité, le curé doit avoir la première place & recueillir les fuffrages, à la pluralité defquels doivent fe faire les délibérations; & en cas de partage d'opinions, il a la voix prépondérante : fi le curé eft abfent c'eft l'ancien marguillier qui doit préfider, & les autres perfonnes n'ont aucun rang entre elles. C'eft ce qu'ont réglé deux arrêts rendus le 2 avril 1737. & le 7 feptembre 1764; pour les paroiffes de faint Jean en Grève & de faint Nicolas des champs.

Il faut, fuivant les mêmes arrêts, que les délibérations des affemblées de charité foient infcrites de fuite fur un regiftre & fans aucun blanc, ainfi que les noms des perfonnes qui y ont affifté, lefquelles doivent figner ces délibérations; & fi quelques-uns de ceux qui ont affifté au commencement des délibérations, fe font retirés avant la fin de l'affemblée, les délibérations de ceux qui font reftés jufqu'à la fin, doivent être exécutées comme fi tous les avoient fignées.

Les diſtributions des charités doivent être faites
ſur des mandemens ſignés du curé & de deux ou
trois perſonnes du nombre de celles qui ont aſſiſté
à l'aſſemblée ; à l'effet de quoi il doit être nommé
tous les trois mois une des perſonnes qui ont
droit de ſe trouver aux aſſemblées , pour, conjointement avec le curé, ſigner les billets ou mandemens qu'il peut être convenable de délivrer
dans l'intervalle des aſſemblées. Ces billets ou
mandemens doivent contenir le nom du Pauvre
qui doit être aſſiſté , & la ſomme ou la quantité
de viande , pain ou autre choſe qu'on doit lui
donner. Les mandemens en argent doivent être
tirés directement ſur le tréſorier ou procureur de
la charité; mais les mandemens en denrées peuvent être tirés ſur le boucher ou ſur tout autre
marchand choiſi par l'aſſemblée pour les fournir
aux pauvres. C'eſt ce qui réſulte de l'article 56
de l'arrêt de réglement, rendu pour Nogent-ſur-
Marne le 25 février 1763. *Voyez auſſi l'arrêt
de réglement rendu pour la paroiſſe de Montargis
le 28 février 1756.*

Suivant l'article 18 de l'arrêt de réglement,
rendu le 8 mars 1764 pour la paroiſſe de la
ville de ſaint Chamond, il ne doit être entrepris
ni ſoutenu aucun procès, ni fait aucun emploi
ou remploi des deniers appartenans aux Pauvres,
ni fait aucun emprunt, ni aucune acquiſition,
dans le cas où elle ſeroit permiſe, ſans une
délibération au préalable, priſe dans une aſſemblée
générale : mais les délibérations priſes dans les
aſſemblées particulières, ſont ſuffiſantes pour faire
les pourſuites relatives au recouvrement des revenus ordinaires des Pauvres , ainſi que pour
tous les actes relatifs à l'acceptation & délivrance

des legs ou libéralités faits à la charité, & pour faire paſſer des titres nouvels aux débiteurs des rentes.

Les titres, contrats & papiers concernant les biens & revenus des Pauvres, ainſi que les regiſtres des délibérations, autres que ceux des délibérations courantes, doivent être mis dans une armoire, & il doit en être fait un inventaire ſigné du curé, des marguilliers & du tréſorier des Pauvres; enſemble un récolement chaque année, où doivent être ajoutés les nouveaux comptes & autres titres de l'année courante; lequel doit être ſigné par les mêmes perſonnes : il faut d'ailleurs qu'il y ait deux exemplaires de chaque inventaire & récolement, dont l'un doit être renfermé dans l'armoire, & l'autre remis au tréſorier. Cela eſt ainſi preſcrit par divers arrêts de réglement rendus pour différentes paroiſſes. *Voyez* les loix citées dans cet article, & les mots MISÉRICORDE, MENDIANT, VAGABOND, HOPITAL, &c.

(*Cet article eſt de* MM. R... & G...)

PAYEMENT. C'eſt ce qui ſe donne pour acquitter une dette, une obligation.

Pour qu'un Payement ſoit valable, il faut que la perſonne qui le fait ait le droit de diſpoſer de la choſe donnée en Payement : d'où il ſuit, qu'un Payement n'eſt pas valable quand il eſt fait par quelqu'un qui n'eſt pas propriétaire de la choſe donnée en Payement, ou qui n'eſt pas capable de l'aliéner. Cependant ſi le Payement fait par la perſonne incapable étoit une ſomme d'argent ou quelque choſe qui ſe conſumât par l'uſage, comme du blé, du vin, &c., la con-

ſommation

fommation que le créancier en auroit faite de bonne
foi, valideroit le Payement.

Au reste, il n'est pas nécessaire, pour que le
débiteur soit libéré de son obligation, que ce soit
lui ou son commissionnaire qui paye le créancier : toute personne peut faire ce Payement,
même malgré le débiteur, & l'obligation n'en
est pas moins éteinte. C'est ce que décide la
loi 39, *ff. de negot. gest.* (*).

Mais on demande si le créancier est obligé
de recevoir le Payement lorsqu'il lui est offert
par un étranger qui n'a aucun pouvoir pour gérer
les affaires du débiteur, ni aucun intérêt à acquitter la dette.

La loi 72, par. 2, D. *de solut.* décide que
les offres de payer qu'une personne quelconque
fait au créancier au nom & à l'insçu du débiteur,
constituent ce créancier en demeure. Et l'article
3 du titre 5 de l'ordonnance du commerce du
mois de mars 1673, porte, qu'*en cas de protêt
d'une lettre de change, elle pourra être acquittée
par tout autre que celui sur qui elle aura été
tirée, & qu'au moyen du Payement, il demeurera subrogé en tous les droits du porteur de la*

(*) Observez cependant que cette décision ne s'applique
en général qu'aux obligations de donner quelque chose,
parce qu'il n'importe nullement au créancier que ce soit
Pierre ou Paul qui lui donne la chose due, pourvu qu'on
la lui donne effectivement : mais il n'en est pas de même
à l'égard d'une obligation qui consiste à faire quelque
chose. S'il s'agit, par exemple, d'un ouvrage qu'un artiste
dont je considère le talent, s'est obligé de faire, son obligation ne pourra pas s'acquitter par un autre, à moins
que je n'y consente.

*lettre, quoiqu'il n'en ait point de transport, sü-
brogation ni ordre.*

Il résulte de ces décisions, que les offres
de payer faites au créancier par l'étranger dont
on a parlé, sont valables & constituent le créancier en demeure, quand le débiteur a intérêt à
ce Payement; comme dans le cas où les offres
sont faites pour arrêter des poursuites commen-
cées, ou pour faire cesser le cours des intérêts,
ou pour éteindre les hypothèques. Mais si les
offres de payer ne procuroient aucun avantage
au débiteur, & ne produisoient d'autre effet
que de lui faire changer de créancier, elles
pourroient être refusées, sans que par ce refus
le créancier fût constitué en demeure.

Il faut aussi, pour la validité d'un Payement,
qu'il soit fait au créancier ou à quelqu'un qui
ait pouvoir de lui ou qualité pour recevoir.

Il suit de cette décision, que quand un créancier
a laissé plusieurs héritiers, on ne peut valablement payer à chacun que la portion qui lui appartient dans la créance, à moins que ses co-
-héritiers ne l'aient autorisé à recevoir pour eux.

Lorsqu'un créancier a cédé sa créance par
vente, donation ou autrement, le cessionnaire
devient le créancier, par la signification qu'il
fait de son titre de cession au débiteur, ou par
l'acceptation volontaire que celui-ci fait du transport. Ainsi après cette signification ou acceptation, le débiteur ne peut plus payer valablement
l'ancien créancier.

Quelquefois on répute pour créancier véritable, celui qui ne l'est qu'en apparence, & le
Payement qu'on lui fait ne laisse pas d'être valable. Supposez, par exemple, que Pierre pos-

sède une terre de laquelle dépendent des mou-
vances féodales & cenfuelles ; vous payez valablement entre fes mains les cens & autres
droits feigneuriaux, quoique je fois le véritable
propriétaire de la terre : ainfi , lorfque je me
la ferai fait rendre , je ne pourrai pas vous demander ces droits. La raifon en eft, que tout
poffeffeur étant de droit réputé propriétaire de
la chofe qu'il poffède , tant que le véritable
propriétaire ne fe préfente pas, la bonne foi du
débiteur doit rendre valable le Payement qu'il
a fait au poffeur , qu'il a dû confidérer comme
le créancier légitime.

Il faut encore, pour la validité du Payement,
que le créancier ou ceux qui le repréfentent,
foient des gens capables d'adminiftrer leur bien.
Ainfi dans le cas où le créancier feroit un mineur, un interdit ou une femme fous puiffance
de mari , le Payement qui lui feroit fait n'é-
teindroit pas la dette.

Le Payement fait à celui que le créancier a
chargé de recevoir pour lui , étant réputé fait au
créancier lui-même , il faut en conclure qu'il
importe peu au débiteur que celui qui a le
pouvoir d'un créancier capable d'adminifter fon
bien, foit un mineur, un religieux , ou une
femme fous puiffance de mari , le Payement
n'en eft pas moins valable , parce que c'eft la
perfonne de celui qui a donné le pouvoir , qui doit
être confidérée , & non celle qui a reçu le pouvoir.

Lorfqu'un créancier a donné pouvoir à une
perfonne de recevoir pour lui , tandis qu'il feroit
abfent, ou durant un certain temps, le Payement
fait à cette perfonne après l'expiration du temps,
ou depuis le retour du créancier , ne feroit pas

valable, parce que le pouvoir de recevoir ne subsisteroit plus.

Il en seroit de même si le créancier avoit révoqué le pouvoir par lui donné : mais il faudroit pour que le Payement fait depuis la révocation ne fût pas valable, que le débiteur eût eu connoissance de cette révocation, ou qu'elle lui eût été signifiée.

Le titre de créance dont un huissier est porteur pour le mettre à exécution, équivaut à un pouvoir de recevoir la créance : ainsi la quittance que cet huissier donne au débiteur, a le même effet que si le créancier la lui avoit donnée.

Mais il en est différemment du procureur *ad lites*, que le créancier a chargé d'intenter une action contre son débiteur : cette commission ne renferme pas le pouvoir de recevoir le Payement de la créance.

Lorsqu'on paye à quelqu'un à qui la loi donne qualité pour recevoir ce qui est dû au créancier, le payement est valable. Ainsi le tuteur reçoit valablement ce qui est dû à ses mineurs, le curateur ce qui est dû à l'interdit, le mari ce qui est dû à sa femme, à moins qu'elle ne soit séparée de biens; un receveur d'hôpital, ce qui est dû à l'hôpital, &c., & le débiteur qui paye entre les mains de ces personne, est parfaitement libéré, quand même elles deviendroient insolvables. On ne suit pas parmi nous la loi 25, *cod. de adm. tut.* qui exigeoit le décret du juge pour que le débiteur qui payoit au tuteur fût à couvert, en cas d'insolvabilité de ce dernier.

La raison de parenté ou d'alliance n'est pas

une raifon fuffifante pour recevoir ce qui eft dû au créancier. Ainfi le débiteur ne peut pas valablement payer au fils ce qu'il doit au père, ni au mari ce qu'il doit à la femme féparée de biens d'avec lui.

Quelquefois on ftipule dans un acte que le Payement auquel on s'oblige, pourra fe faire à une perfonne tierce qu'on indique, comme au créancier même. En ce cas le Payement fait à cette perfonne libère inconteftablement le débiteur.

Les tierces perfonnes entre les mains defquelles on autorife le débiteur à payer, font ordinairement des créanciers du créancier qui les défigne. Par exemple, je vous vends une maifon pour trente mille livres, fous la condition que vous en payerez à mon acquit dix mille livres à Pierre, & vingt mille livres à Paul, qui font mes créanciers de pareilles fommes.

Quelquefois néanmoins la perfonne tierce qui eft autorifée à recevoir le Payement, eft un mandataire ou un donataire.

L'indication de la perfonne tierce autorifée à recevoir le Payement, peut fe faire pour un lieu ou pour un temps différens du lieu ou du temps auxquels la chofe doit être payée au créancier même. Nous pouvons, par exemple, ftipuler que je vous payerai chez vous à Bordeaux, ou chez votre banquier à Lyon. Nous pouvons auffi convenir que fi je ne vous paye pas à la foire de Beaucaire, je payerai après cette foire entre les mains d'une telle perfonne.

Quoique réguliérement le Payement ne foit valable qu'autant qu'il eft fait à la perfonne même indiquée par la convention, cependant fi

le vendeur ftipule en vendant un héritage, que le
prix en fera payé à un tel fon créancier, l'acquéreur pourra valablement payer, non feulement
à la perfonne même du créancier, mais encore
à fes héritiers ou autres qui ont fuccédé à fa
créance. La raifon en eft, que dans ce cas, c'eft
bien moins la perfonne indiquée, que fa qualité
de créancier qui a été confidérée, par l'intérêt que
le vendeur avoit que la dette s'acquittât, & par
celui qu'avoit l'acquéreur d'être fubrogé à l'hypothèque du créancier.

Si la perfonne indiquée venoit à changer d'état
depuis l'indication, & qu'elle vînt, par exemple,
à être privée de la vie civile, ou à être interdite,
ou à paffer fous la puiffance d'un mari, le débiteur ne pourroit plus payer valablement entre
fes mains. Cette décifion eft fondée fur ce qu'on
ne préfume pas que le créancier auroit indiqué
cette perfonne, s'il eût prévu les cas dont on vient
de parler.

Suivant le droit des novelles, le débiteur qui
devoit une fomme, & qui n'avoit ni argent ni
meubles à vendre, pouvoit obliger fon créancier
à recevoir des immeubles en Payement, conformément à l'eftimation qui en feroit faite, fi
mieux n'aimoit le créancier trouver des gens qui
vouluffent acquérir ces immeubles; mais cette
difpofition du droit romain n'eft pas fuivie en
France; nous y tenons pour maxime, qu'un débiteur ne peut obliger fes créanciers à recevoir
en payement autre chofe que ce qu'il leur doit.
Voyez cependant ce que nous avons dit à l'article COLLOCATION, relativement à la Provence.

Le débiteur ne peut pas non plus obliger fon
créancier à recevoir par parties le Payement de

fa créance; d'où il fuit, que la confignation d'une partie de la fomme due n'arrêteroit pas le cours des intérêts, même pour la partie confignée.

Il ne fuffit même pas au débiteur d'offrir la fomme principale, lorfqu'elle produit des intérêts, il faut encore qu'il offre ces intérêts, finon le créancier peut refufer le Payement.

Obfervez néanmoins, que quelquefois le juge ordonne, en confidération de la pauvreté du débiteur, que la fomme due fera divifée en un certain nombre de Payemens : c'eft auffi ce que les parties ftipulent fouvent par la convention. Dans ce cas, la fomme qui doit compofer chaque Payement eft déterminée, ou elle ne l'eft pas : fi elle n'eft pas déterminée, on décide que les parties ont entendu que les Payemens feroient égaux entre eux. C'eft pourquoi fi la convention porte que vous me payerez douze mille francs en fix Payemens, chaque Payement fera néceffairement de deux mille francs ; mais vous pourrez faire deux ou trois Payemens à la fois, fi vous le jugez à propos.

La règle fuivant laquelle le débiteur ne peut pas obliger le créancier de recevoir fon Payement par partie, fouffre une exception dans le cas où il y a conteftation fur la quantité de ce qui eft dû. Par exemple : par le compte que je rends de la geftion que j'ai faite d'une affaire commune, je me reconnois débiteur de dix mille francs feulement envers mes affociés : ceux-ci prétendent au contraire que je leur dois quinze mille francs. La loi 31, *ff. de reb. cred.*, veut qu'en ce cas je puiffe obliger mes créanciers de recevoir le Payement de la fomme que j'ai déclaré leur devoir, fauf à payer le furplus, fi cela eft ainfi ordonné par le jugement qui décidera la conteftation.

La règle dont il s'agit fouffre une feconde exception dans le cas de la compenfation, attendu que le créancier eft obligé de compenfer la fomme qu'il doit, avec celle qui lui eft due, quoique cette dernière foit plus confidérable que l'autre.

Si vous êtes débiteur de plufieurs dettes envers le même créancier, vous pouvez l'obliger de recevoir le Payement d'une dette, quoique vous n'offriez pas de payer les autres.

C'eft en conféquence de cette règle, que Dumoulin décide qu'un emphithéote, qui, felon fon bail, peut être privé de fon droit s'il ceffe pendant trois années le Payement de la redevance annuelle, évitera cette peine, en offrant le Payement d'une année avant l'expiration de la troifième.

Lorfqu'une dette eft d'un corps certain & déterminé, elle peut être valablement payée en quelque état que la chofe foit, pourvu que, fi elle a été détériorée depuis la convention, ce n'ait été ni par le fait du débiteur, ni par fa faute, ni par celle des gens dont il doit répondre.

Mais il en feroit différemment fi la dette étoit d'un corps indéterminé. Si, par exemple, je me fuis obligé de vous donner un mouton de mon troupeau, & que depuis la convention un de mes moutons foit devenu galeux, je ne pourrai pas acquitter la dette avec celui-ci, il faudra que je vous en livre un qui foit fain.

Lorfqu'une obligation a été contractée fans terme, le créancier peut auffi-tôt en exiger le Payement; mais lorfqu'elle renferme un terme, le Payement n'en peut être exigé avant l'expiration du terme.

Le terme diffère de la condition, en ce que la condition suspend l'engagement que doit former la convention : le terme au contraire ne suspend pas l'engagement, mais en diffère seulement l'exécution. Celui qui a promis sous condition, n'est pas débiteur avant l'échéance de la condition : il y a seulement espérance qu'il pourra l'être. C'est pourquoi s'il venoit à payer par erreur avant la condition, il seroit fondé à répéter ce qu'il auroit payé, comme chose non due.

Mais il en est autrement de celui qui doit à un certain terme ; il ne peut rien répéter, parce qu'il n'a payé que ce qu'il devoit effectivement.

Observez néanmoins que quoiqu'en général le Payement fait avant le terme soit valable, il y a néanmoins des exceptions à cette règle, quand il paroît par les circonstances, que le temps du Payement a été limité en faveur du créancier aussi bien qu'en faveur du débiteur. Par exemple, un testateur lègue une somme de dix mille francs à un mineur, & pour empêcher que le tuteur de ce mineur ne la dissipe, il ordonne qu'elle ne sera payée qu'à la majorité du légataire : il est certain que si le débiteur du legs vient à payer la somme auparavant, il se rendra responsable de l'insolvabilité du mineur.

Comme le terme que le créancier accorde au débiteur, est censé avoir pour fondement la solvabilité de ce dernier, il faut en conclure, 1°. que s'il vient à faire faillite, & que le prix de ses meubles se distribue, le créancier peut demander son Payement, quoique le terme de la dette ne soit pas échu.

Remarquez à ce sujet, que si de deux débiteurs solidaires, il y en a un qui fasse faillite, le créancier peut bien exiger de celui-ci le Payement de sa dette avant le terme, mais il ne seroit pas fondé à faire payer celui qui est demeuré solvable. Ce dernier ne peut même pas être obligé de donner caution à la place de son codébiteur en faillite. Anne Robert rapporte un arrêt du 29 février 1592, qui l'a ainsi jugé. Cette décision est fondée sur ce que la faillite n'étant pas le fait du débiteur qui est demeuré solvable, elle ne peut pas lui préjudicier, en l'obligeant à plus que ne porte la convention. C'est le cas d'appliquer la maxime, *nemo ex alterius facto prægravari debet.*

2°. Le créancier hypothécaire qui a formé opposition au décret des immeubles de son débiteur, & qui se trouve en ordre d'être utilement colloqué, peut aussi exiger le Payement de sa créance, quoique le terme de crédit ne soit point écoulé. La raison en est, que son hypothèque venant à s'éteindre, l'effet du terme de crédit doit cesser.

Quand la convention désigne un lieu pour y payer la dette, ce lieu est censé déterminé pour l'utilité du créancier comme pour celle du débiteur, ainsi le Payement ne peut pas se faire ailleurs contre le gré de l'une ou de l'autre des parties. C'est ce qui résulte de la loi 9, *ff. de eo quod certo loco.*

Si par la convention il n'y a aucun lieu désigné pour payer, & que la dette soit d'un corps certain, le Payement doit se faire au lieu où eſt la choſe. Suppoſez, par exemple, que vous m'ayez vendu le blé qui eſt dans les greniers de votre métairie, c'eſt là où je dois vous en faire le Payement, & que vous devez me le livrer.

Si, poſtérieurement à notre convention, vous aviez tranſporté le blé dont il s'agit dans un lieu d'où l'enlèvement me ſeroit devenu plus diſpendieux, je ſerois fondé à exiger de vous, par forme de dommages & intérêts, ce que j'aurois payé pour cet enlèvement au delà de ce qu'il m'en auroit couté ſi le blé fût reſté au lieu où il étoit dans le temps de la convention.

Mais où ſera le lieu du Payement ſi la dette eſt d'une choſe indéterminée, comme ſi vous étiez obligé de me livrer deux chevaux, un tonneau de vin, une paire de flambeaux, &c. ? L'indétermination de la choſe empêchant qu'on ne puiſſe aſſigner un lieu où elle ſoit, il eſt clair que le lieu du Payement ne peut pas être celui où elle eſt ; il faudra donc la payer au lieu où elle ſera demandée, c'eſt-à-dire au domicile du débiteur.

Cette déciſion eſt fondée ſur ce qu'une convention dans laquelle les parties ne ſe ſont pas expliquées, doit s'interpréter en faveur du débiteur plutôt qu'en faveur du créancier ; d'où il ſuit, que le lieu du Payement n'ayant pas été déſigné, il doit être celui qui eſt le moins onéreux au débiteur.

Obſervez néanmoins que la juriſprudence qu'on vient d'établir ſouffre une exception lorſque le créancier & le débiteur réſident à peu de diſtance l'un de l'autre, par exemple, dans la même ville, & que la choſe due conſiſte dans une fomme d'argent ou dans quelque effet qui peut être porté fans frais chez le créancier : en ce cas, le Payement doit fe faire chez le créancier; c'eſt l'avis de Dumoulin.

Si par la convention on ſtipule que la choſe due fera payée au domicile du créancier qui étoit alors dans la même ville que celui du débiteur, & que poſtérieurement le créancier vienne à fixer fa réſidence dans une autre ville, le débiteur fera fondé à demander que, pour recevoir fon Payement, le créancier éliſe un domicile dans la ville où il demeuroit lorſque la convention eſt intervenue ; & faute par lui d'élire ce domicile, le débiteur doit être autoriſé à conſigner la choſe due. Cette déciſion eſt fondée fur ce que la tranſlation du domicile du créancier ne doit point être onéreuſe au débiteur.

Lorſque le débiteur qui fe libère veut une quittance pardevant notaires, il doit en payer les frais.

Il arrive ſouvent que par l'effet d'un feul Payement pluſieurs obligations de différentes perſonnes fe trouvent acquittées ; comme quand un débiteur paye par l'ordre de fon créancier à un autre envers qui ce créancier étoit obligé : mais quoiqu'il ne paroiſſe en pareil cas qu'un feul Payement, il s'en fait dans la vérité autant qu'il fe trouve de dettes payées : en effet, il en eſt de même que ſi chacun de ceux qui fe trouvent payés & qui payent à d'autres par ce feul Payement, recevoit des mains de fon débiteur ce qui lui eſt dû, & le mettoit entre celles de fon créancier.

Il peut auſſi arriver qu'un même Payement

acquitte en un inftant deux obligations d'une même perfonne envers un même créancier : par exemple, fi un teftateur, créancier d'un mineur qui peut fe faire relever, lui fait un legs fous la condition qu'il payera la dette à l'héritier, le Payement que fera le légataire acquittera fa dette, & remplira la condition impofée pour le legs.

Un débiteur qui paye volontairement une dette qu'il auroit pu faire déclarer nulle en juftice, mais que l'équité naturelle rendoit légitime, ne peut revenir contre cette approbation. Ainfi un mineur devenu majeur, qui paye une dette contractée durant fa minorité, n'eft pas fondé à répéter ce qu'il a payé. Il en eft de même d'une femme qui ayant contracté une dette fans l'autorifation de fon mari, la paye lorfqu'elle eft veuve.

On exécute dans le commerce une fentence des juges-confuls de Paris du 9 janvier 1730, fuivant laquelle les Payemens de fommes un peu confidérables doivent fe faire en facs de douze cents livres, de mille livres ou de fix cents livres.

On juge d'ailleurs dans tous les tribunaux, que celui qui paye douze cents livres dans un fac, peut exiger fix fous pour le fac, cinq fous fi le Payement eft de mille livres, & trois fous s'il eft de fix cents livres.

Par arrêt du premier août 1738, le confeil avoit réglé que ceux qui feroient des Payemens au deffus de quatre cents livres, ne pourroient obliger le créancier de recevoir plus d'un quarantième en fous; mais, par un autre arrêt du 21 janvier 1781, le confeil a ordonné que les fous ne fe délivreroient plus dans les Payemens que pour les appoints qui ne pourroient être payés en écus.

Des lettres-patentes du 11 décembre 1774, enregistrées à la cour des monnoies le 6 février 1775, ont pareillement ordonné que les pièces de six sous, douze sous & vingt-quatre sous, ne pourroient entrer dans les Payemens que pour appoint & en espèces découvertes.

PAYEMENT se dit aussi, en matière de commerce, de certains termes fixes & arrêtés, dans lesquels les marchands, négocians & banquiers, doivent acquitter leurs dettes ou renouveler leurs billets.

Il y a à Lyon quatre Payemens, de même que quatre foires franches ; savoir,

Le Payement des rois, qui commence le premier de mars, & dure tout le mois.

Le Payement de pâques, qui commence le premier juin, & dure tout le mois.

Le Payement d'août, qui commence le premier septembre, & dure tout le mois.

Et le Payement de toussaint, qui commence au premier décembre, & dure pareillement tout le mois.

Suivant le réglement de la place des changes de la ville de Lyon, du 2 juin 1667, l'ouverture de chaque Payement se doit faire le premier jour du mois non férié de chacun des quatre Payemens, sur les deux heures de relevée, par une assemblée des principaux négocians de la place, tant françois qu'étrangers, en présence du prévôt des marchands, ou en son absence du plus ancien échevin.

C'est de cette assemblée que commencent les

acceptations des lettres de change payables dans le Payement ; ce qui continue jufqu'au fixième du mois inclufivement, après quoi les porteurs des lettres peuvent les faire proteſter, faute d'acceptation, pendant le reſte du courant du mois.

Le troiſième jour du même mois non férié, on établit le prix des changes de la place avec les étrangers, dans une affemblée qui fe fait en préſence du prévôt des marchands ; & le fixième jour non férié, on fait l'entrée & l'ouverture du bilan & virement des parties ; ce qui continue jufqu'au dernier du mois inclufivement, après lequel il ne fe fait plus d'écritures ni de virement des parties ; & s'il s'en faiſoit quelques-uns, ils feroient de nul effet.

Les lettres de change acceptées, payables en Payement, & qui n'ont point été payées avant le dernier du mois inclufivement, doivent être payées en argent comptant, ou proteſtées dans les trois jours fuivans, dans lefquels les fêtes ne font point comprifes.

Voyez les loix civiles de Domat ; le journal des audiences, & celui du palais ; les œuvres de Henrys, & celles de Pothier ; les centuries de le Preſtre ; les arrêts de Papon ; la jurifprudence de Guypape ; les arrêts de Maynard ; Carondas en fes réponfes, &c. Voyez auſſi les articles IMPUTATION, GARANTIE, NOVATION, COMPENSATION, CHANGE, PROTÈT, PRESCRIPTION, ARRÉRAGES, OFFRES RÉELLES, SUBROGATION, CAUTION, &c.

PAYEUR DES GAGES. On donne ce titre à l'officier chargé de payer à tous les membres d'une cour fouveraine, les gages attribués à chacun de leurs offices. Ils font eux-mêmes partie du corps auquel cette fonction les attache, jouiffent de tous les droits, honneurs, prééminence & prérogatives dont jouiffent les principaux officiers, notamment de la nobleffe au premier degré, du droit de *committimus*, &c. Les Payeurs des gages du parlement & de ceux de la cour des aides, font précéder ce titre de celui de tréforiers.

Le roi ayant reconnu que le fervice des officiers attachés à la chambre des comptes pour payer les gages de fes membres, quoique partagé entre plufieurs, pouvoit fe faire par un feul, & que le prix des finances de leur charge avoit été porté à une fomme fi confidérable, qu'il n'y avoit plus de proportion entre eile & les émolumens qui y avoient été fixés, fa majefté les a tous fupprimés, pour ne recréer qu'un feul & unique office de receveur & Payeur des gages, dont la finance plus modérée mît le titulaire en état de remplir moins onéreufement les fonctions de fa charge.

Un édit du mois de juillet 1775, enregiftré à la chambre des comptes de Paris, a accordé au fieur *Bertrand Dufrefne* » l'agrément de la » charge de Payeur des gages de cette chambre, » en l'autorifant à en faire l'exercice à compter de la même année, & en lui accordant » les mêmes honneurs & priviléges dont jouiffoient les titulaires des offices fupprimés «.

Par l'article 4 du même édit, la finance de cet office eft fixée *à la fomme de cent cinquante mille livres.*

Par l'article 5, le roi attribue au titulaire, premièrement, » fept mille cinq cents livres de » gages, fur le pied de cinq pour cent ; fecondement,

» dement cinq mille livres de droit d'exercice,
» lesquels gages & droits d'exercice feront fujets
» au dixième d'amortiffement établi par l'édit
» du mois de décembre 1764, & feront em-
» ployés dans les états des gages des officiers de
» la chambre des comptes ; troifiémement enfin, le
» roi accorde annuellement au même titulaire
» quinze cents livres d'augmentation de droit
» d'exercice, pour tenir lieu de frais de bureau
» & autres frais de comptabilité, lesquels ne
» pourront en aucun temps être fujets à la re-
» tenue du dixième, ni à aucune autre retenue
» quelconque «.

Les fonds deftinés au payement des gages
font affignés fur les fermes générales, & payés
par l'adjudicataire.

Les titulaires de la charge de Payeur des gages, doivent rendre le compte de leurs exercices en la chambre des comptes.

Une déclaration du roi du 15 août 1777,
pour prévenir toute difficulté relativement aux
priviléges & au rang du Payeur des gages de
la chambre des comptes, porte expreffément,
que le titulaire de cette charge jouira de la nobleffe au premier degré, & la tranfmettra à
fes defcendans s'il meurt dans l'exercice de fa
charge, ou s'il a obtenu des lettres d'honoraires
après vingt ans d'exercice, de même que les Payeurs
des gages des cours de parlement & des couts
des aides, à l'égard du rang qu'il doit occuper.

La même déclaration veut qu'il foit réputé être
du corps & faire partie des officiers de la chambre, *qu'il y ait entrée aux jours de cérémonies
feulement,* » qu'il y affifte en robe de taffetas ou

» moire noire, & qu'il prenne place entre les
» greffiers en chef & les huiſſiers.

(*Article de M.* DE LA CROIX *, avocat au
parlement*).

PAYEURS DES RENTES. Les Payeurs des
rentes ſont des officiers établis pour payer toutes
les rentes, ſoit perpétuelles, ſoit viagères, dues
par le roi : leur origine remonte à l'année 1576.

Les édits de création de leurs offices leur
donnent la » qualité de conſeillers du roi, tré-
» ſoriers receveurs généraux & Payeurs des ren-
» tes de l'hôtel-de-ville de Paris, receveurs des
» conſignations, dépoſitaires de débets de quit-
» tances, commiſſaires aux rentes ſaiſies réellement,
» & greffiers des feuilles & immatricules «. Ces
édits leur accordent différens privilèges & exemptions, & notamment ceux appartenans aux receveurs
généraux des finances, qui ſont les mêmes que
ceux attribués aux officiers des bureaux des finances : ces privilèges ſont énoncés dans la déclaration du roi du 28 janvier 1576, & les
édits d'avril 1594, mai 1608, & 5 avril 1707,
auxquels les différens édits de création ſe ré-
fèrent.

Le grand intérêt qu'ont preſque tous les ordres de citoyens dans les rentes dues par le roi,
exige que nous donnions un détail un peu cir-
conſtancié des fonctions de ces officiers.

Les Payeurs des rentes ſont tenus de faire
leurs payemens à bureau ouvert à l'hôtel-de-ville,
ſous les yeux de MM. les prévôt des marchands &
échevins, juges en première inſtance de toutes les
difficultés qui peuvent ſurvenir non ſeulement au

moment du payement, mais antérieurement ou postérieurement à icelui, desquels jugemens l'appel se relève au parlement. Le payement, conformément à l'ordonnance de 1672, doit être précédé de l'appel des rentiers qui ont dû fournir leur quittance au Payeur au moins huitaine auparavant, & cet appel doit être fait par ordre alphabétique ; cette obligation de la part des rentiers de fournir leurs quittances & leurs pièces au Payeur huit jours avant le payement, paroît au premier coup d'œil injuste & sujette à des inconveniens ; mais elle est absolument nécessaire pour les intérêrs du roi, & par suite pour ceux du Payeur, qui ne doit acquitter que ce que le roi doit, & qui n'en doit faire le payement qu'à ceux qui ont réellement droit de l'exiger. Cette remise de quittances antérieurement au payement, ne peut d'ailleurs entraîner aucun abus, parce que le Payeur ne peut pas être libéré par la seule quittance des rentiers, mais seulement par la réunion de la quittance & du contrôle qui constate que le payement a été effectué. La preuve du contrôle est de nature à être admise seule en cas de défaut de quittance, si par cas fortuit le Payeur se trouvoit hors d'état de représenter les acquits des rentiers à l'appui de son compte.

La forme du contrôle des payemens de l'hôtel-de-ville, est peut-être la seule qui subsiste en finance, sans abus; la seule où le contrôleur ait vraiment des fonctions utiles au roi, au public, & au Payeur. D'après son institution, le contrôleur assiste toujours en personne aux payemens, il tient registre de tous les rentiers qui répondent, examine si ceux qui se présentent aux payemens sont les propriétaires des rentes, por-

teurs de contrats ou des procurations & pouvoir
des rentiers ; alors il *décharge* les parties aux
noms de ceux qu'il trouve dans le cas de toucher, & le Payeur en fait le payement effectif.
C'est lui qui est véritablement le juge du payement, dont il donne son certificat au Payeur au
pied d'un double registre d'appel tenu par le
Payeur, & cet officier, à la fin de chaque payement, fournit au bureau de la ville & à l'administration, un extrait de ce même registre, contenant le total du payement qui a été fait : par ce
moyen l'administration a jour par jour le bordereau de la caisse des Payeurs des rentes.

Ce registre du contrôle a un autre grand avantage pour le public, c'est qu'en vertu d'un extrait
du contrôle, il peut obtenir la contrainte par
corps contre un recéveur infidèle & rétention-
naire.

Les Payeurs des rentes n'étoient point dans
l'origine receveurs des consignations, mais bien
dépositaires des débets de quittances ; ce qui devoit opérer le même effet : mais dans un besoin de l'état, le gouvernement imagina de créer
un recéveur des consignations ; cet office fut à
peine créé par édit de septembre 1625, qu'il fut
supprimé & uni pour toujours aux offices de
Payeurs des rentes, d'abord par arrêt du conseil
du 3 juin 1626, & enfin par édit de juillet de
la même année.

Ces titres de receveurs des consignations, dépositaires de débets, subsistent encore à l'avantage
du public & de l'état seulement, parce qu'au
moyen de ce que ces titres ne sont point exercés par d'autres officiers, la plénitude des fonds
faits par le roi, sert en entier à l'acquit des ren-

tiers, & tous les débets de quittances, qui, suivant différens édits, devoient plus ou moins long-temps rester ès mains des Payeurs, avant d'être par eux reversés au trésor royal, doivent servir journellement au payement des arrérages courans & des remplacemens réclamés par les rentiers, qui n'ont plus à attendre qu'il soit ordonné un fonds nouveau pour ledit remplacement.

Ce nouvel ordre de finance, qui ôte tout soupçon sur l'emploi que les Payeurs pouvoient faire de leurs débets, a été fixé par l'article 8 de l'édit de mai 1772, qui ordonne, en dérogeant aux dispositions de l'ordonnance de 1669, pour la présentation des comptes, que les trente Payeurs réservés par ledit édit, ne seront plus tenus *de présenter leurs comptes, qu'après que les états de distribution des rentes auront été arrêtés au conseil, lesquels états ne contiendront, à compter de l'année 1771, que les sommes qui auront été effectivement payées par lesdits Payeurs, sur chacun de leurs exercices.*

Un arrêt du parlement de Paris, contradictoire, en date du 16 juin 1777, portant réglement, maintient les Payeurs des rentes de l'hôtel-de-ville de Paris dans leur qualité de seuls receveurs des consignations, *commissaires aux rentes saisies réellement, dépositaires des débets de quittances & de seuls sequestres des arrérages de rentes sur l'hôtel-de-ville*; ordonne en outre que, conformément à l'article 10 *de l'édit du mois de février 1716, concernant la police desdites rentes, ledit édit enregistré en la cour, toutes significations d'arrêts, jugemens & sentences à faire, & toutes assignations à donner aux Payeurs des-*

dites rentes ; qu'à cet effet, tous huiſſiers porteurs deſdites aſſignations & ſignifications, ſeront
tenus de laiſſer les originaux & copies deſdits
exploits de ſignifications & aſſignations, auxdits
Payeurs deſdites rentes, pour les reprendre dans
vingt-quatre heures, viſés & paraphés, le tout
à peine de nullité.

La qualité de commiſſaires aux ſaiſies réelles
des rentes n'a point été conférée expreſſément
aux Payeurs des rentes, lors de leurs premières
créations ; on voit cependant qu'elle avoit toujours été cenſée compriſe dans celle de dépoſ-
taires des débets de quittances : car le roi ayant,
par édit de février 1626, créé en titre d'office
des officiers commiſſaires receveurs des deniers
des ſaiſies réelles, donna, le 24 mars 1727,
une déclaration qui fixe les objets auxquels leſdits officiers pourront être établis commiſſaires,
& détermine ceux qui ſeront exceptés de leurs
commiſſions, du nombre deſquels ſont les rentes
ſur la ville.

L'édit de création des commiſſaires aux ſaiſies
réelles des juridictions de la ville de Paris, de
décembre 1639, leur donnoit le droit d'être
établis commiſſaires aux rentes ſaiſies réellement ;
mais, ſur la réclamation du bureau de la ville,
le roi, par édit de février 1642, révoqua ce
titre à l'égard des commiſſaires aux ſaiſies relles,
& le conféra aux Payeurs des rentes, pour être
par eux exercé, comme leſdits commiſſaires avoient
droit de le faire, aux termes de l'édit de leur
création : le roi ſe détermina d'autant plus volontiers à conférer ce titre aux Payeurs des
rentes, qu'il ſupprimoit, d'après leurs offres, un
droit de douze deniers pour livre, qui étoit

attribué aux commissaires aux saisies réelles sur les rentes saisies réellement.

Depuis cet édit de février 1642, la fonction de commissaires aux saisies réelles a été confirmée aux Payeurs des rentes par tous les édits de création de leurs offices ; & toutes les fois qu'elle a été attaquée, ce qui a été rare, elle a été confirmée, tant par les tribunaux ordinaires, que par le conseil. L'on se contentera de citer l'arrêt rendu contradictoirement au conseil, entre le sieur Forcadel, commissaire aux saisies réelles, le premier avril 1704, qui fait défense audit Forcadel de s'immiscer en la recette des arrérages de rentes, & d'apporter aucun trouble aux Payeurs ; les édits d'août 1707, septembre 1712, juin 1714, & février 1716, confirment expressément cette qualité. L'enregistrement de la saisie réelle chez le Payeur, immobilise les arrérages, de manière qu'ils sont dans le cas d'être distribués par ordre d'hypothèque, après l'ordre fait ou ordonné en justice.

Enfin les Payeurs des rentes sont greffiers des feuilles & immatricules, & principaux commis y joints. L'édit de juillet 1637 leur attribue, en cette qualité, trois livres pour l'immatricule des rentes de cent livres & au dessus, trente sous pour celles au dessous, vingt sous pour l'enregistrement de chaque saisie, & dix sous pour chaque main-levée. Tous les édits de création postérieure rappellent ou confirment ces qualités aux Payeurs des rentes, & les attributions desdits droits.

L'édit de février 1642 est le premier qui ait érigé en titre d'office, des commis principaux des Payeurs, avec pouvoir de faire les payemens, signer les visa des saisies & autres actes, à la charge, par les Payeurs qui jugeroient à propos de leur laisser lesdites fonctions, d'être garants de leurs gestions. Comme cet édit donnoit la permission aux Payeurs d'unir & incorporer ces offices aux leurs, il y a grande apparence que cette réunion a été faite. Aussi tous les édits postérieurs créent les Payeurs avec cette nouvelle qualité, d'où résulte le droit qu'ils ont de se faire suppléer, dans les cas forcés, par leurs commis, dont ils sont toujours garants.

Les anciens réglemens avoient statué, pour la commodité du public, que les Payeurs des rentes donneroient chaque semaine une matinée pour donner au public les éclaircissemens qu'il pourroit désirer relativement à ses rentes : cet établissement subsiste dans toute sa vigueur.

Le désir de satisfaire de plus en plus le public, a donné lieu de former en 1762 un autre établissement, c'est celui du comité des Payeurs des rentes. Ce comité, composé d'anciens officiers de la compagnie, se tient tous les jeudis de chaque semaine. Toutes les plaintes que le public peut avoir à former, toutes les questions qu'il peut avoir à faire résoudre, sont traitées, entendues & discutées ; & ce tribunal intérieur, qui n'a aucune autorité coactive pour faire exécuter ses décisions, est néanmoins, par la considération qu'il s'est acquise de la part de tous les Payeurs & du public, l'oracle qui décide sans frais de tout ce qui est journellement soumis à son jugement.

Avant de finir cet article, il faut dire, que les Payeurs des rentes jouissent encore d'un privilége qui leur eſt particulier ; c'eſt celui de ne pouvoir être contraints en leurs perſonnes, ou bien pour le fait des rentes dont ils ſont Payeurs ; mais qu'ils peuvent l'être ſeulement en leurs bureaux à l'hôtel-de-ville. L'édit d'avril 1671, qui enjoint à tous huiſſiers porteurs d'arrêts, jugemens ou ſentences qui condamnent les Payeurs des rentes à vider leurs mains des arrérages d'icelles, de ſe rendre à l'hôtel-de-ville aux jours ordinaires des payemens, pour exécuter les condamnations & recevoir les arrérages des Payeurs, ordonne que leſdits huiſſiers porteurs de contraintes feront tenus de les communiquer huitaine avant aux Payeurs, & de leur en laiſſer copie, & qu'en cas de refus du Payeur, il lui ſera donné aſſignation pardevant les prevôt des marchands & échevins, pour être la cauſe jugée ſur le champ.

L'ordonnance de 1672, chap. 31, article 5, renouvelle les diſpoſitions de cet édit. Une multitude d'arrêts, ſoit antérieurs, ſoit poſtérieurs à ces édits & ordonnances, l'ont ainſi jugé. Un arrêt de réglement, du 10 mars 1746, ſignifié à toutes les communautés d'huiſſiers, de cette ville, ordonne l'exécution deſdits édits & ordonnance, enjoint au bureau de la ville de tenir la main à l'exécution de l'arrêt & des réglemens concernant le payement des rentes ; & en cas de contravention, rebellion & violence, permet de faire empriſonner les contrevenans, à la première réquiſition du Payeur refuſant.

Ce n'eſt pas ſans quelque fondement que les Payeurs des rentes ſont perſuadés qu'ils étoient autrefois membres du corps de ville, & qu'en

conféquence ils avoient droit d'y fiéger, lorfqu'il s'agiffoit des affaires relatives aux rentes ou
à leurs charges; c'eft, fuivant toute apparence,
à ce titre que le doyen d'entre eux recevoit autrefois annuellement, de la part de la ville, une
certaine quantité de livres de bougies & de je-
tons. Ils ont laiffé enfevelir fous le temps ces
prérogatives, & il feroit peut-être difficile de
les faire revivre.

Le nombre des rentiers augmentant infenfi-
blement, il fallut augmenter graduellement celui
des officiers prépofés à leur payement. En 1719,
ils étoient portés au nombre de 79.

Ces officiers ayant été enveloppés dans la prof-
cription générale qui frappa alors tous les offices
de la finance, furent fupprimés. Le papier monnoie,
qui étoit fubftitué aux contrats, rendoit effectivement leur fervice inutile; mais les chofes ayant
été rétablies en 1720, on en créa alors douze, &
à mefure que les liquidations des créances fur la
ville s'avançoient, on en augmenta le nombre
jufqu'à cinquante, nombre auquel ils ont été
fixés pendant trente-huit ans.

Les quatre pour cent de 1758, occafionnèrent
une création de dix Payeurs des rentes; en 1760,
on leur en ajouta quatre. Enfin l'édit du mois
de juin 1768, qui ordonnoit la converfion en
contrats de tous les effets au porteur, créa dix
nouveaux officiers pour en faire le payement; ce
qui en remit le nombre à foixante-quatorze.

Mais en 1772, première époque de tous les
orages qui ont fondu fucceffivement fur toutes
les parties de la comptabilité, les Payeurs des
rentes, par une fuppreffion de quarante-quatre

d'entre eux, se sont trouvés réduits à trente ; & tel est le nombre où ils sont aujourd'hui.

Pour donner un apperçu rapide des secours que ces offices ont donnés à l'état, on se contentera de dire qu'en 1720 leur finance étoit de quinze cent mille livres, à quoi furent ajoutées successivement, en 1725, sept mille livres, en 1728 quarante mille livres, en 1734 cinq mille deux cents livres, en 1735 quarante mille livres, en 1743 quarante-quatre mille huit cents livres, en 1759 vingt-cinq mille livres, en 1760 vingt-cinq mille livres, en 1770 vingt-cinq mille livres, & enfin en 1770 cent soixante-quinze mille livres.

Les gages des officiers de Payeurs ont été de tout temps de cinq pour cent sans retenue, avec attribution de 1 & demi, connus sous le nom de taxations. Les édits que nous n'avons fait qu'indiquer, s'accordent tous dans cette fixation de revenus. Si, à l'époque de 1764, ce privilége a paru recevoir quelque atteinte relativement à la non retenue d'impositions royales sur leurs gages, l'indemnité proportionnelle qui leur en fut payée pendant plusieurs années successives, prouve que l'édit de décembre 1764 n'étoit qu'un arrangement de finance, pour éviter le trop grand nombre de réclamations.

Les charges de Payeurs des rentes ayant toujours été possédées par des citoyens honnêtes & qui jouissent de la considération que donne une fortune légitimement acquise, elles ont toujours été recherchées, & c'est-là une des raisons du prix énorme auquel elles se sont toujours vendues.

Un édit de janvier 1634 porte, » qu'en cas
» de rachat & amortiffément des rentes, extinc-
» tions & fuppreffions defdits offices ou autrement,
» ne pourront lefdits receveurs être rembourfés
» fur le prix de la finance defdits offices , ains
» fur le prix courant ; fuivant les dernières ventes
» & acquifitions qui en auront été faites par eux
» ou leurs confrères, par contrat ou compromis
» paffés devant notaires fans fraude , ou fur le
» pied du courant de la vente d'iceux ; & de ce
» qu'ils auront payé pour jouir de ce que deffus ;
» & de leurs frais & loyaux coûts, dépens, dom-
» mages & intérêts «

Cet édit, qui loin d'être révoqué par aucune
loi fubféquente, fe trouve au contraire confirmé
par ceux de mars 1760 & de juin 1714, a
fait la bafe de l'enregiftrement de la fuppreffion
des Payeurs des rentes en 1771. On peut ajouter
qu'il a été invoqué avec fuccès par ces officiers
fupprimés ; c'eft à la juftice & à l'évidence de
leurs repréfentations , qu'eft due l'indemnité qu'ils
ont d'abord obtenue du miniftre même auteur
de leur deftruction , par un intérêt dans les domaines ; indemnité qui a été enfuite remplacée
par un contrat fur les aides & gabelles.

La comptabilité des Payeurs des rentes eft
encore un objet qui a fubi bien des variations ,
qu'il n'eft pas inutile au moins d'indiquer.

Long-temps ils furent dépofitaires pendant vingt
ans des fommes qui n'étoient pas réclamées, &
ce n'étoit que la deuxième année qu'ils portoient
au tréfor royal le montant de ces fommes, que
l'on appeloit *débets*. Les befoins de la finance
ayant éveillé l'attention du miniftre fur cet objet ,

ces vingt années furent réduites à sept; en 1770 , on restreignit ces sept années à quatre. Enfin, l'édit de 1772 abolit entièrement les débets. Cet édit, qu'on peut regarder comme un chef-d'œuvre, quant à la partie de la comptabilité, a servi de modèle à la plupart de ceux qui l'ont suivi. Les Payeurs des rentes ont donc été les premiers de tous les officiers des finances qui ont été réduits à des taxations fixes pour tout émolument.

Une autre disposition de cette nouvelle comptabilité consiste en ce que les fonds ne sont jamais complétés sur un exercice, qu'après sa clôture entière, quant à la dépense. D'après un tel plan, point d'excédent ni de déficit de fonds du fait des Payeurs des rentes, leurs comptes sont toujours jugés *partant quittes*. Quoique ce nouvel ordre de choses paroisse tarir la source des bénéfices qu'on attribuoit autrefois à ces charges, il n'en est pas moins précieux pour les titulaires. 1°. Il les lave de tout soupçon envers le public, de recourir à des subtilités pour retarder des payemens. 2°. Comptables *de nom* seulement, ils sont de fait moins comptables qu'aucun trésorier. La chambre des comptes a mis le dernier sceau à cette vérité par son arrêt du 20 février 1779, lequel porte, » qu'en cas d'excédent » de fonds sur aucuns des comptes des Payeurs » des rentes, ces officiers, au lieu d'en porter le « montant au trésor royal, comme ils le fai- » soient ci-devant, en feront reprise dans un des » exercices suivans «.

Payement des rentes.

En vain on voudroit remonter plus haut que 1672, pour découvrir d'une manière certaine la forme sous laquelle se faisoient les payemens de la ville ; à défaut d'autre guide, l'ordonnance qui porte cette date, nous instruit suffisamment de la marche qui étoit alors observée.

En effet, elle nous apprend, chapitre 31, 1°. que les rentes ne se payoient pas par ordre alphabéthique : 2°. qu'elles s'acquittoient tous les trois mois : 3°. par une conséquence nécessaire, que les parties de rentes étoient alors très-peu nombreuses.

L'ordonnance de 1672, en introduisant de nouvelles formes, commandées par l'accroissement des rentiers, en laissoit subsister d'anciennes qui n'ont pu se soutenir long-temps ; elle permet, par exemple, article 6, à tous ceux qui étoient chargés de mandats sous-seing privé des rentiers, de recevoir leurs rentes ; cette disposition de faveur ne pouvoit avoir lieu, qu'autant que le petit nombre des rentiers permettoit au payeur de connoître les signatures de chaque individu ; mais aujourd'hui il n'est plus permis à aucun particulier de s'immiscer dans des recettes de rentes, qu'il ne soit muni du contrat ou pièce équivalente, ou d'un pouvoir devant notaires & avec minute.

Les payeurs renfermés à la ville dans l'exercice unique de leur charge, qui est d'y délivrer des deniers, n'y sont plus juges des pièces, comme ils le sont dans leurs bureaux particuliers de celles qui leur sont présentées à l'appui des quittances. Les contrôleurs font feuls chargés de cet examen, & ils font cautions par-là de la validité des Payemens.

Quelques perfonnes, preffées de toucher leurs revenus, ont fouvent murmuré contre la marche des Payemens de la ville, & fe font plaint qu'elle fût fi pefante; mais elles en excuferoient fans doute la lenteur, fi elles faifoient réflexion que fi cet ordre de chofes eft incommode pour quelqu'un, il l'eft prefque autant pour le payeur que pour le rentier; que cette multiplicité de formes affure l'intérêt du roi & celui des par-culiers.

Et en effet, un Payeur qui a reçu la veille une fomme quelconque, ne peut fe difpenfer d'en faire emploi le lendemain fous les yeux du public & du miniftre lui-même, qui en a le bordereau auffi-tôt après le Payement. C'eft par-là que le miniftre, fuivant de l'œil jour par jour la conduite de chaque Payeur, eft certain en même temps de l'emploi des deniers & fur la forme & fur le fond.

Le public eft auffi tranquille fur la manière dont fa rente eft acquittée; il eft fûr qu'une rente ne peut être payée qu'au rentier lui-même ou à celui qu'il a chargé de la recevoir.

D'après ces réflexions, ne doit-il pas paroître très-étonnant que fous un miniftère auffi éclairé que le nôtre on voie encore quelques tréforiers payer dans des bureaux particuliers & fans le concours d'un contrôleur: on frémit, quand on penfe aux défordres qu'une difpofition fi légère pourroit autorifer. En effet, une quittance four-nie d'avance ne pouvant jamais faire préfumer un Payement, qui peut empêcher un tréforier, juge & partie dans sa propre cause, d'établir des feuilles de Payemens, & de se créer des décharges à son gré ? En vain on inculperoit ses regiſtres ; ce contrôleur, que personne ne voit, que personne ne connoît, est à toute heure sous la main & aux ordres de son tréſorier. Celui-ci peut donc en tirer en tout temps tous les secours qu'il seroit dans le cas de lui demander.

Une déclaration du roi, très-récente, vient de faire disparoître des Payemens un sujet de mécontement qui renaiſſoit chaque fois que les rentiers recevoient leur argent. Le roi, en banniſſant de toutes les caiſſes l'abus de payer un quarantième en sacs de sous ; sur lesquels les particuliers perdoient un sixième par la fraude qui avoit altéré ces sacs, a donné le premier l'exemple de cette réforme, en interdiſant à ses Payeurs des rentes la faculté de paſſer des sacs de sous dans leur payement, & en ne les autoriſant à donner cette monnoie que pour compléter la somme & faire les appoints.

L'ordre de la diſtribution des fonds est, comme on le voit, porté au plus haut degré de perfection. La police relative aux difficultés qui peuvent s'élever entre les Payeurs & leurs rentiers, n'est pas moins digne d'éloges. Il existe, comme nous l'avons déjà dit, un tribunal intérieur parmi ces officiers, où toutes les causes de refus qu'on y dénonce, sont examinées ; réfléchies & balancées avec la plus sérieuse attention ; la décision de cette espèce de juridiction, sacrée pour la compagnie des Payeurs des rentes, est suivie par tous ses différens membres avec la plus grande déférence pour l'impartialité de leurs confrères. Mais la décision de ce tribunal, qui ne peut

-s'écarter

s'écarter des formes reçues, ne paroît pas juste aux parties intéressées, elles ont leur recours au bureau de la ville. Le rentier y présente une requête ; sur le rapport, le procureur du roi conclut *par un soit communiqué au Payeur*, pour que celui-ci déduise ses raisons. Le payeur, qui ne demande qu'une décharge, expose, dans sa réponse signée, les motifs de son refus, en concluant ordinairement qu'il s'en rapporte à la prudence du bureau. Si la ville prononce que la partie peut être payée, le Payeur y adhère avec d'autant plus d'empressement, que la sentence lui produit une décharge suffisante, & qu'il n'a point d'autre objet à désirer.

Voyez le recueil imprimé sous le titre de contrôle des rentes, & les mots RENTES PERPÉTUELLES & VIAGÈRES, SAISIES, &c.

(*Cet article est de M.* DE LA CROIX, *avocat au parlement*).

PAYS REDIMÉS. On appelle ainsi, en matière de gabelles, les provinces qui ont été admises au rachat des droits de gabelles.

Les habitans du Poitou, de la Saintonge, des villes & gouvernement de la Rochelle, de l'Angoumois, du haut & bas Limosin, de la haute & basse Marche, du Périgord, & des enclaves & anciens ressorts de ces pays, offrirent à Henri II une somme de quatre cent cinquante mille livres pour obtenir la suppression de la gabelle établie par François premier, ainsi que des greniers & magasins à sel, & des officiers qui avoient été créés & institués à ce sujet : ils se soumettoient à rembourser les finances que le roi avoir reçues pour ces offices, & supplioient le roi de rétablir les chofes dans leur ancien état ; qui étoit le payement du quart & demi-quart fur le fel, qu'ils s'engageoient de porter chaque année jufqu'à la concutrence de quatre-vingt mille livres.

Ces offres furent acceptées par un édit donné à Amiens au mois de feptembre 1549. Les droits fur le fel furent réduits au quart & demi-quart, fuivant l'ancienne forme : les greniers à fel, ainfi que les officiers qui y avoient été prépofés, furent fupprimés, ces provinces furent chargées du rembourfement de ces officiers en deux termes fixés par l'édit, & les quatre cent cinquante mille livres déclarées payables, favoir, les deux tiers par les gens du tiers état, & l'autre tiers par les gens d'églife & les nobles, par égale portion. Les états furent chargés en outre, fuivant leurs offres, de faire valoir le quart & demi-quart, jufqu'à concutrence de la fomme de quatre vingt mille livres de deniers clairs & nets, & toutes charges déduites, & autorifés à faire un bail général ou des baux particuliers pour une, deux ou trois années, à commencer du premier janvier fuivant.

Les droits de quart & demi-quart, quint & demi-quint, que laiffoit fubfifter cet édit, furent depuis rachetés & entiérement éteints par un édit du mois de décembre 1553.

Les pays compris dans cet édit, font le Poitou & ancien reffort, la Saintonge, les villes & gouvernement de la Rochelle, Marennes, Oleron, Allevert, Hiers, Rhé & autres îles adjacentes, l'Angoumois, le haut & bas Limofin, la haute & baffe Marche, le pays de Combrailles, Francaleu, le Périgord, la fénéchauffée de Guienne & le pays Bordelois, y compris Soulac, l'Agenois, Bazadois, Quercy, Condomois, les Landes, Armagnac, Felenzac, Comminges, Saint-Giron, les vigueries de Rivière & Verdun, & autres pays & lieux qui fe fourniſſoient de ſel dans les marais ſalans de Poitou, Saintonge, Guienne, & des îles adjacentes.

Tous ces différens pays ſont rappelés dans l'édit, ou comme ſujets au droit de quart & demi, ou comme devant retirer du profit & des avantages de ſon abolition.

Il paroît par le préambule de l'édit, que Henri II, preſſé par la néceſſité des conjonctures, avoit fait propoſer aux états de ces différens Pays, de racheter cet impôt ſur le pied du denier douze du produit de la ferme qui en ſubſiſtoit alors. Les ſyndics & députés de ces états, munis de procurations ſuffiſantes, s'étoient rendus à Poitiers au jour qui avoit été indiqué, où, d'après leurs inſtructions & en préſence des commiſſaires du roi, ils avoient demandé d'être admis à ce rachat, comme auſſi utile que profitable à leurs Pays.

Le roi, acceptant leurs offres, leur vend & tranſporte, par contrat perpétuel & irrévocable, ſes droits de quart & demi-quart de ſel, s'engage pour lui & ſes ſucceſſeurs à ne les point rétablir, veut que la perception en ceſſe, à commencer du premier janvier ſuivant, & qu'à l'avenir les habitans de ces pays puiſſent franchement & librement vendre, débiter, troquer & échanger, diſtribuer & tranſporter par mer, par rivière & par terre, & dans tous les endroits deſdits pays, îles & marais ſalans, le ſel, ainſi que bon leur ſemblera, ſans qu'ils puiſſent être inquiétés ni troublés par quelques perſonnes que ce ſoit, pour raiſon dudit quart & demi.

Le prix de cette vente & cession est fixé par l'édit à un million cent quatre-vingt-quatorze mille livres, sur le pied du denier douze du produit de la ferme, d'après la liquidation qui en a été faite.

Il est dit que dans cette somme ne sera point comprise celle de neuf mille six cents livres pour la composition de la province d'Auvergne.

L'édit contient des défenses, sous peine de confiscation de corps & de biens, de transporter le sel des pays déchargés du quart & demi, dans ceux où la gabelle a cours, & interdit, pour prévenir les versemens, les magasins & dépôts de sel dans la lieue limitrophe des Pays de gabelle, en exceptant néanmoins les villes closes desdits Pays rédîmés, qui pourroient se trouver dans cette distance.

On vient de voir que l'édit de 1553 énonce que dans la somme fixée pour le rachat de la gabelle, n'étoit point comprise celle de neuf mille six cents livres pour la composition de la province d'Auvergne : il paroît que cette province, à l'exception d'une partie de la haute Auvergne, qui étoit des gabelles du Languedoc, avoit été admise à payer, pour tenir lieu de la gabelle, un équivalent ou somme annuelle qui avoit d'abord été fixée à neuf mille six cents livres : différens édits & lettres-patentes de Charles VII & de Charles VIII, & entre autres l'édit du 14 octobre 1493, avoient fixé les rivières d'Alagnon & de Jourdanne, comme devant servir de limites dans les montagnes d'Auvergne pour régler les paroisses qui devoient être assujetties à se servir du sel de Languedoc, & celles qui avoient la liberté de se servir du sel de Guienne & de Poitou.

François premier ayant ordonné le rétablisse-
ment des greniers à sel en Auvergne, Henri II,
par différens édits, & entre autres par des lettres-
patentes du mois d'octobre 1557, permit aux
habitans de la partie de l'Auvergne, étant hors
de la gabelle de Languedoc, de prendre où bon
leur sembleroit le sel dont ils auroient besoin,
sans payer aucun droit de gabelle, moyennant
une somme de quatorze mille quatre cents
livres, que les gens du tiers état du pays s'o-
bligèrent de payer annuellement au roi par forme
d'équivalent.

Cet équivalent a été imposé avec la taille, &
distingué long-temps par un article separé ; il est
aujourd'hui confondu avec le principal de la
taille.

Il s'agit maintenant de faire connoître la police
à laquelle les provinces dont il s'agit ont été
assujetties dans les parties qui avoisinent les pays
de gabelles.

Il a été établi des dépôts auxquels ont été affectées un nombre de paroisses des Pays rédîmés, dont les habitans sont obligés de se fournir
chez les marchands de sel autorisés & soumis à
des règles qui ont pour objet de restreindre la
consommation des ressortissans à des qualités proportionnées à leur famille & déterminées par
l'ordonnance, afin de pourvoir aux inconvéniens
d'une communication inévitable avec les pays de
gabelles.

Le titre 16 de l'ordonnance de 1680, détermine les lieux où ces dépôts seront établis, en
fixe les arrondissemens & la consommation des
habitans des paroisses qui y sont sujettes, à raison
d'un minot par an pour sept personnes, tant

pour le pot & la falière que pour les groffes fa-
laifons, à peine de confifcation de l'excédent,
& de deux cents livres d'amende ; il défend
de faire aucun amas de fel dans l'étendue de
ces paroiffes, à peine de confifcation & de
quinze cents livres d'amende pour la première fois,
& en cas de récidive, d'être punis comme faux-
fauniers.

Quoique les différentes difpofitions de ce titre
de l'ordonnance de 1680, euffent réglé la police
& l'adminiftration de ces dépôts, il s'y étoit
cependant gliffé différens abus, foit par une ir-
terprétation vicieufe de quelques-uns des articles
de l'ordonnance, foit par le relâchement qui
s'étoit introduit dans fon exécution ; ce qui détermina le roi à expliquer, par une déclaration
du 22 novembre 1722, les articles qui pouvoient
avoir quelque obfcurité, & à affurer d'une manière convenable la régie de ces dépôts, en ajoutant de nouvelles précautions à celles qui avoient
déjà été prifes par l'ordonnance.

La déclaration annulle & révoque toutes les
permiffions qui avoient été données jufqu'à cette
époque, aux reffortiffans des Pays rédîmés, pour
amener du fel au dépôt ; elle ordonne qu'il en
fera donné de nouvelles.

Elle défend aux juges des dépôts d'en accorder
à l'avenir qu'à des perfonnes folvables, domi-
ciliées & connues pour telles & du confentement
du fermier ou des commis aux dépôts par lui prépofés, à peine d'interdiction.

Elle enjoint aux juges de ne donner les permiffions que jufqu'au nombre néceffaire & fuffifant pour le fervice & fourniffement des dépôts,
& ce à raifon de la confommation qui s'y fait

année commune, & de cinq cents boiſſeaux ou cent ſoixante-dix-ſept minots, meſure de Paris, pour chaque fourniſſeur, dérogeant à cet égard à l'article 7 du titre 16 de l'ordonnance de 1680, qui permettoit d'amener aux dépôts telle quantité que bon leur ſembleroit, à ceux qui s'étoient fait inſcrire au greffe du dépôt, & en prenant ſimplement du commis, des paſſavans contenant le lieu de leur demeure, le nom des marais ou ſalorges où ils leveroient le ſel, & le temps dans lequel ils le feroient arriver au dépôt.

Les nouvelles permiſſions doivent être accordées aux particuliers déjà inſcrits aux greffes des dépôts, eu égard à leur conduite & à leur faculté.

Ceux dont les permiſſions n'auront pas été renouvelées en conféquence de la déclaration, ne pourront à l'avenir s'immiſcer à amener du ſel aux dépôts, à peine de deux cents livres d'amende pour la première fois, & en cas de récidive, d'être pourſuivis comme faux-ſauniers.

La déclaration révoque auſſi les permiſſions qui avoient été accordées juſqu'alors aux marchands pour revendre au peuple les ſels des dépôts ; elle enjoint aux juges d'en réduire la quantité au nombre néceſſaire, dans la même proportion que celle preſcrite ci-deſſus pour les fourniſſeurs, & du conſentement du fermier ou de ſes commis.

Elle défend, ſous les mêmes peines que celles prononcées contre les fourniſſeurs, aux marchands qui n'auront pas été inſcrits de nouveau au greffe, de s'immiſcer à l'avenir à revendre du ſel au peuple.

Elle enjoint aux collecteurs des tailles des paroisses sujettes aux dépôts, aux consuls, maires, syndics des villes franches, abonnées & tariffées, qui y ressortissent, de délivrer aux commis aux dépôts, des rôles de dénombrement de tous les ressortissans, dans le mois de février de chaque année, à peine de quarante livres d'amende, conformément à l'article 17 du titre 16 de l'ordonnance de 1680.

Ces rôles doivent contenir le dénombrement des chefs de familles, de leurs enfans & domestiques, &, par un article séparé, le dénombrement des chapitres, communautés régulières, ecclésiastiques, nobles, officiers d'épée & de judicature, les collecteurs, maires & syndics; ils ne doivent point y comprendre les mendians & autres non domiciliés dans le ressort des dépôts, ni augmenter le nombre des personnes dont chaque famille est composée, à peine de dix livres d'amende pour chaque personne augmentée.

La déclaration enjoint à tous les ressortissans des dépôts, de prendre du sel aux dépôts dans le ressort desquels ils sont domiciliés; leur défend, sous quelque prétexte que ce soit, d'aller aux salorges, ni même aux dépôts plus proches des lieux de leur demeure, prendre le sel nécessaire à leur consommation, à peine de cent cinquante livres d'amende, & en cas de récidive, d'être punis comme faux-fauniers.

Les habitans des paroisses du ressort des dépôts, lorsqu'ils ont à y lever le sel de leur provision, sont tenus de se faire connoître aux commis, & de leur représenter les certificats des curés, pour justifier de leur domicile dans les ressorts des paroisses sujettes aux dépôts, relativement aux rôles dans lesquels ils sont compris ; il est fait défense aux curés, à peine de vingt livres d'amende & de saisie de leur temporel, de donner des certificats à d'autres personnes & sous des noms supposés.

La déclaration défend aux commis aux dépôts de délivrer à l'avenir aux ressortissans desdits dépôts, sous quelque prétexte que ce puisse être, aucun passavant, soit pour aller aux salorges, soit en d'autres dépôts que ceux dont ils ressortissent, prendre du sel pour leur consommation, dérogeant à cet égard à l'article 18 du titre 16 de l'ordonnance de 1680.

Elle veut que les formalités & conditions prescrites par l'article 7 du même titre de l'ordonnance, pour ceux auxquels il sera permis d'amener du sel aux dépôts, soient exécutées selon leur forme & teneur.

Pour obvier aux inconvéniens qui résultoient de la différente continence des mesures qui étoient en usage aux dépôts, établir à cet égard l'uniformité & la relation entre ces mesures & toutes celles des Pays de gabelle, la déclaration ordonne qu'à commencer au premier janvier suivant, le boisseau des dépôts demeurera fixé au quart de minot, mesure de Paris : elle défend à tous fournisseurs, minotiers, revendeurs & autres, de se servir d'une autre mesure, à peine de deux cents livres d'amende : enjoint au fermier de compter à l'avenir de la recette & dépense en sel, faites aux dépôts, en la manière usitée dans les greniers des gabelles de France, par muids, setiers, minots & quarts de minot.

Enfin, elle défend l'usage qui s'étoit abusivement introduit dans plusieurs des bureaux de la recette des droits de la traite de Charente, d'y mesurer les sels à pelle forcée ; elle ordonne qu'ils seront mesurés à pelle renversée, ainsi & de même qu'ils le sont & le doivent être aux dépôts, à peine de deux cents livres d'amende, & de plus grande s'il y échet.

PÉAGE. C'est un droit qui se lève pour le passage des voitures, bestiaux, marchandises & denrées, même pour celui des hommes qui passent des rivières ou qui traversent certains chemins, ou des places, ponts, chaussées, &c.

En général, les droits de Péage appartiennent au roi, & ne peuvent être perçus qu'au profit de sa majesté ou des engagistes des domaines, ou de ceux auxquels ils ont été accordés à titre d'inféodation ou d'octroi. Les seigneurs hauts-justiciers ne les peuvent exiger sans concession expresse, ou du moins s'ils n'ont en leur faveur une possession immémoriale.

Ces droits sont quelquefois préjudiciables au commerce, néanmoins différens seigneurs se sont immiscés sans titre à les faire percevoir à leur profit ; mais le souverain a pris des précautions pour réprimer ces usurpations : la déclaration de Louis XIV du 31 janvier 1663, contenant réglement pour la levée des droits de Péage, tant par eau que par terre, dans tout le royaume, & l'ordonnance du mois d'août 1669, concernant les eaux & forêts, déterminent ceux de ces droits qui doivent être perçus, & la manière de les régir.

Cette dernière loi n'a admis que les Péages & droits établis avant cent années par titres légitimes, dont la possession n'avoit point été interrompue ;

& pour connoître les Péages qui ne devoient pas subsister, il a été ordonné que les seigneurs & propriétaires ecclésiastiques ou laïques, de quelque qualité qu'ils fussent, justifieroient de leur droit & possession.

Il a même été établi par arrêt du conseil du 29 août 1724, un bureau composé de conseillers d'état & de maîtres des requêtes, pour examiner les titres de ceux qui se prétendoient propriétaires de droits de Péage.

L'exécution de cet arrêt a postérieurement été ordonnée par d'autres arrêts du conseil des 24 avril 1725 & 4 mars 1727.

C'est en conformité de ces réglemens, que deux arrêts du conseil des 15 août & 20 septembre 1759, ont fait défense aux représentans de M. de Bullion d'Esclimont, prévôt de Paris, de percevoir aucun droit de Péage sur les voitures, bêtes de somme, bestiaux, denrées & marchandises passant dans l'étendue des seigneuries de Mareil & montainville, à peine contre eux de restitution des sommes qui auroient été exigées, & d'une amende arbitraire au profit du roi, & contre les fermiers ou receveurs, d'être poursuivis extraordinairement comme concussionnaires, & d'être punis comme tels suivant la rigueur des ordonnances.

Deux autres arrêts du 12 avril 1764 ont aussi supprimé les droits de Péage que l'abbaye royale de Maubuisson & M. le Pelletier de Montmeillant prétendoient leur appartenir au lieu de la Chapelle en Serval & à Plailly.

Ces suppressions & plusieurs autres qui ont été prononcées jusqu'à ce jour, sont des preuves des uſurpations qui avoient eu lieu au préjudice, du commerce.

Un nouvel arrêt rendu par le roi en ſon conſeil le 15 août 1779, annonce que l'intention de ſa majeſté eſt de ſupprimer, lorſque les circonſtances le lui permettront, les Péages établis ſur les grandes routes & ſur les rivières navigables, à la réſerve ſeulement de ceux qui ſont établis ſur les canaux ou ſur les rivières qui ne ſont navigables que par le moyen d'écluſes ou d'autres ouvrages d'art, & qui exigent un entretien journalier (*).

(*) *Comme cet arrêt n'eſt pas moins intéreſſant dans ſes motifs que dans ſes diſpoſitions, nous allons le rapporter en entier :*

Le roi s'occupant avec intérêt des moyens de bienfaiſance envers ſes peuples, que le retour de la paix pourra lui procurer, croit devoir ordonner à l'avance les recherches & les travaux propres à ſeconder l'exécution de ſes deſſeins. Entre les principaux objets de ce genre qui ont fixé ſon attention, ſa majeſté a fortement à cœur de délivrer la nation de ces nombreux Péages établis à la fois & ſur les grandes routes, & ſur les rivières navigables. Elle eſt inſtruite que cette perception arrête & fatigue le commerce ; que, n'étant point réglée par des tarifs uniformes, leur complication & leur diverſité exigeoient une véritable étude de la part des marchands & des voituriers ; que cependant des difficultés s'élevoient ſans ceſſe, & qu'il étoit même une infinité de petites vexations que l'adminiſtration générale la plus attentive ne pouvoit ni ſurveiller ni punir ; que tous ces droits enfin, nés, pour la plupart, des malheurs & de la confuſion des anciens temps, formoient autant d'obſtacles à la facilité des échanges, ce puiſſant encouragement de l'agriculture & de l'induſtrie.

Sa majeſté ſur-tout a été frappée de la partie conſidérable de ces droits dont la navigation des rivières eſt ſurchargée, & qui ſouvent ont contraint le commerce à

'Au reste, les seigneurs & autres particuliers
qui sont valablement autorisés à jouir des droits

---

préférer les routes de terre. Cet abus d'administration a paru
à sa majesté d'autant plus important, que son excès ne
tendroit à rien moins qu'à rendre inutiles cette diversité &
cette heureuse distribution des rivières, si propres à contribuer essentiellement à la prospérité du royaume, bienfait
précieux de la nature, dont le gouvernement doit d'autant
plus faciliter la jouissance, qu'il présente l'avantage ines-
timable de ménager les grandes routes, de diminuer la
nécessité des corvées ou des contributions qui les remplac-
ent, & d'arrêter les progrès de ce nombre excessif d'animaux de transport, qui partagent avec l'homme les fruits
de la terre.

Sa majesté, pour ne pas étendre trop loin les remboursemens qu'elle auroit à faire, ne comprend point dans les
Péages qu'elle a dessein de supprimer, ceux établis sur les
canaux ou sur les parties de rivières qui ne sont navigables
que par des écluses ou d'autres ouvrages d'art, puisque
ce sont des navigations pour ainsi dire acquises & conservées au prix d'une industrie, dont la rétribution, bien
loin d'être un sacrifice onéreux pour le commerce, est la
juste récompense d'une entreprise utile à l'état.

Sa majesté a vu avec satisfaction, que tous les autres
Péages, quoiqu'infiniment multipliés, ne formoient pas
un produit assez considérable, pour qu'il ne fût aisé de le
remplacer par quelque autre revenu beaucoup moins à
charge à ses peuples; c'étoit même un des soulagemens que
sa majesté se proposoit de leur accorder en entier, si la
guerre n'étoit pas venue consumer le fruit de ses soins &
de son économie.

Quoi qu'il en soit, comme c'est encore un véritable bienfait d'administration, que de changer & de modifier les im-
pôts qui nuisent à l'état & contrarient la richesse publique,
sa majesté veut connoître exactement quelle est la partie
de Péages dont la suppression donneroit ouverture à des
remboursemens ou à des indemnités ; & comme cette
liquidation exige du temps pour être faite avec soin, sa
majesté a jugé à propos de prescrire, dès à présent, le
travail nécessaire à cet égard, afin qu'au moment où la

de Péage, font pour l'ordinaire obligés d'entretenir en bon état les ponts, chemins & paffages:

---

paix permettra l'exécution des projets généraux d'amélioration que la guerre tient fufpendus, le roi puiffe, en aboliffant tous les Péages, faire marcher d'un pas égal fa juftice envers les particuliers, & fa bienfaifance envers l'état. A quoi voulant pourvoir: ouï le rapport; le roi étant en fon confeil, a ordonné & ordonne ce qui fuit:

ART. 1. Tous les propriétaires des droits de Péages qui font perçus fur les rivières navigables de leur nature, & fur les routes & chemins du royaume, à titre d'engagement ou patrimonialement, feront tenus d'envoyer inceffamment au confeil, favoir, les engagiftes defdits droits, une expédition en forme de leur contrat d'engagement; & les propriétaires à titre patrimonial, l'arrêt du confeil rendu fur l'avis des fieurs commiffaires du bureau des Péages, qui les a maintenus dans le droit de percevoir lefdits Péages, ainfi que les derniers baux à ferme defdits droits, s'ils font affermés, ou les regiftres des recettes des dix dernières années, fi lefdits droits ont été régis.

2. Les engagiftes & propriétaires devront joindre aux fufdites pièces un état des charges dont ils font tenus, à raifon defdits Péages & des travaux faits à leurs dépens aux ponts, chauffées & chemins, à l'entretien defquels ils font obligés; auquel état fera joint un certificat du fieur intendant de la généralité, qui conftate qu'ils ont fatisfait exactement à la loi qui leur étoit prefcrite à cet égard.

3. Il fera procédé à la fixation de ladite indemnité par le roi en fon confeil, fur l'avis des fieurs commiffaires que fa majefté commettra à cet effet.

4. Sa majefté fe réferve de faire connoître fes intentions fur la manière de pourvoir au payement des fommes ainfi liquidées par l'arrêt qui ordonnera la fuppreffion de tous les Péages; & jufque-là fa majefté veut que tous ces droits continuent à être payés exactement, & comme par le paffé, à qui il appartient.

5. N'entend point fa majefté comprendre dans les difpofitions des articles 1, 2 & 3, les Péages établis fur les canaux ou fur les rivières qui ne font navigables que par

c'eſt ce qui réſulte de différentes loix ; & particuliérement de l'article 107 de l'ordonnance d'Orléans, & de l'article 5 du titre 29 de l'ordonnance des eaux & forêts du mois d'août 1669.

Dans les lieux où ſe fait la perception des
droits de Péage, ſoit au profit du roi ou des
engagiſtes, ſoit pour des ſeigneurs ou autres
particuliers, il doit y avoir en évidence des
tarifs ou pancartes en bonne forme, afin que les
redevables puiſſent ſe convaincre que l'on n'exige
d'eux que ce qui eſt légitimement dû.

C'eſt ce qui réſulte, tant de la déclaration du
31 janvier 1663, que de l'article 7 du titre 29
de l'ordonnance qu'on vient de citer. C'eſt encore ce qui a été ordonné par un arrêt du conſeil du 6 juillet 1776, rendu contre le nommé
Monneron & ſa femme, régiſſeurs des droits de
Péage qui ſe lèvent au bourg de Tain en Dauphiné (*).

---

le moyen d'écluſes ou d'autres ouvrages d'art, & qui
exigent un entretien & un ſervice journaliers.

6. Enjoint ſa majeſté aux ſieurs intendans & commiſſaires départis dans les différentes généralités du royaume,
de tenir la main à l'exécution du préſent arrêt, qui ſera
lu, publié & affiché par-tout où beſoin ſera. Fait au conſeil d'état du roi, ſa majeſté y étant, tenu à Verſailles le
15 août 1779. *Signé*, AMELOT.

(*) *Voici cet arrêt :*

Le roi ayant été informé que le nommé Gaſpard Monneron & ſa femme, régiſſeurs du Péage qui ſe lève au lieu
de Tain en Dauphiné, & de celui qui ſe perçoit ſous la
dénomination de la grande gabelle de Romans, ont perçu
mal à propos différentes ſommes de divers voituriers, ſous
prétexte qu'ils n'avoient point payé tout ou partie des droits
dont la perception leur eſt confiée ; ſa majeſté auroit jugé

Il ne doit être perçu aucun droit de Péage ;
dépendant de la ferme des domaines, pour les

devoir réprimer les vexations de ceux qui font prépofés à
la levée de ces fortes de droits ; en conféquence, elle a
donné les ordres néceffaires pour que les faits imputés
auxdits Monneron & fa femme fuffent conftatés. Il réfulte d'une information fommaire, faite fur les lieux les
29 & 31 mai dernier, que le 25 novembre précédent,
ledit Monneron & fa femme ont, par menaces de faifies,
forcé le nommé Roure Péricard, voiturier, conduifant
une charrette chaigée d'amandes, de payer une fomme de
deux cent feize livres, quoiqu'en paffant au bureau il
eût payé trois fous pour le Péage, que la régiffeufe avoit
reçue fans réclamation : que le 20 mars fuivant, le même
Monneron & fa femme ont exigé quatre-vingt-feize
livres du nommé Efprit Vidas, domeftique d'Antoine Minar,
habitant à Cabane, quoique ledit Vidas eût payé dans le
bureau ce qui lui avoit été demandé : enfin, que le premier avril dernier, le même régiffeur & fa femme, après
avoir reçu quatre fous fix deniers des nommés Lazard &
Couturier, conduifant deux charrettes chargées de douze
pièces de vin pour M. le comte d'Artois, les ont fait
fuivre jufqu'à Saint-Vallier par des huiffiers efcortés de
cavaliers de maréchauffées, & ont exigé d'eux, par accommodement, une fomme de cent foixante-huit livres,
& vingt livres pour les frais, quoiqu'ils n'euffent pas été
refufans de payer, & qu'il ne fût véritablement dû
que neuf fous par voiture : il réfulte pareillement de ladite information, que ledit Monneron & fa femme affec-
tent de laiffer paffer les voituriers, en fe contentant de
recevoir ce qu'ils donnent pour l'acquit du Péage, afin
d'avoir occafion de les mettre à contribution lorfqu'ils ont
paffé ; qu'ils expofent les pancartes dans un lieu fi élevé,
qu'il eft prefque impoffible de les lire, ce qui eft contraire à la difpofition des réglemens intervenus fur la police des Péages. A quoi voulant pourvoir : vu l'information faite les 29 & 31 mai dernier, & l'avis du fieur intendant & commiffaire départi en la généralité de Dauphiné : oui le rapport du fieur de Clugny, confeiller ordinaire au confeil royal, contrôleur général des finances ;

marchandifes

marchandifes qui paffent tant par eau que par terre pour le compte du roi, ou pour le fervice

---

Le roi étant en fon confeil, a condamné & condamne ledit Monneron & fa femme, régiffeurs defdits Péages de Tain, folidairement & par corps, à rendre & reftituer aux nommés Pierre Lazard, voiturier de Chaud en Languedoc, & à Jean Couturier, auffi voiturier à Nîmes, la fomme de cent foixante-huit livres d'une part, & vingt livres de l'autre, par eux exigée par prétendu accommodement, fous la déduction toutefois de la fomme de treize fous fix deniers reftante à payer pour les droits de Péage dus au bureau établi à Tain : condamne pareillement fa majefté lefdits Monneron & fa femme, folidairement & par corps, à rendre & reftituer au nommé Péricard, voiturier d'Aix, la fomme de cent quarante - quatre livres d'une part, & celle de foixante-douze livres d'autre, indûment exigées par ledit Monneron & fa femme, dudit Pericard; les condamne également & par corps à rendre & reftituer au nommé Efprit Vidas, domeftique du nommé Minat, habitant de Cabane, la fomme de 96 livres d'une part, & 4 livres 16 fous d'autre, pareillement exigées mal à propos dudit Vidas. Condamne en outre lefdits Monneron & fa femme, folidairement & par corps, à une amende de cent livres, laquelle fera, fur les ordres du fieur intendant-commiffaire départi en la généralité de Dauphiné, employée aux réparations du chemin de Tain à Saint-Vallier : & cependant ordonne fa majefté que la déclaration du 31 janvier 1663, dûment enregiftrée, fera exécutée felon fa forme & teneur; en conféquence, que les propriétaires ou fermiers des Péages de Tain feront tenus, fur le champ & fans délai, de faire infcrire le tarif defdits Péages en groffes lettres & bien lifibles, dans un tableau d'airain ou fer blanc, qu'ils afficheront au lieu où la levée s'en doit faire, à telle hauteur & endroit qu'ils puiffent être lus par les marchands, voituriers & paffans, lefquels feront déchargés defdits droits aux jours que lefdits tableaux ne feront pas expofés, conformément à l'article 3 de la dite déclaration. Enjoint fa majefté audit fieur intendant & commiffaire départi en la province de Dauphiné, de tenir la main à l'exécution du préfent arrêt,

de fa majefté. Cela eft ainfi réglé par les baux qui ont été paffés à Fauconnet, à Charrière, à Carlier, à Forceville, &c. adjudicataires des fermes.

Des arrêts du confeil des 19 février & 23 août 1695, ont fait défenfe aux fermiers des domaines, receveurs des droits de Péage, travers, octrois, entrées des villes, & tous autres, de faire payer aucun droit, fous quelque prétexte que ce fût, aux adjudicataires des bois du roi, lorfqu'ils feroient conduire & débiter eux-mêmes les bois.

Cette exemption pour les bois du roi n'étant accordée qu'aux adjudicataires qui les font conduire & débiter pour leur compte, un arrêt du confeil du 10 octobre 1716, a prefcrit différentes formalités pour empêcher les fraudes (*).

_____

qui fera imprimé, publié & affiché aux frais defdits Monneron & fa femme dans les bourgs de Tain & de Saint-Vallier, dans les villes, fur la route de Lyon en Provence, & ailleurs où befoin fera. Fait au confeil d'état du roi, fa majefté y étant, tenu à Marly le fix juillet mil fept cent foixante-feize. *Signé* SAINT-GERMAIN.

(*) Cet arrêt a été rendu fur une conteftation élevée à Saint-Quentin; mais il ne laiffe pas de fervir de règle pour les autres provinces, & l'exécution en a été ordonnée dans la généralité de Rouen, par une ordonnance de l'intendant du 21 juin 1745. Il porte, » que les adjudica-» taires des bois du roi ne payeront aucuns droits d'en-» trée, octrois, Péages, travers & autres, pour tous les » bois provenans de leurs ventes, lorfqu'ils les feront » conduire & débiter, pour leur compte, en la ville de » Saint-Quentin & autres lieux; que lefdits adjudicataires » ou leurs commis & gardes-ventes feront tenus de mar-» quer de leur marteau deux buches fur chacun des cha-

Par un autre arrêt du conseil du 23 septembre 1719, les munitions de guerre & de bouche, destinées à être transportées aux armées de France, ou dans les arsenaux & places fortes, les bois, les attirails & agrêts pour les vaisseaux, ports & arsenaux de la marine, ont aussi été affranchis de tout droit de Péage.

Les blés, grains, farines & légumes, verts ou secs, sont pareillement exempts de tout droit de Péage, passage, pontonnage, travers, coutumes, & de tous autres droits généralement quel-

---

» riots & autres voitures de bois qu'ils feront conduire
» & débiter pour leur compte; de donner à chacun des
» voituriers & conducteurs de leurs bois, un certificat
» signé d'eux, qui contiendra les noms, surnoms & de-
» meures desdits voituriers, les quantité & qualité des
» bois qu'ils auront chargés, & le jour de leur départ
» des forêts & ventes qui y seront aussi dénommées; que
» lesdits voituriers & conducteurs remettront lesdits cer-
» tificats aux bureaux des entrées & octrois de ladite ville,
» & que les marchands adjudicataires ou leurs facteurs &
» gardes-ventes seront tenus d'enregistrer lesdits certifi-
› cats sur des registres qu'ils auront à cet effet, cotés
» & paraphés par le maître particulier ou le lieutenant
» de la maîtrise où l'adjudication aura été faite, le tout
» à peine de trois cents livres d'amende contre les con-
» trevenans. Fait sa majesté défenses à tous marchands
» & blanchisseurs de toiles, & à tous autres, de se ser-
» vir du nom des adjudicataires de ses bois, pour faire
» entrer dans ladite ville ceux dont ils auront besoin,
» & aux adjudicataires de prêter leurs noms à cet effet,
» à peine de tous dépens, dommages & intérêts, & de
» pareille amende de trois cents livres, sauf toutefois
» lorsque lesdits marchands & blanchisseurs de toiles se-
» ront adjudicataires des bois de sa majesté; auquel cas
» ils jouiront, pour raison de leurs adjudications, des
» mêmes priviléges & exemptions que ceux qui sont ac-
» cordés aux autres adjudicataires.

conques, tant par eau que par terre, soit pour les droits appartenant à des villes & communautés, ou à des seigneurs ecclésiastiques ou laïques, ou autres personnes sans exception. C'est ce qui résulte d'un arrêt du conseil du 10 novembre 1739 (*).

(*) *Voici cet arrêt:*

Le roi étant informé que, contre ses intentions, les propriétaires des droits de Péage, passage, pontonnage, travers & autres, dans le royaume, font percevoir ces droits sur les blés, grains, farines & légumes verts ou secs : & sa majesté voulant y pourvoir & faire connoître ses intentions; ouï le rapport, &c., le roi étant en son conseil, a ordonné & ordonne qu'à l'avenir les blés, grains, farines & légumes verts ou secs, seront exempts, dans toute l'étendue du royaume, des droits de Péage, passage, pontonnage, travers, coutumes, & de tous autres droits généralement quelconques, tant par eau que par terre, soit que lesdits droits appartiennent à des villes & communautés, ou à des seigneurs ecclésiastiques ou laïques, ou autres personnes sans exception ; en conséquence, fait sa majesté très-expresses inhibitions & défenses aux receveurs, commis & autres préposés à la perception desdits droits, d'en exiger aucun sur lesdits blés, grains, farines & légumes, verts ou secs, nonobstant tous arrêts, réglemens, tarifs ou pancartes à ce contraires, auxquels sa majesté a dérogé & déroge par le présent arrêt ; le tout à peine contre lesdits receveurs, commis & autres préposés à la perception desdits droits, de restitution du quadruple, même d'être poursuivis extraordinairement comme concussionnaires, & punis comme tels suivant la rigueur des ordonnances. Fait en outre sa majesté main-levée pure & simple de toutes les saisies qui pourroient avoir été faites à cette occasion, faute de payement des droits sur lesdits blés, grains, farines & légumes verts ou secs. Enjoint aux sieurs intendans & commissaires départis dans les provinces & généralités du royaume, de tenir la main à l'exécution du présent arrêt, lequel sera lu, publié & affiché par-tout où besoin sera, & exécuté nonobstant toutes oppositions

Une ordonnance rendue le 18 mars 1713 par le bureau des finances de la généralité de Paris, a défendu à tous voituriers par eau ou par terre, de paſſer & repaſſer les travers & Péages, ſans payer ſur le champ & ſans délai les droits qui ſont dus ; & en cas de refus, il eſt permis au fermier des domaines, ſes procureurs & commis, de faire contraindre les débiteurs au payement, tant par ſaiſie & arrêt des chevaux, chariots, coches, caroſſes, harnois, & autres choſes ſujettes auxdits droits, que par autres voies dues & raiſonnables, comme pour deniers royaux.

Par ſentence du prévôt des marchands & des échevins de Paris, du 3 octobre 1720, les ſieurs Freret, voituriers par eau, & leur contre-maître, ont été condamnés ſolidairement au payement de l'excédent des droits dus pour des marchandiſes qu'ils avoient fait paſſer dans un bateau au Péage d'Andely, & à 300 liv. d'amende pour la fauſſe déclaration, conformément à un arrêt du conſeil du 29 août 1682.

La déclaration de 1663 veut que les commis & prépoſés à la perception des Péages donnent des quittances des ſommes qui leur ont été payées, quand le droit excède cinq ſous.

Si un fermier des droits de Péage laiſſoit paſſer les voituriers ſans leur demander ces droits,

---

ou autres empêchemens généralement quelconques, pour leſquels ne ſera différé, & dont, ſi aucuns interviennent, ſa majeſté ſe réſerve & à ſon conſeil la connoiſſance, icelle interdiſant à toutes ſes cours & autres juges. Fait au conſeil d'état du roi, ſa majeſté y étant, tenu à Fontainebleau le 10 novembre 1739.

Signé, PHELYPEAUX.

P iij

& fans faire conftater du refus de les acquitter, il ne feroit pas fondé à fuivre ces voituriers & à exiger d'eux quelque fomme que ce fût par accommodement. C'eft ce qui réfulte d'un arrêt rendu au confeil, le 17 octobre 1779, contre le nommé Robuftel, fermier du Péage de Moret (*).

(*) *Voici cet arrêt :*

Le roi ayant été informé que les fermiers des Péages de Ponthierry & de Moret, font dans l'ufage abufif de laiffer paffer les voituriers fans leur demander les droits de Péages, & qu'enfuite, fous prétexte qu'ils n'ont point acquitté lef-dits droits, quoique rien ne conftate leur refus, ils les fuivent accompagnés d'huiffiers & de cavaliers de maré-chauffée, & en exigent, fous le nom d'*accommodement*, des fommes confidérables ; que le fieur Robuftel, fermier de Moret, a exigé de cette manière, le 11 janvier dernier, des domeftiques du fieur de Marfangy, capitaine réformé à la fuite du régiment Dauphin cavalerie, une fomme de 40 livres ; qu'il n'a point été dreffé procès-verbal du prétendu refus fait par lefdits voituriers ; que cette formalité eft d'au-tant plus effentielle, qu'elle feule peut être la bafe des pour-fuites du fermier ; que tolérer un tel abus, feroit autorifer les fermiers des Péages à laiffer paffer les voituriers, pour fe procurer le prétexte de courir après eux, & en exiger à main armée des fommes confidérables. A quoi voulant pourvoir, vu la quittance du nommé Robuftel, dudit jour 11 janvier dernier, & l'avis du fieur intendant & commif-faire départi en la généralité de Paris : ouï le rapport du fieur Moreau de Beaumont, confeiller d'état ordinaire & au confeil royal des finances ; le roi étant en fon confeil, a condamné & condamne par corps le nommé Robuftel, fermier du Péage de Moret, à rendre & reftituer à Etienne Gazet, domeftique du fieur de Marfangy, la fomme de 40 livres par lui reçue dudit Gazet par accommodement. Fait fa majefté défenfes, tant audit Robuftel qu'au fermier de Ponthierry, de fuivre lefdits voituriers ou rien exiger d'eux par accommodement, fans avoir fait conftater du

Péage de Péronne.

On perçoit dans les bureaux des cinq grosses fermes, depuis le pont d'Arches près Mézières, jusques & compris les ports & bureaux de Calais & S. Valery, un droit connu sous la dénomination de *Péage de Péronne* ; ce droit est établi sur un ancien tarif qui est déposé au bureau des finances d'Amiens, & qui forme le titre le plus ancien que l'on connoisse à cet égard.

La perception de ce droit étoit tombée dans une telle confusion, qu'elle se faisoit dans quelques bureaux d'une manière toute différente, & qu'elle étoit entiérement abandonnée dans d'autres.

Par une déclaration du roi du 5 janvier 1723, il fut ordonné qu'à compter du jour de la publication de cette déclaration, le droit de l'ancien Péage de Péronne, ensemble le parisis, sou & six deniers pour livre, seroient & demeureroient

refus fait par les voituriers de payer les droits dus : leur enjoint de faire, dans huitaine, établir un poteau à la porte du bureau de perception, auquel poteau sera attachée la pancarte ou tarif desdits droits inscrits dans un tableau d'airain ou de fer-blanc, en caractères très-lisibles, & à telle hauteur qu'ils puissent être lus par les marchands & voituriers & passans, lesquels seront dispensés d'acquitter lesdits droits aux jours où lesdits tableaux ne seront pas exposés, conformément à l'article 3 de la déclaration du 31 janvier 1663. Enjoint sa majesté au sieur intendant & commissaire départi en la généralité de Paris, de tenir la main à l'exécution du présent arrêt, qui sera imprimé, publié & affiché à Moret & à Ponthierry, & dans tous les lieux de ladite généralité où les Péages sont établis. Fait au conseil d'état du roi, sa majesté y étant, tenu à Marly le 17 octobre 1779. *Signé*, AMELOT.

P iv

fixés à un feul droit uniforme de deux par cent
pefant , poids de marc , & que ce droit feroit perçu fur toutes fortes de marchandifes
& denrées indiftinctement, qui entreroient dans
l'étendue des cinq groffes fermes , ou qui en for-
tiroient, depuis le pont d'Arches près de Mé-
ziéres, jufques & compris les ports & bureaux
de Calais & S. Valery , à l'exception néanmoins
des beftiaux , bois , charbons & grains de toutes
efpèces, qui en feroient exempts.

Depuis , & fur les repréfentations qui furent
faites , foit fur l'excès du droit , relativement à
certaines marchandifes , foit fur les difficultés
qu'entraînoit la perception , telle qu'elle avoit
lieu , il fut donné , le 5 décembre 1724 , une
nouvelle déclaration par laquelle le droit de
Péage de Péronne a été fixé à raifon de fix deniers
pour livre des droits du tarif de 1664, & aux
fous pour livre de ces fix deniers, tant que ces
fous auroient lieu ; les fels voiturés de Calais ,
Boulogne & Etaples, dans l'Artois , la Flandre
& autres provinces du pays conquis, pour l'u-
fage des raffineries, ont été déchargés de ce
droit.

Sa majefté en a pareillement affranchi les marchandifes & denrées qui entrent ou qui fortent
par mer dans les ports de Calais, S. Valery &
autres, & n'y a affujetti que celles qui font voi-
turées par terre ou par les rivières ou canaux
qui entrent dans les cinq groffes fermes, ou qui
en fortent par les bureaux de la même étendue.
C'eft d'après cette déclaration que fe fait la perception du droit de Péage de Péronne.

Péage royal d'Aix.

On perçoit sur toutes les marchandises qui passent dans la ville & territoire d'Aix, un droit connu sous la dénomination de Péage royal d'Aix, & qui avoit été établi par les comtes de Provence plusieurs siècles avant que cette province eût été réunie à la couronne ; il en est déjà fait mention dans les lettres de Bérenger, comte de Provence, de 1237.

Charles, comte de Provence, ayant fondé, dans la ville d'Aix, le monastère de Notre-Dame de Nazareth, qui se nomme actuellement Saint Barthélemi, ordonna, par son testament, qu'il seroit remis par le trésorier général du pays, chaque année, 325 livres des deniers du Péage d'Aix, entre les mains du prieur de ce monastère, qui en retiendroit une partie pour le couvent, & distribueroit le surplus aux religieux mendians de la ville d'Aix, pour la rétribution des obits, messes & prières portées par le même testament.

Les officiers de la cour souveraine & les habitans de la ville d'Aix furent les premiers exemptés de ce Péage par des lettres-patentes de 1294, 1318, & 1387.

Les habitans de Toulon, Colmar, Beauvezet, Martigues & autres endroits, le furent ensuite pareillement, ainsi que plusieurs marchands & artisans, comme merciers, verriers & autres, tant étrangers que provençaux.

Toutes ces exemptions réduisirent le Péage en question à un si foible objet, qu'il n'étoit plus suffisant pour acquitter les 325 livres dont il étoit annuellement chargé. Le prieur du monastère, qui n'en pouvoit plus être payé, obtint, en 1402, de nouvelles lettres-patentes, pour faire de nouveau publier le Péage, dont la perception avoit été plusieurs fois abandonnée, & pour l'affermer & en recevoir le prix.

En 1559, le prieur & les religieux de Nazareth le transportèrent aux consuls de la ville d'Aix, qui sont procureurs du pays, moyennant une pension annuelle de trois cents livres : l'objet des consuls étoit, selon les apparences, de libérer la province de ce Péage, puisqu'on ne voit point que la perception en ait été continuée jusqu'en 1685, que les fermiers du domaine en demandèrent la réunion, comme n'ayant pu être aliéné aux consuls d'Aix par les religieux de Nazareth, auxquels la propriété n'en appartenoit pas, & qui n'en avoient qu'une simple rente à prendre sur le produit.

Cette réunion fut prononcée par un jugement des commissaires du domaine en Provence, du 9 juillet 1686, en exécution duquel la levée de ce droit de Péage a été rétablie : le jugement de réunion en déclare exempts les habitans de la ville d'Aix.

Il ordonne que levée en sera faite sur une ancienne pancarte déposée dans les archives de Provence, & que les taxes seront évaluées au quadruple, à cause de la différence des monnoies anciennes aux monnoies courantes.

Ce tarif ou pancarte ne rappelle qu'un petit nombre de marchandises, & porte, par une clause finale, qu'à l'égard de celles qui n'y sont point comprises, on en recevra les droits à proportion des autres ; & comme rien n'indique sur quel pied les marchandiſes contenues dans cette pancarte ont été taxées, il réſulte ſouvent de cette dernière clauſe des difficultés dans la perception.

Péage de Pont-ſur-Yonne.

On appelle ainſi un droit d'aide, dont on ne peut fixer l'origine avec préciſion. Il faiſoit anciennement partie d'un octroi occordé à la ville de Sens pour le payement de la taille & des dettes de cette ville : il fut compris dans le bail du 25 ſeptembre 1630, pour être levé avec d'autres droits de Péage au profit du roi, & en conſéquence de ce bail, la perception qui s'en faiſoit à Sens, ſe fit à Pont-ſur-Yonne : la moitié en fut accordée depuis à la princeſſe de Melckelbourg, & enſuite réunie au domaine. Ce Péage ne ſe perçoit qu'à raiſon de quatre ſous par muid de vin, au lieu de huit ſous dix deniers qui ſe payoient anciennement : on ignore le temps & le motif de cette réduction.

Il ſe lève ſur tous les vins qui paſſent deſſus & deſſous le Pont-ſur-Yonne, à l'exception de ceux qui ſont deſtinés pour les habitans de la ville de Sens.

PÊCHE. Il ſe dit tant de l'action que du droit de pêcher.

Dans l'origine, la Pêche étoit permiſe à tout le monde par le droit des gens, tant dans la mer que dans les fleuves, les rivières, les étangs & autres amas d'eau ; mais le droit civil ayant diſtingué ce que chacun poſſédoit en propriété, il fallut établir des règles pour la Pêche. Les unes concernent la Pêche des rivières , & les autres la Pêche maritime : nous parlerons de ces deux fortes de Pêches fucceffivement.

De la Pêche des rivières.

Comme les fleuves & les rivières navigables appartiennent au roi , fa majefté y a feule le droit de Pêche , à moins que quelque particulier n'ait titre ou poffeffion valable pour jouir de ce droit. C'eft ce qui réfulte de l'article 41 du titre 27 de l'ordonnance des eaux & forêts (*).

A l'égard des rivières non navigables, les feigneurs du territoire où elles coulent , y peuvent exercer le droit de Pêche. Dans la plupart des pays de droit écrit & dans différentes coutumes , telles que Bourbonnois , Anjou , Tours , la Pêche eft attribuée au feigneur haut-jufticier , à l'exclufion du feigneur de fief : mais dans les coutumes qui n'ont point de pareilles difpofitions , on regarde le droit de Pêche comme un droit de fief dont doit jouir le feigneur féodal du cours d'eau , quoique la juftice appartienne à un autre feigneur.

Au refte , les loix qui concernent le droit de Pêche s'appliquent également à la Pêche qui fe

_____

(*) Déclarons , *porte cet article* , la propriété de tous les fleuves & rivières portant bateaux de leur fond , fans artifice & ouvrages de mains , dans notre royaume & terres de notre obéiffance , faire partie du domaine de notre couronne , nonobftant tous titres & poffeffions contraires , fauf les droits de Pêches , moulins , bacs , & autres ufages que les particuliers peuvent y avoir par titres & poffeffions valables , auxquels ils feront maintenus.

fait dans les rivières navigables, & dans celles qui ne le font pas.

Suivant ces loix, il n'eft permis à perfonne de pêcher dans une rivière ou un ruiffeau quelconque, fans la permiffion expreffe de celui à qui appartient le cours d'eau, finon il doit être prononcé pour la première fois, contre chaque contrevenant, cinquante livres d'amende, outre la confifcation du poiffon & des inftrumens de Pêche ; & en cas de récidive, l'amende doit être de cent livres outre la confifcation. Il peut même être prononcé une punition plus févère felon les circonftances. C'eft ce qui réfulte de l'article premier du titre 31 de l'ordonnance des eaux & forêts du mois d'août 1669.

La police générale fur les rivières & les ruiffeaux, appartenant au roi par rapport à la confervation du poiffon, à laquelle le public à intérêt, il faut en conclure que les officiers des maîtrifes des eaux & forêts ont infpection & juridiction fur les rivières feigneuriales, pour raifon de la Pêche, de même que fur les fleuves & rivières navigables. C'eft ce qui eft établi par différentes loix, & finguliérement par deux arrêts du confeil des 27 novembre 1701 & 8 mars 1740.

Le premier a fait défenfe à toute perfonne de pêcher avec des engins prohibés par les ordonnances, tant dans les rivières navigables & flottables, que dans les autres dont la propriété même appartient à des feigneurs particuliers, & a enjoint aux *grands maîtres des eaux & forêts d'y veiller chacun en droit foi.*

Le fecond a caffé une fentence rendue par le juge de Montignac contre un garde de la maîtrife d'Angoulême, parce qu'il avoit averti des gens qui pêchoient dans la rivière de Charente, de se conformer à l'ordonnance, ce que le procureur fiscal avoit pris pour trouble dans les droits du seigneur, &c. Et il a été fait défense au même juge de rendre à l'avenir de pareilles sentences, sous peine de nullité, de cassation de procédures, & de tous dépens, dommages & intérêts.

Lorsque, par une concession particulière, un seigneur jouit du droit de Pêche sur une rivière navigable, ses officiers ne peuvent pas prendre connoissance des épaves qui se trouvent sur cette rivière, ni des délits que les pêcheurs peuvent y commettre : les officiers des maîtrises sont seuls compétens pour connoître de ces objets. Cela est ainsi réglé par l'article 3 du titre premier, & par l'article 22 du titre 31 de l'ordonnance des eaux & forêts.

Lorsqu'une rivière ou un ruisseau coule entre deux seigneuries, chaque seigneur peut exercer le droit de Pêche depuis le rivage qui lui appartient, jusqu'au milieu du lit de la rivière. Divers arrêts cités par Guyot dans son traité des fiefs, & entre autres un du 7 avril 1745, rendu entre les seigneurs de Coudré & celui de Montreuil, l'ont ainsi jugé.

Suivant les articles 1 & 2 du titre 31 de l'ordonnance des eaux & forêts, il n'y a que les maîtres pêcheurs reçus par les officiers des maîtrises, qui puissent pêcher sur les fleuves & rivières navigables; & aucun ne peut être reçu qu'il n'ait au moins l'âge de vingt ans.

On auroit pu croire ces dispositions abrogées à Paris par l'édit du mois d'août 1776, qui a mis l'état de pêcheur au rang des professions que

chacun peut exercer librement, fans autre formalité que celle d'en faire déclaration devant
le lieutenant général de police : mais le procureur du roi au fiége général de la table de
marbre du palais à Paris, a remontré qu'il étoit
de fon devoir de requérir qu'il fût tenu au
greffe de la maîtrife des eaux & forêts de Paris,
un regiftre pour y infcrire fans frais tous ceux
qui voudroient faire le métier de pêcheur, &
de demander l'exécution, des ordonnances & réglemens concernant cet état, afin que ceux qui
voudroient profiter de la liberté que le roi avoit
accordée, ne puffent point, par un abus exceffif &
fans bornes, porter trouble au bien public, &
fe nuire à eux-mêmes, en dépeuplant les rivières,
qui nourriffent les hommes un tiers de l'année,
& forment un revenu confidérable pour le fouverain & pour fes fujets.

» L'article premier du titre 31 de l'ordon-
» nance de 1669, *eft-il dit dans le réquifi-*
» *toire dont il s'agit*, défendant à toutes perfon-
» nes, autres que les maîtres pêcheurs reçus ès
» fiéges des maîtrifes, de pêcher fur les fleuves &
» rivières navigables, fous les peines y portées,
» ne femble point aboli par l'édit qui rend libre
» la profeffion des pêcheurs à verge & à engin;
» toute la différence confifte à fe faire infcrire,
» au lieu de fe faire recevoir; ce qui entraînoit
» la preftation d'un ferment. Cet article & l'ar-
» ticle 20 du même titre 31 doivent donc avoir
» leur exécution, fous la feule obligation de fe
» faire infcrire à la maîtrife de Paris, fans y
» payer aucun droit, & à la charge par le gref-
» fier de ladite maîtrife, d'envoyer tous les trois
» mois au fieur lieutenant général de police les

» rôles de ceux qui auront fait leur déclaration:
» L'article 2 du même titre, qui défend d'être
» reçu maître pêcheur sans avoir au moins l'âge
» de vingt ans, ne paroît pas contredit par le nouvel
» édit, qui permet d'admettre aux maîtrises à
» vingt ans; mais ce même édit permettant, par
» l'article 10, aux filles & femmes de se faire
» admettre dans les différentes professions, &
» permettant aussi, par l'article 12, de les admettre
» aux maîtrises dès l'âge de dix-huit ans, on
» pourroit en induire que les filles & femmes
» pourroient, à l'âge de dix-huit ans, se faire
» inscrire sur les registres des pêcheurs, &, en
» cette qualité, parcourir les rivières; que le pro-
» cureur général du roi, également effrayé du dé-
» sordre qui pourroit s'ensuivre pour les bonnes
» mœurs, & du danger qu'il y auroit que le
» sexe, de complexion trop foible, s'exposant à
» conduire les bateaux nécessaires à la Pêche,
» ne fût bientôt la victime de son indiscrétion;
» pour éviter que les filles & femmes ne soient
» noyées par le défaut de force & d'expérience
» dans l'art des travaux sur les rivières, croit
» qu'il est de son ministère de conclure à l'exé-
» cution de l'article 9 de l'édit mois de février
» 1776, qui avoit commencé d'introduire la li-
» berté de tous les arts, article auquel il n'a
» pas été dérogé, & qui porte, que » *ceux des*
» *arts & métiers dont les travaux peuvent oc-*
» *casionner des dangers notables, soit au public,*
» *soit aux particuliers, continueront d'être assu-*
» *jettis aux réglemens de police faits ou à faire*
» *pour prévenir ces dangers,* & de requérir,
» sous le bon plaisir du roi, l'observation des
» anciennes ordonnances concernant la profession
» de

» de pêcheurs , qui ne reſtera praticable qu'aux
» hommes de vingt ans au moins , ſans que les
» filles & femmes puiſſent ſe faire inſcrire pour
» l'exercer , juſqu'à ce que ſa majeſté ait ma-
» nifeſté ſur ce ſujet ſes intentions plus particu-
» lières. Que le maintien des autres articles de
» l'ordonnance de 1669, concernant la police de
» la Pêche, eſt d'une néceſſité ſi eſſentielle pour
» obvier au dépeuplement, ſoit en ce qu'ils preſ-
» crivent la marque des filets à l'écuſſon des
» armes du roi , dont le coin eſt gardé par
» ſes ordres dans les maîtriſes, ſoit en ce
» qu'ils défendent une infinité de filets deſ-
» tructeurs , comme tramails , éperviers, cli-
» quettes & autres inventés pour le dépeuple-
» ment ; que la cour a dans tous les temps rap-
» pelé l'exécution de ces loix , notamment par
» ſon arrêt du 21 octobre 1762, qui contient
» en abrégé les diſpoſitions de l'ordonnance ;
» que toutes perſonnes doivent donc être aſſujet-
» ties à s'y conformer , à peine contre les con-
» trevenans d'encourir les peines & amendes
» telles que de droit; mais que l'expérience fai-
» ſant connoître que les loix les plus ſages ſont
» bientôt & toujours violées , s'il n'y a des gardes
» chargés de les faire obſerver & de conſtater
» les contraventions, il eſt néceſſaire d'y pour-
» voir. Que juſqu'à ce moment les gardes ont
» été de deux eſpèces ; il y avoit les jurés &
» maîtres des deux communautés , que les pê-
» cheurs étoient tenus d'élire tous les ans en com-
» paroiſſant aux aſſiſes tenues par les maîtres des
» eaux & forêts, aux termes des articles 12 du
» titre 12, 3 & 20 du titre 31 de l'ordonnance
» de 1669. Il y avoit auſſi des inſpecteurs & ſer-

Tome XLV. Q

» gens préposés fur les rivières, dont M. le
» grand-maître du département de Paris avoit fait
» nouvelle nomination par fon ordonnance du 28
» avril 1761, en conféquence de l'article 23 du
» titre de la Pêche de l'ordonnance de 1669. Que
» cependant l'état de pêcheur étant déclaré libre par
» le dernier édit, n'y ayant plus ni maîtres de com-
» munauté, ni jurés, dans l'inftant même où le
» nombre des pêcheurs va fe multiplier à l'infini,
» il penfoit devoir requérir que, conformément à
» l'article 23 du titre de la Pêche de l'ordonnance
» de 1669, les infpecteurs & gardes nommés par
» M. le grand-maître, continueront à faire exacte-
» ment les fonctions de leurs offices, & qu'en
» outre, dans le nombre des pêcheurs préfentés &
» admis, feront choifis annuellement, lors de la
» tenue des affifes, des fyndics & adjoints re-
» connus dignes de confiance par leurs probité &
» bonnes mœurs, à l'effet de veiller à l'exécution
» de tous les réglemens. Que fon miniftère ne
» fe bornera pas à réclamer l'exécution des feuls
» articles de police fur les rivières, fon devoir
» le follicite encore à conferver les droits fa-
» crés & inaliénables du domaine. Les pêcheurs
» à verge & à engin, font aftreints de temps im-
» mémorial à payer un droit de domaine, mon-
» tant à 6 fous 3 deniers, lors de chacune des affifes
» que les maîtres des eaux & forêts doivent
» tenir dans toute l'étendue de leur maîtrife ; ce
» droit doit être perçu par le receveur des amen-
» des de la maîtrife, qui eft tenu d'en compter
» au profit du roi, ainfi que des autres deniers
» da fa recette. La perception de ce même droit
» eft confirmée par arrêt du confeil du 2 décem-
» bre 1738. Le dernier édit accordant la liberté de

» la Pêche, la multitude d'hommes qui va s'y
» livrer, prétendra sans doute que le roi ne fai-
» sant pas de réserve de son droit de domaine, ils
» n'y seront pas assujettis ; que cependant le roi
» n'en ayant pas fait la remise, ses droits ne doi-
» vent souffrir aucune atteinte, & le procureur
» général ne peut se dispenser de conclure à ce
» que tous ceux qui voudront jouir de la liberté
» de la Pêche accordée par les édits, soient tenus,
» lors de leur déclaration en la maîtrise particulière
» des eaux & forêts de Paris, & de leur inscrip-
» tion sur les registres à ce destinés, d'y faire
» en même temps la soumission d'acquitter, lors
» de la tenue des assises, le droit de domaine,
» montant à 6 sous 3 deniers, si le le roi re-
» quiert «.

Sur ce réquisitoire est intervenu, le 3 septembre
1776, un arrêt ainsi conçu :

» Les juges ordonnés par le roi pour juger en
» dernier ressort & sans appel, les procès de
» réformation des eaux & forêts de France, au
» siége général de la table de marbre du palais
» à Paris, ordonnent que les ordonnances, arrêts
» & réglement sur le fait de la Pêche & police
» des rivières, & notamment les titres 12 & 31
» de l'ordonnance de 1669, concernant les assises
» & la Pêche ; les articles 17 & 18 du titre
» 25, concernant les pêcheries des gens de main-
» morte ; l'article 5 du titre 26, concernant la
» Pêche des particuliers ; les ordonnances du grand-
» maître des eaux & forêts, des 28 avril & 11
» juin 1761 ; l'arrêt de la cour du 21 octobre
» 1762, & l'article 9 de l'édit du mois de fé-
» vrier dernier, sur les arts & métiers ; ensem-
» ble les ordonnances & réglemens concernant

» la perception & l'inaliénabiltié des droits du
» domaine, seront exécutés ; en conséquence :

» ARTICLE I. Tous ceux qui voudront être admis
» à pêcher dans la rivière de Seine & autres y
» affluentes, seront tenus, pour profiter de la
» liberté accordée par les édits, de faire leur dé-
» claration devant le maître particulier de la maî-
» trise des eaux & forêts de Paris, ou son lieu-
» tenant, laquelle déclaration sera reçue sans
» aucuns droits ni frais, sera inscrite sur un re-
» gistre qui sera tenu à cet effet au greffe de
» ladite maîtrise, & contiendra les noms, sur-
» noms, âges & demeures de ceux qui se pré-
» senteront, & leur soumission de payer, si le
» roi le requiert, lors de la tenue des assises,
» entre les mains du receveur des amendes de
» ladite maîtrise, le droit de domaine de six sous
» trois deniers chaque fois, à peine, à défaut de
» se faire inscrire, d'être punis comme délinquans,
» & à défaut de comparoître aux assises, de trois
» livres d'amende, & de six livres en cas de
» récidive ; desquelles déclarations & inscriptions
» le greffier de la maîtrise sera tenu d'envoyer
» tous les trois mois au lieutenant le rôle gé-
» néral de police.

» 2. Les hommes de vingt ans au moins pour-
» ront seuls se faire inscrire pour la profession de
» pêcheur.

» 3. Dans le nombre des pêcheurs présenté
» & admis, seront choisis annuellement, lors de
» la tenue des assises, des syndics & adjoints,
» qui seront tenus de veiller à l'exécution de tou
» les réglemens.

» 4. Les gardes & inspecteurs nommés par le
» grand-maître en avril 1761, ou ceux qui leu

» ont fuccédé, ou qu'il nommera par la fuite
» en nombre fuffifant, conformément à l'article
» 23 du titre 31 de l'ordonnance de 1669, veil-
» leront avec les fyndics & adjoints, conjointe-
» ment ou féparement, fur les pêcheurs, à ce
» qu'ils ne contreviennent à aucun réglement ;
» & s'ils étoient trouvés pêchant en temps de
» frai & faifons prohibées, ou jetant dans les
» rivières aucune chaux, noix vomique, coque
» de levant, momie ou autres drogues ou ap-
» pâts, comme auffi dans le cas où ils employe-
» roient des filets non marqués aux armes du
» roi, ou des filets prohibés, comme gille, tra-
» mail, furet, épervier, châlon, fabre, cliquette
» ou autres inventés au dépeuplement des riviè-
» res, lefdits gardes, infpecteurs, fyndics &
» adjoints, faifiront lefdits filets, & les dépofe-
» ront au greffe de la maîtrife, avec leurs pro-
» cès-verbaux, qu'ils affirmeront véritables, &
» affigneront les délinquans en ladite maîtrife, au
» premier jour, pour y répondre ; leur font dé-
» fenfes de recevoir aucune fomme de qui que ce
» foit, ni de compofer avec les délinquans, fous
» telle peine qu'il appartiendra, fauf à leur être ad-
» jugé leurs frais & falaires légitimes, lors du juge-
» ment qui interviendra fur les procès-verbaux.
    » 5. Toutes les épaves qui feront pêchées fe-
» ront garées fur la terre, & les pêcheurs en
» donneront avis aux gardes, fyndics & adjoints,
» qui les donneront en garde à perfonnes folva-
» bles, lefquelles s'en chargeront fur le procès-
» verbal qui en fera dreffé, & le fubftitut du
» procureur général du roi en la maîtrife de Pa-
» ris, fera tenu de faire faire les publications &
» d'en requérir la vente, conformément aux

» articles 16 & 17 du titre 31 de l'ordonnance
» de 1669, dans le temps, les délais & en la
» manière qui y est ordonnée.

» 6. Toutes personnes inscrites sur les registres
» des pêcheurs, & tous autres qui entreprendront
» de pêcher sur fleuves ou rivières naviga-
» bles, seront tenus de répondre aux assignations
» qui ne pourront leur être données que parde-
» vant les officiers de la maîtrise, exclusivement
» à tous autres juges, même des seigneurs, con-
» formément à l'article 22 du titre 31 de l'or-
» donnance de 1669; & si lesdits pêcheurs sont
» trouvés coupables, ils seront condamnés sui-
» vant la rigueur des ordonnances, sauf l'appel
» en la cour.

» 7. Enjoignent à tous huissiers, archers ou
» gardes de ports qui seront requis, conformé-
» ment à l'article 28 du titre de l'ordonnance de
» 1669, de prêter main-forte auxdits gardes,
» inspecteurs, syndics & adjoints, moyennant
» salaires raisonnables «.

Comme celui qui est propriétaire d'un moulin
l'est aussi de l'eau du canal, à moins qu'il n'y
ait titre au contraire, la jurisprudence a établi
que le droit de Pêche dans ce canal appartenoit
à un tel propriétaire. Henris rapporte deux arrêts
des 15 décembre 1608 & 15 juillet 1656,
qui l'ont ainsi jugé.

L'article 4 du titre 31 de l'ordonnance des
eaux & forêts, défend aux pêcheurs de pêcher
aux jours de dimanche & de fête, sous peine
de quarante livres d'amende.

Et l'article 5 leur défend pareillement de pêcher, en quelque temps que ce soit, avant le
lever & après le coucher du soleil : mais cette

défenfe n'a pas lieu pour la Pêche qui fe fait aux arches des ponts, aux moulins & aux gardes; on peut pêcher dans ces endroits la nuit comme le jour, excepté les fêtes & dimanches & le temps du frai.

Un arrêt du confeil du 21 mars 1676, a auffi permis de pêcher au grand filet la nuit dans la rivière de Loire.

L'article 6 du titre cité défend aux pêcheurs de pêcher dans le temps du frai, afin d'empêcher le dépeuplement des rivières. Ce temps eft depuis le premier février jufqu'au 15 mars, dans les rivières où la truite abonde fur les autres poiffons (*); & depuis le premier avril jufqu'au

---

(*) Ces difpofitions ont été changées relativement à quelques rivières, par une déclaration du 24 août 1773, qui eft ainfi conçue :

Louis, &c. Salut. L'ordonnance donnée au mois d'août 1669, fur le fait des eaux & forêts, contenant un réglement général de police pour la Pêche, il n'a pas été poffible d'y inférer des difpofitions particulières & propres à chaque pays & à chaque rivière; mais il eft de notre juftice d'en étendre, changer ou modifier, fuivant l'exigence des cas, les difpofitions dont l'exécution littérale feroit contraire aux vûes mêmes du bien public qui les ont dictées. L'article 6 du titre de la Pêche de cette ordonnance, porte, que les pêcheurs ne pourront pêcher pendant le temps de frai; favoir, aux rivières où la truite abonde fur tous les autres poiffons, depuis le premier février jufqu'à la mi-mars : cette fixation pour le temps de frai ne nous a point paru devoir être uniforme pour toutes les rivières, attendu que nous fommes informés que la truite, qui abonde dans les rivières qui fe rendent dans la Manche, & notamment dans celles d'Eaune, de Béthune ou Neuf-Châtel, d'Arques, de Scie & de Saune, commence à remonter dans ces rivières & à y dépofer le frai dès le 15 décembre; cependant les propriétaires de pêcheries les plus voifines de la mer, autorifés

Q iv

premier juin dans les autres rivières. Chaque contrevenant doit être condamné à vingt livres d'a-

---

par les dispositions de ladite ordonnance, se tiennent exactement fermées jusqu'au premier février, & empêchent par
ce moyen la truite de remonter & de frayer dans ces rivières, ce qui prive de ce poisson les autres propriétaires
de ces rivières; désirant faire cesser cet inconvénient, nous
avons résolu de faire connoître nos intentions à ce sujet.
A ces causes, & autres à ce nous mouvant, de l'avis de
notre conseil, & de notre certaine science, pleine puissance
& autorité royale, nous avons, par ces présentes signées
de notre main, dit, déclaré & ordonné, disons, déclarons
& ordonnons, voulons & nous plaît ce qui suit :

ART. 1. Toutes les pêcheries établies sur les petites rivières d'Eaune, de Béthune ou Neuf-Châtel, d'Arques,
de Scie & de Saune, demeureront ouvertes depuis le 15
décembre de chaque année, jusqu'au premier février suivant,
voulons en conséquence que les vannes qui donnent dans
ces pêcheries soient exactement fermées pendant ce temps.

2. L'une desdites vannes qui sont au dessus de ces pêcheries, & donnent dans l'arrière-fosse des moulins à volets
ou à aubes, situés sur lesdites rivières, sera & demeurera
toujours ouverte pendant ledit temps, pour que la truite
ait un libre passage ; ne pourra néanmoins cette disposition
avoir lieu à l'égard des moulins à auges, dont les meûniers
auront, comme par le passé, la liberté de tenir leurs
vannes fermées.

3. Faisons très-expresses inhibitions & défenses à toutes
personnes d'interposer dans aucun endroit desdites rivières,
des grilles, rateliers, filets & autres engins, de quelque
espèce que ce soit, qui puissent empêcher la truite de remonter librement dans toute l'étendue desdites rivières, &
d'y frayer.

4. Défendons pareillement, sous les peines portées par
l'article 10 du titre de la Pêche de l'ordonnance des eaux
& forêts du mois d'août 1667, à tous pêcheurs de pêcher
dans lesdites rivières depuis ledit jour 15 décembre de
chaque année, jusqu'au premier février suivant inclusive-
ment, nonobstant ce qui est porté par ledit article, auquel
nous avons dérogé & dérogeons pour ce regard seulement.
Si donnons en mandement, &c.

mende & à un mois de prifon pour la première fois ; à quarante livres d'amende & à deux mois de prifon en cas de récidive, & au carcan, au fouet & au banniffement du reffort de la maîtrife pendant cinq années pour la troifième fois.

L'article 7 excepte de la prohibition dont on vient de parler, la Pêche aux faumons, aux alofes & aux lamproies, laquelle peut avoir lieu en tous temps.

Il eft défendu, par l'article 18, à toutes fortes de perfonnes d'aller fur les mares, étangs & foffés, lorfqu'ils font glacés ; d'en rompre la glace, & d'y porter des flambeaux ou d'autres feux, pour y prendre du poiffon, à peine d'être punies comme voleur.

Il y a différentes communautés à qui le droit de Pêche appartient dans les rivières dont leur territoire eft arrofé ; mais il eft clair que ce droit ne pourroit être exercé fans abus par chaque habitant : c'eft pourquoi l'article 17 du titre 25 de l'ordonnance des eaux & forêts, a réglé que la part des habitans dans la Pêche feroit, après les publications convenables, donnée par adjudication devant le juge des lieux, en préfence de la partie publique & du fyndic de la paroiffe, au plus offrant & dernier enchériffeur, & que le prix de l'adjudication feroit employé aux réparations de l'églife ou à d'autres befoins de la communauté.

L'article fuivant défend à tout habitant, autre que les adjudicataires, qui ne peuvent être que deux dans chaque paroiffe, de pêcher en aucune manière, même à la ligne, à la main ou au panier, dans les rivières, étangs, foffés, marais & pêcheries communes, nonobftant toute

coutume & possession contraires, à peine de trente
livres d'amende & un mois de prison pour la
première fois, & de cent livres d'amende avec
bannissement de la paroisse en cas de récidive.

L'article 10 du titre 31 défend expressément
aux pêcheurs de faire barrer les rivières pour
pêcher, & de se servir des engins condamnés par
les anciennes ordonnances (*), ainsi que de ceux
qui sont appelés gilles, tramail, furet, épervier,
châlon, sabre, dont elles n'ont pas fait mention,
& de tout autre qui pourroit être inventé pour
le dépeuplement des rivières, sous peine de cent
livres d'amende pour la première fois, & de
punition corporelle en cas de récidive.

» Leur défendons en outre, porte l'article 11,
» de bouiller avec bouilles (**) ou rabots, tant
» sous les chévrins, racines, saules, oziers, ter-
» riers & arches, qu'en autres lieux, ou de met-
» tre lignes avec eschets & amorces vives; en-
» semble de porter chaisnes & clairons en leur
» batelets, & d'aller à la fare ou de pescher
» dans les noues avec filets, & d'y bouiller pour
» prendre le poisson & le fray qui a pu estre
» porté par le débordement des rivières, sous
» quelque prétexte, en quelque temps & ma-

_____

(*) Ces engins sont le bas, rebouer ou roborin, &
tous les autres bas quels qu'ils soient, le panier, l'éclisse,
le chiffre garni de valois, l'amende, le pluserois, la truble
à bois, la bourache, la chatte, le marche-pied, le cli-
quet, la rouaille, l'échiquier, l'épervier, la ramée, le
fagot, la nasse pelée, la jonchée, la ligne de long à menus hamecons, la braye, la chausse & le boucet espez.

(**) _Bouiller_ avec _bouilles_ signifie remuer la vase avec
de longues perches, pour en faire sortir le poisson qui s'y
est retiré.

» mière que ce soit, à peine de cinquante livres
» d'amende contre les contrevenans, & d'estre
» bannis des rivières pour trois ans, & de trois
» cents livres contre les maistres particuliers ou
» leurs lieutenans, qui en auront donné la per-
» mission «.

Les pêcheurs doivent, suivant l'article 12, rejeter dans la rivière les truites, carpes, barbeaux,
bremes & meuniers, qu'ils ont pris, & qui ont
moins de six pouces entre l'œil & la queue ; &
les tanches, perches & gardons qui en ont moins
de cinq, à peine de cent livres d'amende & de
confiscation contre les pêcheurs ou marchands
qui en auront vendu ou acheté.

L'article 13 défend aux pêcheurs de se servir
d'aucun engin ou harnois, même de ceux dont
l'usage est permis par les ordonnances, avant
qu'ils aient été scellés des armes du roi, gravés
sur un sceau de plomb, avec le nom de la maîtrise à l'entour, sous peine de confiscation & de
vingt livres d'amende. La loi veut qu'il soit tenu
registre des harnois qui ont été scellés, du jour
auquel ils l'ont été, & du nom du pêcheur à
qui ils appartiennent.

L'article dont il s'agit avoit ordonné que les
officiers ne pourroient percevoir à cet égard aucun salaire ; mais un édit du mois de mars 1708
a dérogé à cette disposition, & a permis à ces
officiers de percevoir cinq sous pour la marque
des grands filets, quatre sous pour celle des
moyens, & trois sous pour celle des petits.

Pour l'exécution des articles de l'ordonnance
dont nous venons de parler, un arrêt du conseil
du 22 novembre 1735, a enjoint à toutes sortes
de personnes indistinctement, de montrer aux

officiers des maîtrifes, lorfqu'ils l'exigeront ; les poiffons qu'elles ont pêchés & les filets dont elles fe font fervies.

En cas de contravention, il doit être dreffé procès-verbal de la quantité & de la qualité du poiffon qui n'eft pas de la longueur prefcrite, & des engins défendus ; enfuite les délinquans doivent être affignés à comparoir au premier jour d'audience, pour répondre.

Si les officiers des maîtrifes jugent que les engins ou harnois faifis font prohibés, ils doivent les faire brûler à l'iffue de leur audience, au devant de la porte de leur auditoire, & condamner les contrevenans aux peines & amendes prononcées par l'ordonnance, fans pouvoir les modérer, à peine de fufpenfion de leurs charges pendant un an. *Article 25 du titre 31.*

Il eft défendu, par l'article 14, à toutes fortes de perfonnes de jeter dans les rivières aucune chaux, noix vomique, coque de levant, & autres drogues ou appâts, à peine de punition corporelle.

Divers arrêts du confeil ont pareillement défendu de faire rouir du chanvre & du lin dans les rivières, parce que ces fubftances attirent le poiffon & le font mourir.

L'article 15 défend à tous mariniers, contre-maîtres, gouverneurs & autres compagnons de rivière, conduifant leurs bâteaux, flettes ou nacelles, d'avoir engins à pêcher, même ceux qui font permis, à peine de confifcation & de cent livres d'amende.

La déclaration du roi du 11 juin 1709, & l'ordonnance militaire du 25 juin 1759, ont attribué aux officiers des états-majors des places, la Pêche des foffés qui en dépendent.

PÊCHE. 253

De la Pêche dans la province de Lorraine.

L'ordonnance de 1669 n'eſt pas connue en Lorraine. On y ſuit, relativement à la Pêche, les diſpoſitions du titre 5 du réglement général des eaux & forêts, donné par le duc Léopold au mois de novembre 1707 ; voici ce qu'il porte :

» ARTICLE 1. La Pêche de nos rivières & » ruiſſeaux ſera adjugée, ainſi que du paſſé, par-» devant les officiers de nos gruries (*), leſquels » veilleront à l'exécution de nos réglemens ſur ce » faits.

» 2. Défendons à tous pêcheurs de pêcher les » jours de fêtes & dimanches, & généralement » pendant toute l'année, depuis le ſoleil couché » juſqu'au ſoleil levé.

» 3. Défendons pareillement de pêcher pendant » les mois du frai, à peine de cinquante livres » d'amende.

» 4. Le temps de réſerve dans les rivières & » ruiſſeaux où la truite abonde, ſera depuis le pre-» mier du mois de novembre juſqu'au 15 jan-» vier (**) ; & pour les autres rivières & ruiſſeaux, » les mois d'avril & de mai.

─────────

(*) Les officiers des gruries des ducs de Lorraine, ſont aujourd'hui repréſentés par les officiers des maîtriſes qui ont été établies dans cette province depuis qu'elle a été cédée à la France.

(**) L'article 4 d'une déclaration du 31 janvier 1724, ſervant de ſupplément au réglement général des eaux & forêts de Lorraine, a ordonné que le temps de la réſerve ou la défenſe de pêcher dans les rivières & ruiſſeaux où la truite abonde, ſeroit prorogé juſqu'au premier février. Et

» 5. L'amende ordinaire fur le fait de la Pêche,
» fera de vingt-cinq livres pour les délits &
» mefus qui feront commis.de jour, & du double
» pour ceux qui feront commis de nuit ; & fi
» quelques-uns étoient trouvés jetans dans nos
» eaux, de la chaux, noix vomique, coque de
» levant, ou autres drogues ou appâts, ils feront
» condamnés à cent livres d'amende pour la
» première fois, & punis corporellement en cas
» de récidive.

» 6. Voulons que dans chacune de nos gruries
» il y ait un coin portant l'empreinte de nos
» armes, avec le nom de ladite grurie, duquel
» coin feront fcellés en plomb tous les engins
» & harnois des pêcheurs, dont les mailles des
» filets, pour les grandes rivières, auront fix
» pouces de circonférence, & pour les petites,
» où les truites abondent, auront au moins quatre
» pouces, & feront ajuftés fur ce pied avec les
» moules des gruries. Défendons de fe fervir d'au-
» cuns qui ne foient fcellés, à peine de con-
» fifcation & de vingt-cinq livres d'amende (*) «.

L'article 7 avoit pour objet le rempoiffonne-
ment des étangs du fouverain, & enjoignoit
aux officiers des gruries d'y tenir la main. Au-

---

l'article 4 du titre 3 de l'édit du mois de janvier 1729, a
voulu que cette prorogation s'étendît jufqu'au premier mars
de chaque année.

(*) L'article 41 de l'édit du duc Léopold, du 14 août
1721, & l'article 5 de la déclaration de ce prince du 31
janvier 1724, ont ordonné que ces difpofitions feroient
exécutées dans les hautes-juftices des vaffaux, de même
que dans les domaines du fouverain.

jourd'hui ces étangs font partie de la ferme ou régie des domaines de Lorraine.

» 8. Si les communautés de nos domaines se
» trouvent propriétaires de quelques étangs, ri-
» vières, ruisseaux ou droits de Pêche, elles fe-
» ront laissées à ferme, après publications faites
» pardevant les officiers de nos gruries dans les
» lieux de leur résidence, sinon pardevant les
» maires & gens de justice des lieux, aux plus
» offrans & derniers enchérisseurs, au profit de
» la communauté, sans que les particuliers, au-
» tres que les adjudicataires, puissent pêcher ou
» exploiter leurs droits, & sans que les adju-
» dicataires puissent s'associer en plus grand nom-
» bre que de trois.

» 9. Les communautés ou particuliers qui auront
» droit d'abreuver leurs bestiaux, ou de les mener
» vain pâturer dans les étangs, feront tenus en
» prohibition de les y mener pendant les mois
» de mai & de septembre, à peine de cinquante
» livres d'amende, & dommage & intérêts envers
» les propriétaires ou fermiers.

» 10. Et d'autant que l'expérience fait con-
» noître que les chanvres, que la plupart des
» particuliers, par un usage abusif, mettent dans
» les rivières & ruisseaux poissonneux, sont très-
» préjudiciables aux poissons, défendons à toutes
» sortes de personnes d'y en mettre à l'avenir,
» sous quelque prétexte que ce puisse être, à
» peine de dix livres d'amende pour la première
» fois, du double pour la seconde, & de plus
» grande peine en cas de récidive; leur permet-
» tons néanmoins de faire rouir ou mouiller leurs
» chanvres dans les layes reculées & bords des

» rivières navigables, pourvu qu'ils ne nuisent pas
» à la navigation.

» 11. Tous ceux qui ont droit de pêcher dans
» les rivières & ruisseaux, seront tenus d'obser-
» ver & faire observer notre présent réglement
» par leurs domestiques ou pêcheurs auxquels ils
» les auront affermés, à peine de privation de
» leurs droits.

» 12. Les mêmes peines, amendes & confis-
» cations ci-dessus ordonnées pour nos eaux &
» forêts, auront lieu pour les eaux & forêts des
» communautés, seigneurs & particuliers, les-
» quels feront observer le présent réglement par
» leurs officiers, forêtiers ou bucherons, dans
» les coupes, vidanges & balivages de leurs
» bois.

» 13. Voulons au surplus que les ordonnances
» données par nous ou par les ducs nos prédé-
» cesseurs, sur le fait des eaux & forêts, chasses
» ou Pêches, soient suivies & exécutées en ce
» qu'elles ne se trouveront contraires aux pré-
» sentes, le tout néanmoins sans déroger aux
» priviléges & concessions qui peuvent avoir été
» obtenus par quelques communautés ou par-
» ticuliers, qui auront été par nous confir-
» més «.

L'article 43 de l'édit du 14 août 1721, a défendu aux fermiers des rivières, tant du prince
que des hauts-justiciers, de faire barrer ces rivières pour la Pêche, à peine de cinq cents livres
d'amende, & de pareille somme de dommages &
intérêts, sans que les hauts-justiciers, censitaires
ou donataires, pussent accorder aucune permission
contraire.   Et

Et l'article 2 de la déclaration du 31 janvier 1724, a défendu à toutes personnes de détourner le cours des rivières & des ruisseaux tombans immédiatement dans les rivières de Lorraine, ni de les couper par des digues & retenues, pour y pêcher; à peine de cinquante livres d'amende pour la première fois., & du double en cas de récidive, outre les dommages & intérêts, selon l'exigence du cas.

L'article 3 de cette déclaration défend sous les mêmes peines de pêcher, vendre ni débiter aucune truite ni ombre qui n'ait au moins six pouces en vosges, & neuf pouces en barrois entre la tête & la queue, ni des écrevisses qui n'aient au moins deux pouces entre la tête & la queue.

Par l'article 6, les officiers des gruries sont autorisés à visiter, quand bon leur semble, les rivières, ruisseaux & pêcheries de leur ressort, & même, en cas de négligence de la part des officiers des vassaux, ils peuvent étendre leurs visites dans les hautes justices contiguës à leurs gruries, & doivent veiller à ce que les réglemens concernant le moule & la marque des filets, engins ou harnois servant à la Pêche, soient exactement observés par tout : la même loi veut que ces officiers saisissent les filets, engins ou harnois qui ne sont pas conformes aux réglemens, qu'ils en dressent leurs procès-verbaux, & qu'après les poursuites & jugemens nécessaires, ces filets, engins ou harnois, soient brûlés au devant de la porte de l'auditoire.

L'article 7 autorise pareillement les officiers du prince & ceux des hauts-justiciers, à visiter les réservoirs de poisson, huches, paniers & boutiques des marchands , foit dans les places des marchés , foit ailleurs, pour reconnoître fi leurs poiffons font de la qualité preferite par les ordonnances , & en cas de contravention, les faifir & confifquer, avec condamnation d'amende felon les circonftances.

L'article 8 veut que les gardes-Pêches jouiffent des mêmes gages , droits, franchifes & exemptions que ceux dont jouiffent les gardes des forêts.

Toutes les difpofitions que nous venons de rapporter , ont été renouvelées & confirmées par l'édit du duc Léopold du mois de janvier 1729.

De la Pêche maritime.

Par l'article premier du titre premier du livre 5 de l'ordonnance du mois d'août 1681 , le roi a déclaré la Pêche de la *mer* libre à tous fes fujets, & leur a permis de la faire tant en pleine mer que fur les grèves, avec les filets & engins autorifés par cette ordonnance.

L'article 2 veut que les particuliers qui iront faire la Pêche des morues , harengs & maquereaux , fur les côtes d'Angleterre, en Amérique, & en général dans toutes les mers où elle peut fe faire , prennent un congé de l'amiral pour chaque voyage.

Mais ceux qui font la Pêche du poiffon frais avec bateaux portant mâts , voiles & gouvernail, ne-font obligés, fuivant l'article 3 , qu'à préfenter un feul congé chaque année, & ils font difpenfés de faire aucun rapport à leur retour, à moins qu'ils n'aient trouvé quelques débris, vu quelque flotte, ou fait quelque rencontre confidérable à la mer. En pareil cas, ils font tenus de faire leur déclaratiou aux officiers de l'amirauté, qui doivent la recevoir fans frais. La même règle a lieu à l'égard des pêcheurs dont parle l'article 2.

L'exception que le légiflateur a faite en faveur des pêcheurs de poiffon frais, eft fondée fur ce que les voyages qu'ils font en mer font fort courts, & que c'eût été furcharger ces fortes de pêcheurs, fi on les eût aftreints à prendre un congé de l'amiral pour chaque voyage.

Le meilleur moyen d'améliorer la Pêche & d'en corriger les abus, étant d'empêcher qu'on ne pêche le frai & les poiffons du premier âge, le fouverain a jugé qu'on ne pouvoir mieux remplir ces objets qu'en réglant la maille & l'ufage des filets ou engins qui peuvent être employés à la Pêche.

C'eft d'après ces vûes, que le légiflateur ayant, par l'article premier du titre 2 du livre 5 de l'ordonnance citée, autorifé les pêcheurs à fe fervir des rets ou filets appelés folles, a ordonné par l'article 2 que ces folles auroient leurs mailles de cinq pouces en carré, & qu'elles ne pourroient être laiffées à la mer plus de deux jours, à peine de confifcation & de vingt-cinq livres d'amende.

Il faut d'ailleurs, fuivant l'article 3, que ceux qui pêchent avec des folles foient toujours fur leurs filets tant qu'ils font à la mer, pour les vifiter de temps en temps & de marée à autre, à moins qu'ils n'en foient empêchés par la tempête ou par les ennemis.

Ces difpofitions font fondées fur ce que ces

filets étant deftinés à pêcher les plus gros poiffons, tels que les efturgeons, les marfouins, &c.
ils font extrêmement forts, & pourroient par
conféquent caufer du dommage aux petits bâtimens de mer qui viendroient à les aborder, fi
les pêcheurs n'étoient pas préfens pour avertir
les navigateurs d'éviter cet abordage.

2. L'ufage du filet appelé dreige étoit autorifé
par l'article 4, qui en avoit réglé les dimenfions ;
mais dans la fuite on s'en fervit d'une manière
fi abufive, que le frai du poiffon s'y trouvoit
pris fans pouvoir s'échapper. Cela fit un tel préjudice à la Pêche maritime, qu'il s'éleva un cri
univerfel à ce-fujet fur toutes les côtes du
ponant.

Pour remédier à ce mal, & rétablir la Pêche
du poiffon de mer, le roi donna la déclaration
du 23 avril 1726, qui fut enregiftrée au parlement le 18 mai fuivant. Cette loi fit défenfe
d'employer à l'avenir pour la Pêche maritime,
les filets appelés dreiges, & tout autre-filet traînant ; excepté pour la Pêche de l'huitre, & elle
fupprima l'ufage des bâteaux fans quilles, mâts,
voiles, ni gouvernail, pour faire la Pêche en
mer, le long des côtes & aux embouchures des
rivières (*).

(*) *Voici cette déclaration.*

" Louis, &c. Salut. L'attention que nous avons à procurer l'abondance dans notre royaume, nous a déterminé à
faire rechercher d'où provient la difette du poiffon de mer:
il a été reconnu qu'elle ne peut être attribuée qu'à la pratique de la Pêche avec le filet nommé *dreige* ou *drague*,
lequel traînant fur les fonds avec rapidité, gratte & la-
boure tous ceux fur lefquels il paffe, de manière qu'il

Le roi ayant été informé que la Pêche du poiſ-

déracine & enlève les herbes qui ſervent d'abri & de réduit
aux poiſſons, rompt les lits de leur frai, fait périr ceux
du premier âge, fait fuir tous ceux qu'il n'arrête point,
ou les éloigne ſi conſidérablement, que les pêcheurs ſont
obligés de les aller chercher au large, où la Pêche ſe fait
avec de plus gros riſques & à plus grands frais. Il n'eſt pas
poſſible d'eſpérer de trouver les côtes & la mer qui les
avoiſine, poiſſonneuſes, tant que la Pêche ſera faite avec
un pareil filet & avec les filets traînans dont les pêcheurs
ſe ſervent. Le mauvais uſage de la Pêche avec la dreige
a été reconnu depuis très-long-temps, auſſi bien que celui
des rets traînans; ils furent défendus par édit du mois de
mars 1584, à peine de punition corporelle; & il n'y avoit
alors que deux ſeuls bateaux tolérés pour faire la Pêche
avec la dreige, pour nos bouche & maiſon. Les repré-
ſentations des intéreſſés aux Pêches, plus touchés de leur
intérêt particulier que de l'avantage du bien public, firent
changer de ſi ſages diſpoſitions; il eſt à préſumer que ces
intéreſſés expoſèrent différemment la manière dont ſe fait
la Pêche avec la dreige, de ce qu'elle étoit effectivement;
puiſque, quoiqu'elle ſe faſſe avec un ret traînant, elle
fut permiſe par l'ordonnance du mois d'août 1681, pendant
que cette même ordonnance défend la Pêche avec toutes
ſortes de rets traînans, à peine de punition corporelle. Il
y eut d'abord un grand nombre de bateaux qui furent
employés à faire la Pêche avec la dreige; la quantité de
poiſſon diminua conſidérablement; & les pêcheurs dreigeurs furent obligés d'eux-mêmes de ſe réduire à un
moindre nombre de bateaux, connoiſſant, mais trop tard,
que s'ils continuoient ils détruiroient abſolument le fond de
la Pêche. L'uſage des petits bateaux plats, ſans quilles,
mâts, voiles, ni gouvernail, n'eſt pas moins pernicieux à
la multiplication des poiſſons & à l'empoiſſonnement des
côtes, que la pratique de la dreige, parce que les pêcheurs
riverains ſe ſervent de ces ſortes de petits bateaux, qu'ils
appellent *picots* ou *picoteurs*, pour aller traîner aux bords
des ſables, le long des grèves, & aux embouchures des
rivières, des ſeines, traînes, colleters, dranets & autres
ſemblables eſpèces de rets défendus par l'ordonnance du

fon nommé blanche ou blanquet ; caufoit la

---

mois d'août 1681 , ce qui détruit abfolument le frai du
poiffon. Ces pêcheurs courent auffi de grands rifques dans
ces petits bateaux , & ils périffent au moindre vent qui les
y furprend , quand ils fe trouvent un peu éloignés de la
côte. Toutes ces raifons nous ont déterminé à défendre la
Pêche avec la dreige , en nous réfervant néanmoins la faculté de laiffer fubfifter quelques bateaux pour faire cette
Pêche pour le fervice de nos tables , dans des temps &
dans des lieux où elle ne peut faire aucun tort au frai
du poiffon ni aux poiffons du premier âge , le nombre
defquels bateaux fera diminué ainfi qu'il fera réglé par ces
préfentes , en forte qu'ils feront tous fupprimés après le
carême de l'année 1734 expiré. Nous avons réfolu auffi
d'interdire l'ufage de ces petits bateaux , connus fous le
nom de *picots* ou de *picoteurs* , & de renouveler , fous
des peines plus févères , les défenfes faites par les ordonnances , de fe fervir de rets traînans , de quelque efpèce
& fous quelque nom que ce puiffe être ; nous eftimons
ces difpofitions néceffaires pour empêcher les Pêches abufives. A ces caufes & autres à ce nous mouvant , de notre
certaine fcience , pleine puiffance & autorité royale , nous
avons dit , déclaré & ordonné , & par ces préfentes fignées
de notre main , difons , déclarons , voulons & nous plaît
ce qui fuit :

Art. 1. Défendons à toutes perfonnes , de quelque qualité & condition qu'elles puiffent être , de faire faire la
Pêche du poiffon avec rets , filets ou trameaux nommés
dreiges ou *dragues* , à peine de confifcation des bateaux ,
rets , filets & poiffons , & de cent livres d'amende contre
le maître , & icelui déclaré déchu de fa qualité de maître ,
fans pouvoir en faire aucune fonction à l'avenir , ni
même d'être reçu pilote , pilote lamaneur ou locman ; &
en cas de récidive , de trois ans de galère.

*L'article 2 & les fuivans concernent ce qui devoit être
obfervé relativement aux permiffions que le roi s'étoit réfervé d'accorder au pourvoyeur de fa maifon jufqu'en
1734 , pour pêcher avec la dreige.*

17. Ordonnons à tous capitaines , maîtres & patrons ,

deſtruction du frai du poiſſon & du poiſſon du

---

qui auront vu pratiquer la Pêche avec la dreige, d'en faire
mention dans leurs rapports aux officiers de l'amirauté,
en marquant le parage & le ſignalement du bateau pêcheur.

18. Ordonnons auſſi à tous pêcheurs faiſant la Pêche
du poiſſon frais, de faire leurs déclarations aux officiers
de l'amirauté, des bateaux dreigeurs porteurs de nos permiſſions, qu'ils pourront trouver faire la Pêche avec la
dreige dans les quatre lieues du bord des côtes, & des
autres bateaux qu'ils pourroient avoir vu pratiquer la
même Pêche, ſans être porteurs de nos permiſſions, laquelle
déclaration ſera reçue ſans frais ; & tant ſur icelle que
ſur celles des capitaines, maîtres & patrons, ſeront les délinquans pourſuivis à la requête & diligence de nos procureurs dans les ſiéges de l'amirauté.

19. Faiſons défenſes à toutes perſonnes de traîner à la
mer, le long des côtes & aux embouchures des rivières,
des ſeines, collerets, traînes, dranets, draignaux, dravenets, & autres ſemblables filets & inſtrumens traînans,
ſous les peines portées par l'article premier des préſentes.

20. Défendons, ſous les mêmes peines, aux pêcheurs
qui ſe ſervent de rets, nommés picots, de traîner leurs
filets à la mer pour faire la Pêche, ni de ſe ſervir, pour
battre l'eau, piquer & brouiller les fonds, de perches
ferrées & pointues, de cablières, pierres, boulets, chaînes
de fer & tous autres inſtrumens.

21. Faiſons auſſi défenſes à tous pêcheurs & autres,
ſous les mêmes peines, de ſe ſervir de muletières & de
tramaux dérivans à la marée, tant avec bateau que ſans
bateau, en quelque temps & ſous quelque prétexte que ce
puiſſe être ; comme auſſi de faire la Pêche de la petite
traîne, dreige ou drague, nommée cauche ou chauſſe, &
celle de la dreige ou drague, armée & montée de fer.

22. Les pêcheurs, & tous autres, de quelque qualité &
condition qu'ils ſoient, qui auront des tramaux pour la
dreige, des muletières, des tramaux dérivans, des chauſſes
ou cauches, des ſacs ſervant à la dreige ou drague armée
de fer, des ſeines, collerets, corets, traînes, dranets,
draignaux, dravenets, & toutes autres eſpèces de rets »

premier âge, en ce que ce blanquet n'ayant pas

---

filets, engins & inftrumens traînans, connus fous quelque dénomination que ce puiſſe être, feront tenus de les démonter & de les employer à d'autres ufages, dans le terme d'un mois, du jour de l'enregiſtrement des préfentes au fiége de l'amirauté de leur reſſort, à peine, après ledit temps paſſé, de cent livres d'amende & de confiſcation defdits rets, filets & inftrumens, que nous ordonnons être brûlés publiquement, & les armures de fer confiſquées & briſées.

23. Défendons en conféquence aux marchands fabricateurs de rets, intéreſſés aux Pêches, maîtres & compagnons pêcheurs, & à toutes fortes de perfonnes, de quelque qualité & condition qu'elles puiſſent être, de faire ou fabriquer, vendre ou garder chez eux aucuns tramaux de dreige, tramaux & muletières dérivans, chauſſes ou cauches, facs fervans à la dreige ou drague armée de fer, & toutes autres efpèces de rets, engins & inftrumens défendus par l'article précédent, à peine de confiſcation d'iceux, & de trois cents livres d'amende, le tiers applicable au dénonciateur.

24. Enjoignons aux officiers de l'amirauté, chacun dans leur reſſort, de faire, un mois après l'enregiſtrement des préfentes, une exacte perquifition des tramaux de dreige, des muletières dérivans, des facs, cauches ou chauſſes, pour la dreige armée de fer, des feines, collerets, traînes, dranets, draignaux & dravenets, de toutes autres efpèces de rets, engins & inftrumens défendus par nos ordonnances & par ces préfentes, qui pourroient fe trouver, tant dans les maifons des pêcheurs que des autres riverains de la mer, privilégiés & non privilégiés, qui pourront être foupçonnés d'avoir des filets défendus, & de continuer la même recherche de trois mois en trois mois, à peine d'interdiction de leurs charges, & d'en dreſſer des procès-verbaux, qu'ils nous enverront quinzaine après la confection d'iceux.

L'article 10 du titre 10 de la déclaration du 18 mars 1727, qui eſt rapportée ci après, a modifié ces difpofitions relativement aux vifites, qu'il a réduites à deux chaque année.

plus de trois pouces & demi de long, un demi-

25. Ordonnons aux officiers des classes, lorsqu'ils feront leurs revues dans les paroisses de leurs quartiers, de faire en même temps la visite des rets, filets, engins & instrumens des pêcheurs; & s'ils en trouvent d'abusifs & défendus par les ordonnances & par ces présentes, d'en donner avis à notre procureur au siége de l'amirauté du ressort, pour poursuivre les délinquans.

26. Faisons défenses à tous pêcheurs qui font la Pêche à la mer, le long des côtes, & aux embouchures des rivières, de se servir de bateaux sans quilles, mâts, voiles ni gouvernails, à peine de confiscation desdits bateaux, des filets & poissons qui s'y trouveront, de cent livres d'amende contre le maître, & d'être déchu de la qualité de maître, sans pouvoir jamais en faire aucunes fonctions à l'avenir, ni être reçu pilote, pilote lamaneur ou locman; en conséquence, défendons la construction des bateaux plats, connus sous le nom de picots ou picoteurs, & autres semblables, à peine de confiscation desdits bateaux, de cent livres d'amende contre le charpentier constructeur, & d'être déchu pour toujours de sa maîtrise: accordons néanmoins aux pêcheurs le terme de trois mois, du jour de la publication des présentes, pour se pourvoir de bateaux ayant quilles & portant mâts, voiles & gouvernails, & voulons qu'après ledit temps, tous les bateaux plats, nommés picots ou picoteurs, & autres semblables, soient confisqués & dépecés, & les propriétaires d'iceux condamnés à cent livres d'amende.

27. Enjoignons à nos procureurs dans les amirautés, de donner avis aux officiers des classes, des maîtres qui, pour contravention aux présentes, seront déclarés déchus de leur qualité de maîtres, & sur ledit avis, voulons que lesdits officiers des classes les rayent du registre des maîtres, les portent sur celui des matelots, & les commandent en cette qualité pour servir sur nos vaisseaux.

28. Faisons défenses aux pêcheurs & à tous autres, sous les peines portées par le premier article des présentes, de pêcher ni faire pêcher avec quelque sorte de filets, instrumens & engins que ce soit, ni de quelque manière que ce puisse être, aucun frai de poisson connu sous

pouce & quelques lignes de largeur, & environ

les noms de blanchemelie, menuffe, faumonelle, guildre, manne, femence, & fous quelque autre nom & dénomination que ce puiffe être, d'en faler ni d'en vendre, fous quelque prétexte & pour quelque ufage que ce foit.

29. Défendons à tous marchands chaffe-marées, marayeurs, poiffonniers, vendeurs & regrattiers de poiffons, d'acheter ni d'expofer en vente aucun frai de poiffon, à peine de cinquante livres d'amende.

30. Faifons défenfes auffi à toutes fortes de perfonnes, de quelque qualité & condition qu'elles puiffent être, d'enlever ou faire enlever du frai de poiffon, foit pour nourrir les porcs, volailles & autres animaux, fumer & engraiffer les terres & le pied des arbres, & pour tout autre ufage que ce puiffe être, à peine de confifcation des chevaux & harnois, de cinq cents livres d'amende pour la première fois, & de punition corporelle en cas de récidive.

31. Déclarons comprendre fous le nom de frai de poiffon, tous les petits poiffons nouvellement éclos, & qui n'auront pas trois pouces de longueur au moins entre l'œil & la queue.

32. Permettons néanmoins aux pêcheurs, & à tous autres, de défouir des fables qui reftent à fec de baffe mer, les poiffons qui s'enfablent, pour fervir d'appât à leurs Pêches, telles que font les éguilles, équilles, lançons & autres poiffons de femblable efpèce, tels qu'ils puiffent être.

33. Défendons à toutes perfonnes, de quelque qualité & condition que ce foit, de jeter dans les eaux de la mer, le long des côtes, & aux embouchures des rivières, dans les marres & les étangs falés, aucunes chaux, noix vomiques, noix de cyprès, coques de levant, momie, mufc & autres drogues, pour fervir d'appât & empoifonner le poiffon, à peine de trois cents livres d'amende pour la première fois, & de mille livres en cas de récidive.

34. Les contraventions aux articles ci-devant des préfentes, feront pourfuivies à la requête de nos procureurs

trois lignes d'épaisseur, les pêcheurs, pour faire cette Pêche, étoient obligés de se servir d'un filet vulgairement appelé *savoneau*, qu'ils poussoient devant eux en raclant les fonds ; ce qui leur faisoit prendre quantité de frai de poisson, à cause du peu d'étendue des mailles de ce filet, sa majesté, pour faire cesser cet abus, donna une déclaration le 2 septembre 1726, qui défendit la Pêche dont il s'agit, sous peine contre les contrevenans de confiscation des rets, filets & poissons, & de cent livres d'amende pour la première fois ; & en cas de récidive, de trois ans de galères.

La conservation du frai du poisson a encore donné lieu à la déclaration du 24 décembre

dans les amirautés, & les sentences qui en interviendront contre les délinquans, seront exécutées pour les condamnations d'amende, nonobstant l'appel & sans préjudice d'icelui, jusqu'à concurrence de trois cents livres, sans qu'il puisse être accordé de défenses, même lorsque l'amende sera plus forte, que jusqu'à concurrence de ce qui excédera la somme de trois cents livres.

35. Ceux qui appelleront desdites sentences, seront tenus de faire statuer sur leur appel ou de le mettre en état d'être jugé définitivement dans un an, du jour & date d'icelui ; sinon & à faute de ce faire, ledit temps passé, ladite sentence sortira son plein & entier effet, & l'amende sera distribuée conformément à ladite sentence, & le dépositaire d'icelle bien & valablement déchargé.

36. La Pêche de l'huitre continuera d'être faite avec la dreige armée de fer, de la même manière & ainsi qu'il s'est pratiqué jusqu'à présent.

La déclaration dont il s'agit ordonne au surplus que l'ordonnance de 1681 sera exécutée en ce qu'elle n'y a pas dérogé.

1726 (*), qui a ajouté de nouvelles difpofitions

(*) *Voici cette loi :*

Louis, &c. Salut. Un des moyens les plus certains pour parvenir à rétablir l'abondance de la Pêche du poiffon de mer, étant d'empêcher la deftruction du frai & des poiffons du premier âge, nous aurions, par notre déclaration du 23 avril dernier, défendu l'ufage de tous les filets traînans à la mer, fur les bords des côtes & aux embouchures des rivières, parce que l'opération de ces filets qui grattent & labourent les fonds fur lefquels ils traînent, détruit néceffairement le frai ; nous aurions auffi, par les articles 28, 29 & 30 de cette même déclaration, fait défenfes de pêcher ni faire pêcher, expofer en vente ni acheter, enlever ou faire enlever aucun frai de poiffon connu fous quelque nom & dénomination que ce puiffe être, pour quelque ufage que ce foit ; nous aurions encore, par notre déclaration du 2 feptembre dernier, défendu la Pêche du poiffon, nommé blanche ou blanquet, qui ne pouvoit fe faire fans prendre & faire périr en même temps beaucoup de frai, qui fe trouve toujours confondu avec cette blanche ; & étant informé que, nonobftant ces difpofitions, les pêcheurs continuent de faire la Pêche du frai du poiffon, & qu'il s'en vend publiquement dans plufieurs villes de notre royaume ; nous avons réfolu de renouveler les défenfes que nous avons faites à cet égard, & d'impofer des peines plus févères contre ceux qui y contreviendront. A ces caufes & autres à ce nous mouvant, de notre certaine fcience, pleine puiffance & autorité royale, nous avons dit, déclaré & ordonné, & par ces préfentes fignées de notre main, difons, déclarons & ordonnons, voulons & nous plaît ce qui fuit :

Art. 1. Faifons défenfes aux pêcheurs, faifant leurs Pêches à la mer, & à tous autres, de pêcher ou faire pêcher avec quelques fortes de filets, inftrumens & engins que ce foit, ni de quelque manière que ce puiffe être, le poiffon nommé blanche ou blanquet, ni aucun frai de poiffon connu fous les noms de blanche, mélie, menuffe, faumonelle, guildre, manne, femence, & fous quelque autre nom & dénomination que ce puiffe être, d'en faler ni d'en vendre, fous quelque prétexte & pour quelque

à celles que contenoient sur cette matière les

---

usage que ce soit, à peine de confiscation des bateaux, rets, filets, engins, instrumens & poissons, & de cent livres d'amende contre le maître, & icelui déclaré déchu de sa qualité de maître, sans pouvoir jamais en faire aucunes fonctions, ni être reçu pilote, pilote lamaneur ou locman, & en cas de récidive de trois ans de galère.

2. Faisons pareillement défenses, sous les mêmes peines, aux pêcheurs riverains, tendeurs de basse eau, & à tous autres faisant leurs Pêches le long des côtes & aux embouchures des rivières, de pêcher ou faire pêcher, saler ou vendre ledit poisson nommé blanche ou blanquet, ni aucun frai de poisson.

3. Défendons aussi, sous les mêmes peines, à tous pêcheurs, fermiers des parcs & d'autres pêcheries exclusives, de pêcher ou faire pêcher dans l'enceinte desdits parcs ou pêcheries exclusives, de saler ni vendre ledit poisson nommé blanche ou blanquet, ni aucun frai de poisson, de quelque nature qu'il soit.

4. Ordonnons que les parcs & autres pêcheries exclusives où il aura été pêché deux fois dudit poisson, nommé blanche ou blanquet, ou du frai de poisson, seront détruits, sans pouvoir être rétablis par la suite, pour quelque cause & sous quelque prétexte que ce soit, & que les propriétaires d'iceux soient privés du droit de parc & de pêcherie exclusive.

5. Faisons défenses à toutes personnes de quelque qualité & condition qu'elles puissent être, d'enlever ou faire enlever le poisson nommé blanche ou blanquet, ni aucun frai de poisson, soit pour nourrir les porcs, volailles & autres animaux, fumer & engraisser les terres & le pied des arbres, & pour tout autre usage que ce puisse être, à peine de confiscation des chevaux & harnois, & de cinq cents livres d'amende pour la première fois, & de punition corporelle en cas de récidive.

6. Défendons à tous marchands, chasse-marées, marayeurs, poissonniers, vendeurs, regratiers de poisson, & à tous autres, ensemble à tous receveurs, commis & autres chargés de la vente du poisson forain & étranger, d'acheter ni d'exposer en vente le poisson nommé blanche

déclarations des 23 avril & 2 septembre précédens.

ou blanquet, ni aucun frai de poisson, à peine de saisie
& confiscation, & de cinquante livres d'amende pour la
première fois, & de punition corporelle en cas de récidive.

7. Déclarons les pères, mères & chefs des familles, responsables des amendes encourues par leurs enfans & autres
qui demeureront encore avec eux, & les maîtres, de celles
auxquelles leurs valets & domestiques auront été condamnés pour contravention aux présentes.

8. Dans le cas où la peine des galères est ordonnée
contre les hommes, la peine du fouet & du bannissement
à temps ou à perpétuité sera ordonnée contre les femmes,
les filles & les veuves, suivant la qualité du délit.

9. Déclarons comprendre sous le nom de *frai de poisson*, tous les petits poissons nouvellement éclos, & qui
n'auront pas trois pouces de longueur au moins entre l'œil
& la queue. Permettons néanmoins aux pêcheurs & à tous
autres, de défouir des sables qui restent à sec de basse mer,
les poissons qui s'ensablent, pour servir d'appât à leurs
Pêches, tels que sont les éguilles, lançons, & autres
poissons de semblable espèce.

10. Ordonnons aux officiers des amirautés, chacun dans
leur ressort, de veiller exactement à ce qu'il ne soit point
pêché du poisson nommé blanche ou blanquet, ni aucun
frai de poisson; qu'il n'en soit point aussi débarqué sur
les grèves, quais, ports; & seront les délinquans poursuivis
à la requête & diligence de notre procureur à leur siége.

11. Enjoignons à nos procureurs dans les amirautés de
donner avis aux officiers des classes, des maîtres qui, pour
contravention aux présentes, seront déclarés déchus de leur
qualité de maître; & sur ledit avis, voulons que lesdits officiers
des classes les rayent du registre des maîtres, les portent
sur celui des matelots, & les commandent en cette qualité
pour servir sur nos vaisseaux.

12. Ordonnons à tous les officiers chargés de la police
dans les villes de notre royaume, d'empêcher la vente &
le transport du poisson nommé blanche ou blanquet, & du
frai de poisson, dans les lieux & endroits qui sont de leur
compétence, & seront les délinquans poursuivis à la requête & diligence de notre procureur à leur siége.

L'article 5 du titre cité avoit permis de faire la Pêche des vives avec des mailles de treize lignes en carré, depuis le 15 février jusqu'au 15 avril feulement : mais comme l'intention du roi avoit été de n'accorder cette permiffion que pendant le carême, fa majefté a rendu en fon confeil, le 24 mars 1687, un arrêt par lequel, en interprétant l'article dont il s'agit, elle a ordonné qu'à l'avenir cette Pêche commenceroit deux jours avant le carême, & dureroit jufqu'à la veille de pâques, & elle a fait défenfe à tout pêcheur de commencer cette Pêche plutôt, & de la continuer plus tard, à peine de confifcation des bateaux, chaloupes & équipages, & de cent livres d'amende.

Les pêcheurs qui veulent pêcher pendant la

---

13. Leur enjoignons d'informer notre procureur du fiége de l'amirauté dans laquelle ledit poiffon nommé blanche ou blanquet, ou le frai de poiffon aura été pêché, du nom des pêcheurs qui l'auront vendu auxdits marchands, chaffe-marées, marayeurs, poiffonniers, vendeurs & regrattiers de poiffon,

14. Les fentences qui interviendront contre les délinquans, feront exécutées pour les condamnations d'amendes, nonobftant l'appel & fans préjudice d'icelui, jufqu'à concurrence de trois cents livres, fans qu'il puiffe être accordé de défenfes, même lorfque l'amende fera plus forte, que jufqu'à concurrence de ce qui excédera ladite fomme de trois cents livres.

15. Ceux qui appelleront defdites fentences feront tenus de faire ftatuer fur leur appel, ou de le mettre en état d'être jugé définitivement dans un an du jour & date d'icelui ; finon & à faute de ce faire, ledit temps paffé, ladite fentence fortira fon plein & entier effet, & l'amende fera diftribuée conformément à ladite fentence, & le dépofitaire d'icelle bien & valablement déchargé. Si donnons en mandement, &c.

nuit, doivent, fuivant l'article 6, montrer trois
différentes fois un feu dans le temps qu'ils mettent leurs filets à la mer, à peine de cinquante
livres d'amende, & d'être condamnés à réparer
les dommages réfultans du défaut d'obfervation de
cette règle.

Remarquez que fi les filets étoient placés
dans des lieux périlleux, il ne faudroit point
allumer de feux, parce qu'alors ce feroient des
feux trompeurs qui donneroient lieu aux peines
prononcées par l'article 45 du titre des nau-
frages.

L'article 9 défend aux pêcheurs qui arrivent
à la mer, de jeter leurs filets dans un endroit
où ils puiffent nuire à ceux qui fe trouvent les
premiers fur le lieu de la Pêche, ou qui l'ont
déjà commencée, à peine de tous dépens, dommages
& intérêts, & de cinquante livres d'amende.

Les mêmes peines doivent être prononcées,
fuivant l'article 10, contre tous les pêcheurs qui,
fe trouvant dans une flotte de pêcheurs, quit-
tent leur rang pour fe placer ailleurs, après que les
pêcheurs de la flotte ont mis leurs filets à la
mer.

Il eft permis par l'article 11 de faire la Pêche
de la fardine avec des filets ayant des mailles
de quatre lignes en carré. La raifon qui a fait
autorifer des filets dont la maille eft fi peu étendue, eft que les fardines ne fe mêlent guère
avec les autres poiffons, & qu'elles fe raffemblent
de manière qu'on en trouve des amas confidérables.

L'article 12 défend aux pêcheurs d'employer
de la *réfure* pour attirer la fardine, & à tout
marchand d'en vendre avant qu'elle ait été vifitée

& trouvée bonne , à peine de trois cents livres d'amende.

. Il est défendu par l'article 13 , de faire la Pêche du gangui & du bregin , & celle du marquesèque ou du nonnat , pendant les mois de mars , avril & mai , à peine de confiscation des filets & bateaux , & de cinquante livres d'amende.

L'article 14 prononce les mêmes peines contre ceux qui pêchent durant les mêmes mois, avec bouliers , à deux cents brasses près des embouchures des étangs & des rivières.

L'article 15 défend d'ailleurs aux pêcheurs qui se servent d'engins appelés fichures , de prendre les poissons enfermés dans les bastides ou autres filets tendus dans les étangs salés , à peine de punition corporelle.

La même loi doit être appliquée aux pêcheurs qui prennent du poisson dans des filets tendus ailleurs que dans les étangs salés , & avec des engins autres que ceux qui sont appelés fichures. En effet, ils commettent un vol dans l'un comme dans l'autre cas.

. Il doit y avoir au greffe de chaque siége d'amirauté un modèle des mailles de chaque espèce de filet , dont les pêcheurs qui demeurent dans l'étendue de chaque juridiction , peuvent se servir pour faire leur Pêche , tant en mer que sur les grèves. L'article 16 enjoint aux procureurs du roi de faire soigneusement exécuter cette règle , à peine de répondre des contraventions en leur nom.

Les articles 1 , 2 & 3 du titre 3 du même livre 5 de l'ordonnance de la marine , permettent de tendre sur les grèves de la mer & aux embouchures des rivières navigables , les filets appelés hauts & bas parcs, ravoirs, courtines, & venets, & règlent la forme des mailles de ces filets, ainsi que la manière dont ils doivent être tendus.

Ces articles ont depuis été interprétés par la déclaration du 18 mars 1727, qui a prescrit la manière d'en user, & les peines qui doivent être prononcées dans le cas de contravention (*).

(*) *Cette déclaration est d'autant plus importante à connoître, qu'elle a interprété ou renouvelé la plupart des dispositions de l'ordonnance concernant la Pêche, & qu'elle forme à cet égard le dernier état de la jurisprudence ; ainsi nous allons la rapporter en entier.*

Louis, &c. Salut : nous avons, par notre déclaration du 23 avril dernier, interdit l'usage des filets & instrumens traînans, & par celle du 24 décembre aussi dernier, nous avons défendu la Pêche, le transport & la vente du frai de poisson de mer : nous n'avons rendu ces déclarations que pour conserver le frai du poisson & le poisson du premier âge, à l'effet de procurer l'abondance du poisson de mer, & de rendre les côtes de notre royaume aussi poissonneuses qu'elles l'étoient par le passé ; mais comme il pourroit être commis des abus par rapport aux Pêches permises à la côte, qui détruiroient le frai du poisson du premier âge, nous avons résolu de régler la forme dans laquelle elles pourront être faites, la grandeur des mailles des filets qui y seroient employés, & la manière dont ils seront établis. A ces causes & autres à ce nous mouvans, de l'avis de notre conseil & de notre certaine science, pleine puissance & autorité royale, nous, interprétant en tant que de besoin l'ordonnance du mois d'août 1681, avons dit, déclaré & ordonné, disons, déclarons & ordonnons, voulons & nous plaît, que la Pêche sur les bords de la mer soit & demeure libre & commune à tous nos sujets, qui pourront la faire & pratiquer avec les rets, filets, engins & instrumens permis par ces présentes ; & en conséquence, leur permettons de faire à la côte, dans les bayes & aux embouchures des rivières, les pê-

Par l'article 4, le roi ordonna que les parcs

cheries dont la police fera ci-après réglée, même d'y pratiquer les nouvelles pêcheries qu'ils pourroient inventer,
pourvu qu'ils fe conforment, pour celles dont les filets
feront montés fur des pieux, piquets ou piochons, à la
police qui fera réglée pour les bas parcs ; & pour celles
qui feront pratiquées avec des filets flottés, à la police
qui fera réglée par les tentes de baffe eau, le tout à
peine, contre les contrevenans, de confifcation des rets,
filets, engins, inftrumens, pieux, piquets ou piochons,
& de vingt-cinq livres d'amende pour la première fois,
de pareille confifcation & de cinquante livres d'amende en
cas de récidive.

TITRE PREMIER.

Des hauts parcs.

ARTICLE 1. Les mailles des filets fervant aux pêcheries nommées hauts parcs ou étangs, étales, hautes pen-
tieres, hauts étaliers, palis, marfaiques & haranguières,
feront d'un pouce ou de neuf lignes en carré, & le filet
fera tendu en telle forte que le bas ne touche point aux
fables, & qu'il en foit éloigné de trois pouces au
moins.

2. Les perches fur lefquelles les filets defdites pêcheries
feront tendus, auront au plus quinze pieds de hauteur,
hors des fables, feront éloignées les unes des autres de
huit pieds au moins, & plantées en droite ligne d'un bout
à terre, & de l'autre à la mer ; permettons néanmoins
aux pêcheurs de faire, aux extrémités de la ligne du côté
de la mer, une efpèce de demi-enceinte ou crochet,
qui fera formée avec de pareilles perches, & garnie d'un
femblable filet.

3. Ordonnons à tous ceux qui pratiqueront lefdites pêcheries, de les éloigner les unes des autres de fix braffes au
moins.

4. Les rets entre roches, traverfis & muletières, feront
cenfés du genre des hauts parcs, & comme tels, nous
permettons à ceux qui les voudront pratiquer, de les for-

dans lesquels il entroit des pierres ou du bois,

mer avec des perches de quinze pieds de haut, & des filets ayant les mailles d'un pouce ou neuf lignes au moins en carré, à condition de se conformer, pour le surplus, à la police établie pour les hauts parcs.

5. Faisons défenses aux pêcheurs & à tous autres, de se servir des filets des hauts parcs pour garnir aucune autre pêcherie que ce soit.

6. Les dispositions contenues aux articles du présent titre feront exécutées, à peine, contre les contrevenans, de confiscation des filets & des perches sur lesquelles ils feront tendus, & de vingt-cinq livres d'amende pour la première fois, de pareille confiscation & de cinquante livres d'amende en cas de récidive.

6. Déclarons ne permettre les pêcheries contenues au présent titre, avec les filets y mentionnés, dont les mailles font au dessous de deux pouces en carré, que parce qu'il ne s'y peut prendre que des poissons passagers a la côte, tels que font les harengs, celans, sardines, maquereaux, sansonnets, rablots, bais, mulets, lieux, éolins & surmulets, qui se maillent dans lesdits filets.

T I T R E I I.

Des bas parcs.

ARTICLE I. Les filets servans aux pêcheries, nommés bas parcs, ou tournées, fourées, fouresses, courtines, bas étaliers & venets, auront les mailles de deux pouces au moins en carré, & ils feront attachés à des pieux, piquets ou piochons plantés à cet effet dans les fables fur lesquels le filer fera tendu, fans qu'il y puisse être enfoui.

2. Les pieux, piquets ou piochons qui formeront lesdites pêcheries, auront au plus quatre pieds de hauteur, hors des fables; ils pourront être plantés en équerre, fer à cheval, demi-cercle ou crochet, & feront éloignés les uns des autres d'une brasse au moins.

3. L'ouverture ou embouchure des pêcheries qui feront formées en équerre, fer à cheval & en demi-

seroient démolis, à la réserve de ceux qui avoient

---

cercle, ne pourra être que de cinquante brasses au plus.

4. Lesdites pêcheries formées en équerre ne pourront avoir les aîles, pannes, brasses ou côtés, que de cinquante brasses de long, & celles formées en fer à cheval & en demi-cercle ou crochet, ne pourront avoir que cent brasses de contour ; en sorte que pour la garniture de chacune desdites pêcheries, il ne puisse être employé que cent brasses de filets.

5. Ordonnons aux pêcheurs, & à tous autres qui planteront les pieux, piquets ou piochons de leurs pêcheries en forme d'équerre, de les placer en ligne droite, pour ne former qu'un seul angle dans le fond de la pêcherie.

6. Lesdites pêcheries ne pourront être établies qu'à la distance de vingt brasses les unes des autres ; il pourra néanmoins en être placé d'autres au dessus & au dessous des pêcheries déjà établies, pourvu qu'elles soient sur la même ligne, allant de la côte à la mer & à la distance de dix brasses au moins de l'angle ou du fond de la pêcherie qui en sera la plus proche.

7. Toutes lesdites pêcheries, soit qu'elles soient placées les unes au dessus des autres, ou qu'elles le soient à côté, seront censées du genre des bas parcs, &, comme telles, ne pourront être montées que d'un filet ayant les mailles de deux pouces en carré, qui ne pourra être enfoui dans le sable.

8. Il pourra être mis au fond desdites pêcheries, des guideaux, benâtres, verveux & autres instrumens dénommés au titre V des présentes, pourvu qu'ils soient faits dans la forme qui y sera prescrite.

9. Les dispositions contenues aux articles du présent titre seront exécutées, à peine, contre les contrevenans, de confiscation des filets & des pieux, piquets ou piochons sur lesquels ils seront tendus, & de vingt-cinq livres d'amende pour la première fois, de pareille confiscation & de cinquante livres d'amende en cas de récidive.

été bâtis avant l'année 1544. Les possesseurs de

TITRE III.

Des parcs de filets couverts & non couverts.

ARTICLE 1. Les rets servant à la pêcherie des parcs de filets, soit couverts ou non couverts, qui sont aussi connus sous le nom de *perd temps*, auront les mailles de la chasse, de l'enceinte & de la couverture, de deux pouces au moins en carré.

2. Ils seront attachés sur des pieux, piquets ou piochons qui ne pourront être élevés que de quatre pieds au dessus des sables, & seront tendus de manière que le bas n'y soit point enfoui.

3. Les pieux, piquets ou piochons, tant de l'enceinte que de la chasse du parc, seront éloignés au moins d'une brasse les uns des autres.

4. La longueur de la chasse qui aboutit à l'embouchure du parc, ne pourra être que de trente brasses au plus.

5. Les dispositions contenues aux articles du présent titre seront exécutées, à peine, contre les contrevenans, de confiscation des filets & des pieux, piquets ou piochons sur lesquels ils seront tendus, & de vingt-cinq livres d'amende pour la première fois, de pareille confiscation & de cinquante livres d'amende en cas de récidive.

TITRE IV.

Des ravoirs.

ARTICLE 1. Les filets servans aux pêcheries, nommés ravoirs simples, ou rets entre l'eau, auront les mailles de deux pouces au moins en carré, & ceux servans aux ravoirs ou rets entre l'eau tramaillés, auront les mailles de la toile, nape, flue ou ret du milieu, de deux pouces aussi en carré au moins, & celles des trameaux ou hameaux qui sont des deux côtés, seront de neuf pouces au moins en carré.

2. Lesdits filets seront attachés à des pieux, piquets ou

ceux-ci ont été maintenus dans leur jouissance,

---

piochons, & ils y seront tendus de manière que le bas, qui sera retroussé, soit éloigné du sable de six pouces au moins.

3. Les pieux, piquets ou piochons qui formeront lesdites pêcheries, auront au plus quatre pieds de hauteur hors des sables ; ils seront éloignés d'une brasse au moins les uns des autres, & plantés en droite ligne.

4. Chacune desdites pêcheries sera éloignée l'une de l'autre de dix brasses au moins.

5. Les dispositions contenues aux articles du présent titre seront exécutées, à peine, contre les contrevenans, de confiscation des filets & des pieux, piquets ou piochons sur lesquels ils seront tendus, & de vingt-cinq livres d'amende pour la première fois, & de pareille confiscation & de cinquante livres d'amende en cas de récidive.

TITRE V.

De la pêcherie nommée guideaux à bas étalier, & de celles nommées benâtre & verveux, & autres pêcheries non flottées, montées sur piquets.

ARTICLE I. Les filets qui serviront aux pêcheries nommées guideaux à bas étaliers, & guideaux volans, aux benâtres volans, bâches, chausses, sacs, gonnes, tonnes & nasses ; aux verveux, clirets, entonnoirs & tonnelles volans, & aux autres pêcheries non flottées, montées sur piquets, auront les mailles de deux pouces en carré au moins.

2. Les filets qui serviront à la pêcherie des guideaux à bas étaliers, ou guideaux volans, seront faits en forme de chausses, & seront posés entre deux pieux, piquets ou piochons, qui ne pourront être élevés plus de quatre pieds au dessus des sables, & il sera observé une distance d'une brasse au plus de l'un à l'autre pieu, piquet ou piochon.

3. Les filets qui formeront la pêcherie des benâtres volans, bâches, chausses, sacs, gonnes, tonnes & nasses,

à la charge de fe conformer, pour la conftruction, aux règles que prefcrivent les articles fuivans.

---

feront faits dans la même forme que ceux des guideaux à bas étaliers, & attachés à un châffis en carrure de bois, qui fera pareillement pofé entre deux pieux, piquets ou piochons éloignés d'une braffe au plus l'un de l'autre, & qui ne pourront auffi être élevés plus de quatre pieds au deffus des fables.

4. Les filets qui ferviront à la pêcherie des verveux, clicets, entonnoirs & tonnelles volans, feront faits en forme d'entonnoir, dont l'entrée fera amarrée fur un demi-cercle de bois, qui fera arrêté par une traverfe de corde, & le refte du filet fera tenu ouvert par plufieurs cercles de bois qui feront éloignés de deux pieds au moins les uns des autres; lefdits filets ainfi formés feront pofés entre deux pieux, piquets ou piochons, qui ne pourront auffi être élevés plus de quatre pieds au deffus des fables, & qui feront éloignés l'un de l'autre de deux braffes au plus.

5. Les pêcheries ci-deffus nommées ne pourront être que de dix braffes de long au plus; il en pourra être établi d'autres au deffus & au deffous, pourvu qu'elles foient éloignées les unes des autres de quinze braffes au moins.

6. Les filets & inftrumens fervans aux pêcheries mentionnées au préfent titre, pourront être placés à l'ouverture ou égoûts des bouchons ou parcs de clayonnages, depuis le premier octobre jufqu'au dernier avril.

7. Lefdits filets & inftrumens pourront auffi être placés au fond des bas parcs pendant toute l'année.

8. Les difpofitions contenues aux articles du préfent titre feront exécutées, à peine, contre les contrevenans, de confifcation des filets & inftrumens, & des pieux, piquets ou piochons fur lefquels ils feront tendus, & de vingt-cinq livres d'amende pour la première fois, de pareille confifcation & de cinquante livres d'amende en cas de récidive.

9. Les pêcheurs & tous autres qui voudront pratiquer les autres pêcheries non flottées, montées fur pieux, piquets ou piochons, connus fous tel nom & dénomination

Les parcs de pierre doivent, suivant l'article

que ce puisse être, seront tenus d'observer la police réglée par le présent titre, pour la maille des filets, la hauteur des pieux, piquets ou piochons, leur éloignement de l'un à l'autre, & la distance de chaque pêcherie, sous les peines y portées.

TITRE VI.

Des havenets.

ARTICLE I. Les mailles des rets qui formeront les sacs des havenets, connus aussi sous les noms de havets, haveaux, bichettes, grandes savenelles & sanonceaux, seront de quinze lignes au moins en carré, à peine de confiscation des rets & filets, & de vingt-cinq livres d'amende pour la première fois, de pareille confiscation & de cinquante livres d'amende en cas de récidive.

2. Lesdits filets seront montés sur deux perches croisées, qui auront chacune douze à quinze pieds de long, & qui seront tenues ouvertes par une traverse de bois qui sera placée proche l'endroit où lesdites perches seront croisées; l'ouverture du filet ne pourra avoir que quinze pieds de large au plus, & la corde qui sera mise au bout desdites deux perches, pour soutenir ledit filet, ne pourra être chargée que d'un quarteron de plomb par brasse; le tout, à peine de pareilles amendes & confiscations.

3. Faisons défenses, sous les mêmes peines, à ceux qui se serviront dudit instrument, de le pousser ni traîner devant eux sur les fonds où ils feront la Pêche.

TITRE VII.

Du bouteux ou bout de quieure & autres instrumens qui servent pour la Pêche des chevrettes & solicots.

ARTICLE I. Le ret qui formera le sac du bouteux ou bout de quieure, connu aussi sous les noms de buhautiers, saunets, saures, lanets, paniers, ruches, ruchers, chapeau à sauterelles & grenadiers, aura la maille de six lignes au moins en carré.

1 5 , être construits de pierres rangées en forme

2. Il sera attaché sur une fourche ou sur un cercle, sans qu'il puisse y être mis , au lieu du filet, de la toile ou sac à tamis , sous prétexte de prendre des puces & des lauterelles de mer.

3. La traverse de cet instrument sera formée d'un bâton rond ou d'une corde qui ne pourra être chargée que d'un quarteron de plomb au plus.

4. Les pêcheurs & tous autres ne pourront se servir dudit instrument pour faire la Pêche pendant les mois de mars, avril, mai, juin, juillet & août.

5. Les articles ci-dessus seront exécutés , à peine , contre les contrevenans, de confiscation des filets & instrumens & de vingt-cinq livres d'amende pour la première fois, de pareille confiscation & de punition corporelle en cas de récidive.

6. Sera néanmoins permis aux pêcheurs & à tous autres de faire la pêche des chevrettes & solicots pendant toute l'année, avec chaudières & autres instrumens sédentaires sur les fonds & entre les rochers, pourvu que les mailles des filets qui seront attachés auxdits instrumens aient au moins six lignes en carré, à peine, contre les contrevenans, de confiscation des filets & instrumens , & de vingt-cinq livres d'amende pour la première fois , de pareille confiscation & de cinquante livres d'amende en cas de récidive.

7. Leur permettons aussi de se servir de clayes, paniers, bouraques, nasses, caziers & autres semblables engins formés d'osiers à jour, pour faire la Pêche des crables, homards, rocailles & poissons à croute , à condition que les verges seront éloignées les unes des autres de douze lignes au moins, à peine, contre les contrevenans, de pareille amende & confiscation.

TITRE VIII.

Du carreau.

ARTICLE I. Le filet du carreau, connu aussi sous les noms de hunier & échiquier , aura les mailles de six lignes en carré au moins, à peine de confiscation & de vingt-cinq

de demi-cercle, & élevées à la hauteur de quatre

---

livres d'amende pour la première fois, de pareille confiscation, & de punition corporelle en cas de récidive.

2. Faifons défenfes, fous les mêmes peines, aux pêcheurs & à tous autres, de faire la Pêche avec ledit filet, pendant les mois de février, mars, avril, mai, juin, juillet, août & feptembre.

TITRE IX.

Des rets & filets flottés, & tentes à la baffe eau.

ARTICLE I. Pourront être tendus à la côte & à la baffe eau les filets nommés folles, demi-folles, grandes & petites canières, grandes & petites pantières, grands & petits rieux, cibaudières, fix doigts, mailles royales, lefques, bertelières, hauffières, flues flottées, muletières, rets à croc, rets entre roches, traverfis, maquereautières, trameaux, & tous autres rets de pied flotté, pourvu que la maille foit de la grandeur ci-après prefcrite.

2. Les mailles des folles auront cinq pouces en carré au moins, & celles des demi-folles, grandes canières, grandes pentières & grands rieux, auront au moins trois pouces en carré.

3. Les mailles des petites canières, petites pentières, petits rieux, cibaudières, fix doigts, mailles royales, lefques, bertelières, hauffières, flues flottées, muletières, rets à croc, rets entre roches, traverfis, maquereautères, trameaux, & tous autres rets de pied flotté, qui fe tendent fur les fables & grèves, connus fous tels noms & dénominations que ce puiffe être, auront au moins deux pouces en carré.

4. Les trameaux fédentaires & toutes autres efpèces de rets tramaillés, auront les mailles de la toile, nape, flue, feuillure, ouret du milieu, de deux pouces au moins en carré; les mailles des trameaux ou humeaux, des deux côtés, feront de neuf pouces auffi en carré, & le bas dudit filet ne pourra être garni que de pierres ou de torques de paille.

5. Les articles contenus au préfent titre feront exécutés,

pieds au plus, fans chaux, ciment ni maçonnerie;

à peine, contre les contrevenans, de confiscation & de vingt cinq livres d'amende pour la première fois, de pareille confiscation, & de cinquante livres d'amende en cas de récidive.

TITRE X.

De la police commune à toutes les Pêches à pied & tentes à la baffe eau.

ARTICLE I. Faisons défenses à tous ceux qui feront la Pêche à la côte avec des rets, filets, engins & instrumens montés sur perches, piquets, pieux ou piochons, de les tendre dans le paffage ordinaire des vaiffeaux, ni à deux cents braffes près, a peine de faisie & confiscation des rets, filets, engins, instrumens, perches, piquets, pieux ou piochons, de cinquante livres d'amende, & de réparation des pertes & dommages que ces pêcheries auroient caufés.

2. Faisons pareillement défenfes à toutes perfonnes de traîner à la côte, dans les bayes, & aux embouchures des rivières, aucun des filets & instrumens dénommés dans ces préfentes, ni aucun autre, fous quelque dénomination que ce foit, & pour quelque caufe & fous quelque prétexte que ce puiffe être, à peine de confiscation des filets & instrumens, & de cent livres d'amende pour la première fois, de pareille confiscation & de trois ans de galère en cas de récidive.

3. Défendons auffi à toutes perfonnes, fous les mêmes peines, de fe fervir pour battre l'eau, piquer & brouiller les fonds, de perches ferrées & pointues, de cablières, pierres, boulets, chaînes de fer, & tous autres instrumens.

4. Défendons pareillement à toutes perfonnes de faire à la baffe eau, foit à pied ou à cheval, la Pêche avec des herfes, rateaux, & autres femblables engins & instrumens qui grattent & brouillent les fonds, à peine de confiscation des chevaux, harnois & instrumens, & de cent livres d'amende pour la première fois, de pareille confiscation, & de trois ans de galères, en cas de récidive.

5. Il y aura toujours au greffe de chaque fiége d'ami-

& ils doivent avoir dans le fond, du côté de

---

rauté, un modèle des mailles de chaque espèce de filets dont les pêcheurs de pied, riverains & tendeurs de basse eau, demeurans dans l'étendue de la juridiction, se serviront pour faire la Pêche à la côte, dans les baies & embouchures des rivières. Enjoignons à nos procureurs des amirautés de tenir soigneusement la main à l'exécution du présent article, à peine de répondre des contraventions en leur nom.

6. Les pêcheurs & tous autres qui auront des filets pour les pêcheries dénommées dans les présentes, dont les mailles ne seront pas de la proportion qui y est marquée, seront tenus de les démonter, & de les employer à d'autres usages, dans le terme d'un mois de la date de l'enregistrement desdites présentes, au siège de l'amirauté de leur ressort, à peine, après ledit temps passé, de cent livres d'amende & de confiscation desdits filets, que nous ordonnons être brûlés publiquement.

7. Défendons aux marchands fabricateurs de rets & filets, & à tous autres, de faire ou fabriquer, vendre ou garder chez eux aucuns filets propres pour lesdites pêcheries, dont les mailles seront d'un calibre moindre qu'il n'est porté par les présentes, à peine de confiscation d'iceux & de trois cents livres d'amende, le tiers applicable au dénonciateur.

8. Enjoignons aux officiers de l'amirauté, chacun dans leur ressort, de faire, un mois après l'enregistrement des présentes, une exacte perquisition de tous les filets propres pour les pêcheries de pied & tentes de basse eau, dont les mailles ne seront pas de la proportion réglée par ces présentes, tant dans les maisons des pêcheurs, que dans celles des autres riverains de la mer, privilégiés, qui pourront être soupçonnés d'avoir des filets défendus, & d'en dresser des procès-verbaux qu'ils nous enverront quinzaine après la confection d'iceux.

9. Voulons que lesdits officiers de l'amirauté, chacun dans leur ressort, fassent dans les mois de mars & de septembre de chaque année, à peine d'interdiction de leurs charges, une visite exacte des rets, filets, engins & instrumens des pêcheries exclusives, & de celles qui sont

la mer , une ouverture de deux pieds de lar-

---

libres & permises par ces présentes, à l'effet de faire exécuter les dispositions portées par lesdites présentes , par
notre déclaration du 23 avril dernier, & par les ordonnances
des rois nos prédécesseurs.

· 10. Voulons aussi qu'ils fassent en même temps visite &
perquisition chez tous les riverains de la mer , privilégiés
ou non privilégiés , qui pourront être soupçonnés d'avoir
des filets défendus , & que de chaque visite qu'ils feront ils
dressent des procès-verbaux qu'ils nous enverront quinzaine
après la confection d'iceux ; à l'effet de quoi nous les avons
dispensés & dispensons des quatre visites auxquelles ils
étoient tenus par chaque année par l'article 24 de notre
déclaration du 23 avril dernier.

- 11. Ordonnons aux officiers des classes , lorsqu'ils feront
la revue des gens de mer dans les paroisses de leurs quartiers , de faire en même temps la visite des pêcheries exclusives , & de celles qui sont libres & permises par ces
présentes , ensemble des rets , filets, engins & instrumens
des riverains , pêcheurs de pied & tendeurs de basse eau ;
& s'il s'en trouve d'abusifs & défendus par nos ordonnances
& par ces présentes , d'en donner avis à notre procureur
au siége de l'amirauté du ressort , pour poursuivre les délinquans.

· 12. Faisons défenses aux seigneurs des fiefs voisins de
la mer , & à tous autres , de lever aucun droit en deniers
ou en espèces sur les pêcheries de pied & tentes de basse
eau , & de s'attribuer aucune étendue de côtes & de grèves,
pour y pêcher à l'exclusion d'autres , sinon en vertu d'aveux
& dénombremens rendus en nos chambres des comptes
avant l'année 1544 , ou de concession en bonne forme ,
à peine de restitution du quadruple de ce qu'ils auront
exigé , & de quinze cents livres d'amende.

· 13. Défendons en conséquence aux propriétaires & fermiers des pêcheries exclusives, conservées , de troubler ni
inquiéter les pêcheurs de pied , riverains, tendeurs de basse
eau , & tous autres , qui tendront leurs rets , filets, engins
& instrumens , tant flottés que non flottés , à dix brasses
du fond desdites pêcheries exclusives , à peine d'amende
arbitraire , ni d'exiger desdits pêcheurs aucune chose , à
peine de concussion.

geur, qui ne peut être fermée que d'une grille

14. Faisons défenses à tous gouverneurs, officiers & soldats des îles & des forts, villes & châteaux construits sur le rivage de la mer, d'apporter aucun obstacle à la Pêche dans le voisinage de leurs places, & d'exiger des pêcheurs argent ou poisson pour la leur permettre, à peine, contre les officiers, de perte de leurs emplois, & contre les soldats, de punition corporelle.

15. Déclarons les pères, mères & chefs de famille, responsables des amendes encourues par leurs enfans & autres qui demeureront encore avec eux, & les maîtres, de celles auxquelles leurs valets & domestiques auront été condamnés pour contravention aux présentes.

16. Dans le cas où la peine des galères est ordonnée contre les hommes, la peine du fouet & du bannissement, à temps ou à perpétuité, sera ordonnée contre les femmes, les filles & les veuves, suivant la qualité du délit.

TITRE XI.

Des amendes.

ARTICLE I. Les contraventions aux articles des présentes seront poursuivies à la requête de nos procureurs dans les amirautés, & les sentences qui interviendront contre les délinquans, seront exécutées, pour les condamnations d'amendes, nonobstant l'appel & sans préjudice d'icelui, jusqu'à concurrence de trois cents livres, sans qu'il puisse être accordé de défense, même lorsque l'amende sera plus forte, que jusqu'à concurrence de ce qui excédera ladite somme de trois cents livres.

2. Ceux qui appelleront desdites sentences seront tenus de faire statuer sur leur appel, ou de le mettre en état d'être jugé définitivement dans un an du jour & date d'icelui; sinon & à faute de ce faire, ledit temps passé, ladite sentence sortira son plein & entier effet; & l'amende sera distribuée conformément à ladite sentence, & le dépositaire d'icelle bien & valablement déchargé.

Le contenu en nosdites présentes sera exécuté dans nos provinces de Flandres, pays conquis & reconquis, Boulonnois, Picardie & Normandie.

de bois, ayant des trous en forme de mailles d'un pouce au moins en carré, depuis la saint Remi jusqu'à pâques, & de deux pouces en carré depuis pâques jusqu'à la saint Remi.

L'article 6 concerne la construction des parcs appelés bouchots. Voyez le mot BOUCHOT.

» Et pour les parcs de bois & de filets, porte
» l'article 7, ils seront faits de simples clayes
» d'un pied & demi de hauteur, auxquelles seront
» attachés des filets ayant les mailles d'un pouce
» en carré, & les clayes auront dans le fond,
» du côté de la mer, une ouverture aussi de
» deux pieds, qui ne pourra être fermée que d'un
» filet dont les mailles seront de deux pouces
» en carré, depuis pâques jusqu'à la saint Remi,
» & d'un pouce au moins depuis la saint Remi
» jusqu'à pâques «.

L'article 8 fait défense à tout particulier, de quelque qualité qu'il soit, de bâtir à l'avenir sur les grèves de la mer aucun parc dans la construction duquel il entre du bois ou de la pierre, à peine de trois cents livres d'amende, & de démolition du parc aux frais du contrevenant.

Il est aussi fait défense, par l'article 9, aux seigneurs des fiefs voisins de la mer & à tous autres, de lever aucun droit en deniers ou en espèces sur les parcs ou pêcheries, & sur les Pêches qui se font en mer ou sur les grèves, & de s'attribuer aucune étendue de mer pour y pêcher, à l'exclusion d'autres, à moins que ce

Sera au surplus l'ordonnance du mois d'août 1681, concernant la Pêche, & la déclaration du 23 avril dernier, exécutées selon leur forme & teneur, en ce qu'il n'y est dérogé par ces présentes. Si donnons en mandement, &c.

ne

ne foit en vertu d'aveux & dénombremens reçus à la chambre des comptes du reffort avant l'année 1544, ou de conceffion en bonne forme, à peine de reftitution du quadruple de ce qu'ils auront exigé, & de quinze cents livres d'amende.

L'article 10 fait pareillement défenfe aux gouverneurs, officiers & foldats des îles & des forts, villes & châteaux conftrúits fur le rivage de la mer, d'apporter aucun obftacle à la Pêche dans le voifinage de leurs places, & d'exiger des pêcheurs, argent ou poiffon pour le leur permettre, à peine contre les officiers de perte de leurs emplois, & contre les foldats de punition corporelle.

Ces difpofitions ont été renouvelées par l'article 14 du titre 10 de la déclaration du 18 mars 1727.

L'article 12 du titre cité de l'ordonnance, avoit prefcrit ce que devoient obferver ceux qui font la Pêche avec les guideaux; mais le titre 5 de la déclaration dont on vient de parler, a établi de nouvelles règles à cet égard.

Les pères & les mères font refponfables des amendes encourues par leurs enfans, lorfqu'ils demeurent avec eux, & les maîtres font pareillement refponfables de celles qu'encourent leurs valets & domeftiques pour raifon des contraventions qu'ils commettent relativement à la Pêche. C'eft ce qui réfulte de différentes loix.

Les officiers de l'amirauté font autorifés par l'article 20 du titre cité de l'ordonnance de la marine, à appliquer le tiers des amendes au payement des frais faits pour parvenir aux condamnations.

Les règles qui doivent être fuivies au fujet

de la Pêche des moules, sont établies par la déclaration du 18 décembre 1728, enregistrée au parlement le 5 février 1729 (*).

(*) Cette loi est divisée en quatre titres, dont nous allons rapporter les dispositions.

TITRE PREMIER.

De la Pêche des moules sur les moulières qui découvrent de basse mer.

ARTICLE 1. Les pêcheurs & tous autres se serviront, pour cueillir les moules qui seront en état d'être pêchées sur les moulières qui découvrent de basse mer, de couteaux de fer de deux pouces de large au plus, & qui ne pourront avoir que sept pouces de long, y compris le manche.

2. Leur défendons de se servir d'aucun autre instrument, soit de bois ou de fer, pour faire ladite cueillette, & pour arracher les moules des roches où elles peuvent être attachées.

3. Ils ne pourront faire ladite cueillette sans avoir ôté leurs chaussures, excepté pendant les mois de novembre, décembre, janvier, février & mars.

4. Leur faisons défenses de cueillir des moules qui aient moins de quinze lignes de long, à la réserve de celles qui croissent sur les moulières de Luc, Lyon & d'Hermanville, amirauté d'Oysterham, qui pourront être cueillies à douze lignes de longueur.

5. Leur faisons pareillement défenses d'arracher les moules en grosses poignées, ni le frai des moules, & de racler le fond des moulières avec couteaux ou autres instrumens de bois ou de fer.

6. Les dispositions contenues aux articles du présent titre seront exécutées, à peine, contre les contrevenans, de confiscation des moules & instrumens, & de vingt-cinq livres d'amende pour la première fois, de pareille confiscation & de cinquante livres d'amende en cas de récidive.

L'article premier du titre 4 du livre 5 dé

TITRE II.

De la Pêche des moules sur les moulières qui ne découvrent point.

ARTICLE I. Les pêcheurs & tous autres se serviront dé rateaux de bois, garnis de dents de fer, pour faire la Pêche des moules sur les moulières qui ne découvrent point ; leur faisons défenses de se servir, pour ladite Pêche, d'aucun autre instrument.

2. Il sera observé une distance de quinze lignes entre chacune des dents desdits rateaux.

3. Les dispositions contenues aux articles du présent titre seront exécutées, à peine, contre les contrevenans, de confiscation des moules & instrumens, & de vingt-cinq livres d'amende pour la première fois, de pareille confiscation & de cinquante livres d'amende en cas de récidive.

TITRE III.

De la police commune à la Pêche des moules sur les moulières qui découvrent de basse mer, & sur celles qui ne découvrent point.

ARTICLE I. Les pêcheurs & tous autres ne pourront dreiger dans les moulières, à peine de confiscation des bateaux & instrumens, ensemble des moules qui auront été pêchées, & de cinquante livres d'amende contre le maître pour la première fois, de pareille confiscation & de deux cents livres d'amende en cas de récidive.

2. Il ne pourra être fait aucun dépôt de moules dans des réservoirs ou parcs, à peine de confiscation des moules & de trois cents livres d'amende contre ceux à qui lesdites moules appartiendront, & moitié de l'amende, ainsi que de la confiscation, appartiendra au dénonciateur.

3. Faisons défenses à toutes personnes de jeter sur les moulières aucunes immondices de quelque nature qu'elles puissent être, ni le lest des vaisseaux, à peine de trois

l'ordonnance de 1681, défend à toutes fortes de

---

cents livres d'amende, dont la moitié appartiendra au dénonciateur.

4. Donnons pouvoir aux officiers des amirautés, dans
le ressort desquels il se trouvera des moulières en partie
détruites, d'interdire la Pêche sur lesdites moulières pendant le temps & dans les faisons qu'ils estimeront convenables pour parvenir a les rétablir.

5. Leur donnons aussi pouvoir d'interdire la Pêche des
moules sur les moulières nouvellement découvertes ou
qui pourront l'être dans la suite, pendant le temps & dans
les faisons qu'ils estimeront nécessaires pour que les moules
puissent se former & acquérir leur grosseur naturelle.

6. Voulons que les moules qui auront été pêchées dans
les temps défendus par les officiers des amirautés, soient
confisquées, & que ceux qui les auront pêchées soient
condamnés à vingt-cinq livres d'amende pour la première
fois, & en cas de récidive, à cinquante livres d'amende.

TITRE IV.

Des amendes.

ARTICLE I. Les contraventions aux articles des présentes
seront poursuivies à la requête de nos procureurs dans les
amirautés, & les sentences qui interviendront contre les
délinquans seront exécutées pour les condamnations d'a-
mende, nonobstant l'appel & sans préjudice d'icelui, sans
qu'il puisse être accordé de défenses.

2. Ceux qui appelleront desdites sentences, seront tenus
de faire statuer sur leur appel ou de les mettre en état
d'être jugé définitivement dans un an du jour & date
d'icelui, sinon & à faute de ce faire, ledit temps passé,
lesdites sentences sortiront leur plein & entier effet, &
les amendes seront distribuées conformément auxdites sentences, & les dépositaires d'icelles bien & valablement
déchargés.

3. Déclarons les pères & mères & es chefs de familles
responsables des amendes encourues par leurs enfans &
autres qui demeureront encore avec eux, & les maîtres,

personnes de poser en mer des madragues ou filets à pêcher des thons, & d'y construire des bordigues sans une permission expresse du roi, à peine de confiscation & de 3000 livres d'amende.

Ceux qui ont obtenu des permissions de cette nature, sont obligés, suivant l'article 2, de les faire enregistrer au greffe de l'amirauté du district où ils doivent faire leur Pêche.

L'article 3 enjoint aux propriétaires des madragues, de mettre sur les extrémités les plus avancées en mer, des hoirins, bouées ou gaviteaux, pour avertir les navigateurs, à peine de répondre des dommages & intérêts auxquels ils auront donné lieu en y manquant, & de privation de leur droit de pêcherie.

Il est défendu sous les mêmes peines par l'article 4, de placer aucune madrague ou bordigue, dans les ports ou autres lieux où ces filets puissent nuire à la navigation, & d'y laisser, en levant leur madrague, les pierres ou baudes qui y étoient attachées.

Ces autres lieux dont parle l'ordonnance, s'entendent non seulement des avenues des ports, mais encore de tout endroit qui n'est pas éloigné de deux cents brasses du passage ordinaire des vaisseaux. C'est ce qui résulte de l'article premier.

---

de celles auxquelles leurs valets & domestiques auront été condamnés pour contravention aux présentes.

Le contenu en nosdites présentes sera exécuté dans nos provinces de Flandres, pays conquis & reconquis, Boulonnois, Picardie & Normandie. Si donnons en mandement, &c.

du titre 10 de la déclaration du 18 mars 1727;
rapporté ci-devant.

Ainsi quand la permission du roi auroit désigné l'emplacement des madragues & bordigues,
la démolition de ces pêcheries ne seroit pas moins
inévitable, si elles nuisoient à la navigation,
parce qu'alors, on supposeroit que la permission
n'a été obtenue que par surprise; &, d'un autre
côté, les propriétaires des madragues & bordigues ne seroient pas moins responsables du dommage arrivé aux vaisseaux, quand même ils se
seroient conformés à l'article 3, attendu que cette
loi ne concerne que les établissemens faits dans
les endroits convenables & non prohibés.

Les capitaines des madragues ne peuvent, suivant l'article 5, ôter la liberté aux autres pêcheurs de tendre des thonnaires ou combrières,
& de pêcher dans le voisinage de la madrague,
pourvu qu'ils ne l'approchent pas plus près que
de deux milles du côté du levant, & d'abord
des thons.

Les propriétaires & fermiers des bordigues
sont tenus, par l'article 6, d'en curer annuellement les fossés & canaux, en sorte qu'il y ait
en tout temps quatre pieds d'eau au moins, à
peine de 300 livres d'amende, & d'y être mis
des ouvriers à leurs frais.

On conçoit que ces dispositions ont pour objet la sûreté & la facilité de la navigation. Nous
ne faisons cette remarque qu'à cause que l'auteur
du commentaire de l'ordonnance de la marine,
imprimé en 1757, a dit ridiculement, que la
loi que nous venons de rapporter avoit été faite
crainte que les bordigues contractant l'odeur du

poiſſon, qui de ſoi eſt très-puant, particuliére-
ment quand il eſt vieux pêché ; n'empuantiſſent
l'air du voiſinage.

L'article 7 fait défenſe auſſi, à peine de 300
livres d'amende, aux mêmes propriétaires &
fermiers de fermer leurs bordigues, depuis le
premier mars juſqu'au dernier juin, & il enjoint
aux officiers de l'amirauté de les faire ouvrir pendant ce temps, à peine de ſuſpenſion de leurs
charges.

L'objet de cette défenſe a été la conſervation
du frai que les poiſſons dépoſent ordinairement
dans les mois de mars, avril, mai & juin. On
a voulu que le petit poiſſon pût s'échapper.

Les propriétaires ou fermiers des bordigues
ne peuvent, ſuivant l'article 8, prétendre aucun
dédommagement contre le marinier dont le bateau a abordé leur bordigues, à moins qu'ils ne
juſtifient que l'abordage a été fait par ſa faute
ou malice.

Le titre 5 du livre 5 de l'ordonnance de la
marine de 1681, a pour objet la Pêche du
hareng.

L'article premier veut que les mailles des
rets ou aplets deſtinés à la Pêche du hareng,
aient un pouce en carré, ſans que les pêcheurs
puiſſent y en employer d'autres, ni ſe ſervir des
mêmes filets pour d'autres Pêches, à peine de
50 livres d'amende & de confiſcation des filets.

Lorſqu'un équipage met ſes filets à la mer
pour faire la Pêche du hareng, il doit, ſuivant
l'article 2, les jeter dans une diſtance de cent
braſſes au moins des autres bâteaux, & avoir deux
feux hauts, l'un ſur l'avant & l'autre ſur l'arrière
de ſon bâtiment, ſous pareille peine de 50 livres

d'amende , & de réparation des pertes , dommages & intérêts réfultans des abordages qui pourroient arriver à défaut de feu.

Chaque équipage, après fes filets jetés à la mer, eft obligé, fous les mêmes peines , de garder un feu fur l'arrière de fon bateau , & d'aller à la dérive, le même bord au vent que les autres pêcheurs. C'eft ce que prefcrit l'article 3.

L'article 4 enjoint, fous pareilles peines , aux maîtres de barques, qui pendant la nuit veulent s'arrêter & jeter l'ancre , de fe rendre fi loin du lieu où fe fait la Pêche , qu'il n'en puiffe arriver aucun dommage aux barques & bateaux qui font à la dérive.

Lorfqu'un équipage eft forcé, par quelque accident , de ceffer fa Pêche ou de mouiller l'ancre , il eft tenu , fuivant l'article 5 , de montrer un feu par trois différentes fois ; la première quand il commence à lever fes filets , la feconde quand ils font a moitié levés, & la troifième après les avoir entiérement tirés ; & alors il doit jeter fon feu à la mer.

Si les filets font arrêtés à la mer , l'équipage ne doit point jeter fon troifième feu ; il eft au contraire obligé d'en montrer un quatrième, & d'en garder deux jufqu'à ce que les filets foient dégagés. Telles font les difpofitions de l'article 6.

L'article 7 défend , à peine de punition corporelle , à tout pêcheur , de montrer des feux fans néceffité , ni autrement que comme le prefcrivent les articles précédens.

Si la plus grande partie des pêcheurs d'une flotte ceffe de pêcher & mouiller l'ancre , l'article 8 veut que les autres pêcheurs faffent de même, à peine de réparation de tout le dommage & d'amende arbitraire.

La Pêche des harengs se fait avantageusement en automne, vers l'équinoxe ; elle doit finir à noël, parce que le hareng ayant alors frayé, est de mauvaise qualité, & que la quantité qu'on en prend fait tort à la Pêche qu'on en a faite dans la bonne saison. C'est pour cela, ainsi que pour faire cesser l'abus où étoient les pêcheurs d'acheter du hareng à bord des vaisseaux étrangers, qu'a été rendu l'arrêt du conseil du 24 mars 1687, portant défense à tous pêcheurs de faire la Pêche du hareng après le mois de décembre passé, & d'en acheter d'aucun vaisseau étranger, à peine de 500 livres d'amende, de confiscation du hareng, des équipages & vaisseaux, & d'autres peines, le cas échéant (*).

(*) *Cet arrêt est ainsi conçu :*

Sur ce qui a été représenté au roi, sa majesté étant en son conseil, que la Pêche des harengs se faisant tous les ans par les pêcheurs françois, tant de Dieppe que des autres ports de Normandie & Picardie, laquelle commence à la saint Denis & doit finir à noël, jusques auquel temps les harengs qui se pêchent sont de bonne qualité pour approfiter & être vendus & débités par-tout le royaume ; cet usage avoit été pratiqué de tous temps, sans qu'on eût entrepris de faire ladite Pêche au delà dudit temps, si ce n'est depuis environ six ans que lesdits pêcheurs ont entrepris de continuer ladite Pêche après noël, dans lequel temps le hareng ayant frayé, devient de mauvaise qualité ; ce qui ruine entièrement lesdites côtes, par la quantité qu'on en prend & les Pêches qu'on fait en bonne saison par le vil prix auquel on le vend ; comme aussi que des particuliers, contre les prohibitions expresses portées par l'ordonnance du mois de juillet 1681, titre des droits d'abord & de consommation, achètent du hareng à bord

Comme la Pêche du hareng eſt difficile en temps de guerre, le roi accorde quelquefois la permiſſion de prolonger cette Pêche juſqu'au 15 mars : mais cette dérogation à la loi n'eſt jamais que momentanée.

; Le titre 6 du livre cité concerne la partie des morues.

L'article premier porte, que » quand les ſujets » du roi iront faire la Pêche des morues aux » côtes de l'île de Terre-Neuve, le premier qui » arrivera ou enverra ſa chaloupe au havre ap- » pellé du *petit maître*, aura le choix, & pren- » dra l'étendue du galet qui lui ſera néceſſaire, » & mettra au lieu dit l'*échafaud du croc*, une » affiche ſignée de lui, contenant le jour de ſon » arrivée & le nom du havre qu'il aura choiſi «.

Les avantages que le légiſlateur a accordés au maî- tre du navire qui arrive le premier, doivent naturel- lement exciter chaque maître à devancer les autres.

---

des vaiſſeaux étrangers, ce qui cauſe un grand préjudice au commerce, par le mélange qu'ils en font, & au débit de celui de la première Pêche, qui ſe fait dans la bonne ſaiſon. Auxquels abus étant néceſſaire de remédier, ſa majeſté étant en ſon conſeil, a fait & fait très-expreſſes inhibitions & défenſes à tous pêcheurs & autres perſonnes, de quelque qualité & condition qu'elles ſoient, d'aller ni d'envoyer à la Pêche du hareng après le mois de décembre paſſé, ni d'en acheter à bord d'aucun vaiſſeau étranger, en quelque ſaiſon que ce ſoit, à peine de cinq cents livres d'amende, confiſcation du hareng, des équipages & vaiſſeaux, & autres peines, s'il y échet. Enjoint aux offi- ciers de l'amirauté de tenir la main à l'exécution du pré- ſent arrêt, à peine d'en répondre en leurs propres & privés noms. Fait au conſeil d'état du roi, ſa majeſté y étant, tenu à Verſailles, le vingt-quatrième jour de mars mil ſix cent quatre-vingt-ſept. *Signé* COLBERT.

C'étoit autrefois le capitaine qui envoyoit le premier
fa chaloupe au havre du petit maître, qu'on répu-
toit devoir jouir de ces avantages. Il arrivoit de
là, que quoique les capitaines euffent encore plufieurs lieues à faire pour atteindre le but, ils
mettoient à l'envi leurs chaloupes à la mer avec
leurs meilleurs matelots, & que ceux-ci forçant
de voiles & de rames pour arriver les premiers,
il en réfultoit fouvent la perte de plufieurs chaloupes & de leurs équipages : pour remédier à
cet abus, le roi rendit, le 8 mars 1702, une
ordonnance qui fit défenfe à tous capitaines allant
à la Pêche de la morue, d'envoyer fa chaloupe
à terre avant d'avoir mouillé l'ancre, à peine de
mille livres d'amende pour la première fois, &
de punition corporelle en cas de récidive (*).

(*) *Cette ordonnance eft ainfi conçue :*

Sa majefté a réglé, par fon ordonnance du mois d'août
1681, livre 5, titre 6, que quand fes fujets iroient faire
la Pêche de la morue aux côtes de l'île de Terre-Neuve,
le premier qui arrivera ou enverra fa chaloupe, aura le
choix de prendre l'étendue du galet qui lui fera néceffaire ;
mais ayant été informée qu'il eft arrivé depuis que les
capitaines de vaiffeaux, par le défir d'avoir ce choix,
détachoient de fort loin leurs chaloupes, ce qui en a fait
perdre plufieurs avec leurs équipages, & eftimant nécef-
faire de remédier à un abus d'une fi dangereufe conféquence, fa majefté a fait très-expreffes inhibitions &
défenfes aux capitaines qui commanderont les vaiffeaux
de fes fujets qui feront envoyés à la côte de Terre-
Neuve pour y faire la Pêche de la morue, d'envoyer
leurs chaloupes à terre avant d'avoir mouillé, à peine
de mille livres d'amende pour la première fois, & de
punition corporelle en cas de récidive, & a ordonné &
ordonne que ce fera à l'avenir le maître du premier navire qui mouillera l'ancre fur les côtes de ladite île, qui

La même loi a réglé que ce seroit à l'avenir le capitaine du premier navire qui mouilleroit l'ancre sur les côtes où se feroit la Pêche, qui seroit le maître du choix du galet, & jouiroit des prérogatives & priviléges que l'ordonnance de 1681 a attribués au premier arrivé.

Il est dit par l'article 2, que » tous les maî- » tres qui arriveront ensuite, seront tenus d'aller » ou envoyer successivement à l'échafaud du croc, » & d'écrire sur la même affiche le jour de leur » arrivée, le nombre de leurs matelots, & les » havres ou galets qu'ils auront choisis à propor- » tion de la grandeur de leur vaisseau & de leur » équipage «.

Il n'y avoit sans doute point de meilleurs expédiens que de régler que le choix du galet appartiendroit à celui qui arriveroit le premier, & successivement aux autres, à mesure qu'ils arriveroient, à la charge néanmoins d'envoyer à l'échafaud du croc, écrire sur l'affiche ou tableau le jour de leur arrivée, avec déclaration des havres ou galets qu'ils auroient choisis.

Mais comme le temps de faire cette déclaration n'étoit pas fixé, il s'élevoit fréquemment entre les pêcheurs des contestations qui étoient assez

aura le choix & prendra l'étendue du galet qui lui sera nécessaire, sa majesté lui attribuant pour le surplus toutes les prérogatives & priviléges accordés par ladite ordonnance de 1681 à celui dont la chaloupe aborderoit la première à ladite côte. Enjoint sa majesté au gouverneur & autres officiers commandans pour son service dans ladite île, de tenir la main à l'exécution de ladite ordonnance, & aux officiers de l'amirauté de la faire publier & afficher, afin que les capitaines desdits bâtimens n'en prétendent cause d'ignorance.

souvent suivies de la démolition & du pillage des échafauds.

Pour empêcher à l'avenir de pareils désordres, il a été rendu au conseil d'état, le 3 mars 1684, un arrêt qui a ordonné que les capitaines, maîtres & officiers des vaisseaux françois, qui iroient pêcher aux côtes de Terre-Neuve, seroient tenus de faire la déclaration dont il s'agit, une heure après leur arrivée (*).

***

(*) *Voici cet arrêt :*

Le roi s'étant fait représenter, en son conseil, l'arrêt rendu en la cour de parlement de Bretagne, le 15 mars 1662, par lequel ladite cour auroit ordonné que les articles contenus en la délibération de la communauté de Saint-Malo, du 31 décembre 1661, portant que tous les vaisseaux qui arriveront à la côte du Chapeau Rouge, en l'île de Terre-Neuve, pour y pêcher, seront obligés, dans vingt-quatre heures après leur arrivée, de choisir le havre où ils voudront faire leur pêche & sécherie, & que défenses seroient faites à toutes personnes d'abattre ni démolir les échafauds, ni se saisir d'aucune chose servant à ladite Pêche, appartenant à d'autres, ensemble les articles contenus en l'état du 7 avril 1662, contenant le nombre d'hommes que chaque galet ou havre peut contenir commodément, seroient exécutés, avec défenses à tous propriétaires de vaisseau, capitaines, pilotes & autres, d'y contrevenir, à peine de cinq cents livres d'amende, applicable à l'hôpital de la ville de Saint-Malo: autre arrêt de ladite cour du 24 avril 1681, par laquelle elle auroit ordonné qu'en exécutant les précédens arrêts, les capitaines, maîtres & officiers des vaisseaux déclareroient par écrit, aussi-tôt leur arrivée, ou au plus tard une heure après, les havres & galets où ils voudroient faire leur pêche & sécherie, selon le rang & ordre de leur arrivée, & que l'amende de cinq cents livres, portée par l'arrêt du 8 février 1681, seroit payée par les capitaines, maîtres & autres officiers qui auroient contrevenu seulement; & sa majesté étant informée, que quoique

L'article 3 veut, que le capitaine arrivé le premier faſſe garder l'affiche par un des hommes de
ſon équipage, qu'il doit faire reſter ſur le lieu
juſqu'à ce que tous les maîtres y aient écrit leur
déclaration : quand cela eſt fait, l'affiche doit être
remiſe au capitaine arrivé le premier. Elle ſert
à prouver les contraventions de ceux qui entre-
prennent ſur les poſtes des autres.

Il eſt défendu par l'article 4, à tous maîtres
ou mariniers, de s'établir dans un havre ou de
s'accommoder d'un galet avant d'avoir fait la

---

leſdits arrêts du parlement de Bretagne ſoient conformes
à l'ordonnance de la marine du mois d'août 1681, néanmoins ils ſont preſque demeurés ſans exécution, & pluſieurs négocians de la ville de Saint-Malo & autres du
royaume refuſent d'y obéir; de ſorte que l'année dernière
il y a eu pluſieurs conteſtations entre les capitaines &
maîtres de navires pour le choix des havres & galets,
& preſque tous les échafauds du Chapeau Rouge ont
été rompus. A quoi voulant pourvoir, ſa majeſté étant en
ſon conſeil, a ordonné & ordonne, que conformément
à l'ordonnance de la marine du mois d'avril 1681, &
aux arrêts du parlement de Bretagne, des 15 mars 1662
& 24 avril 1681, qui ſeront exécutés ſelon leur forme
& teneur, les capitaines, maîtres & officiers des vaiſſeaux
françois qui iront pêcher aux côtes de Terre-Neuve,
ſeront tenus de déclarer par écrit, une heure après leur
arrivée, les havres ou galets qu'ils auroient choiſis pour
faire leur Pêche & ſécherie, ſelon leur rang & ordre de
leur arrivée, avec défenſes d'y contrevenir ni démolir
aucuns échafauds, loges ou autres ouvrages ſervant à
ladite Pêche, à peine de cinq cents livres d'amende, applicable aux hôpitaux des lieux d'où les vaiſſeaux ſeront
partis, laquelle ſera payée par les capitaines, maîtres &
autres officiers qui auront contrevenu. Fait au conſeil
d'état du roi, ſa majeſté y étant, tenu à Verſailles le
troiſième jour de mars mil ſix cent quatre-vingt-quatre.
Signé, COLBERT.

déclaration dont on vient de parler, & de troubler aucun maître dans le choix qu'il aura fait, à peine de 500 livres d'amende.

L'article 5 règle ce qui doit être obfervé par les fujets du roi qui vont faire la Pêche des morues dans la baye du Canada. Il doit y être obfervé la même police que celle que l'article premier a prefcrite relativement à ceux qui vont faire cette Pêche aux côtes de l'île de Terre-Neuve. C'eft le premier arrivé dans cette baye avec fon vaiffeau, qui eft le maître du galet pour y prendre la place qui lui eft néceffaire, même pour y marquer fucceffivement aux pêcheurs qui viennent après lui, celles dont ils ont befoin, eu égard à la grandeur de leurs vaiffeaux & au nombre des gens dont ils font équipés.

Il eft défendu par l'article 6, au gouverneur ou capitaine de la côte, depuis le cap des Rofiers jufqu'au cap d'Efpoir, & à tout autre, fous peine de défobéiffance, de troubler, dans le choix & la diftribution des places fur le galet, le maître qui eft arrivé le premier dans la baye.

Il eft auffi défendu, fous peine de 500 livres d'amende, aux maîtres & équipages des vaiffeaux qui arrivent, tant aux côtes de Terre-Neuve qu'à la baye du Canada, de jeter le left dans les havres, de s'emparer des fels & huiles qui s'y trouvent, & de rompre, tranfporter ou brûler les échafauds.

Ces chofes doivent appartenir aux maîtres qui ont choifi les havres ou galets fur lefquels elles ont été laiffées. C'eft ce qui réfulte de l'article 7.

Il eft pareillement défendu par l'article 8, aux maîtres & équipages des vaiffeaux, de s'emparer des chaloupes échouées fur le galet, ou laiffées dans la petite rivière de la baye des morues, fans un pouvoir fpécial des propriétaires de ces chaloupes, à peine d'en payer le prix, & de 50 livres d'amende.

Cependant, fi les propriétaires des chaloupes n'en faifoient aucun ufage & n'en avoient pas difpofé, le capitaine le premier arrivé pourroit, fuivant l'article 9, permettre aux pêcheurs qui en auroient befoin de s'en fervir pour faire leur Pêche, à condition d'en payer, à leur retour, les loyers aux propriétaires.

Le pêcheur qui a été autorifé à fe fervir de quelques chaloupes, doit mettre entre les mains du maître qui le lui a permis, ou en fon abfence, entre celles du capitaine établi fur le galet voifin, un état contenant le nombre de ces chaloupes, avec fa foumiffion d'en payer le loyer, même de les remettre au propriétaire, s'il arrive à la côte, ou à ceux en faveur de qui il aura jugé à propos d'en difpofer. C'eft ce qui réfulte de l'article 10.

Ce pêcheur eft d'ailleurs obligé, fuivant l'article 11, de remettre en lieu de fûreté, après fa Pêche, les chaloupes dont il s'eft fervi ; ce qu'il doit juftifier par le certificat du capitaine qui lui a permis de faire ufage de ces chaloupes, ou par celui d'un autre capitaine qui foit encore à la côte.

On demande fi le propriétaire des chaloupes étant inconnu, le loyer dû par celui qui s'en eft fervi, doit être confidéré & partagé comme une épave? Il faut répondre que non. Ce loyer doit être mis dans la claffe des fels & des huiles, dont parle l'article 7, & qui appartiennent aux maîtres qui ont choifi les galets où, ces fubftances fe font trouvées.

L'article 12 enjoint au capitaine du premier navire arrivé aux côtes de Terre-Neuve ou dans la baye du Canada, de dreffer procès-verbal de toutes les contraventions à l'ordonnance, de le figner & faire figner par les officiers de fon équipage, & de le mettre à fon retour entre les mains des juges de l'amirauté, pour y être pourvu.

Il eft défendu, par l'article 13, aux maîtres des navires qui font la Pêche des morues fur le banc de Terre-Neuve ou dans la baye du Canada, de faire voile pendant la nuit, à peine de payer le dommage qu'ils pourroient caufer s'ils venoient à aborder quelques vaiffeaux, de 1500 livres d'amende & de punition corporelle, s'il arrivoit perte d'homme dans l'abordage.

Pour prévenir le danger du feu, le roi rendit, le 23 juillet 1737, une ordonnance par laquelle il défendit aux gens de mer de l'équipage des navires deftinés pour la Pêche de la morue, d'embarquer des paillaffes & d'autres meubles où il y eût de la paille, du foin ou d'autres herbes fèches, à peine de cinquante livres d'amende, dont moitié applicable au dénonciateur. Ce fut un navire brûlé dans la rade de Saint-Malo, par le moyen d'une paillaffe où le feu avoit pris, qui donna lieu à cette ordonnance.

Par l'article premier du titre 7 du livre cité, le roi a déclaré poiffons royaux, les dauphins, les efturgeons, les faumons & les truites, & qu'en cette qualité, ils appartenoient à fa majefté lorfqu'ils étoient trouvés échoués fur le bord de la mer.

Et, fuivant l'article 2, les baleines, marfouins,

veaux de mer, thons, souffleurs & autres poissons à lard, echoués & trouvés sur les grèves de la mer, doivent être partagés comme épaves.

Mais lorsque les poissons royaux ou à lard ont été pris en pleine mer, l'article 3 les attribue aux gens qui les ont pêchés, sans que les receveurs du roi, ni les seigneurs particuliers & leurs fermiers, puissent y prétendre aucun droit, sous quelque prétexte que ce soit.

En conformité de l'article premier du titre 8 du même livre 5, il doit y avoir au greffe de chaque amirauté une liste des pêcheurs âgés de 18 ans & au dessus, qui vont à la mer, dans laquelle doivent être spécifiés le nom, l'âge & la demeure de chaque pêcheur, & la qualité de la Pêche dont il se mêle.

L'article 2 veut que le premier jour de carême de chaque année, les deux plus anciens maîtres pêcheurs de chaque paroisse envoyent au greffe du siége de l'amirauté, dans le ressort duquel ils résident, un rôle de tous ceux de leur paroisse, de l'âge de 12 ans & au dessus, qui se mêlent d'aller à la mer pour pêcher, à peine de dix livres d'amende solidaire contre les anciens maîtres.

Cette loi ne s'exécute plus dans la plupart des amirautés, à cause sans doute que l'objet s'en trouve rempli par l'obligation où sont tous les maîtres des bâtimens pêcheurs, de prendre chaque année un congé de l'amiral de France. En effet, comme il est défendu par les réglemens, aux distributeurs des congés de l'amiral, d'en délivrer à aucun maître de bâtiment de mer, qu'il n'ait déposé au greffe de l'amirauté un double de son rôle d'équipage, il arrive de là que l'on connoît à l'amirauté, non feulement tous les pêcheurs & leurs matelots de l'âge de 18 ans & au deſſus, mais encore les jeunes gens qui fervent avec eux en qualité de mouſſes.

Les pêcheurs de chaque port ou paroiſſe, où il y a huit maîtres & au deſſus, doivent, fuivant l'article 4, élire annuellement l'un d'entre eux pour garde juré de leur communauté : ce garde doit prêter ferment pardevant les officiers de l'amirauté, vifiter journellement les filets & faire rapport aux officiers, des abus & contraventions à l'ordonnance, à peine d'amende arbitraire.

Lorſqu'il y a moins de huit maîtres dans une paroiſſe, ils font tenus d'en convoquer des paroiſſes voiſines, ou de fe joindre avec eux pour procéder à l'élection du juré, qui doit être faite fans frais, préfens ni feſtins, à peine de vingt livres d'amende contre chaque contrevenant. Telles font les difpofitions de l'article 5.

L'article 6 veut que dans les lieux où il y a des prud'hommes, les pêcheurs s'aſſemblent annuellement pour les élire pardevant les officiers de l'amirauté, qui doivent recevoir le ferment des élus, & entendre fans frais les comptes des deniers de leur communauté.

Il y a à Marfeille des particularités remarquables, relativement aux quatre prud'hommes que les pêcheurs éliſent annuellement entre eux. Auſſitôt que ces prud'hommes out prêté ferment, ils font leurs juges fouverains pour tout ce qui concerne la police de la Pêche.

Ces juges exercent leur juridiction d'une manière auſſi fingulière que fommaire. C'eſt le dimanche, à deux heures de relevée, qu'ils donnent audience. Le pêcheur qui a quelque plainte ou demande à former contre son confrère, au sujet de la Pêche, lui fait donner assignation par le garde de la communauté, & met pour cela deux sous dans une boîte.

Le dimanche suivant, le défendeur, avant de plaider, met aussi deux sous dans cette boîte, & ce sont-là toutes les épices des juges. Ensuite les deux parties, sans être assistées ni d'avocat ni de procureur, disent leurs raisons, & les prud'hommes prononcent en conséquence un jugement qui doit s'exécuter sur le champ, sinon le garde va saisir la barque & les filets de la partie condamnée, qui ne peut obtenir main-levée, qu'en payant la somme ou l'amende énoncée dans la condamnation.

Si l'exécution d'un jugement rendu par les prud'hommes, étoit empêchée par voie de fait, le sous-viguier seroit tenu de faire lever l'obstacle par ses sergens sur la réquisition des prud'hommes, à peine de 500 livres d'amende.

Cette singulière juridiction a été établie en 1452 par le roi René, comte de Provence. Elle a depuis été confirmée par différentes lettres-patentes des rois Louis XII, François I, Henri II, Charles IX, Louis XIII, Louis XIV, & Louis XV, & enfin par un arrêt du conseil du 16 mai 1738 (*).

_____

(*) *Voici ce qu'il porte :*

Le roi étant en son conseil, faisant droit sur le tout, sans avoir égard à la sentence de l'amirauté de Marseille du 9 décembre 1735, que sa majesté a cassée, révoquée & annullée, & à tout ce qui s'en est ensuivi, a maintenu & confirmé les prud'hommes élus en la manière accoutumée par la communauté des patrons pêcheurs de

Cet arrêt a été rendu au sujet du refus que les pêcheurs catalans, fréquentans les mers de Marseille, avoient fait de reconnoître la juridiction des prud'hommes, en s'adressant à l'amirauté de Marseille, & sur l'appel au parlement d'Aix, pour être dispensés de contribuer aux charges de la communauté des pêcheurs :

---

la ville de Marseille, & ce, suivant & conformément à leurs titres, dans le droit de connoître seuls, dans l'étendue des mers de Marseille, de la police de la Pêche, & de juger souverainement, sans forme ni figure de procès & sans écritures, ni appeler avocats ou procureurs, les contraventions à ladite police, par quelques pêcheurs, soit françois ou étrangers, fréquentans lesdites mers, qu'elles soient commises, & tous les différends qui peuvent naître à l'occasion de ladite profession entre lesdits pêcheurs. Fait sa majesté défenses aux officiers de l'amirauté de Marseille & à toutes ses cours & juges de prendre connoissance de ladite police & desdits différends; & à tous pêcheurs de se pourvoir, pour raison d'iceux, ailleurs que pardevant lesdits prud'hommes, à peine de nullité, cassation de procédures, quinze cents livres d'amende, & de tous dépens, dommages & intérêts. Ordonne sa majesté que l'arrêt de son conseil du 6 mars 1728, portant homologation de la délibération prise par les prud'hommes desdits patrons pêcheurs de la ville de Marseille, du 2 décembre 1725, pour l'imposition de la demi-part, & celui du 23 décembre 1729, concernant la levée de ladite imposition, seront exécutés selon leur forme & teneur : & en conséquence, que les pêcheurs catalans fréquentans lesdites mers, seront & demeureront assujettis, de même que les autres pêcheurs étrangers, tant qu'ils vendront à Marseille & en Provence le produit de leurs Pêches, au payement de la demi-part, de la manière & ainsi qu'il est porté par lesdits arrêts, & sur le surplus des demandes & contestations des parties, sa majesté les a mises hors de cour & de procès. Fait au conseil d'état du roi, sa majesté y étant, tenu à Versailles le 16 mai 1738.

Signé, PHELYPEAUX.

V iij

l'arrêt cité a caſſé & annullé la ſentence rendue par l'amirauté le 9 décembre 1735, & tout ce qui s'en étoit ſuivi, & a maintenu les prud'hommes dans leur droit de juridiction ſouveraine, avec défenſe à tous juges de connoître des cauſes ſoumiſes à leur déciſion, à peine de nullité, de 1500 livres d'amende, & de tous dépens, dommages & intérêts.

Obſervez néanmoins, 1°. que le droit accordé aux prud'hommes pêcheurs de connoître des contraventions commiſes par les pêcheurs contre la police de la Pêche, n'empêche pas que le procureur du roi de l'amirauté ne puiſſe pourſuivre les contrevenans, non ſeulement au criminel, lorſqu'il y a lieu d'inſtruire une procédure extraordinaire, mais encore par action civile, lorſque la contravention n'a pas été déférée aux prud'hommes, ou qu'ils ne l'ont pas punie.

2°. Que le droit qu'ont les prud'hommes de connoître des conteſtations qui s'élèvent entre les pêcheurs, au ſujet de leur profeſſion, ne les affranchit ni de la juridiction de l'amirauté ni de celle des juges ordinaires, dans les affaires indépendantes de leur profeſſion.

3°. Que ce droit des prud'hommes n'empêche pas qu'ils ne ſoient, ainſi que tous les pêcheurs, ſujets à la police de l'amirauté, ſoit pour la viſite de leurs filets & la confiſcation de ceux qui ſe trouvent prohibés, ſoit pour les contraventions qu'ils peuvent commettre contre les ordonnances & réglemens concernant la Pêche.

Voyez, avec les loix citées dans cet article, les différens commentaires publiés ſur l'ordonnance des eaux & forêts du mois d'août 1669, & ſur celle de la marine du mois d'août 1681. Voyez aussi les articles Bouchot, Garde-Pêche, Rapport, Poisson, Bouée, &c.

PÉCULE : (en matière ecclésiastique). On appeloit autrefois *Pécule des clercs*, toutes les épargnes que faisoient les ecclésiastiques sur les revenus de leurs bénéfices, & ce Pécule appartenoit à l'église, dans le temps de la compilation des décrétales, c'est la remarque du rédacteur des loix ecclésiastiques : ils ne pouvoient en disposer, soit entre vifs, soit par testament. Un concile, dont la décision est rapportée sous ce titre, décide que les clercs. qui font des acquisitions sous des noms empruntés, pour empêcher de connoître leurs épargnes, commettent un crime pareil à celui de Judas, qui, chargé des aumônes qu'on faisoit à jésus-christ & à ses apôtres, en vola une partie. Les biens de l'église n'ont pas cessé d'être, ce qu'ils étoient autrefois, le patrimoine des pauvres & de l'église ; & les bénéficiers sont toujours obligés de les employer aux usages auxquels ils sont destinés ; mais ils ne se règlent à cet égard que par le for intérieur, on ne leur prescrit d'autre loi que leur conscience, & on n'examine point, dans les bénéficiers qui ont la capacité de disposer, d'où leur viennent les biens, dont ils disposent, soit entre vifs, soit par testament. Dans le temps que le Pécule des clercs, sans distinction ; appartenoit de droit à l'église qu'ils avoient desservie, on présumoit que toutes les acquisitions faites par les ecclésiastiques qui n'avoient pas de biens de patrimoine dans le temps qu'ils étoient entrés en possession, étoient un effet de son Pécule.

En général ; on peut dire que le Pécule a tou-

jours été en horreur dans l'églife ; & aux yeux
de la morale , le bénéficier qui amaffe trouve
peu d'excufe. Sûr de ne pas manquer des chofes néceffaires à la vie , chaque jour lui offre affez
d'occafions pour employer fon fuperflu à faire le
bien. Le chapitre 11, *monachi de ftatu monachorum*, renouvelé par le concile de Trente
(Seff. 25. chap. 11), prive de la fépulture parmi
leurs frères , ceux des religieux , qui , au mépris
des canons ; amaffent un Pécule. On pourroit
citer une foule d'autorités , d'où il réfulte que
c'eft une témérité aux religieux de foutenir que
le Pécule ne détruit point le vœu de pauvreté,
& qu'il n'en eft qu'une modification que l'églife
tolère & autorife. On peut confulter à cet égard
Efpen , *de vitio pecularitatis.* Tout religieux ,
dit la Combe dans fon recueil de jurifprudence
canonique , tel obftiné qu'il foit , s'il n'eft per-
fuadé , au moins fera convaincu en lifant cet ouvrage , combien ce mal eft grand & combien il eft
contraire à toutes les loix de l'églife & à fes propres
vœux , de la contravention defquels rien ne peut
mettre en fûreté de confcience un religieux qui
amaffe un Pécule.

Cependant l'églife s'étant relâchée de fon ancienne rigueur , tout ceci pourroit être regardé
comme une déclamation ; fes anathêmes ne frap-
pent bien réellement que les bénéficiers , qui ,
comme nous l'avons obfervé d'abord, acquièrent,
fous des noms empruntés , des biens des deniers de l'églife , & en changent la deftination
en fraude des loix.

Cette matière embraffe fept diftinctions : la
première concerne le Pécule du religieux abbé;
la feconde, le Pécule du chanoine régulier qui

deffert dans les églifes cathédrales ou les collégiales, les prébendes affeƈtées à leurs abbayes ;
la troifième, le Pécule des religieux curés ; cette
forte de Pécule eft plus particuliérement défignée
fous le nom de *Côte morte*, on en a traité fous ce
mot ; la quatrième, le Pécule religieux vivant &
mourant en communauté ; la cinquième, le Pécule du religieux de l'ancienne obfervance de
Cluny ; la fixième, le Pécule du religieux tranf-
féré ; la feptième, le Pécule du religieux fugitif.

On examine enfuite le pouvoir du religieux
dans la difpofition de fon Pécule, & ce à quoi
font tenus ceux qui fuccèdent au Pécule.

Les bénédiƈtins de la congrégation de Saint-
Maur, de Saint-Vannes & de Cluny reformés,
n'en poffèdent pas, parce que les offices clauf-
traux ont tous été fupprimés en leur faveur,
& réunis aux manfes conventuelles en faveur de
la réforme. Le Pécule fubfifte encore dans le
grand ordre de Saint-Bénoît & dans la congrégation de Cluny, parmi les non-reformés, & même
dans l'ordre de Saint-Auguftin, à moins que cela
n'ait été réglé par des concordats.

§. I.

Le Pécule d'un religieux abbé appartient à
la communauté dont il eft abbé, par droit
d'accroiffement. Ceci eft fondé fur la propriété
folidaire entre l'abbé & les religieux.

Duperrai, dans fon traité du partage des fruits,
a recueilli l'arrêt du 11 février 1706, rendu au
parlement de Paris, qui femble avoir fixé la
jurifprudence à cet égard. Cet arrêt adjuge à

l'abbaye de saint Léger de Soissons, le Pécule de M. Bourlon, qui en étoit abbé, au préjudice de ses héritiers.

On cite plusieurs arrêts plus anciens. Un du 4 août 1654, rapporté au journal des audiences, a admis des distinctions. Cet arrêt déboute l'abbé commendataire, de la succession du Pécule délaissé par le prieur de Saint-Pierre-le-Moutier, & adjuge aux religieux & au couvent les meubles servans à l'église & destinés au service divin, ensemble la bibliothèque ; au prieur successeur, les meubles meublans. Cet arrêt ordonne que description sera faite du surplus du Pécule, à la diligence du substitut du procureur général à Saint-Pierre-le-Moutier, pour être vendu au plus offrant & dernier enchérisseur, les deniers de la vente adjugés, moitié aux pauvres du lieu, l'autre moitié à l'hôtel-dieu de Paris.

§. II.

Le Pécule du chanoine régulier qui dessert dans les églises cathédrales ou les collégiales, les prébendes affectées à leurs abbayes, appartient au monastère dont il a été tiré & dans lequel il fait sa demeure ; c'est ce qu'ordonne l'arrêt du 30 août 1714, rendu en faveur du monastère de saint Quentin de Beauvais, contre le chapitre de Nesle, concernant le Pécule de frère François de Lallouete.

Cette jurisprudence est fondée sur ce que ces prébendes font partie de la dot des religieux & de leur subsistance : on a trouvé juste en ce cas que le chanoine desservant n'en ayant pas consommé tous les fruits, la partie qu'il avoit laissée retournât après sa mort au monastère, comme le résidu d'une part d'un bien qu'ils possédoient en commun.

§. III.

On a observé au mot CÔTE-MORTE, que le Pécule du religieux curé appartient aux pauvres & à la fabrique de sa paroisse, pour être distribué sur l'avis de l'évêque. On y a rapporté l'arrêt qui a consacré cette jurisprudence, & ceux qui y sont contraires.

On a eu soin de remarquer à ce mot, que la jurisprudence du parlement est différente de celle du grand conseil, qui adjuge le Pécule du religieux curé, au monastère où il est profès.

§. IV.

A l'égard du religieux qui est toujours resté soumis à la règle, on a formé des distinctions, soit par rapport aux différens monastères qui pouvoient avoir droit à sa succession, soit par rapport aux biens dont son Pécule pouvoit provenir.

Un religieux, qui, après avoir vécu sous l'obéissance de ses supérieurs, meurt dans le monastère où il a fait profession, laisse son monastère héritier de son Pécule : ce point ne peut être contesté ; on ne distingue pas même d'où ce Pécule est provenu : que ce soit des revenus du monastère ou des fonctions du religieux, ou de la libéralité des fidèles, il importe peu ; c'est toujours pour le monastère qu'il a acquis ; c'est au monastère à en hériter. C'est dans ce cas que

s'applique dans toute fon étendue la maxime;
quidquid acquirit monachus, acquirit monafterio.

Et lorfqu'il y a un abbé commendataire, il con-
court avec les religieux, & le partage fe fait
à raifon de ce que chacun perçoit des fruits.
Cette jurifprudence eft univerfelle dans tout le
royaume.

Lorfque l'abbé eft cardinal, il ne fouffre pas
de concurrence, il exclut les religieux. Ainfi jugé
par un arrêt du 2 décembre 1546, en faveur
du cardinal de Ferrare, abbé de Chaffis.

Augeard, dans fes arrêts notables, propofe la
queftion de favoir à qui le Pécule du religieux
qui a poffédé quelque bénéfice dépendant d'un
monaftère autre que celui dans lequel il eft
décédé, doit appartenir. Il décide en ce cas
que le Pécule doit appartenir au monaftère du
bénéfice.

Cette queftion s'eft préfentée au grand confeil,
& l'opinion de ce jurifconfulte n'a point été
fuivie, le Pécule a été adjugé au monaftère auquel le religieux étoit lié par fa profeffion. L'arrêt
a été rendu le 19 janvier 1748, fur les conclufions de M. l'avocat général de Tourny, en faveur des religieux de faint Nicolas de la Chef-
née, contre les religieux du Pleffis-Grimout.

§. V.

Nous venons de pofer en principe que les
abbés commendataires partagent le Pécule du
religieux avec la communauté, à proportion des
fruits qu'ils perçoivent. Les religieux de l'ancienne
obfervance de Cluny ont une jurifprudence qui
leur eft particulière. Le Pécule appartient en in-

tégrite à la communauté, à l'exclufion des abbés & prieurs commendataires. Ainfi jugé par arrêt du grand confeil du 22 août 1735, contre le prieur commendataire de Lihons. Sur quoi il faut obferver que cette jurifprudence eft conforme à l'ancienne : on cite deux arrêts du parlement de Paris, l'un du 23 mars 1526, l'autre du 27 avril 1553, qui refufent la concurrence à l'abbé commendataire.

§. VI.

Augeard agite encore la queftion de favoir à qui appartient le Pécule du religieux qui a été transféré : il diftingue fi la tranflation s'eft faite du confentement de fes fupérieurs ; il décide, en ce cas, qu'étant affranchi de la puiffance de fon premier monaftère, & étant entré fous celle du fecond, c'eft à celui-ci que fon Pécule doit appartenir ; il excepte le cas où l'ancien monaftère pourroit juftifier que ce Pécule auroit été amaffé dans le temps qu'il vivoit dans ce monaftère, comme fi l'on trouvoit une obligation datée du temps que le religieux étoit dans fon premier monaftère. On ne fe règle pas par la diftinction qu'il introduit, elle eft peu judicieufe. Le religieux étant ferf, ce qu'il poffède eft un acceffoire de ce qu'il eft ; fon Pécule fuit la condition de fa perfonne, & doit appartenir au monaftère fous la domination duquel il a paffé.

Voici ce que la jurifprudence a admis à ce fujet.

La tranflation d'un monaftère à un autre fait perdre au premier le droit qu'il avoit au Pécule, lorfque le bref de tranflation a été fuivi de noviciat & de nouvelle profeſſion ; mais lorſqu'il n'y a point eu de nouvelle profeſſion, par exemple, quand on eſt transféré dans un ordre moins auſtère du même ordre , le grand conſeil adjuge le Pécule aux anciens ſupérieurs du religieux transféré. Ainſi jugé par arrêt du ſamedi 11 mai 1748 , ſur les concluſions de M. l'avocat général de Tourni.

Dans l'eſpèce de cet arrêt, dom Eſtevenon, profès dans la congrégation de ſaint Maur , après avoir apoſtaſié , obtient un bref de tranſlation dans l'ancien ordre de ſaint Benoît ; il obtient un bénévol de l'abbé de Nanteuil , & quoique le bref fulminé porte *à la charge de faire noviciat & profeſſion*, il n'en fait point, il vit publiquement dans la vie de bénédictin non réformé , pendant ſept ans , ſans aucune réclamation de ſes anciens ſupérieurs de la congrégation de ſaint Maur ; à la fin de 1747 , il meurt : l'arrêt adjuge ſon Pécule à la congrégation de ſaint Maur.

§. VII.

Le monaſtère eſt privé du Pécule du religieux fugitif, lorſqu'il a été long-temps hors du couvent ; le Pécule appartient en ce cas au fiſc. Il en ſeroit autrement ſi ce religieux décédoit dans l'intervalle des pourſuites de ſon ſupérieur, pour l'obliger à rentrer dans ſon monaſtère. Tel eſt l'eſprit des arrêts que l'on pourroit citer contre le principe. Aimé de la Croix , capucin , avoit quitté ſon couvent & s'en étoit allé à Rome , où il avoit fait profeſſion dans l'hôpital du ſaint Eſprit : ſon inconſtance l'ayant rappelé en France , il y avoit vécu comme ſéculier , & y avoit amaſſé des biens. A sa mort, par arrêt du parlement du 13 février 1702, le donataire du roi fut déclaré non recevable dans son appel comme d'abus, & les religieux du saint Esprit non recevables dans leur demande ; & au surplus, il fut dit que le roi seroit informé de la qualité d'Aimé de la Croix, qui avoit dû être considéré comme capucin, jusqu'à sa mort, pour savoir à qui ses biens devoient appartenir ; le 8 mai 1702, est intervenu arrêt du conseil, par lequel le roi déclare que sa volonté est que les biens du défunt soient partagés entre le donataire du roi, & l'hôpital général de Paris par moitié.

Du pouvoir du religieux sur son Pécule.

Le religieux n'a aucun pouvoir pour disposer de son Pécule, il n'en jouit que pour lui-même : il n'en peut disposer ni entre vifs ni par testament. La rigueur de cette loi souffre peu d'exceptions. D'abord elle n'en souffre aucune pour la partie du Pécule qui consiste en immeuble, &, quant à la partie des meubles, on distingue le religieux qui possède un bénéfice hors de son monastère ; celui-ci peut en disposer de son vivant, mais il faut que la tradition en soit faite avant sa mort, & par le fait du donateur. C'est dans cet esprit qu'a été rendu l'arrêt d'audience du 14 mai 1587. Dans l'espèce de cet arrêt, frère Jean Poncel, religieux profès de saint Pierre de Melun, & depuis curé de saint Pierre-des-Arcis à Paris, docteur en théologie, & connu par une vaste érudition, avoit formé une bibliothèque qu'il légua, & dont il fit la délivrance de son vivant à M. Hervé. Cette disposition fut attaquée après fa mort par le prieur de l'abbaye où il avoit fait fes vœux ; elle fut maintenue par l'arrêt.

Le religieux en général ne peut difpofer que des chofes modiques ; toute difpofition, même entre vifs, même d'effets mobiliers, feroit déclarée nulle fi elle étoit à titre univerfel ; elle eft cenfée faite en fraude des loix ; c'eft ce qui faifoit la difficulté de la matière dans l'arrêt cité. La bibliothèque du curé de faint Pierre-des-Arcis eût pu être regardée comme une difpofition à titre univerfel.

Il faut tenir pour maxime certaine, qu'il n'eût pu en aucune forte en difpofer par teftament.

Les profès de l'ordre de Malte jouiffent de quelque adouciffement. Suivant leurs ftatuts, approuvés du pape, & autorifés par le roi, ils peuvent, avec la permiffion du grand-maître, tefter de la fixième partie de leur argent & de leurs biens meubles, les dettes préalablement acquittée *deductis ex ejufmodi bonis omnibus debitis & ære alieno, tam communis ærarii ordinis, quàm aliarum ac creditis quæ integrè refervantur ipfi ærario.*

Cette difpofition a reçu fa fanction par un arrêt du 28 janvier 1604, au fujet du teftament de Juvenal de Launoy, chevalier de Malte, fait avec la permiffion du grand-maître, en faveur de fes parens, d'une fomme de douze mille livres ; on nomma des commiffaires pour procéder à la liquidation du Pécule, & cependant on adjugea fix mille livres de provifion aux légataires.

Des

Des obligations de ceux à qui appartient le Pécule.

Ceux à qui appartient la dépouille d'un religieux, ne sont pas héritiers, mais successeurs ; dès-lors ils ne peuvent être condamnés qu'en cette qualité au payement des dettes & jusqu'à concurrence des biens *quæ ad eos pervenerunt* ; & comme ils ne sont pas saisis de droit par la coutume, l'abbé ou le couvent doivent se borner à demander à jouir de tels biens & héritages, comme étant de la succession d'un tel religieux décédé, avec défense de les troubler dans la possession & la jouissance de ces biens, avec restitution des fruits depuis l'indue détention. S'il s'agit de meubles, il faut en demander la restitution.

Voyez Ricerd, traité des donations, partie première ; le quatrième tome des mémoires du clergé ; Espen de vitio pecularitatis ; le recueil des arrêts de Brillon ; le chapitre quod dei timorém, aux décretales de statu monach ; Bardet, liv. 7, chap. 22 ; Chopin de polit. sac. liv. 2, tit. 8 ; Brodeau sur Louet, lettre R ; Pinson de Peculio clericorum ; Duperrai, traité du partage des fruits, Bingi de peculio monachorum ; Fevret, Boyer, Augeard ; le recueil de jurisprudence canonique de Lacombe & M. de Hericourt, &c. Voyez aussi CÔTE-MORTE, MORT CIVILE, RELIGIEUX et VŒUX.

PÉCULE (DROIT CIVIL). Les auteurs varient sur l'origine de ce mot ; M. Cujas croit qu'il est gaulois : quel que soit le mérite de ce jurifconfulte , l'opinion contraire a prévalu. On le dérive *à pecuniâ & pecoribus* , parce que tout le bien confiftoit autrefois en argent & en beftiaux.

Lorfque l'on ne confulte que les hiftoriens , l'origine de Rome paroît fabuleufe : c'eft de fa légiflation que cette origine, fi différente de ce degré d'élévation où elle parvint , même fous fes confuls, reçoit la croyance que fon hiftoire ne peut infpirer. Si elle eût été fondée par un peuple, c'eft-à-dire par un affemblage d'hommes des deux fexes & de tout âge , fa légiflation n'eût pas été auffi injufte envers les fils de famille ; il fe fût trouvé parmi ceux-ci des hommes faits, qui auroient revendiqué les droits de la nature ; *les mères elles-mêmes auroient prévenu* cette rigueur qui ne leur laiffoit voir que des efclaves dans leurs enfans : les fils de famille, parvenus à la virilité, auroient voulu avoir quelque chofe à eux, & c'eft ce qu'ils n'avoient pas. Dans le berceau de la république, tout fils de famille, fans diftinction, ne pouvoit rien poffeder en propre : ce qu'il acquéroit par fon induftrie ou par fon travail , appartenoit à fon père. Le premier adouciffement que reçut cette loi fut en faveur des gens de guerre : il eft à croire que des hommes qui s'étoient expofés à tous fes périls , & qui fouvent avoient verfé leur fang, n'abandonnoient pas volontiers le butin qui en étoit le prix. Le fils de famille eut donc la liberté de difpofer à fa volonté de ce butin ; c'eft ce que l'on connoît dans la légiflation romaine fous le nom de *Pécule caftrenfe* ; on ne connut que cette forte de Pécule fous les confuls. Sous les empereurs, on admit le Pécule *quafi caftrenfe*:

telles font les deux fortes de Pécule du fils de famille.

On voit affez ce que l'on doit entendre par *Pécule caftrenfe*, le Pécule *quafi caftrenfe* ne fut pas le même fous tous les empereurs. Sous les empereurs idolâtres, il s'entendit de ce qu'un fils de famille acquéroit au barreau & dans les charges civiles, ou dans le palais au fervice du prince ; & fous les empereurs chrétiens, il s'entendit auffi des épargnes d'un fils de famille qui poffédoit un bénéfice.

(*Hac ratione Peculium triplex vulgò diftinguitur, togatum fcilicet, palatinum & ecclefiafticum.*)

Le Pécule eft encore adventice & profectice.

Le Pécule *adventice* eft ce qu'un fils de famille s'eft procuré par fon induftrie & fon travail, ou ce qu'il a reçu de la libéralité de fes amis ; il eft encore des biens qui lui font échus du côté maternel, & en général tout ce qu'il fe procure fans le fecours de fon père.

Le Pécule *profectice* eft celui qui procède des biens dont un père confie l'adminiftration à fon fils pour le faire profiter.

Le fils de famille obtint le droit de difpofer en pleine propriété du Pécule *caftrenfe & quafi caftrenfe*.

Les pères eurent beaucoup de peine à fe relâcher fur le Pécule adventice ; cette diftinction fut introduite fous Conftantin : ce fut cet empereur qui en adjugea partie aux enfans ; il leur donna la propriété des biens qui leur étoient échus du côté maternel, laiffant l'ufufruit aux pères Ses fucceffeurs étendirent par degré le droit des fils de famille fur les biens adventices jufqu'à Justinien qui abolit toute distinction. Cet empereur voulut que le fils de famille possédât sans partage tout ce qu'il se procuroit sans le secours de son père, dont le droit sur ces biens fut borné à l'usufruit.

A l'égard du Pécule profectice, Justinien n'apporta aucun changement à l'ancien droit : la propriété & l'usufruit ne cessèrent jamais d'en appartenir au père ; le fils de famille n'en eut que la simple administration.

Voilà quel fut le Pécule à Rome sous les consuls & sous les empereurs.

Dans nos provinces de droit écrit, on suit les distinctions qui furent introduites sous les derniers empereurs : le père y acquiert par son fils le Pécule profectice en pleine propriété & jouissance; il y acquiert aussi ordinairement l'usufruit des biens adventices.

A l'égard du Pécule castrense & quasi castrense, les enfans en disposent avec une entière liberté, le père n'y a aucune espèce de droit.

Le droit de la puissance paternelle n'est point reconnu dans les provinces où les coutumes ont prévalu : le père n'y acquiert rien par ses enfans ; le Pécule & les loix qui le régissent y sont ignorés.

Quant au Pécule des esclaves, le droit romain n'en reconnoissoit que d'une sorte ; il se bornoit aux choses dont leurs maîtres leur permettoient de jouir & de disposer.

Voyez le corps du droit civil, l. 1 *, §.* 5 *, ff.* de coll. *bon. T. T. C.* de castr. omnium palatin. pecul. *l.* 1 *, C.* Theod. de mat. bon. *L.* 6 *, C.* eod. *l.* 11 *, tit.* 9 *, de lib. in potest. la tra-*

duction des instituts de M. de Ferriere, &c. Voyez aussi PUISSANCE PATERNELLE.

(*Cet article est de M. MONTIGNY, avocat au parlement.*)

PÉDON. Courir à pied.

Le titre 10 de l'ordonnance du roi du 23 avril, 1780, portant réglement sur le service aux batteries, corps-de-garde d'observation & signaux établis sur les côtes, contient sur les Pédons & le pédonage, les dispositions suivantes :

» ARTICLE I. Sa majesté ayant réglé par l'ar-
» ticle 69 de l'ordonnance du 23 décembre 1778,
» que les compagnies des canonniers postiches, ou
» compagnies du guet, seroient assujetties en temps
» de guerre au service du pédonage, ou à four-
» nir les hommes nécessaires pour porter d'un
» lieu ou d'un poste à un autre, les lettres &
» paquets des officiers commandant sur les côtes,
» lesdites compagnies du guet seront incessam-
» ment formées dans toutes les paroisses garde-
» côtes des provinces maritimes, de la même
» manière & ainsi qu'il est prescrit par les articles
» 66, 67 & 68 de ladite ordonnance.

» 2. Les capitaines des compagnies du guet
» seront chargés de diriger le service du pédona-
» ge ; & dans le cas où lesdits capitaines n'au-
» roient pas leur domicile dans le bourg ou le
» village où devront passer les lettres & paquets,
» le lieutenant, ou un des lieutenans, s'il y en
» a plusieurs dans le bourg ou village, recevra
» & fera partir lesdites lettres & paquets.

» 3. Comme il se trouve dans l'étendue des
» paroisses, des lieux principaux qui en dépen-
» dent, tels que les annexes, dont les habitans

» doivent être compris dans les compagnies du
» guet desdites paroisses, il sera établi dans
» chacune des annexes, quelle qu'en soit la dé-
» nomination, un lieutenant, pour être chargé
» de diriger & surveiller le service du pédonage.

» 4. Les gens mariés ou garçons, depuis l'âge
» de dix-huit ans jusqu'à soixante, qui auront
» leur domicile dans les bourgs, villages & an-
» nexes où seront établis les capitaines ou lieu-
» tenans, seront affectés au service du pédonage
» de préférence aux autres habitans ; & dans le
» cas où lesdits lieux ne seroient pas assez peu-
» plés pour fournir le nombre de Pédons suffi-
» sant pour remplir le service, on y assujettira
» ceux qui demeureront le plus à portée. Il sera
» tenu par chaque capitaine ou lieutenant du
» guet, un rôle exact du nombre des habitans
» de chaque paroisse, conformément à ce qui
» est expliqué dans le présent article.

» 5. Chaque capitaine ou lieutenant choisira
» parmi les habitans les plus proches de son
» domicile, deux hommes intelligens, qu'il éta-
» blira sergens du guet.

» 6. Le rôle des habitans sujets au pédonage
» étant arrêté, le capitaine ou lieutenant du guet
» en commandera tous les dimanches à l'issue de
» la grand'messe, deux au moins & six au plus,
» suivant les circonstances, pour faire le service
» pendant la semaine, à commencer le lundi
» matin ; il suivra exactement le tour de rôle pour
» commander ce service, & fera relever de semaine
» en semaine les Pédons qui auront été com-
» mandés, quand même ils n'auroient pas marché.

» 7. Dès que les lettres & paquets seront re-
» mis ou apportés au capitaine ou lieutenant du

» guet, il notera fur lefdites lettres ou paquets
» l'heure de l'arrivée, & chargera un des fergens
» de les porter à celui des Pédons de femaine
» qui fera à marcher. Le fergent dira au Pédon
» le nom du lieu & du correfpondant auquel le
» paquet devra être porté, & il viendra rendre
» compte du départ au capitaine ou lieutenant de
» la compagnie.

» 8. Les capitaines du guet, qui tiendront
» des rôles exacts & détaillés du nombre des ha-
» bitans de leur paroiffe, depuis dix-huit ans
» jufqu'à foixante, & qui dirigeront eux-mêmes
» le fervice du pédonage avec l'attention & l'exac-
» titude qu'il exige, fuivant ce qui vient d'être
» dit, jouiront des exemptions ci-après :

» 1°. Ils feront exempts du tirage pour le
» remplacement des compagnies de canonniers-
» garde côtes :

» 2°. Ils jouiront de la même exemption pour
» un de leurs enfans, à leur choix, ou pour un
» valet, en cas qu'ils n'aient point d'enfans :

» 3°. Ils ne pourront être commandés pour
» les applaniffemens, foffoyemens & autres ou-
» vrages préparatoires de grands chemins, qui fe
» font ordinairement en commun par les paroiffes ;
» & feront difpenfés de travailler à leur tâche
» pendant la campagne :

» 4°. Ils feront également difpenfés des travaux
» auxquels les compagnies du guet font tenues
» pour les réparations des retranchemens de la
» côte, ainfi que des chemins qui y conduifent
» & communiquent aux batteries ; mais ils con-
» tinueront d'être employés à l'armement & dé-
» farmement defdites batteries, qui doivent être
» exécutés par les paroiffes garde-côtes.

» Ceux defdits capitaines qui tiendront des rô-
» les exacts & détaillés de la population de leurs
» paroiffes, mais qui ne dirigeront pas eux-
» mêmes le fervice du pédonage, jouiront des
» exemptions énoncées ci-deffus, à l'exception de
» la troifième.

» 9. Les lieutenans du guet qui dirigeront le
» fervice du pédonage, jouiront de toutes les
» exemptions de l'article précédent, à l'exception
» de la feconde, & ils feront de plus exempts
» du fervice aux corps-de-garde d'obfervation &
» fignaux de la côte.

» Les fergens jouiront de la quatrième exemp-
» tion; ils feront pareillement exempts du fervice
» au corps-de-garde d'obfervation & fignaux, &
» ne feront tenus qu'à recevoir les lettres &
» paquets des capitaines ou lieutenans, pour les
» remettre aux Pédons qui devront les porter.

» Les habitans qui feront infcrits fur le rôle
» des Pédons, jouiront de mêmes exemptions
» que les fergens, & feront tenus à porter les
» lettres & paquets, comme il a été expliqué.

» 10. Toutes les lettres & paquets qui feront
» portés par les Pédons, feront contre-fignés du
» nom de celui qui les enverra, & qui marquera
» l'heure à laquelle il les fera partir, & le lieu où
» il les enverra.

» 11. Le capitaine ou lieutenant du guet de
» chaque paroiffe, tiendra un état des lettres &
» paquets, dans lequel feront marqués le nom
» de ceux qui les auront contre-fignés, & les
» lieux où ils auront paffé, & il l'enverra tous
» les mois au capitaine chef de la divifion.

» 12. Aucun officier, de quelque grade qu'il
» puiffe être, ne pourra faire marcher les Pé-

» dons pour des objets étrangers au service, cette
» correspondance n’étant établie que pour faire
» passer promptement les nouvelles de la mer
» aux officiers supérieurs, & leurs ordres dans
» les cas imprévus & qui exigent de la célérité :
» Veut sa majesté que dans les cas très-pressés,
» & lorsque le mauvais temps, la difficulté des
» chemins ou l’éloignement des lieux paroîtront
» l’exiger, il soit fourni des chevaux aux Pédons
» par les paroisses garde-côtes, sur la demande
» qui en sera faite aux maires ou syndics des-
» dites paroisses, par les capitaines ou lieutenans
» du guet.

PEINE. C’est la punition d’un crime.

Les Peines qu’on inflige aux coupables sont
appelées *capitales*, quand elles font perdre la
vie ou qu’elles privent pour toujours de la liberté ou du droit de citoyen. Telles sont la mort
naturelle, les galères perpétuelles, le bannissement à perpétuité hors du royaume, & la prison perpétuelle.

On appelle *Peines afflictives*, celles qui ne
sont point capitales, mais qui affligent le corps
ou le privent de sa liberté. Telles sont les galères à temps, le fouet, la flétrissure, le carcan
& le pilori.

Et l’on appelle *Peines infamantes*, celles qui
déshonorent le coupable & le rendent infame. Telles
sont l’amende honorable, le bannissement à temps,
le blâme, & l’amende en matière criminelle.

Il y a encore d’autres punitions qui ne sont
ni afflictives ni infamantes : telles sont l’admonition, l’aumône, les injonctions d’être plus
circonspect, &c.

Les Peines dont on vient de parler sont

celles que les tribunaux ordinaires ont coutume de prononcer felon les circonftances.

Il y a en outre les Peines que prononcent les confeils de guerre, & que pour cette raifon on appelle Peines militaires : telles font la condamnation à avoir la tête tranchée, à paffer par les baguettes, à être mis fur le cheval de bois, &c.

Il y a aufli des Peines particulières, établies contre les efclaves des colonies ; telles que celles d'avoir les oreilles & le jarret coupés.

Enfin, il y a les Peines que les juges d'églife peuvent prononcer, & que l'on appelle *Peines canoniques.*

Ces Peines font de deux fortes ; les unes font purement fpirituelles, comme l'excommunication, la dégradation, la dépofition, la fufpenfe & l'interdit ; c'eft ce qu'on appelle cenfures eccléfiaftiques, dont la première, qui eft l'excommunication, peut être prononcée également contre les laïcs & contre les eccléfiaftiques, ainfi que l'interdit ; au lieu que la dépofition, la dégradation, & la fufpenfe, ne peuvent tomber que fur les eccléfiaftiques. Les autres Peines canoniques participent du temporel, comme le jeûne, les prières, & la retraite dans un féminaire.

Outre ces Peines, il y en a encore d'autres que les juges d'églife peuvent prononcer contre les eccléfiaftiques, mais non à l'exclufion de tous autres juges : telles font la privation du bénéfice, la réparation honorable, la prifon dans un monaftère, la privation pour un temps de rang dans l'églife, la privation de voix délibérative en chapitre, la privation des diftributions ou d'une partie du revenu du bénéfice, l'aumône, &c.

C'eft une belle chofe que les leçons que donne

Montefquieu aux légiflateurs dans le chapitre 4
du livre 12 de l'efprit des loix. *C'eft*, dit ce fublime
philofophe, *le triomphe de la liberté, lorfque les
loix criminelles tirent chaque Peine de la nature
particulière du crime.*

Et pour faire connoître la Peine qui devroit
être infligée pour chaque crime, il divife les
crimes en quatre claffes : il met dans la première, ceux qui choquent la religion ; dans la
feconde, ceux qui bleffent les mœurs, dans la
troifième, ceux qui troublent la tranquillité ; &
dans la quatrième, ceux qui attaquent la fûreté
des citoyens.

Montefquieu ne met dans la claffe des crimes
qui intéreffent la religion, que ceux qui l'attaquent directement, comme font tous les fa-
criléges fimples : » Car, ajoute-t-il, les cri-
» mes qui en troublent l'exercice, font de la
» nature de ceux qui choquent la tranquillité des
» citoyens ou leur fûreté, & doivent être ren-
» voyés à ces claffes.

» Pour que la Peine des facrilèges fimples
» foit tirée de la nature de la chofe, elle doit
» confifter dans la privation de tous les avantages
» que donne la religion ; l'expulfion hors des
» temples ; la privation de la fociété des fidèles,
» pour un temps ou pour toujours ; la fuite de
» leur préfence, les exécrations, les conjurations.

» Dans les chofes qui troublent la tranquillité
» ou la fûreté de l'état, les actions cachées font
» du reffort de la juftice humaine. Mais dans
» celles qui bleffent la divinité, là où il n'y a
» point d'action publique, il n'y a point de
» matière de crime : tout s'y paffe entre l'homme
» & dieu, qui fait la mefure & le temps de fes
» vengeances.

» La seconde claſſe, continue l'auteur cité ;
» eſt des crimes qui ſont contre les mœurs. Telles
» ſont la violation de la continence publique ou
» particulière, c'eſt-à-dire, de la police ſur la ma-
» nière dont on doit jouir des plaiſirs attachés
» à l'uſage des ſens & à l'union des corps ; les
» Peines de ces crimes doivent encore être tirées
» de la nature de la choſe ; la privation des
» avantages que la ſociété a attachés à la pureté
» des mœurs, les amendes, la honte, la contrainte
» de ſe cacher, l'infamie publique, l'expulſion
» hors de la ville & de la ſociété, enfin toutes
» les Peines qui ſont de la juridiction correction-
» nelle, ſuffiſent pour réprimer la témérité des
» deux ſexes. En effet, ces choſes ſont moins
» fondées ſur la méchanceté que ſur l'oubli ou
» le mépris de ſoi-même.

» Il n'eſt ici queſtion que des crimes qui in-
» téreſſent uniquement les mœurs, non de ceux
» qui choquent auſſi la ſûreté publique, tels que
» l'enlévement & le viol, qui ſont de la quatrième
» eſpèce.

» Les crimes de la troiſième claſſe ſont ceux
» qui choquent la tranquillité des citoyens ; &
» les Peines en doivent être tirées de la nature
» de la choſe, & ſe rapporter à cette tranquillité ;
» comme la privation, l'exil, les corrections &
» autres Peines qui ramènent les eſprits inquiets
» & les font rentrer dans l'ordre établi «.

Monteſquieu reſtreint les crimes contre la
tranquillité, aux choſes qui contiennent une ſimple
léſion de police : car celles qui, troublant la
tranquillité, attaquent en même temps la ſûreté,
doivent être miſes dans la quatrième claſſe.

» Les Peines de ces derniers crimes, ajoute

» ce philosophe, font ce qu'on appelle des sup-
» plices. C'est une espèce de'talion, qui fait que
» la société refuse la sûreté à un citoyen qui
» en a privé ou qui en a voulu priver un autre.
» Cette Peine est tirée de la nature de la chose,
» puisée dans la raison, & dans les sources du
» bien & du mal. Un citoyen mérite la mort,
» lorsqu'il a violé la sûreté au point qu'il a ôté
» la vie, ou qu'il a entrepris de l'ôter. Cette
» Peine de mort est comme le remède de la société
» malade «.

Rien de plus judicieux sans doute que cette
application de la Peine de mort. Cependant un
auteur dont l'ouvrage a été *loué à outrance*, même
par des gens de mérite, a essayé d'établir que
quelque crime qu'eût commis un citoyen, il
n'étoit ni utile ni nécessaire de le condamner
à mort. Il a de plus prétendu que la Peine de
mort n'étoit appuyée sur aucun droit. On voit
bien que l'ouvrage dont je parle ici est le fameux
traité des délits & des Peines attribué au marquis de Beccaria. Examinons si la doctrine de
cet auteur doit être préférée à celle de Mon-
tesquieu & à celle des plus grands législateurs
de toutes les nations & de tous les siècles, qui
ont cru devoir soumettre à la Peine dont il s'agit,
une certaine classe de criminels.

Le droit que les hommes s'attribuent d'égorger
leurs semblables, dit M. le marquis de Beccaria,
n'est certainement pas celui dont résultent la sou-
veraineté & les loix ; elles ne sont que la somme
des portions de liberté de chaque particulier, les
plus petites que chacun ait pu céder. Elles repré-
sentent la volonté générale, qui est l'assemblage de
toutes les volontés particulières. Or, qui jamais

*a voulu donner aux autres hommes le droit de
lui ôter la vie ? Comment, dans les plus petits
sacrifices de la liberté de chacun, peut se trouver
compris celui de la vie, le plus grand de tous
les biens ? Et si cela étoit, comment ce principe
s'accorderoit-il avec la maxime qui défend le
suicide ? Ou l'homme peut disposer de sa propre
- vie, ou il n'a pu donner à d'autres un droit qu'il
n'avoit pas lui-même.*

Voilà ce que l'auteur cité appelle *une démonstration que la Peine de mort n'est appuyée sur
aucun droit.*

Mais cette prétendue démonstration ne seroit-
elle pas plutôt une suite de raisonnemens vicieux dans les principes, & absurdes dans les
conséquences ? C'est ce qu'il convient d'examiner.

Il a fallu pour la conservation de l'espèce humaine, que quand une société s'est trouvée composée d'un certain nombre d'hommes, chaque
individu se dépouillât de sa force & de sa liberté,
pour former une somme de forces qui, n'a-
gissant que par le moyen d'un seul mobile,
protégeât le plus puissamment qu'il seroit possible, la personne & les biens de chaque associé.

Le mobile qui fait agir ainsi les forces réunies
est le souverain : d'où il suit, que la souveraineté
représente la volonté générale, qui est, comme
l'observe M. le marquis de Beccaria, *l'assemblage
de toutes les volontés particulières.*

Mais dire que chaque individu s'est réservé
une portion de sa liberté ou de sa volonté,
c'est un paradoxe insoutenable. Il est évident
que dans ce cas il n'y auroit plus de contrat
social, ou du moins l'union des membres de
la société seroit imparfaite. En effet, s'il restoit

quelques droits aux particuliers , comme il n'y auroit aucun juge commun qui pût prononcer entre eux & le public, l'état de nature subsisteroit , & l'association deviendroit nécessairement illusoire.

Il faut donc, pour la perfection du contrat social, que chaque associé se donne sans réserve avec tous ses droits à la communauté.

De ce principe incontestable dérive la conséquence , que le souverain a pu légitimement établir la Peine de mort lorsqu'il a cru que l'intérêt de la société l'exigeoit.

Prétendre d'ailleurs , comme le fait M. le marquis de Beccaria, que la Peine de mort n'est ni utile ni nécessaire , c'est affecter de méconnoître cette puissante loi à laquelle la nature a soumis l'homme , en l'obligeant de s'occuper sans cesse des moyens de conserver sa vie. En effet, la vie est , comme le remarque M. le marquis de Beccaria lui-même , le plus grand de tous les biens. La crainte de la perdre doit donc être la plus grande de toutes les craintes , & par conséquent le plus grand obstacle qui puisse empêcher un scélérat de commettre un crime qui entraîne la Peine de mort. Cette Peine est donc utile , elle est donc nécessaire pour le maintien de l'ordre.

Qu'un homme soit livré à une haine atroce, & qu'il soit sûr de conserver sa vie en poignardant son ennemi , sa passion lui fera commettre ce crime, parce que les passions, tout aveugles qu'elles sont , ne laissent pas de calculer : or, le résultat du calcul en cas pareil , est qu'on fait plus de dommage à son ennemi qu'on ne peut en recevoir foi-même ; ce qui fuffit pour déterminer la haine.

M. le marquis de Beccaria cite, pour appuyer fa doctrine, l'exemple de l'impératrice de Ruffie, Elizabeth, fous le règne de laquelle on n'a puni de mort aucun criminel : mais fi une pitié exceffive a déterminé cette princeffe à faire fubir de moindres Peines aux grands criminels, elle n'a du moins abrogé la Peine de mort par aucune loi : auffi fous l'impératrice qui occupe aujourd'hui le trône, & que l'Europe a déjà placée au rang des grands hommes, on punit de mort fans difficulté tous les criminels dignes de cette Peine.

M. le marquis de Beccaria fe fonde encore fur ce que, felon lui, *l'expérience de tous les fiècles prouve que la Peine de mort n'a jamais empêché les fcélérats déterminés de nuire à la fociété.*

Mais ne peut-on pas demander où font les monumens qui établiffent cette expérience ? Ne feroit-il pas au contraire démontré, fi l'on avoit une confeffion exacte de tous les fcélérats, que la crainte du dernier fupplice a feule empêché qu'ils ne commiffent une infinité de crimes ?

C'eft d'après les allégations qu'on vient de rapporter de M. le marquis de Beccaria, qu'il fe flatte d'avoir plaidé & *gagné la caufe de l'humanité.* Mais on peut lui dire avec plus de vérité, qu'il a plaidé la caufe de la fcéléreffe, & qu'heureufement il l'a perdue.

Il ne faut toutefois pas imaginer que je veuille faire ici l'apologie des loix de fang : je crois au contraire qu'on n'a pas toujours fait une jufte application de la Peine de mort. Il me femble,

par

par exemple, que le vol, de quelque espèce qu'il
soit, ne devroit jamais être puni de mort. Peut-
être qu'il se commettroit quelques vols de plus ;
mais, à coup sûr, il se commettroit beaucoup
moins d'assassinats. En effet, si l'on ne condamnoit
à mort les voleurs de grand chemin que quand
ils ont assassiné, ils n'assassineroient jamais, ils se
contenteroient de voler : mais comme un voleur
de cette espèce, qui ne fait que voler, est puni
aussi sévérement que celui qui vole & assassine
en même temps, il doit naturellement raisonner
de la manière suivante :

» Si je vole ce passant sans le tuer, & que je
» sois convaincu du vol, je serai rompu vif. Si
» je tue ce passant en même temps que je le
» volerai, je n'aurai pas à craindre un supplice
» plus cruel ; il m'est donc plus avantageaux de
» tuer ceux que je vole, que de les voler sans
» les tuer, puisqu'en les tuant je rends mon
» crime plus difficile à découvrir «.

Il en seroit bien différemment si l'on ne pu-
nissoit du dernier supplice que les voleurs assassins,
& que les galères perpétuelles fussent la peine
des autres vols qualifiés. Alors la crainte de risquer sa propre vie éloigneroit du voleur toute
idée d'assassiner. On ne commet point de
crime pour le commettre, mais pour en profiter.

La Peine que l'ordonnance de 1670 avoit
établie comme la plus rigoureuse après le dernier
supplice, étoit *la question*, *avec la réserve des
preuves en leur entier* : mais elle est aujour-
d'hui abrogée, comme on le verra à l'article
QUESTION.

Viennent ensuite les galères perpétuelles, le
bannissement perpétuel, les galères à temps, le

fouet, l'amende honorable , & le banniffement
à temps. *Article 13 du titre 25.*

Il n'y a que le miniftère public qui puiffe
conclure à des Peines afflictives ou infamantes
contre les accufés : un particulier ne peut demander que la réparation civile ou les dommages
& intérêts qui lui font dus.

Cette règle reçoit néanmoins une exception
en matière d'adultère ; le mari peut conclure, contre
fa femme , à la Peine de *l'authentique.* Voyez
ADULTÈRE.

Lorfqu'une procédure a été civilifée , le juge
ne peut plus prononcer de Peine afflictive, à
moins que la partie publique ne vienne contre
le jugement de civilifation par tierce oppofition
ou par la voie d'appel, ou que la partie civile
n'interjette appel de ce même jugement.

*Voyez au furplus ce que nous difons en par-
lant de chaque crime & de chaque Peine en particulier.*

PEINE CONTRACTUELLE. On entend
par *peine* en matière de contrats, une claufe par
laquelle on s'engage à quelque chofe en cas
d'inexécution de la promeffe que l'on a faite.

En quels cas eft-il permis ou défendu de ftipuler des *peines* ? Quels font les effets qui en
réfultent ? Quelles font les circonftances qui leur
donnent ouverture ? Ces fortes d'obligations font-
elles divifibles ou indivifibles ? Telles font les
queftions que cette matière nous offre à difcuter.

§. I. *De la validité ou nullité des stipulations pénales.*

Une obligation pénale est toujours accessoire à une obligation primitive; ainsi, d'après le principe, qu'un accessoire ne peut subsister sans la chose principale (*), la première condition requise pour la validité d'une clause de cette espèce, est que l'obligation primitive soit elle-même valable.

La loi 69, D. *de verborum obligationibus*, nous en fournit un exemple. Un particulier avoit promis à un autre de lui représenter un esclave qu'il ignoroit être mort, sinon, de lui payer une certaine somme par forme de peine. L'obligation principale étoit évidemment nulle, puisqu'elle portoit sur une chose impossible : & c'est pourquoi Ulpien a décidé que la stipulation pénale ne pouvoit pas valoir (**).

La loi 61 du même titre contient une décision semblable : « On ne peut, dit-elle, faire une stipulation en cette forme, *si vous ne m'instituez pas votre héritier, vous me donnerez telle somme*, parce que cela est contre les bonnes mœurs ».

Si cependant la nullité de l'obligation principale ne provient que du défaut d'intérêt de celui en

---

(*) Cùm principalis causa non consistit, ne ea quidem quæ sequuntur locum obtinent. *L.* 129, *parag.* 1, D. *de regulis juris.*

(**) Si homo mortuus sisti non potest, nec pœna rei impossibilis committeretur, quemadmodùm si quis Stichum mortuum dare stipulatus, si datus non esset, pœnam stipuletur.

Y ij

faveur de qui elle eſt ſtipulée, la clauſe pénale
qui y eſt ajoutée, doit avoir ſon effet; c'eſt ce que
déclare le §. 18, aux inſtitutes *de inutilibus ſti-*
pulationibus. » On ne peut ſtipuler pour autrui
(ce ſont les termes de ce texte); & lorſqu'on
» veut le faire, il eſt eſſentiel de mettre la clauſe
» qu'en cas d'inexécution de la ſtipulation, il y
» aura une peine au profit de celui qui ſtipule,
» quoiqu'il n'ait point d'intérêt à la choſe «.
Cette exception eſt fondée ſur une raiſon très-
ſimple : » L'obligation principale, dit Pothier,
» n'eſt nulle en ce cas que parce que le débiteur
» y peut impunément contrevenir, celui envers
» qui elle a été contractée n'ayant en ce cas au-
» cuns dommages-intérêts à prétendre en cas
» d'inexécution : l'obligation pénale qui eſt ajoutée,
» purge ce vice, en empêchant le débiteur d'y pou-
» voir contrevenir impunément «.

Par la même raiſon, quoiqu'on ne puiſſe pas
promettre directement le fait d'autrui, on peut
ajouter une peine à une obligation de cette eſpèce ; parce que la clauſe pénale fait voir que
l'on n'a pas eu ſimplement l'intention de promettre le fait d'un tiers, mais que l'on a voulu
ſe conſtituer ſa caution & s'en porter fort, ce
qui renferme une promeſſe pour ſoi & non pour
autrui. C'eſt ce que décident expreſſément le §.
21 du titre cité, & la loi 38, §. 2, D. *de ver-*
borum obligationibus. C'eſt auſſi ce qu'a jugé un
arrêt du parlement de Bretagne du 12 janvier
1621, rapporté par Frain. Le patent d'un chanoine de Saint-Malo, qui avoit offenſé ſon évêque,
avoit promis à celui-ci que le chanoine ne pa-
roîtroit pas dans la ville pendant quatre mois,
& s'étoit obligé de payer, en cas de contraven-

tion, une somme de trois cents livres. Le chanoine ayant rompu la promesse que son parent
avoit faite pour lui, la convention fut jugée valable & la peine encourue.

La seconde condition nécessaire pour la validité d'une clause pénale, est qu'il n'y ait rien
d'impossible ni de contraire aux loix ou aux bonnes
mœurs, dans la prestation de la chose qui en
est l'objet; mais le défaut de cette condition n'annulle que l'obligation pénale, parce que le principal ne dépend pas de l'accessoire & peut subsister sans lui. La loi 92, D. *de verborum obligationibus*, en contient une décision expresse :
» Si l'on s'est obligé, dit-elle, de vous représenter
» quelqu'un, ou de donner un hyppocentaure, en
» cas que l'on ne puisse ou que l'on ne veuille
» pas le faire, ce sera la même chose que si
» l'on n'avoit contracté que l'obligation de re-
» présenter «. La loi 126, §. 3 du même titre,
porte également, que dans cette hypothèse, *de-
tractâ secundâ stipulatione, prior manet utilis*.

La troisième condition est que l'obligation
principale ne soit pas de nature à rejeter les
clauses qui emportent quelque peine. Ainsi lorsqu'il est question d'argent ou d'autres choses qui
se consomment par l'usage, & que le contrat
n'est point un de ceux qui produisent des intérêts ou en légitiment la stipulation, on ne peut
stipuler une peine en cas de défaut ou de retard du payement ; cela dégénereroit en usure.

Mais, par la raison contraire, il est permis d'inférer des clauses pénales dans toutes les promesses de deniers ou de choses *fungibles* qui admettent les stipulations d'intérêts : par exemple,
on peut stipuler les intérêts des sommes que

des débiteurs s'obligent de payer par des tranfactions, parce que ces intérêts font partie du prix des défiftemens qui font accordés, & que, fuivant la loi 20, C. *de tranfactionibus*, les tranfactions ont la même force que les jugemens : de là vient, » qu'en la caufe d'entre les feigneurs » de Chateauroux, du Bouchage & de Loué, » plaidée folennellement le lundi dernier décembre 1573, Marion & Chopin plaidans, la » ftipulation faite par tranfaction de payer par » ledi fieur de Chateauroux dix mille livres » dans un an, &, à faute de payer, s'obliger au » doublement & tiercement de ladite fomme, a » été confirmée par arrêt ; & ledit fieur de Chateauroux condamné à payer ladite fomme dans » deux mois, *aliàs*, dès à préfent condamné au » double de ladite fomme. Ce qui étoit de par- » ticulier, c'eft que ledit fieur de Loué, pour » n'avoir reçu ladite fomme de dix mille livres » au jour convenu, tomboit en de grands in- » térêts, & ne fut reçue l'offre dudit feigneur » de Chateauroux, de payer audit fieur de Loué » les intérêts de ladite fomme de dix-mille livres » au denier douze «. Ainfi s'exprime M. Louet, lettre P, §. 4 ; & Brodeau ajoute, que » le même a » été jugé par arrêt de mercredi 19 avril 1575 en » la grand'chambre «.

On peut ftipuler les intérêts d'une dot ou d'une penfion de religieufe : on peut donc auffi convenir d'une peine pour le cas où le payement, foit de la dot, foit de la penfion, viendroit à manquer. » Il a été jugé, dit M. Louet, que » la peine de cinq fous par jour, à faute de » payement de dix écus par an, dus pour la » penfion d'une religieufe de Fonteyraud, eft

» bonne & valable , & le fieur de Meffigny ,
» frère de la religieufe , condamné à payer ladite
» peine pour l'avenir , & néanmoins , d'autant que
» les arrérages du paffé fe montoient à une grande
» fomme de deniers , la cour pour aucunes caufes
» les a modérés à cent écus, à mon rapport, en
» la cinquième des enquêtes, en avril 1588 «.

Brodeau fait mention d'un arrêt femblable,
rendu le 3 août 1574, » pour la peine de cinq
» fous pour chacune femaine, appofée à un bail
» emphytéotique, au cas que le preneur fût en de-
» meure de payer la penfion au jour préfix «.

C'eft ce qui a encore été jugé, fuivant le même
auteur, par arrêts des 6 feptembre 1570, premier feptembre 1571 , 3 décembre 1588 , au
fujet de la peine de trois fous par jour, appofée
à des rentes de fondation & de libéralité.

Il faut cependant obferver que l'on ne jugeroit
plus aujourd'hui avec tant de rigueur ; en confirmant les peines ajoutées, foit à des tranfactions
foit à des conftitutions dotales, foit à tous autres actes dans lefquels il eft permis de ftipuler
des intérêts, on ne manqueroit pas de les réduire aux taux des intérêts légitimes. Voyez l'article INTÉRÊTS, partie 6, & la loi 13, §. 26, D.
de actionibus empt.

Les promeffes de mariage n'admettent pas de
ftipulations pénales. Ainfi le décide la loi 134,
D. de verborum obligationibus , conçue en ces
termes : » Titia, qui avoit un fils d'un premier
» mari, a époufé en fecondes noces Gaïus
» Seïus, qui avoit une fille d'une autre femme,
» & il a été ftipulé par le contrat de mariage,
» que la fille de Gaïus Seïus feroit mariée au
» fils de Titia, à peine de payer par celle des par-

» ties qui y mettroit obstacle, une somme d'ar-
» gent convenue. Gaius Seius étant venu à mourir
» pendant le mariage, sa fille n'a pas voulu épou-
» ser le fils de celle-ci. On a demandé si les
» héritiers de Gaius Seius étoient tenus de payer
» la peine, & il a été décidé que non, parce
» qu'elle avoit été stipulée contre les bonnes
» mœurs ; car il seroit indécent que le nœud
» des mariages fût serré par la crainte des
» peines «.

Le chapitre 26, *de sponsalibus*, aux décrétales, décide la même chose ; voici comme il
est conçu, c'est le pape Grégoire IX qui parle :
» La femme Gemma nous a exposé que sa fille
» s'étant mariée à C. B. de Alferio, l'a mise en
» justice pour la faire condamner à la peine qui
» a été stipulée entre son fils & la fille de
» Gemma, lors des fiançailles contractées entre
» ceux-ci, dans un temps où ils n'avoient pas
» encore atteint leur septième année ; comme les
» mariages doivent être libres, & que par cette
» raison toute convention pénale qui y a rapport
» doit être rejetée, nous vous mandons que si
» la chose est ainsi que nous l'a exposée Gemma,
» vous forciez B. par les censures ecclésiastiques,
» à se désister de ses poursuites contre cette
» femme «.

La décision de ces textes a été adoptée par
plusieurs arrêts. Ecoutons d'abord M. Louet :
» Deux, ayant, l'un un fils, l'autre une fille,
» désirant conserver leurs maisons proches l'une
» de l'autre, contractent ensemble & promettent
» que leurs enfans venus en âge nubile se ma-
» rieront ensemble : & pour sûreté de ce, la mère
» de la fille se départ de l'enchère par elle faite

» d'une certaine sortie de leur maison , & le
» père du fils en demeure adjudicataire, du con-
» sentement de la mère de la fille , en faveur
» dudit mariage; il y a stipulation de dommages
» & intérêts contre celui qui contreviendra aux-
» dites promesses de mariage & d'accomplir de
» sa part le mariage : par arrêt du 9 mars 1606,
» les parties ont été mises hors de cour, & néan-
» moins celui qui avoit la terre, condamné à ré-
» trocéder , autrement ès dommages & intérêts
» procédans à cause de ce «.

Brodeau dit en ses notes sur cet arrêt, qu'il
y en a plusieurs » autres semblables remarqués
» par Chenu en ses questions, centurie 2 , ques-
» tions 43 , 44 , 45 & 48 ; Bacquet, au traité
» des droits de justice, chapitre 21 , n. 329; M.
» le Prêtre, centurie 1 , chapitre 63 ; M. Fre-
» min , en ses décisions du parlement de Metz,
» livre 2 , décision 3 «.

Deghewier, en ses institutions au droit belgique , après avoir dit que » la promesse de cer-
» taine somme à défaut d'épouser , quoique par
» écrit , est nulle, « ajoute , que » le parlement
» de Flandres en a ainsi décidé par arrêt de 1700
» en faveur du sieur Cardon , & que les maïeurs
» & échevins de Tournai en jugèrent de même
» par sentence du 23 février 1704 «.

Cette jurisprudence n'est cependant pas sans
contradicteurs. L'empereur Léon a tenté d'abolir
par sa novelle 18 les loix de Justinien qui défendent les stipulations pénales dans les promesses
de mariage, & cette novelle a été reçue en plusieurs endroits ; Voët, célèbre jurisconsulte hol-
landois, assure qu'elle est adoptée dans son pays;

neque hoc ipfum à noſtris moribus alienum eſt, & Zypæus, canoniſte d'Anvers, ſoutient qu'elle devroit l'être par-tout. En effet, on ne peut diſſimuler qu'elle ne ſoit plus conforme anx principes de notre droit, que ne le ſont les loix qu'elle abroge. Les Romains laiſſoient aux fiancés une liberté entière de réſilier leurs promeſſes de mariage, *alii deſponſatæ renunciare conditioni & nubere alii non prohibentur* ; ce ſont les termes de la loi 1, C. *de ſponſalibus*. Parmi-nous, au contraire, les fiançailles produiſent une action véritable & effective, les juges d'égliſe ſont antoriſés par les canons à les faire exécuter par la voie des cenſures ; & ſi les tribunaux féculiers ſe bornent à condamner les parties qui en refuſent l'accompliſſement, aux dommages-intérêts occaſionnés par leur rétractation, c'eſt parce que l'expérience a prouvé que les mariages forcés ont toujours de fâcheuſes ſuites, & il n'y a pas un juge qui, en prononçant de la ſorte, ne reconnoiſſe l'obligation de droit & de conſcience qui réſulte des fiançailles. D'après cela, il ſemble que l'on auroit dû abandonner ſur ce point les loix romaines, & regarder comme valables toutes les ſtipulations pénales qui tendent à empêcher des réſiliemens en cette matière. Mais la décrétale du pape Grégoire IX, rapportée ci-deſſus, a fermé les yeux aux juriſconſultes, & quoiqu'elle fût donnée ſur un cas tout à fait particulier, car la promeſſe de mariage dont elle parle avoit été faite entre des enfans mineurs de ſept ans, ils n'ont pas laiſſé de la regarder comme générale, & cette doctrine, une fois affermie par un concert unanime d'autorités, a fait ſans peine dans les tribunaux les progrès qu'atteftent les décifions que nous venons de retracer.

Mais cette erreur a enfin été dévoilée & profcrite. Dès le 28 mars 1638, le parlement de Paris, en confirmant une fentence du châtelet, condamnoit, fuivant le témoignage de Brodeau, » François le Secq au payement de la fomme » entière de douze milles livres de peine ftipulée » par le contrat de mariage qu'il n'avoit pas voulu » exécuter (*). Par un autre arrêt du 9 mars 1643, » les enfans & héritiers de celui qui avoit promis » époufer une fille dans quatre ans, & en cas » qu'il vînt à décéder avant ce temps, lui faire » payer par fes héritiers la fomme de quatre » mille livres, furent condamnés à lui payer cette » fomme, avec les intérêts du jour de la demande; » la cour ayant jugé que cette fomme étoit due » par forme de dommages & intérêts pour l'inexé- » cution du mariage «.

On peut ajouter à ces arrêts tous ceux qui ont réduit les peines ftipulées par les promeffes de mariage, à la jufte mefure des dommages-intérêts réfultans de l'inexécution; car cette réduction eft une preuve de leur légitimité, & l'on verra ci-après que toutes les efpèces de fti pulations pénales y font fujettes.

L'auteur des conférences de Paris fait mention d'un arrêt du 11 juillet 1711, qui réduit à deux mille livres un dédit de mille écus, ftipulé par une promeffe de mariage.

Le journal des audiences nous en fournit un autre du 29 août 1713, qui réduit à cinq cents

_____

(*) Bardet date cet arrêt du 18 mars 1639.

livres une ſtipulation pénale de la même ſomm
que la précédente.

. Baſnage ſur l'article 369 de la coutume d
Normandie, en rapporte un du parlement de
Rouen, qui confirme cette juriſprudence. » Une
» fille nommée Loudier pourſuivoit un fils de
» famille, pour l'épouſer ou lui payer trois mille
» livres ſuivant ſa promeſſe ; le fils, & le père
» qui étoit intervenant, ſoutenoient que cette
» promeſſe étoit nulle, & même qu'elle avoit
» été faite par un mineur, & que d'ailleurs la
» fille s'étant abandonnée à ce jeune garçon, cette
» promeſſe n'étoit, à vrai dire, qu'une taxe & une
» compoſition qu'elle avoit faite de ſon honneur,
» ce qui la rendoit honteuſe & nulle. Néan-
» moins, par arrêt du 10 mai 1662, on lui
» adjugea deux mille livres pour tous intérêts,
» dommages & dépens «.

§. II. *Des effets que produiſent les convention.*
pénales, lorſqu'elles ſont valables.

L'objet d'une Peine contractuelle eſt d'aſſure
l'exécution de l'obligation principale.

Ainſi la ſtipulation de la peine n'éteint ni ne
réſout l'obligation principale, & l'on ne doi
pas préſumer que les parties aient eu l'intention de fondre celle-ci dans celle-là. C'eſt que
porte expreſſément la loi 122, §. 2, D. *de ver-*
borum obligationibus.

De là il réſulte, que quand il y a ouvertur
à la peine par le défaut d'accompliſſement d
l'obligation principale, le créancier peut, au lie
de demander la première, pourſuivre l'exécution

de la seconde. C'est la disposition du texte que nous venons de citer, & de la loi 28, D. *de actionibus empt.*

Si, en stipulant une certaine somme en cas d'inexécution d'une obligation, les parties avoient témoigné clairement vouloir qu'il ne fût plus dû autre chose que la somme, dès que le débiteur auroit été mis en demeure de remplir sa première promesse, une telle convention ne seroit pas une stipulation pénale, mais une obligation aussi principale que la première, & faite par forme de novation de celle-ci. C'est l'espèce de la décision de la loi 44, §. dernier, D. *de obligationibus & actionibus.*

Quoique l'obligation pénale ne porte par elle-même aucune atteinte à l'obligation principale, cependant comme l'une n'est que compensatoire des dommages-intérêts produits par l'inexécution de l'autre, le créancier ne peut pas exiger les deux à la fois; il faut qu'il se contente de la peine ou de la chose. Mais si la peine ne l'indemnise pas suffisamment, il pourroit, après l'avoir reçue, demander le surplus des dommages-intérêts qu'il a soufferts par l'inexécution de l'obligation principale. Les loix 28, D. *de actionibus empt.*, 41 & 42, D. *pro socio*, le décident expressément ainsi.

Pothier fait sur ces textes une observation importante. » Le juge ne doit pas être facile à écouter » le créancier qui prétend que la peine qu'il a » perçue ne le dédommage pas suffisamment de » l'inexécution de la convention; car les parties » ayant, par la fixation de la peine, réglé & fixé » elles-mêmes les dommages & intérêts qui ré-

» fulteroient de l'inexécution de la convention
» le créancier, en demandant de plus gros dom
» mages & intérêts, femble revenir contre une
» eftimation qu'il a faite lui-même, en quoi i
» ne paroit pas recevable, à moins qu'il n'eût l
» preuve à la main que le dommage par lu
» fouffert excède la fomme convenue, comme
» dans cette efpèce : fi un marchand m'a prê
» fa voiture, à condition que je la lui rendroi
» un certain jour auquel il en auroit befoin pou
» mener fes marchandifes à une certaine foire
» à peine de trente livres faute de la lui rendr
» au jour indiqué; ce marchand à qui j'ai promi
» de la rendre, peut ne fe pas contenter de cet
» fomme de trente livres, s'il a la preuve à l
» main qu'il a été obligé d'en louer une pou
» cinquante livres, & que le prix commun de
» voitures pour aller à cette foire, étoit de la fomm
» de cinquante livres dans le temps auquel je lu
» devois rendre la fienne «.

La règle qui empêche le créancier d'exiger tou
à la fois le principal & la peine, admet deu
exceptions. La première, eft lorfqu'il eft di
expreffément, que, faute par le débiteur d'accom
plir fon obligation dans un certain temps, l
peine fera encourue & exigible, fans préjudice
de l'obligation principale, *rato manente pacto*,
comme s'exprime la loi 16, D. *de tranfactionibus.*
La feconde eft lorfqu'il paroît que la peine ef
ftipulée pour réparation des dommages-intérêt
que doit fouffrir le créancier, non de l'inexécutio
abfolue de l'obligation, mais du fimple retard d
fon accompliffement.

La claufe pénale n'ôte pas à celui qui l'a fti

pulée, les exceptions & les fins de non-recevoir qui peuvent réfulter pour lui du fond de l'engagement principal. La loi 10, §. 1, D. *de pactis*, déclare formellement qu'il peut encore les faire valoir, mais que dans ce cas il eft tenu de renoncer à la claufe pénale ; ce qui doit s'entendre avec les deux exceptions que nous venons de remarquer.

Pothier nous donne un exemple de cette décifion. » Si je fuis convenu avec un mineur de-
» venu majeur, qu'il ne reviendroit point contre
» la vente d'un héritage qu'il m'a faite en ma-
» jorité, & que j'aie ftipulé de lui, par forme
» de peine, une certaine fomme en cas qu'il
» contrevînt à la convention; s'il vient par la fuite
» à m'affigner en entérinement de lettres de ref-
» cifion contre cette aliénation, la claufe pénale
» inférée dans notre traité n'empêchera pas que
» je ne puiffe oppofer contre fa demande la fin
» de non recevoir qui réfulte de l'engagement
» principal qu'il a contracté dans notre traité,
» de ne point revenir contre cette aliénation.
» Mais comme celui qui a ftipulé la peine ne
» peut pas percevoir & la peine & ce qui eft
» renfermé dans l'engagement principal, fi j'ufe
» de la fin de non recevoir, & que je le faffe
» déclarer non recevable, je ne pourrai plus exiger
» de lui la peine que j'ai ftipulée; &, *vice verfâ*,
» fi j'ai exigé de lui la peine, je ne pourrai pas
» ufer de la fin de non recevoir «.

Nous avons dit que l'on ne peut à la fois, dans l'efpèce dont il s'agit, oppofer la fin de non recevoir & fe faire payer la peine ; mais cela n'eft-il point contraire à la loi 122, §. 6,

D. *de verborum obligationibus* ? Pothier répond
que non , & fait clairement difparoître cette an-
tinomie. » Lorfque j'ai eu convention fous une
» certaine peine , avec vous devenu majeur,
» que vous ne reviendriez pas contre la vente
» d'un héritage que vous m'aviez faite en mino-
» rité , l'objet de cette convention eft de me pro-
» curer la libération d'une action refcifoire que
» vous aviez effectivement contre moi ; c'eft pour-
» quoi , lorfqu'en vous oppofant la fin de non
» recevoir qui réfulte de cette convention , & en
» vous faifant en conféquence déclarer non rece-
» vable dans votre action , je me fuis procuré la
» libération de cette action , je ne peux plus vous
» demander la peine ; autrement j'aurois tout à
» la fois & la chofe & la peine ; ce qui ne peut
» pas être : telle eft l'efpèce de la loi 10 , §
» 1 , D. *de pactis.* Celle de la loi 122 eft très-
» différente : après un partage qui eft par lui-
» même valable & non fujet à aucune action
» refcifoire , dans la crainte d'effuyer un procès,
» quoique mal fondé , nous fommes convenus
» fous une certaine peine de ne pas revenir
» contre ; l'objet de cette convention n'eft pas
» comme dans l'efpèce précédente , de me pro-
» curer la libération de quelque action refcifoire
» que vous euffiez contre ce partage , puifque
» vous n'en aviez aucune ; le feul objet de cette
» convention eft de ne pas effuyer un procès ;
» c'eft pourquoi , fi vous m'en avez fait un,
» quoique j'aie obtenu le congé de votre demande,
» il y aura lieu à la peine ; car la feule chofe qui
» faifoit l'objet de notre convention , étant de ne
» pas effuyer un procès, quoique mal fondé , m'en
» ayant

» ayant fait effuyer un, il eft vrai de dire que
» vous m'avez privé de ce qui faifoit l'objet de
» cette convention, d'où il fuit qu'il y a lieu à la
» peine «.

On demande fi le juge peut modérer & réduire
à de juftes bornes la peine à laquelle un débiteur s'eft foumis en cas de contravention à fon
engagement. La négative ne fouffre dans le droit
romain aucun doute raifonnable. Il eft vrai que
la loi unique, C. *de fententiis quæ pro eo quod
intereft proferuntur*, défend de porter les dommages-intérêts au delà du double de la fomme
principale ; mais cette défenfe ne concerne que
l'indemnité judiciaire, & n'a aucun rapport à
l'indemnité conventionnelle. Il y a d'ailleurs une
très-grande différence de l'une à l'autre. Tout
homme qui contracte une obligation principale
ne s'impofe que fecondairement celle des dommages-intérêts qui peuvent réfulter de l'inexécution de fon engagement ; & il n'eft pas probable
qu'il ait entendu s'obliger indéfiniment à ces dommages-intérêts, mais feulement jufqu'à concurrence
de la fomme à laquelle ils paroiffoient devoir
monter. On ne peut pas dire la même chofe
de l'indemnité conventionnelle. Les loix défendent de fe livrer aux préfomptions, lorfque l'on
a des preuves claires de la volonté qu'il s'agit
d'exécuter : ainfi, quelque exceffive que foit la
fomme ftipulée par forme de peine, le débiteur
ne peut pas difconvenir de s'y être obligé, & c'eft
à lui à s'imputer fon imprudence ou fa légéreté.
Le §. 20, aux inftitutes *de inutilibus ftipulationibus*, & la loi 38, §. 17, D. *de verborum obligationibus*, fortifient cette opinion, en décidant
que dans une claufe pénale il ne faut pas con-

sidérer l'intérêt de celui qui l'a stipulée, mais seulement la quantité de la somme qui en est l'objet, *pænam cùm quis stipulatur, non inspicitur quid intersit ejus, sed quæ sit quantitas in conditione stipulationis.* La loi 56, D. *de evictionibus*, n'est pas moins positive ; elle établit nettement que l'on peut dans un contrat de vente stipuler la restitution du triple ou du quadruple du prix en cas d'éviction.

Quelque solides que soient ces raisons, tous les auteurs modernes enseignent, & une foule d'arrêts ont décidé que la peine conventionnelle peut, lorsqu'elle est excessive, être réduite & modérée par le juge. Voici les motifs d'équité sur lesquels Pothier fonde cette jurisprudence : » Lorsqu'un débiteur se soumet à une peine ex- » cessive, en cas d'inexécution de l'obligation pri- » mitive qu'il contracte, il y a lieu de présumer » que c'est la fausse confiance qu'il a qu'il ne » manquera pas à cette obligation primitive, qui » le porte à se soumettre à une peine aussi ex- » cessive ; qu'il croit ne s'engager à rien en s'y » soumettant, & qu'il est dans la disposition » de ne s'y pas soumettre, s'il croyoit que le » cas de cette peine pût arriver ; qu'ainsi le con- » sentement qu'il donne à l'obligation d'une peine » aussi excessive, étant un consentement fondé » sur une erreur & sur une illusion qu'il se fait, » n'est pas un consentement valable ; c'est pourquoi » ces peines excessives doivent être réduites à la » valeur vraisemblable à laquelle peuvent monter » au plus haut les dommages & intérêts du » créancier, résultans de l'inexécution de l'obli- » gation primitive «. Pothier ne fait ici que ré- péter ce qu'avoient dit avant lui Dumoulin, *dé eo quod interest*; n. 159 ; le président Favre en son code , livre 7 , titre 23 , décision 2 ; Groeneweghen sur la loi unique , C. *de sententiis quæ pro eo quod interest* ; Vanheuwen *censura forensis*, partie 1 , livre 4 , chapitre 15 ; Voet sur le digeste , *de verborum obligationibus* ; Carondas , livre 6 , réponse 59 ; Socinus , tom. 1 , conseil 133 ; Maranta , *disput.* 7 , *n.* 26.

Cette doctrine a été , comme nous l'avons dit , approuvée par les arrêts. Papon en rapporte un du 30 mars. 1525 , par lequel il a été jugé, que » si un pleige ou débiteur promet de payer » faire ratifier , ou autre chose , à peine de cinq » cents livres , dans certain temps , & ce néan- », moins ne peut la faute de ce tant importer » au créancier, il ne doit demander plus contre » le défendeur que l'intérêt que ce lui est «.

Le même arrêtiste nous retrace une autre espèce , dans laquelle on a encore suivi l'opinion des auteurs cités. » Deux gentilshommes tran- » sigent sur la préférence des bancs & honneurs » en leur paroisse , & promettent faire ratifier » leurs femmes , à peine de cent livres. L'un » fait ratifier sa femme , l'autre ne peut : con- » venu pour la peine , il se défend , 1°. sur ce » qu'il n'a pu ; 2°. sur l'excès de la peine. Il y » y est condamné. Il appelle. Par arrêt de Paris, » il est condamné, à faute de faire ratifier , ès » dommages & intérêts «.

Nous trouvons dans Dufail un arrêt du parlement de Bretagne, qui juge de même. Un particulier avoit promis de faire ratifier une transaction , sous peine de cent écus ; n'ayant pu remplir sa promesse , il fut attaqué pour le payement de la peine. Après avoir été condamné succeſſivement au ſiége de Dinan & au préſidial de Rennes, il obtint, le 7 août 1565, un arrêt qui infirma les deux ſentences, & le condamna en tels dommages & intérêts que de raiſon, modérés & arbitrés à vingt-cinq livres.

Cette juriſprudence eſt auſſi reçue au grand conſeil de Malines, témoin l'arrêt 186 du recueil de M. Dulaury ; voici les termes de ce magiſtrat : » Au procès entre les ſieurs de Loyens » & de Tilly, ce dernier conclut à une peine » de ſix cents florins, ſtipulée par certain con- » trat à ſon profit, au cas que le ſieur de Loyens, » ſa partie, n'entretînt pas l'accord dont ils étoient » convenus outre & par-deſſus la promeſſe inſé- » rée au même contrat de reſondre tous in- » térêts en pareil cas de contravention. Il fut tenu » au grand conſeil & jugé par arrêt du 27 juin » 1618, que ladite peine n'étoit pas due, quoi- » que le ſieur de Loyens eût diſputé fort ſolen- » nellement le contrat allégué, puiſqu'en icelui » il y avoit ſtipulation d'intérêts expreſſe ; d'au- » tant que par l'uſance générale la Peine conven- » tionnelle n'eſt pas due, outre la portée de » l'intérêt légitime «.

Nous avons ſous les yeux deux arrêts du con- ſeil ſouverain de Mons, dont l'un préjuge & l'autre décide définitivement la même choſe que les précédens : ils ont été rendus les 6 mars 1714 & 15 novembre 1715, au rapport de M. Tahon, entre la veuve Jean le Dru & le ſieur Vanderkeskove, avocat à Gand.

Les juges ne doivent pas exercer indiſcrétement la faculté que ces arrêts leur donnent de réduire la Peine contractuelle à la juſte indemnité ; ils ne doivent le faire que lorſque l'excès de l'une fur l'autre eft évident & palpable ; dans toute autre circonftance, on feroit un plus grand mal en jetant les parties dans les embarras & les frais d'une liquidation de dommages - intérêts, qu'en condamnant celle qui a enfreint fa promeffe, au payement d'une peine exceffive. On trouve dans Papon, livre 12, titre 9, n. 4, un arrêt fans date, qui a refufé, fur ce fondement, la réduction d'une peine que l'on prétendoit trop confidérable.

Un autre cas où, fuivant quelques-uns des auteurs cités ci-deffus, le juge ne doit pas modérer la peine, eft lorfqu'elle n'eft pas ftipulée au profit de l'un des contractans, mais d'un tiers. M. Dulaury dit que cette efpèce a été propofée au grand confeil de Malines, lors de l'arrêt du 17 juin 1618, & que » la cour inclina à ce que » telle peine appofée au profit d'un tiers, eft due; » & fur ce fujet, ajoute-t-il, fut rappelé que les » pères cordeliers avoient autrefois obtenu paye- » ment d'une peine à eux appliquée en cas de » contravention à un certain contrat «.

§. III. *En quel cas y a-t-il ouverture aux Peines contractuelles ?*

Pour traiter cette queftion avec ordre, il faut la confidérer & par rapport à l'obligation de ne pas faire, & relativement à la promeffe de faire ou de donner quelque chofe.

Il n'y a guère de difficulté fur la première hypothèfe. Il eft évident que la peine eft due auffi-tôt que celui qui s'étoit engagé à ne pas faire quelque chofe, a fait ce dont il devoit s'abftenir.

La feule queftion que l'on peut élever là-deffus, eft s'il faut que l'acte qui donne ouverture à l'obligation pénale ait eu fon effet, ou fi la feule tentative fuffit pour rendre la peine exigible. On ne peut réfoudre cette queftion que par l'intention des parties, & il faut juger de cette intention par l'objet du contrat.

J'ai ftipulé avec vous, fous une certaine peine, que vous ne loueriez votre maifon, voifine de la mienne, à aucun ouvrier travaillant du marteau; nonobftant cette convention vous faites un bail à un ferrurier, mais ce bail demeure fans exécution : puis-je vous demander la peine à laquelle vous vous êtes foumis? Non, parce que le feul objet que je me fuis propofé en traitant avec vous, a été d'empêcher que votre maifon ne fût habitée par des ouvriers qui m'auroient incommodé par leurs travaux bruyans, & que le bail n'ayant pas eu d'exécution, n'a pu me caufer aucune incommodité.

C'eft fur la même raifon qu'eft fondée la loi 6, D. *de fervis exportandis*, dans laquelle Papinien décide que lorfqu'en vendant un efclave il a été convenu, fous une certaine peine, que l'acheteur ne l'affranchiroit point; un affranchiffement nul qui en eft fait par celui-ci, ne donne pas ouverture à la claufe pénale.

La loi 122, §. 6, D. *de verborum obligationibus*, nous offre une efpèce & une décifion toute différente; nous l'avons analyfée dans le paragraphe précédent, & il en réfulte, que la feule tentative, quand même elle feroit infructueufe, fuffit pour donner lieu à la peine, lorfqu'il paroît par la nature du contrat ou autrement, que l'intention des parties a été, en ftipulant celle-ci, de fe mettre à l'abri de celle-là.

PEINE CONTRACTUELLE. 359

Lorfque la promeffe à laquelle on a ajouté une claufe pénale, eft de donner ou de faire quelque chofe, la peine eft encourue dès que le débiteur a été mis en demeure de remplir fon obligation; la loi 122, §. 2, D. *de verborum obligationibus*, lui permet même de purger fon retard jufqu'à la conteftation en caufe; *quæro an fi Flavii Hermetis hæres à Claudii hærede pœnam fuprafcriptam petere voluerit, Claudii hæres libertatem Sticho preftare poffit ut pœnâ liberetur: refpondit poffe.*

Cette réfolution n'avoit cependant lieu, dans le droit romain, que lorfque l'obligation étoit pure & fimple; lorfque les parties étoient convenues d'un terme, la peine avoit lieu de plein droit auffi-tôt que ce terme étoit écoulé; il ne falloit pas d'interpellation pour la rendre exigible, & le débiteur ne s'en exemptoit pas, en offrant, après l'expiration du temps convenu, de fatisfaire à l'obligation principale. C'eft ce que portent la loi 23, D. *de obligationibus & actionibus*; la loi 23, D. *de receptis qui arbitrium receperunt*; la loi 38, §. 17, D. *de verborum obligationibus*; la loi 24, §. 4, D. *locati.*

Les jurifconfultes romains étoient fi attachés à ce principe, qu'ils regardoient la peine comme encourue de plein droit, lors même que le débiteur étoit mort avant l'expiration du terme, & que par le défaut de fes héritiers de prendre qualité, il ne fe trouvoit perfonne qui pût être conftitué en demeure. La loi 77, D. *de verborum obligationibus*, le décide ainfi.

Ces jurifconfultes alloient plus loin encore; la loi 113 du titre que nous venons de citer, porte, que quand l'obligation à laquelle on a ajouté

Z iv

une claufe pénale, confifte à faire, dans un terme défigné, un ouvrage dont la conftruction exige un certain temps, la peine eft due même avant l'expiration du terme, auffi-tôt qu'il eft certain que l'ouvrage ne peut être fait dans l'intervalle réglé entre les parties, en forte que la prorogation du terme qui feroit depuis accordée au débiteur, ne le déchargeroit pas de la peine encourue auparavant.

Dans nos mœurs, le feul laps de temps ne fuffit pas réguliérement pour conftituer une perfonne en demeure, ni conféquemment pour donner ouverture à la Peine contractuelle ; il faut de plus que le débiteur foit interpellé judiciairement de remplir fon obligation. Voyez les articles COMMINATOIRE, DEMEURE, CLAUSE PÉNALE, & l'arrêt du 31 décembre 1573, rapporté ci-devant, paragraphe 1.

La loi 122, §. 3, D. *de verborum obligationibus*, décide qu'il n'y a point lieu à la peine, lorfque le créancier a lui-même été caufe que le débiteur n'a pu s'acquitter de fon obligation.

§. .V. *Les obligations pénales font-elles divifibles ou indivifibles ?*

Cette queftion en renferme trois : le débiteur peut-il, en s'acquittant d'une partie de fon obligation, éviter une partie de la peine à laquelle il s'eft foumis en cas d'inexécution ? C'eft la premiére. Lorfque le débiteur eft décédé, la contravention d'un de fes héritiers donne-t-elle lieu à la peine pour le total & à la charge de tous les autres ? C'eft la feconde. Lorfqu'au contraire c'eft le créancier qui eft mort, la contravention

envers un de ſes héritiers fait-elle encourir toute
la peine, & les autres héritiers peuvent-ils l'exiger ? C'eſt la troiſième.

PREMIÈRE QUESTION. *L'acquittement d'une partie
de l'obligation ſouſtrait-elle le débiteur à une
partie de la peine ?*

Un débiteur ne peut forcer ſon créancier à
recevoir une partie de ce qu'il lui doit ; ainſi
l'offre d'un payement partiel n'a pas d'elle-même
la vertu d'éviter à celui qui l'a fait, une partie quelconque de la peine ſtipulée pour le cas d'inexécution.

Mais ſi le créancier a reçu volontairement une
partie de ſa dette, pourra-t-il, en cas de défaut
de payement de ce qui reſte, exiger la totalité
de la peine ? La loi 9, §. 1, D. *ſi quis cau-
tionibus in judicio*, répond, qu'encore qu'à raiſon-
ner ſelon la ſubtilité du droit, il puiſſe paroître
que la peine doit avoir lieu pour le total, néanmoins l'équité demande que cette peine ſoit réduite proportionnellement à ce qui reſte à acquitter de l'obligation principale. On ſent la raiſon
de cette déciſion : la peine, comme nous l'avons
déjà dit, n'eſt cenſée promiſe que pour dédom-
mager le créancier de l'inexécution de l'obligation
principale, & le créancier ne peut recevoir l'une
& l'autre. Ainſi, lorſque l'obligation principale eſt
acquittée juſqu'à concurrence d'une certaine partie,
on ne peut plus exiger la peine pour cette partie ;
autrement ce ſeroit cumuler deux choſes que
les loix & les principes empêchent d'admettre
enſemble ſans une convention expreſſe.

Cette déciſion eſt indiſtinctement vraie à
l'égard des obligations dont les objets ſont di-

vifibles ; mais elle eft réguliérement fauffe par rapport à celles qui ont des objets indivifibles.

On dit *réguliérement*, car Pothier remarque
deux cas où les obligations de cette dernière
efpèce font fujettes fur ce point à la même règle
que celles de la première. Voici comme s'explique cet auteur.

» 1°. Quoique l'exercice d'une fervitude pré-
» diale foit quelque chofe d'indivifible, & qu'en
» conféquence l'obligation que contracte le pof-
» feffeur de l'héritage fervant, de fouffrir l'exer-
» cice de la fervitude, foit une obligation indi-
» vifible, néanmoins fi cette fervitude eft limitée
» à une certaine fin pour laquelle elle a été
» conftituée, laquelle fin fe termine à quelque
» chofe de divifible, la peine fe divifera fi cette fin
» a été remplie pour partie, & n'aura lieu que pour
» la partie pour laquelle elle n'aura pas été remplie.
» Ceci va s'éclaircir par un exemple. J'ai un hé-
» ritage qui a un droit de fervitude fur le vôtre,
» lequel droit confifte en ce que les poffeffeurs
» de l'héritage fervant font obligés, au temps
» des vendanges, de fouffrir que mes gens tranf-
» portent ma vendange par cet héritage, à peine
» de cent écus en cas de trouble fait à mon
» droit de fervitude. Dans cette efpèce, fi, après
» avoir laiffé paffer la moitié de ma vendange, vous
» avez empêché le tranfport du furplus par votre
» héritage, vous n'avez encouru la peine de cent
» écus que pour moitié ; car quoique la fervi-
» tude de paffage foit indivifible, & que l'obli-
» gation de fouffrir l'exercice de cette fervitude
» foit l'obligation de quelque chofe d'indivifible ;
» néanmoins comme cette fervitude eft limitée
» à une fin, qui eft le tranfport de ma vendange,

» & que ma vendange eſt quelque choſe de
» diviſible, on ne peut diſconvenir que j'ai joui
» en partie de la fin pour laquelle la ſervitude
» a été impoſée, & que vous m'en avez laiſſé
» jouir en me laiſſant tranſporter par votre hé-
» ritage la moitié de ma vendange ; je ne pourrai
» donc demander que la moitié de la peine, car
» je ne peux pas percevoir la peine pour le total,
» & jouir en partie de l'utilité de mon droit de
» ſervitude ; je ne peux pas avoir tout à la fois
» l'un & l'autre. C'eſt ce qu'enſeigne Dumoulin
» dans l'eſpèce que nous venons de rapporter,
» *quia*, dit-il, *hæc ſervitus de ſe individua*
» *dividuatur ex accidenti & ex fine dividuo ......*
» *& debet judicari ſecundùm regulam dividuorum.*

» 2°. Nos principes reçoivent encore quelque
» application, même à l'égard des obligations
» indiviſibles, dans l'eſpèce ſuivante & autres ſem-
» blables : Vous vous êtes engagé, par un traité,
» ſous une certaine peine, à me faire conſtituer
» un droit de ſervitude de paſſage ſur un héri-
» tage dont vous avez l'uſufruit, & qui eſt voiſin
» du mien, en vous faiſant fort des propriétaires.
» Trois des propriétaires ratifient, un ſeul refuſe
» d'impoſer la ſervitude ; la peine, à la vérité,
» m'eſt due en entier, car le refus d'un ſeul
» propriétaire d'impoſer la ſervitude, empêche
» qu'elle ne ſoit aucunement impoſée, nonobſtant
» la ratification des trois autres, un droit de
» ſervitude ne pouvant être impoſé pour partie,
» & ne pouvant par conſéquent être impoſé que
» par tous les propriétaires. Mais comme cette
» ratification, quoiqu'elle ſoit entiérement inu_
» tile pour impoſer un droit réel de ſervitude ſur
» l'héritage, a néanmoins un effet qui conſiſte à

» obliger perſonnellement ceux qui ont ratifié à
» me laiſſer paſſer, je ne peux exiger toute la
» peine, qu'en me déſiſtant de mon droit, qui
» réſulte de cette obligation ; autrement je ne
» pourrai exiger qu'une partie de la peine, ne
» pouvant pas percevoir toute la peine, & en
» même temps percevoir quelque choſe de l'o-
» bligation principale (*) «.

La maxime que la peine n'eſt due qu'à proportion de la part pour laquelle l'obligation
principale n'a pas été exécutée, s'applique même
au cas où la peine conſiſteroit dans quelque
choſe d'indiviſible. Je vous ai prêté cent louis,
à condition que vous me les rendriez dans un
an, & il a été convenu, entre nous, qu'à défaut de payement, vous m'accorderiez pour mes
cent louis un droit de vue ſur votre maiſon,
voiſine de la mienne. J'ai reçu de vous cinquante
louis, mais le ſurplus n'a pas été payé au terme
ſtipulé : dans cette circonſtance, il eſt clair, d'un
côté, que je ne peux pas exiger la peine en totalité, puiſque l'obligation principale eſt exécutée
en partie, & de l'autre côté, que la peine ne
peut être demandée pour une partie ſeulement,
parce qu'elle conſiſte dans un droit de ſervitude,
que l'on ne peut diviſer ſans le détruire. Il faut
donc concilier ces deux principes l'un avec l'autre,
& c'eſt ce que fera le juge en m'ordonnant,
lorſque je demanderai à jouir de la ſervitude,
de vous payer la moitié de l'eſtimation qui en
ſera faite par experts (**).

(*) Dumoulin, *de dividuo & individuo*, part. 3, n. 472.
& 473.

(**) Dumoulin, à l'endroit cité, n. 523.

Seconde question. *La contravention d'un seul héritier de l'obligé donne-t-elle ouverture à la peine pour le total & contre tous les autres héritiers ?*

Il faut, pour résoudre cette question dans toute son étendue, distinguer si l'obligation contractée sous une clause pénale, est indivisible ou non.

Lorsque cette obligation est indivisible, la contravention qu'y fait un seul des héritiers du débiteur, donne lieu à toute la peine, non seulement contre celui qui l'a stipulée, mais même contre tous ses cohéritiers. Par exemple, quelqu'un s'est obligé de me laisser passer sur son héritage contigu à ma maison, à peine de dix livres de dommages-intérêts en cas d'empêchement : un de ses héritiers me ferme le passage sans la participation & contre le gré des autres ; la peine entière est encourue contre chaque héritier, parce que l'objet de l'obligation étant indivisible, la contravention qui y a été faite par l'un des héritiers, porte sur toute l'obligation, & que par conséquent elle doit faire encourir la peine par tous les représentans de celui qui l'a stipulée. C'est la disposition expresse de la loi 4, §. 1, D. *de verborum obligationibus,* & de la loi 85, §. 3 du même titre.

Mais le créancier peut-il demander la peine entière à chacun des héritiers ? Le premier des textes que nous venons de citer, déclare qu'ils n'en sont tenus que proportionnément à leur portion héréditaire, *ab omnibus hæredibus pœnam committi pro portione hæreditariâ.* Si cependant l'action étoit dirigée contre celui des héritiers

qui a fait la contravention, elle feroit folidaire
à fa charge, par deux raifons qu'en donne Pothier. La première eft, » qu'étant tenu d'acquit-
» ter fes cohéritiers, des parts dont ils font tenus
» de la peine, le créancier doit être admis, pour
» éviter le circuit d'actions, à lui demander la
» peine, non feulement pour fa part, mais pour
» celle de fes cohériers, dont il eft tenu de les
» acquitter, & par conféquent pour le total «.
La feconde eft tirée de la loi 9, D. depofiti.
» Il eft décidé par ce texte, que l'héritier en
» partie du dépofitaire qui par fon fait a caufé la
» perte de la chofe donnée en dépôt au défunt, eft
» tenu pour le total des dommages & intérêts envers
» celui qui l'a donné en dépôt, parce que, quoi-
» que l'obligation principale de reftituer la chofe
» dépofée, foit une obligation divifible, l'obliga-
» tion acceffoire de la preftation de la bonne foi
» pour la confervation de la chofe dépofée, eft
» une obligation indivifible, dont chacun des
» héritiers du dépofitaire eft tenu pour le total,
» & qui le rend débiteur pour le total des dom-
» mages & intérêts du créancier, lorfqu'il y
» contrevient. Si un héritier pour partie, qui con-
» trevient par fon fait à une obligation indivi-
» fible du défunt, eft débiteur pour le total
» des dommages & intérêts, il doit l'être auffi
» pour le total de la peine, puifque la peine tient
» lieu des dommages & intérêts, & n'en eft
» que la liquidation convenue par les parties elles-
» mêmes «.

Lorfque l'obligation à laquelle eft ajoutée une
claufe pénale, porte fur un fait divifible, il
femble, d'après la loi 4, §. 1, D. de verborum
obligationibus, que celui des héritiers du débi-

teur qui y contrevient, encourt feul la peine, jufqu'à concurrence de fa portion héréditaire. *Si de eo cautum fit quod divifionem recipiat, veluti ampliùs non agi, eum hæredem qui adverfùs ea acit, pro portione fuâ folùm pœnam committere.*

Mais le §. 4 de la loi 5 du même titre paroît contraire à cette décifion. Il porte, que quand un des héritiers du débiteur a fatisfait à l'obligation pour la part dont il étoit tenu, il ne laiffe pas d'encourir la peine, fi fon cohéritier n'y fatisfait pas également pour la fienne, fauf à lui d'exercer fon recours contre ce dernier, *fi fortem promiferis, & fi ea foluta non effet, pœnam, etiamfi unus ex hæredibus tuis portionem fuam ex forte folverit, nihilominùs pœnam committet, donec portio cohæredis folvatur.....fed à cohærede ei fatisfieri debet, nec enim aliud in his ftipulationibus fine injuriâ ftipulatoris conftitui poteft.*

De toutes les manières de concilier ces deux textes, il n'en eft point de plus fatisfaifante que celle propofée par Pothier d'après Cujas & Dumoulin. » Lorfque l'obligation, dit-il, eft indivi-» fible *tam folutione quàm obligatione*, lorfque l'in-» tention des parties, en ajoutant la claufe pénale, » a été fimplement d'affurer l'exécution de l'obli-» gation, & non d'empêcher que le payement ne » pût s'en faire par parties par les différens héritiers » du débiteur, fur-tout lorfque le fait qui fait l'objet » de l'obligation primitive, eft tel que les diffé-» rens héritiers du débiteur ne peuvent l'accom-» plir autrement que chacun pour la part dont » il eft héritier, en ce cas, la loi 4, §. 1, doit » avoir lieu ; celui des héritiers du débiteur qui

» contrevient à l'obligation, doit feul encourir
» la peine, & pour la part feulement dont il eſt
» héritier. Le fait rapporté dans ce texte, *am-*
» *plùs non agi* (de le défiſter d'une action), eſt
» de ces faits diviſibles *tam folutione quàm obli-*
» *gatione*, & qui, par la nature des chofes, ne
» peuvent s'accomplir par les différens héritiers
» de celui qui a contracté l'engagement, que pour
» la part dont chacun eſt héritier ; car aucun
» de ces héritiers ne fuccèdant que pour fa
» part au droit & à la prétention que le défunt
» s'eſt engagé de ne pas exercer, chacun des
» héritiers ne peut que pour fa part contrevenir
» à cet engagement, ou l'exécuter, en renouve-
» lant ou ne renouvelant pas cette prétention
» pour la part qu'il y a.

» Au contraire, lorfque l'obligation eſt divi-
» fible, à la vérité *quoad obligationem*, mais
» indiviſible *quoad folutionem*, & que l'intention
» des parties a été, en ajoutant la claufe pénale,
» que le payement ne pût fe faire que pour le
» total, & non par parties ; en ce cas, chacun
» des héritiers, en fatisfaifant pour fa part à
» l'obligation primitive, n'évitera pas d'encourir
» la peine ; & c'eſt à ce cas qu'on doit reſtreindre
» la loi 5, §. 4 «.

Voici un exemple de cette décifion, » Un
» négociant a ſtipulé avec fon débiteur une cer-
» taine fomme par forme de peine, au cas que
» la fomme principale à lui due ne lui fût pas
» remife dans un certain lieu, au temps d'une
» certaine foire ; les offres que l'un des héritiers
» feroit de lui remettre fa part de la fomme, ne
» doivent pas empêcher que la peine ne foit due
» pour le total, faute d'offrir le total, parce que
» le

» le négociant ne pouvant faire les affaires qu'il a
» à la foire, qu'avec le total de la somme qui
» lui est due, l'intention des parties a été en
» stipulant la peine, qu'elle fût encourue pour
» le total, faute du payement du total de la
» somme due, & nonobstant le payement par-
» tiel qui en seroit fait ; car ce payement partiel
» ne peut réparer, même pour partie, le tort
» que le créancier, souffre du retard du payement
» du surplus, & c'est pour la réparation de ce
» tort que la peine a été stipulée. Observez aussi
» que, dans l'espèce de la loi 5, §. 4, la peine est
» stipulée pour le retard de l'exécution, &
» non pour l'exécution ; c'est pourquoi le créan-
» cier doit recevoir le principal & la peine «.

TROISIÈME QUESTION. *La contravention faite envers l'un des héritiers du créancier, donne-t-elle
ouverture à la peine pour le total & contre chacun
de ses cohéritiers ?*

La négative ne souffre aucun doute, non seulement lorsque l'obligation est divisible, mais encore lorsqu'elle est indivisible : c'est ce qui résulte de la loi 2, §. dernier, D. *de verborum
obligationibus*, dont voici l'espèce. Vous vous
êtes obligé par une transaction de me laisser
passer, moi & mes héritiers par votre parc, sous
peine de douze livres en cas de contravention
à votre promesse : j'ai laissé quatre héritiers,
dont trois ont toujours trouvé l'entrée du parc
libre, & l'autre a éprouvé de votre part des
empêchemens qui la lui ont interdite : on de-

mande fi la peine est encourue pour le total au profit de tous les héritiers. Paul répond qu'il en devroit être ainfi, felon la fubtilité du droit, puifqu'il s'agit de contravention à une obligation indivifible ; & c'eft en effet de cette forte qu'Ulpien réfont la queftion dans la loi 3 , §. 1 du titre cité. Cependant Paul décide que l'équité doit prévaloir en ce cas à la rigueur des principes, & que la peine ne doit être adjugée qu'à celui des héritiers qui a effuyé l'empêchement, & feulement jufqu'à concurrence de fa portion héréditaire. *Si ftipulator decefferit , qui ftipulatus erit fibi hæredique fuo agere licere , & unus ex hæredibus ejus prohibeatur, fi pæna fit adjecta , in folidum committetur ; fed qui non funt prohibiti, doli exceptione fummovebuntur.* » La raifon en eft , dit » Pothier, que l'équité ne permet pas que les » trois héritiers à qui le débiteur a accordé l'en-» trée de fon parc, puiffent en même temps » percevoir tout le fruit de l'exécution de l'obli-» gation , & percevoir la peine ftipulée pour » l'inexécution de cette obligation , & qu'ils » puiffent fe plaindre de la contravention que » le débiteur a faite à fon obligation envers leur » cohéritier , à laquelle contravention ils n'ont » aucun intérêt. *Non debet aliquis habere fimul* » *implementum obligationis & pænam contraventio-* » *nis , & pæna quæ fubrogatur loco ejus, quod* » *intereft non debet committi his qui non funt* » *prohibiti , & quorum nullâ intereft cohæredem* » *ipforum effe prohibitum* «.

Voyez le traité des obligations de Pothier, Voet fur le digefte, titre de verborum obligationibus ; les controverfes de Fachini , &c. & la

articles CONTRAT, OBLIGATION, CLAUSE PÉ-. NALE, COMMINATOIRE, &c.

(*Article de M. MERLIN, avocat au parlement de Flandres*).

PEINE SERVIE. La coutume de Cambrefis appelle *obligation par Peine fervie*, tout acte paffé devant des perfonnes publiques, & par lequel le debireur foumet fa perfonne & fes biens aux exécutions de la juftice, fous peine de foixante fous cambréfiens, qui font trente patards de Flandres.

Pour mettre à exécution un acte de cette efpèce, on s'adreffe à l'officier du lieu qui remplit les fonctions de haut-jufticier, parce que, fuivant l'article 7 du titre 22 de la coutume, *matière de commandement concerne la haute juftice; on lui fert la peine,* ou, en d'autres termes, on lui paye trente patards, & il donne commiffion à l'un de fes fergens d'exécuter le débiteur.

L'article 45 du titre 25 porte, que cette exécution » fe fait ordinairement en la cité contre » manans, par appréhenfion de la perfonne obligée » par Peine fervie; mais contre forains ou hors » de la cité, fe peut faire, tant par appréhenfion » de la perfonne que des biens meubles «. On voit par ces termes, que la coutume ne permet pas de faifir les meubles des bourgeois; & en effet, dit M. Desjaunaux dans fon commentaire, » ils ne font jamais fujets aux exécutions des » faifies & arrêts, fi ce n'eft par clain de dé- gagement pour falaires & journées de domef- tiques ou artifans (article 4 de ce titre), ou lorfque le débiteur les a fpécialement hypothé-

» qués par obligation paffée devant échevins
» (article 24), ou enfin dans les caufes privilé-
» giées de louages, rentes, &c. ».

La coutume, dit encore le même commentaire fur l'article 1 du titre cité, en a ainfi difpofé par rapport aux bourgeois, parce qu'elle
» a eftimé que la honte & la crainte de la prifon
» les engageroient plus puiffamment que tout
» autre motif à fatisfaire promptement leurs
» créanciers ».

L'article 46 du même titre déclare, conformément aux principes du droit commun, que » contre
» l'héritier ou héritiers de la perfonne obligée,
» le créancier ne peut faire procéder par voie
» d'exécution par Peine fervie, mais doit procéder
» par clain ou fimple action ».

L'article 47 porte, qu'une » obligation paffée
» pardevant bailli, prévôt, châtelain & juftice,
» n'eft exécutoire par Peine fervie, finon en la
» feigneurie où elle eft paffée ».

L'article 50 décide, d'après le même principe,
qu'une » obligation paffée hors du pays de
» cambrefis, ne vaut en icelui que pour cédule,
» & n'eft exécutoire par Peine fervie ».

Deux arrêts du parlement de Flandres des
30 juillet 1705 & 27 mars 1711, rendus l'un
au rapport de M. Hanecart, l'autre au rapport
de M. Pancouques, ont jugé, fuivant M. Desjaunaux, » qu'un fimple archer de maréchauffée
» ne peut décliner la juridiction du juge ordi-
» naire, & bien moins prendre à partie à Cam-
» brai le prévôt de la ville, pour avoir accordé
» commiffion exécutoire contre lui, fur un titre
» où il s'étoit foumis à fon office *fous obligation*
» *de Peine fervie* ».

Voyez les articles EXÉCUTION, CLAIN, OBLI-
GATION, CRAND, &c.

(*Article de M. MERLIN, avocat au parlement
de Flandres.*)

PEINE TESTAMENTAIRE. Il arrive souvent
qu'un testateur prononce des peines contre ses
héritiers ou légataires, pour le cas où ils n'exécu-
teroient pas ses dernières volontés.

Les dispositions pénales peuvent avoir trois
objets : elles forment, ou une libéralité, ou une
révocation de libéralité, ou une translation de libéralité.

Si le testateur dit : » Je défends à mon héri-
» tier de donner sa fille en mariage à Titius ;
» & s'il la lui donne, je veux qu'il paye mille
» écus à Sempronius «, c'est un legs pénal.

Mais s'il dit : » Je révoque le legs que j'ai fait
» à Titius, au cas qu'il donne sa fille en ma-
» riage à Sempronius «, c'est une révocation
pénale.

Si enfin il dispose de cette manière : Je lègue
» à Caïus cent écus, & s'il donne sa fille en
» mariage à Sempronius, je donne les mêmes
» cent écus à Titius «, c'est une révocation
pénale.

On doit appliquer les mêmes exemples aux
institutions d'héritiers, aux fidéicommis, & à
toute autre libéralité testamentaire.

Les dispositions pénales ont beaucoup d'affinité
avec les dispositions conditionnelles ; on remarque la même forme dans les unes & dans les
autres, & même, à parler exactement, celles-
ci ne diffèrent de celles-là que dans les principes
du droit ancien. La loi 2, D. *de his quæ pœnæ*

causâ relinquuntur, nous donne une règle pour les discerner. La question de savoir, dit-elle, si une disposition est pénale ou conditionnelle, est un point de fait qui dépend de la volonté du testateur, *pœnam à conditione voluntas testatoris separat.* Mais cette règle est si vague, qu'à peine en tireroit-on quelques traits de lumière, si elle étoit isolée. Godefroy la développe en ces termes: Lorsque la disposition est faite en haine de l'héritier, elle est pénale ; lorsqu'elle tend à gratifier le légataire, elle est conditionnelle: *Si odio hæredis id appositum est, pœna est : si in favorem legatarii, conditio.* Cujas s'explique à peu près de même. Un legs est pénal, dit-il, lorsqu'il n'est point fait par affection pour le légataire ; mais dans la vûe de punir l'héritier. *Legatum relinquitur pœnæ causâ, quòd non relinquitur legatarii gratiâ, sed in odium & pœnam hæredis.* Cette théorie est calquée sur la définition du legs pénal, telle qu'on la trouve dans les fragmens d'Ulpien, titre 24, §. 16 : *pœnæ autem causâ legatur quòd coercendi hæredis causâ relinquitur, ut faciat quidem aut non faciat, non ut legatum pertineat;* & cette définition a été adoptée par l'empereur Justinien en ses instituts, §. 36 ; *de legatis* ; voici les termes de ce législateur :
» On lègue par forme de peine, quand on lègue
» pour punir son héritier, en cas qu'il fasse ou
» bien qu'il ne fasse pas quelque chose ; comme
» si l'on dit : *Je veux que mon héritier, s'il donne*
» *sa fille en mariage à Titius, ou au contraire,*
» *s'il ne donne pas sa fille en mariage à Titius,*
» *paye dix écus d'or à Seïus.* Ou s'il dit : *Je*
» *veux que mon héritier, s'il aliène Stychus, ou*
» au contraire, *s'il ne l'aliène pas, donne dix*
» *écus d'or à Titius* «.

L'empereur Antonin le Pieux fut le premier qui défendit les dispositions pénales ; *primus constituit ne pœnæ causâ legatum maneret* , dit Capitolin dans la vie de ce prince. Cette loi fut confirmée par ses successeurs , comme on le voit dans la loi 2 , D. *de his quæ pœnâ causâ relinquuntur* ; & dans les fragmens d'Ulpien , titre 24 , §. 16 , & titre 25 , §. 13 ; & elle étoit » si étroitement observée , dit l'empereur Justi- » nien à l'endroit cité , qu'il étoit statué par » plusieurs ordonnances , que le prince même ne » pouvoit pas recevoir un legs de cette nature , » qui lui auroit été fait : quoique dans les tes- » tamens militaires la volonté du testateur fût » en toutes choses exécutée ponctuellement , les » legs de cette espèce qu'on y laissoit , n'en étoient » pas plus valables. On avoit même réglé que » la liberté ne pouvoit être léguée par forme de » peine ; & Sabinus étoit d'avis qu'on ne pouvoit » pas se servir de cette voie pour ajouter un » cohéritier à un héritier déjà institué , comme » si quelqu'un disoit , *Que Titius soit mon héritier,* » *& s'il donne sa fille en mariage à Seïus , que* » *Seïus soit aussi mon héritier* ; car il n'importoit » pas de quelle manière on punît un héritier , » ou en le condamnant à fournir un legs , ou en » lui donnant un cohéritier «. . . . . « . Cette jurisprudence n'avoit aucun motif rai- sonnable ; elle étoit même directement opposée à la liberté indéfinie que la loi des douze tables avoit accordée à tout père de famille de disposer à son gré de tous ses biens ; car l'imposition des peines devoit faire partie de cette liberté. Aussi a-t-elle été abrogée par Justinien. » Ce scrupule , » dit-il dans le texte déjà cité , nous a déplu ;

» & nous avons généralement ordonné que tous
» les legs qui feroient faits ou révoqués ou
» transférés par forme de peine, ne feroient pas
» différens des autres, & que la confection,
» révocation ou tranflation qui en feroit faite,
» auroit tout fon effet, à moins que les con-
» ditions fuffent impoffibles, ou défendues par
» les loix, ou contraires à la pudeur & à la dé-
» cence; car la religion dans laquelle nous vivons
» ne permet pas que ces fortes de legs foient
» valables «. L'abrogation dont parle ici Juftinien
eft confignée dans la loi 1, C. *de his quæ pœna no-*
mine, portée en 528.

Les rédacteurs du journal du palais font au
fujet d'un arrêt du premier août 1676, une dif-
fertation pour prouver que cette loi ne doit pas
être fuivie dans les pays coutumiers du royaume.
Ils foutiennent d'abord que la conftitution d'Antonin étoit fondée fur un principe très-jufte.
» Les legs, difent-ils, font des bienfaits introduits
» dans la fociété civile pour gratifier & honorer
» nos amis; ce feroit donc abufer du motif
» de leur inftitution, que de les faire fervir
» de peine; & de même qu'une convention eft
» nulle quand elle eft contre la nature du con-
» trat que les parties veulent paffer, auffi un
» legs eft nul, lorfque, contre la nature des bien-
» faits, le teftateur ne lègue pas dans l'intention
» de gratifier & d'honorer le légataire, mais
» dans le deffein d'impofer une peine à un autre
» qu'il veut punir. Il eft contre la nature du
» legs d'y mêler l'amertume de la peine à la dou-
» ceur du bienfait, & il eft impoffible de faire
» qu'un legs foit honorable au légataire, quand
» il eft injurieux à celui qui, par manière de

» punition, eſt obligé d'en faire délivrance. La
» bienſéance ne ſouffre pas ce mélange ; car dans
» ces ſortes de legs la peine prévalant & étant
» le premier motif qui a engagé le teſtateur à
» donner, cette peine efface tout le mérite &
» tout l'honneur du bienfait «. Ces auteurs ajoutent, que la loi d'Antonin doit l'emporter parmi
nous ſur celle de Juſtinien, parce que les Gaules
faiſoient partie de l'empire lorſque la premiere
fut portée, & en étoient détachées au temps de
la promulgation de la ſeconde. Enfin ils prétendent que leur ſyſtême a été adopté par l'arrêt
même dont ils rendent compte ; en voici l'eſpèce ; M. l'abbé de Flecelles, conſeiller au parlement de Paris, avoit choiſi pour ſes légataires
univerſels, Nicolas de Flecelles ſon frère, & ſes
enfans ; & il avoit légué à la dame du Coudray
ſa mère une ſomme de douze mille livres,
ſous la condition qu'elle ne pourroit demander
ni ſa part dans les propres, ni les dix mille
cinq cents livres qu'il étoit obligé de lui reſtituer ;
& la clauſe expreſſe, qu'en cas qu'elle en fît la
demande, il la privoit, en faveur de l'hôtel-dieu
de Paris, de ſon legs de douze mille livres. La
dame du Coudray trouva plus d'avantage à ſe
porter héritière, qu'à prendre la qualité de légataire ; en conſéquence, elle ſe fit payer les
dix mille cinq cents livres que le teſtateur lui avoit
interdit d'exiger ; alors les adminiſtrateurs de
l'hôtel-dieu firent la demande du legs de douze
mille livres, qu'ils ſoutinrent leur être transféré ;
mais, par l'arrêt cité du premier août 1676, les
parties ont été miſes hors de cour & de
procès.

Tout cela eſt ſpécieux, mais peu déciſif.

1°. Les raisons par lesquelles on cherche à justifier la constitution d'Antonin, sont plus dignes de la subtilité des Papinien & des Scævola, qu'assorties à cette simplicité si juste & si naturelle, dont l'empereur Justinien nous a donné tant d'exemples, & que notre jurisprudence a perfectionnée. Un grand principe qu'il ne faut jamais perdre de vue, est que l'intention du testateur fait la loi aux héritiers & aux légataires qu'il s'est choisis : il a le droit de leur imposer telles conditions qu'il lui plaît, *suus quoque hæres sub omni conditione hæres potest institui*, dit la loi 4, *de hæredibus instituendis* ; sa volonté, qui fait leur titre, s'étend avec la même force sur le don & sur la condition. Produits l'un & l'autre par la même cause, ils sont indivisibles ; ils ne peuvent subsister l'un sans l'autre, & au défaut d'exécution de la condition, le don s'éclipse & s'évanouit. En vain prétendroit-on analyser ses motifs, il n'en doit compte qu'à lui-même ; dès qu'ils sont subordonnés à la décence & à la religion, peu importe qu'ils consistent dans une juste bienveillance pour un légataire, ou dans une précaution quelquefois nécessaire contre sa négligence à remplir les dispositions dont il est chargé.

2°. » Quoique du temps de l'empereur Justi-
» nien (c'est Furgole qui parle), les François
» eussent leurs rois qui étoient indépendans de
» l'empire Grec, il est également vrai que le
» droit de Justinien a été adopté comme raison
» écrite, dans la France coutumière. Voilà pour-
» quoi on ne se règle plus en France par les loix
» renfermées dans le code Théodosien, mais par
» celles de Justinien, pour les cas qui ne sont pas
» décidés par les coutumes & par les principes du
» droit françois «.

3°. L'arrêt du 1 août 1679 ne juge pas que la loi d'Antonin doit l'emporter en France sur celle de Justinien. Les rédacteurs du journal du palais conviennent eux-mêmes que deux raisons particulières ont pu motiver la nullité qu'il prononce du legs transféré par forme de peine à l'hôtel-dieu de Paris. D'abord il est certain, disent-ils, que la constitution par laquelle Justinien a autorisé les Peines testamentaires, ne se doit entendre que des cas où les peines tombent sur ceux qui ont contrevenu à la volonté du testateur (*). Or la peine dont il s'agissoit dans

---

(*) Balde, sur la loi 1, C, *de his quæ pœna nomine*, traite la question de savoir si celui qui n'a point contrevenu peut être puni par le testateur & porter la peine d'une contravention qui procède du fait d'un tiers. Il propose à ce sujet deux cas qu'il résout pour la négative. Voici le premier. Un testateur ordonne que ses exécuteurs testamentaires lui feront bâtir une chapelle dans un certain temps, & à faute de ce faire, il veut que son héritier paye par forme de pëine mille écus à une église ou à un hôpital. Après le décès du testateur, les exécuteurs laissent passer le temps prescrit, sans faire bâtir la chapelle. On demande la peine à l'héritier : question de savoir s'il en est tenu. Balde répond que non, parce que *pœna tenet culpæ autores*, & *non alios*. C'est la raison qu'il en rend.

Dans le second cas, un testateur institue le fils de Titius pour son héritier, mais avec cette clause, que si ce fils étoit troublé dans la jouissance de l'hérédité, il révoquoit son institution & nommoit un autre en sa place. Le testateur décède ; Titius, qui avoit des prétentions de son chef sur la succession, se pourvoit contre son fils, & par ce moyen le trouble dans la possession des biens du défunt. On demande, par forme de peine, que le fils soit privé de l'hérédité : Balde décide qu'on n'y est pas fondé. *Si testator faciat me hæredem, & jubeat quòd pater meus non me molestet, & in casu molestia me privet hæreditate, ejusmodi privatio non valet*. En général, dit le même

le teftament de M. l'abbé de Flecelles, ne tomboit pas fur la dame du Coudray, mais fur les légataires univerfels, qui n'étoient coupables d'aucune contravention. En fecond lieu, il eft de principe, ajoutent les mêmes auteurs, que l'intention du teftateur doit toujours prévaloir aux expreffions dont il l'a revêtue : or, quelle a été l'intention de M. l'abbé de Flecelles ? Il n'eft pas difficile de la connoître, elle réfulte de la claufe même dont les adminiftrateurs de l'hôtel-dieu demandent l'exécution. En effet, s'il veut obliger la dame du Coudray à fe contenter de 12000 livres, c'eft en faveur de fes légataires univerfels, & pour faire leur condition plus avantageufe; voilà fon vrai & unique motif. Mais fi la claufe pénale étoit exécutée, il arriveroit tout le contraire ; fes légataires univerfels feroient tenus de payer à l'hôtel - dieu une fomme de 12000 livres, & ils ne feroient pas pour cela déchargés des prétentions de la dame du Coudray, qui montent à des fommes confidérables. Ainfi le teftateur n'eft pas préfumé avoir voulu furcharger ou plutôt punir ceux qui n'ont point contrevenu à fa volonté.

Quoique ces raifons fuffifent pour écarter l'application que l'on voudroit faire de l'arrêt

---

doctcur, *aut pœna indicitur inobedienti, & valet ; aut obedienti ad factum inobedientis, & non valet.*

Telles font les autorités fur lefquelles les rédacteurs du journal du palais fondent leur prétendu principe, que les difpofitions pénales font fans effet lorfque les peines ne tombent pas directement fur ceux qui ont enfreint les intentions du teftateur. Mais on verra dans un inftant que cette affertion eft contraire aux faines maximes.

dont il s'agit, au fyftême des rédacteurs du journal du palais, cependant il faut, pour maintenir les principes dans la pureté du droit, faire
voir qu'elles font l'une & l'autre dénuées de toute
efpèce de fondement.

1°. Pourquoi un teftateur ne pourroit-il pas
faire de la contravention d'un tiers à fa volonté,
l'objet d'une claufe privative ? Qu'importe qu'au
lieu de difpofer en cette forme, *J'inftitue Sempronius fi Caïus monte au capitole*, il emploie
une autre tournure, & dife : *Je veux que Caïus
monte au capitole, & s'il ne le fait pas, au
lieu de Sempronius que j'ai inftitué, j'inftitue
Titius ?* Ces deux formules reviennent certainement au même ; or, la condition eft valable dans
la première, comme on l'a vu au mot INSTI-
TUTION, tome 31, page 545 ; pourquoi la claufe
privative feroit-elle nulle dans la feconde ?

2°. On ne doit jamais élever de doute fur
l'intention d'un teftateur, lorfque fes paroles
font claires. M. l'abbé de Flecelles, en appelant
l'hôtel-dieu au legs de 12000 livres par lui laiffé
à la dame du Coudray, avoit témoigné bien
manifeftement que fon intention n'étoit pas de
faire accroître ce legs à fes légataires univerfels ;
d'après cela, il étoit fort indifférent que la peine
prononcée par le teftateur contre la dame du
Coudray, tournât au profit ou au défavantage
de ceux qu'il avoit eu intention de favorifer à
fon préjudice ; fes expreffions ne préfentoient
aucune équivoque, & c'étoit le cas de dire, *ftat
pro ratione voluntas*.

Il n'eft donc pas poffible que l'arrêt du premier août 1676 ait été rendu fur les motifs que
lui prêtent les auteurs qui le rapportent. Nous

indiquerons dans la fuite de cet article la raifon qui en a été le véritable fondement ; il nous fuffit ici d'avoir prouvé qu'il n'a point profcrit la loi par laquelle Juftinien a autorifé les teftateurs à difpofer par forme de peine.

Encore une fois donc, les difpofitions pénales n'ont rien que de valable, de légitime & de conforme aux principes de notre jurifprudence ; mais cette règle admet les mêmes exceptions que celle qui autorife un teftateur à difpofer fous telles conditions qu'il trouve à propos. Comme on rejette dans les difpofitions cenditionnelles tout ce qui eft ou impoffible, ou contraire aux bonnes mœurs, ou défendu par les loix, il faut pareillement rejeter & regarder comme non écrites les claufes pénales, qui ont pour objet des faits au deffus de la capacité de l'homme, déshonnêtes ou prohibés.

Il y a cependant une différence fur cette matière entre la difpofition conditionnelle & la claufe pénale. Lorfqu'une condition eft impoffible ou contraire, foit aux bonnes mœurs, foit aux loix, le legs ou l'inftitution que le teftateur en avoit affecté ne laiffe pas d'être valable : mais quand le fait, qui fert de fondement à la peine eft marqué au coin de l'impoffibilité de droit ou de fait, la claufe pénale ne produit aucun effet en faveur de celui pour qui elle étoit faite, & la chofe demeure à l'héritier ou légataire contre qui le teftateur avoit voulu févir. La raifon de cette différence eft très-fenfible : dans le cas d'un legs ou d'une inftitution fimplement conditionnelle, c'eft le légataire ou l'héritier inftitué qui eft l'objet principal & même unique de la libéralité du teftateur ; conféquemment c'eft à

lui que doit profiter le legs ou l'inftitution dé-
chargée par la loi d'une condition impoffible ou
déshonnête. Dans le cas d'une difpofition pénale,
celui qui eft défigné pour en recueillir l'effet,
n'eft pas le véritable objet de la libéralité ; il ne
doit en profiter qu'en cas de contravention de la
part de celui que le teftateur a voulu gratifier
principalement ; & comme il n'y a point de
contravention lorfque la loi difpenfe de l'accompliffement du fait ordonné par l'homme, il faut
néceffairement que la peine demeure fans effet.
C'eft auffi ce que l'empereur Juftinien a décidé
de la manière la moins équivoque (*).

C'eft donc à ce point que fe réduifent toutes
les difficultés relatives aux difpofitions pénales.
Le fait fur lequel roule la peine eft-il licite &
poffible, ou ne l'eft-il pas ? Dans la première
hypothèfe, la difpofition eft valable ; dans la feconde, elle eft nulle & confidérée comme non
écrite.

Ceci s'éclaircira par des exemples : commen-
çons par les difpofitions licites. Un teftateur défend à fon héritier de marier fa fille à Caïus,
& lui ordonne, en cas de contravention à cette
défenfe, de payer cent écus à Sempronius. Si
l'héritier ne refpecte pas la volonté du défunt,
& donne fa fille en mariage à la perfonne pro-
hibée, Sempronius pourra le forcer à lui compter les cent écus. On fe rappelle que c'eft un des

(*) Quòd fi aliquid facere vel legibus interdictum, vel
aliàs probrofum, vel etiam impoffibile juffus aliquis eorum
fuerit ; tunc fine ullo damno, etiam neglecto teftatoris
præcepto, fervabitur. L. 1, C. de his quæ pœnæ nomine.

exemples allégués dans le §. 36, l. *de legatis*, rapporté ci-deſſus.

Un teſtateur a des biens dans une coutume qui en interdit la diſpoſition, ſoit en tout, ſoit juſqu'à concurrence d'une certaine quotité ; il lègue ces biens à un étranger, & en cas que ſon hé-ritier ne veuille pas conſentir à l'exécution de ce legs, il déclare le priver, en faveur du léga-taire, de tout ce qu'il laiſſe de diſponible. Il ſemble d'abord que cette clauſe ne peut avoir aucun effet, puiſque la peine qu'elle renferme tombe ſur un fait prohibé ; & il y a dans Chopin, *de privilegiis ruſticorum*, liv. 3, chap. 7, un arrêt du 23 décembre 1570, qui l'a ainſi décidé. Cependant on juge aujourd'hui dans tous les tri-bunaux, qu'elle doit être exécutée, & que ſi l'héritier ne s'y conforme pas, il perd tous les biens libres du teſtateur. Parmi les arrêts que l'on trouve à ce ſujet dans les différens recueils, nous en remarquons un que Ricard rapporte en ces termes : » Me Charles Deſmarets, avocat
» en la cour, faiſant ſon teſtament, avoit diſpoſé
» de ſes propres au profit de Magdeleine Deſ-
» marets ſa ſœur, quoique la coutume ne lui
» permît d'en léguer que le quint ; mais il avoit
» donné par le même teſtament à ſes autres pré-
» ſomptifs héritiers, ſes meubles & acquêts,
» dont il avoit la liberté de diſpoſer au profit
» de telles perſonnes que bon lui ſembloit ; &
» prévoyant que ces derniers légataires, qui étoient
» habiles à lui ſuccéder, pourroient éluder ſa
» diſpoſition en renonçant aux legs qui leur
» avoient été faits, & en ſe portant héritiers,
» en laquelle qualité ils prendroient toujours les
» mêmes biens qui ſeroient rentrés dans la ſucceſſion,

» &

» & pourroient encore demander la réduction
» des propres, il ordonna qu'en cas que le legs
» qu'il avoit fait de ses propres à Magdeleine, fût
» contesté par les autres, il révoquoit les legs
» qu'il avoit faits à leur profit, & vouloit que
» tout ce dont il pouvoit disposer appartînt en
» ce cas à Magdeleine ; ce qui fut contesté par
» les autres, qui prétendoient que cette disposi-
» tion étant pénale, elle ne devoit pas avoir
» d'effet ; néanmoins elle fut confirmée par arrêt
» du 23 août 1662, conformément aux conclu-
» sions de M. l'avocat général Talon «. On a vu
à l'article CLAUSE PRIVATIVE, que les chartres
générales adoptent expressément cette décision.
Mais sur quoi est-elle fondée ? Est-ce, comme
le prétendent Ricard, & M. l'avocat général Joly
de Fleury dans son plaidoyer du 28 août 1708,
rapporté au journal des audiences, est-ce parce
que la peine est prononcée par forme d'alternative, & que l'alternative est légitime ? Non sans
doute : une disposition qui seroit illicite par elle-
même, n'en seroit pas plus valable pour être
conçue en forme d'alternative. Il faut donc dire
avec Furgole, que la clause dont il s'agit doit
avoir son exécution, » parce qu'on n'est pas dans
» le cas d'une disposition véritablement pénale
» dans le sens de la loi ; car, comme nous
» l'avons observé plus haut, la disposition pénale
» est celle qui n'a pas pour objet de gratifier le lé-
» gataire, mais qui a pour but de punir l'hé-
» ritier : or, dans le cas proposé, le but du testateur
» est de gratifier le légataire, & non de punir l'hé-
» ritier ; par conséquent les dispositions sont con-
» ditionnelles simplement, & non pénales ; elles
» doivent donc être efficaces, comme le seroit

» un legs conçu en ces termes : *Je lègue à ma*
» *femme dix muids de blé par an , & ſi mon*
» *héritier ne paye pas cette quantité , je veux*
» *qu'il lui donne cent écus.* L. 1 , D. *de pœná*
» *legatá.* On doit dire la même choſe dans tous
» les autres cas où la condition porte ſur des
» biens non diſponibles , comme ſur le bien d'au-
» trui , lorſqu'il paroît par la diſpoſition , que
» l'objet du teſtateur a été de gratifier le légataire,
» *ut legatum pertineat ,* ſelon les expreſſions
» d'Ulpien dans ſes fragmens , titre 24 , §. 16,
» & non pour punir l'héritier , car c'eſt la vé-
» ritable règle pour diſtinguer les diſpoſitions
» pénales , de celles qui ſont ſimplement condi-
» tionnelles , comme le prouve le paſſage d'Ul-
» pien que nous venons de citer «.

Mais s'il paroiſſoit par les expreſſions du teſtateur , que ſon principal motif , en diſpoſant par
clauſe privative des biens auxquels la loi lui défend de toucher , eût été de punir ſon héritier
d'une réſiſtance légitime à ſa volonté , la diſpoſition ſeroit nulle & la peine ſans effet. C'eſt
par cette raiſon que l'arrêt déjà cité du premier
août 1676 a débouté les adminiſtrateurs de
l'hôtel-dieu de leur demande en payement d'un
legs de 10000 livres que M. l'abbé de Flecelles
avoit fait à la dame du Coudray , ſous la condition de ne rien demander de ſa portion des
propres , & qu'il avoit transféré à l'hôtel dieu
au cas de contravention à ſa volonté de la part
de ſa légataire. » La loi prohibitive des diſpoſi-
» tions pénales , dit Furgole , n'a pas été totale-
» ment abrogée , ſon effet a été conſervé toutes
» les fois que la condition ſervant de fondement
» à la diſpoſition pénale , porte ſur un fait pro-
» hibé par la loi. On eſt donc dans le cas de

» la nullité, lorsque le teftateur veut ; par une
» efpèce d'arrogance ou d'orgueil , s'élever au
» deffus de la puiffance de la loi , & affujettir
» à fa difpofition , des biens que la loi en a
» foustraits «.

Du principe que toute claufe pénale, dont le
fondement eft une condition impoffible ou illicite , eft encore foumife à toute la rigueur de
la loi d'Antonin , réfultent plufieurs décifions très-
intéreffantes.

Un particulier fait un teftament dans lequel il
omet quelques formalités , & voulant empêcher
fes héritiers de faire valoir ce défaut , il dit :
» Je veux que mon teftament foit exécuté tel
» qu'il eft, & fi quelqu'un de mes fucceffeurs
» légitimes en demande la nullité, j'inftitue pour
» héritier un tel hôpital «. Cette difpofition ne
» fera d'aucun effet , parce que c'eft une con-
» travention à la loi , que de vouloir refter fans
» les formalités qu'elle a prefcrites , & que,
fuivant la loi 55 , D. *de legatis* 1°. , *nemo poteft*
in teftamento fuo cavere ne leges in fuo teftamento
locum habeant. C'eft auffi ce que décide expreffément M. Joly de Fleury dans fon plaidoyer
du 28 août 1708 : » Comme les hommes , dit-
» il , ne peuvent empêcher par des voies indi-
» rectes que les loix n'aient leur effet , on n'a
» jamais eu égard aux peines appofées dans les
» teftamens , quand elles ont eu pour objet d'é-
» luder la difpofition de la loi. Ainfi , quand un
» teftateur veut , par une peine , fuppléer aux for-
» malités d'un teftament , on ne peut y avoir égard,
» attendu que ces formalités font de droit public «.

Un teftateur ordonne à fon héritier d'accepter
fa fucceffion purement & fimplement , & veut

qu'en cas de recours de fa part au bénéfice d'inventaire, il foit privé de l'hérédité. Cette
claufe pénale, dit Furgole, » fera inefficace, parce
» que l'inventaire eft un bénéfice de la loi que
» le teftateur ne peut pas prohiber «. C'eft en
effet ce qui a été jugé *in terminis* par arrêt rendu
au parlement de Touloufe le 15 janvier 1672,
& rapporté au journal du palais. Mais il en feroit autrement dans les Pays-Bas, au moins pour
les fucceffions collatérales; car, aux termes de
l'édit perpétuel de 1611, article 35, » advenant
» qu'aucun, par ordonnance de dernière volonté,
» & ès lieux où les biens font difponibles, dé-
» fende à fon héritier d'accepter fon hoirie fous le
» fufdit bénéfice, telle défenfe eft valide, pourvu
» que tel héritier ne foit de fes defcendans «.

Par la même raifon, » fi un mari, dit Furgole,
» dans la vûe d'affurer à fa feconde femme une
» libéralité fujette au retranchement de la loi
» *hac edictali* (ou de l'édit des fecondes noces)
» révoquoit les libéralités faites à fes enfans ou à
» quelqu'un d'eux, ou les tranfportoit à d'autres,
» en cas que la libéralité faite à la femme fût
» attaquée, une telle difpofition pénale devroit
» être rejetée, comme contraire à la difpofition de
» la loi «.

Un mari veut avantager fa femme dans une
coutume qui défend toute donation entre con-
joints; il lui fait un legs, &, pour en affurer
l'exécution, il déclare qu'au cas que fes héritiers
viennent à le confteter, il appartiendra aux pauvres, à un hôpital, ou à un particulier qu'il défigne. » Une telle difpofition, dit encore Furgole,
» fera nulle & confidérée comme non écrite,
» parce que le fait duquel elle dépend eft prohibé
» par la loi ou la coutume «. C'eft ce qui a été

jugé par deux arrêts ; l'un du parlement de Dijon, du 11 mai 1587, rapporté par Bouvot; l'autre du parlement de Paris, du 17 août 1708, inféré dans le journal des audiences. Le dernier a été rendu au rapport de M. le Meunier, dans une instance concernant le testament de M. de Thiersault, conseiller au grand conseil.

Une novice fait un legs au monastère dans lequel elle se dispose à faire profession, & ordonne que les pauvres recueilleront ce legs, si ses héritiers le contestent. Par arrêt du parlement de Dijon, du 17 mars 1664, la disposition a été déclarée nulle, & la chose léguée adjugée aux héritiers.

Un père chargé de trois enfans légitimes & de quatre bâtards, avoit fait des donations entre vifs à ceux-ci & à sa concubine ; par son testament, il leur fait de nouvelles libéralités ; & après avoir institué un de ses fils légitimes héritier universel, avec charge de substitution, il s'exprime ainsi : » Prohibant & défendant à » mondit héritier de mettre ou donner aucun » empêchement à mesdits enfans naturels & à » leur mère, en ce que dépend desdites dona- » tions & légats, soit en pétitoire ou en posses- » soire, en quelque manière que ce soit, direc- » tement ou indirectement ; & au cas qu'aucune » controverse, querelle ou empêchement leur » soit mis par mondit héritier, je veux qu'il » demeure institué en sa légitime seulement, & » que le surplus de mes biens retourne aux subs- » titués susnommés, selon l'ordre de ladite subs- » titution «. Après la mort du testateur, l'héri- tier forme un procès pour faire annuller les dona- tions & les legs faits aux bâtards & à leur mère.

& par une transaction, ces libéralités sont considérablement réduites. L'acte signé, celui qui étoit appelé le premier à la substitution, en demanda l'ouverture, sur le fondement de la contravention commise par l'héritier à la défense du testateur : mais comme cette défense portoit sur un fait prohibé par les loix générales du royaume, il intervint au parlement de Dole arrêt du 10 décembre 1662, qui le débouta de ses conclusions, & le condamna aux dépens. Cette espèce se trouve dans M. Grivel, décision 87.

On pourroit opposer à toutes ces décisions la loi 55, D. *de conditionibus & demonstrationibus* ; mais ce seroit sans fondement ; en voici l'espèce : Un testateur lègue un fonds à Mævius, sous la condition de donner cent écus à Callimaque. Celui-ci se trouve incapable de recevoir aucune libéralité testamentaire ; néanmoins le légataire du fonds doit accomplir la condition & compter la somme à Callimaque, pour pouvoir profiter du legs, » parce qu'il ne s'agit pas d'une » condition pénale, mais de ce qu'on appelle » *mortis causâ capio* «. C'est la raison qu'en donne Furgole.

Le même auteur explique très-bien quel doit être l'effet de la charge ou condition de ne point troubler un légataire ou cohéritier, à peine d'être privé de ce qu'on a reçu du testateur. » Cet » effet, dit-il, doit être réglé par les principes que » nous avons établis. La condition a-t-elle un mau- » vais motif, a-t-elle pour fondement un fait » prohibé par la loi ou contraire aux bonnes » mœurs ? il faut la rejeter sans balancer. Mais » au contraire a-t-elle un motif juste, raisonna- » ble, ou un fait qui n'a rien de contraire aux

» loix ni aux bonnes mœurs ? il faut l'exécuter
» & lui faire opérer tout l'effet que le testateur
» y a attaché, & de la manière qu'il l'a ordonné,
» parce qu'une telle condition n'affecte pas moins
» la libéralité à laquelle elle est attachée, que
» les autres espèces de conditions auxquelles la
» loi fait opérer leur effet de plein droit ; que la
» charge ou condition de ne point troubler fait
» partie des dispositions pénales, dont l'essence
» consiste dans la défense ou l'injonction de faire,
» *coërcendi hæredis causâ quò magis aliquid faciat*
» *aut non faciat*, §. 36, I. *de legatis*, & que,
» selon le même texte, ces sortes de dispositions,
» soit qu'elles tendent à laisser, ou à révoquer,
» ou à transférer, ne diffèrent en rien des autres
» dispositions non pénales, *nihil distare à cæteris*
» *legatis constituimus, vel in dando, vel in adi-*
» *mendo, vel in transferendo* «.

Il faut cependant convenir que dans la pratique on ne donne guère d'effet à ces sortes de
clauses. Paul de Castres, Balde, Surdus, Stockmans, Voet, Ricard & une foule d'autres auteurs les regardent comme purement comminatoires ; en sorte que non seulement les peines
qu'elles établissent ne font pas encourues de plein
droit par la contravention, mais ne se prononcent que dans les cas infiniment rares où les procès suscités par ceux à qui le testateur avoit
défendu d'en élever, sont trouvés n'avoir d'autre
base qu'un esprit de calomnie & de vexation.
C'est ce qui a été jugé par un arrêt du 28 août
1708, rapporté au journal des audiences. M.
Etienne Braquet, ancien avocat au parlement de
Paris, avoit légué à MM. le Fevre, ses deux
neveux, chacun 25000 livres, à la charge de ne

rien prendre fur fes propres„ & de renoncer à fa fucceffion : au cas que l'un ou l'autre voulût y prendre part ou former quelque autre prétention fur fes biens, il ordonnoit qu'ils fuffent réduits tous deux aux quatre quints, & il révoquoit le legs à eux fait de 25000 livres, s'ils inquiétoient fes exécuteurs teftamentaires, ou intentoient aucune demande, foit contre eux., foit contre fa fucceffion. Les deux légataires ayant contefté les difpofitions du défunt, les adminiftrateurs de plufieurs hôpitaux, qui étoient inftitués légataires univerfels, demandèrent qu'ils fuffent privés de leurs legs; mais, la caufe portée à l'audience de la grand'chambre, M. Joly de Fleury, avocat général, a dit : » On a agité la queftion „ de favoir fi les peines devoient être feulement » comminatoires, & l'on voit que c'eft le fen-„ timent de Ricard. En effet, il femble que » les teftamens n'étant autre chofe que l'exécu-» tion de la volonté des teftateurs, il ne faut pas » leur donner plus d'étendue que cette volonté, » quoique les termes foient contraires. Or quelle » eft la volonté de Me Etienne Braquet ? Que » fes deux neveux aient 50000 livres, que les „ légataires univerfels aient le refte; s'il a révo-» qué en cas de conteftation, c'étoit une menace » pour empêcher qu'ils ne conteftaffent ; ce n'étoit » pas qu'il eût intention de donner davantage „ aux légataires univerfels; ainfi cette peine ne » doit pas avoir lieu au profit des hôpitaux, qui » ne doivent pas être fi favorables dans ces fortes » de peines: s'il y avoit vexation, cela feroit » bon; mais ici il n'y en a point, par confé-» quent ils ne peuvent rien prétendre de plus » que leur legs «. L'arrêt cité a adopté ces conclufions.

M. Pollet nous retrace deux arrêts semblables du parlement de Flandres; voici comme il s'exprime : » Pour assurer l'exécution de ses der- » nières volontés , on prend ordinairement la » précaution d'imposer la peine de privation à » ceux des héritiers qui entreprendront de les » débattre. Cette précaution est aujourd'hui sans » effet : l'héritier qui se pourvoit en justice contre » la disposition du défunt, n'encourt pas la peine » de la privation , à moins que sa poursuite ne » puisse être accusée d'une calomnie toute évi- » dente. Il a été ainsi jugé au rapport de M. » Muyssart, par *retentum* du 17 avril 1681, & » par arrêt rendu au rapport de M. Cordouan » le 31 janvier 1701 ».

Nous avons dit que l'on exceptoit de cette jurisprudence le cas où les poursuites de celui à qui le testateur avoit défendu d'en faire aucune, dégénèrent en calomnie & en vexation évidente : alors , dit Ricard, » la cour adjuge de sembla- » bles peines , particuliérement lorsqu'elles sont » modiques , comme faisant fonction de dom- » mages-intérêts. ..... Me. Raoul Ricard , mon » père , étoit neveu d'une femme qui avoit des » magistrats souverains pour habiles à lui succé- » der ; faisant son testament ; elle reconnoît les » obligations qu'elle avoit à mon père , & fait » quelques dispositions en sa faveur , avec cette » précaution qu'en prévoyant le crédit & l'auto- » rité de ses héritiers, & qu'ils ne manqueroient » pas de contester ce legs , elle déclara qu'au » cas que mon père fût traversé dans la délivrance » & jouissance de son legs par ses héritiers , il » eût, outre son legs principal , une rente de

» cent livres par chacun an. En conféquence de
» quói ce teftament ayant été traverfé avec toutes
» les vexations imaginables , mon père préfenta
» incidemment fa requête , à ce, qu'en confir-
» mant le teftament , la peine y contenue fût
» pareillement adjugée ; ce qui fut fait en l'un
» & l'autre chef par l'arrêt qui intervint le 25
» mars 1622 «.

« Ce que cet arrêt a jugé par forme d'exception ,
devroit avoir lieu dans tous les cas, fi l'on s'at-
tachoit plus aux vrais principes qu'à l'autorité
des jurifconfultes modernes , trop favorables aux
procès. En effet , dit Furgole , » le droit romain
» attribue aux difpofitions pénales , lorfqu'elles
» ont pour fondement un fait honnête , licite &
» poffible, le même effet qu'aux autres difpofitions
» non pénales , qui tendent à laiffer, ou à ôter,
» ou à transférer.... Où peut donc être la raifon
» qui puiffe faire confidérer comme commina-
» toire la condition attachée à la difpofition pé-
» nale , tandis que les conditions attachées aux
» autres libéralités non pénales opèrent leur effet
» de plein droit , & que la loi né met aucune
» différence entre les difpofitions pénales & celles
» qui font fimplement conditionnelles ?.... La con-
» travention doit donc opérer fon effet de plein
» droit , parce que la loi l'y a attaché , & que
» c'eft par elle qu'on doit fe régler , & non par
» des confidérations arbitraires , qui font des
» injuftices réelles , & des contraventions non
» feulement à la loi, mais encore à la vo-
» lonté du teftateur , qui n'a fait ni voulu faire
» la libéralité, que fous la condition qu'il a im-
» pofée ; que cette condition affecte la libéralité

» & en fait partie, & que c'est contre toute forte
» de droit de féparer la charge ; de la libéralité à
» laquelle elle est attachée (*) «.

On demande à qui doit appartenir ce qui est
ôté par forme de peine, lorfque le teftateur n'en
a pas fait lui même la deftination ? Sil s'agit d'une
partie de l'hérédité, elle doit appartenir au cohéritier de celui à qui elle est ôtée ; cela réfulte
de la loi 69, D. *de legatis* 2°. S'il eft queftion
de l'hérédité entière, elle fera dévolue aux fucceffeurs *ab intestat*. Quant au legs ou fidéicommis dont le légataire ou fidéicommiffaire eft privé
pour avoir contrevenu à la volonté du teftateur,
il doit demeurer ou revenir à l'héritier qui en
a fait ou qui en devoit faire la délivrance.

Lorfque la peine a été impofée en confidération d'une certaine perfonne, comme lorfque le
teftateur a dit : » Je prive mon héritier de ma
» fucceffion, s'il ne traite pas bien ma femme «,
la chofe ôtée doit - elle appartenir aux héritiers
légitimes, ou à la perfonne en faveur de qui la
condition a été impofée ? Dumoulin, fur la loi
commodissimè, D. *de liberis & posthumis*, n.
48, embraffe ce dernier parti. Il fonde fon opinion fur la loi 25, C. *de legatis*; la loi 5 ; §.
1, D. *de his quæ ut indignis auferuntur*; la loi
1, C. *de ratiociniis operum publicorum*; la loi

(*) Neque enim ferendus eft qui lucrum quidem am-
plectitur, onus autem ei annexum contemnit. *L. 1, par. 4,
C. de caducis tollendis.*

Neque enim debet circumveniri teftantium voluntas.
L. 92, D. de conditionibus & demonstrationibus.

Difponat unufquifque fuper fuis ut dignum eft, & fit
lex ejus voluntas. *Novelle 22, chapitre 2.*

dernière , D. *de litigiofis* ; là loi 5 , C. *de fuis*
& *legitimis hæredibus* , & la loi 2 , §. *pen.* D.
de collatione bonorum , textes dont il tire cette
règle , que quand l'indignité ou la privation eft
infligée en confidération de quelque perfonne ,
c'eft à celle-ci que doit en appartenir l'émolument. Mais Bartole & Julius Clarus ont penfé
que l'hérédité ne pouvoit être réclamée dans l'efpèce propofée , que par les héritiers du fang ;
& cette opinion, dit Furgole, » paroît la feule
» vraie, parce que la privation infligée par le
» teftateur ne peut jamais produire une difpofi-
» tion ni une tranflation ; c'eft une pure néga-
» tion, incapable de tranfporter l'hérédité à la
» perfonne, en contemplation de laquelle la
» peine eft infligée : on ne doit point donner
» de l'extenfion aux difpofitions , ni aucun autre
» effet que celui que le teftateur y a attaché. Si
» l'objet du teftateur étoit de faire paffer l'héré-
» dité à la perfonne qui a occafionné la défenfe ;
» il devoit faire en fa faveur un tranfport de l'hé-
» rédité ; & s'il ne le fait pas , lorfqu'il prive
» l'héritier de l'hérédité qu'il lui avoit deftinée,
» il laiffe fes biens fous la difpofition de la loi
» qui les défère aux fucceffeurs *ab inteftat* , dès
» qu'il n'y a point de teftament capable de les
» déférer efficacement à l'héritier ; du refte, les
» textes dont Dumoulin a voulu tirer fa règle ,
» font hypothétiques, ils ne règlent que des cas
» particuliers, qu'on ne peut pas tirer à confé-
» quence ".

Voyez Ricard , traité des donations , partie 3 ;
chapitre 12 ; *Voet , ad pandectas , livre* 34 ,
titre 6 ; *Furgole , traité de teftamens , chapitre*
11 ; *les journaux du palais & des audiences ; les*

arrêts de MM. Pollet, Grivel & Stockmans, &c. Voyez aussi les articles LEGS, LÉGATAIRE, INSTITUTION D'HÉRITIER, CLAUSE PÉNALE, CLAUSE PRIVATIVE, RENVOI, TESTAMENT, &c.

(*Article de M. MERLIN, avocat au parlement de Flandres.*)

PEINTURE. C'est l'art de représenter la nature en relief sur une surface plate, en y traçant l'image de tous les objets avec les couleurs qui leur sont convenables.

Il y a à Paris deux corps de Peinture : l'un, célèbre & distingué, est l'académie royale de Peinture & de sculpture, & l'autre la communauté des peintres sculpteurs.

La Peinture & la sculpture, qui font partie des arts libéraux, concourent non seulement à la gloire nationale par des monumens qui conservent la mémoire des actions vertueuses & des grands hommes, mais ces arts contribuent encore à l'avantage ainsi qu'à la perfection de la plupart des arts d'industrie, & à rendre plusieurs branches de commerce plus étendues & plus florissantes. C'est par ces motifs, que, transportés d'Italie en France par François premier, ils ont depuis été singuliérement protégés par les successeurs de ce prince. L'intérêt que le roi prend à ce que ces arts se perfectionnent de plus en plus, a déterminé sa majesté à accorder à ceux qui les cultivent, des distinctions & des encouragemens particuliers. Elle a pour cet effet donné la déclaration du 15 mars 1777, que le parlement a enregistrée le 2 septembre de la même année, & qui contient les dispositions suivantes.

,, ARTICLE 1: Les arts de Peinture & de sculp-
,, ture seront & continueront d'être libres, tant
,, dans notre bonne ville de Paris que dans toute
,, l'étendue de notre royaume, lorsqu'ils seront
,, exercés d'une manière entiérement libérale,
,, ainsi qu'il sera expliqué par les deux articles
,, ci après. Voulons qu'à cet égard ils soient par-
,, faitement assimilés avec les lettres, les sciénces
,, & les autres arts libéraux, spécialement l'archi-
,, tecture; en sorte que ceux qui voudront exercer
,, de cette manière les susdits arts, ne puissent,
,, sous quelque prétexte que ce soit, être trou-
,, blés ni inquiétés par aucun corps de commu-
,, nauté ou maîtrise.

,, 2. Ne seront réputés exercer libéralement
,, les arts de Peinture & de sculpture, que ceux
,, qui s'adonneront, sans aucun mélange de com-
,, merce, à quelqu'un des genres qui exigent,
,, pour y réussir, une connoissance approfondie
,, du dessin & une étude réfléchie de la nature,
,, tels que la Peinture & la sculpture des sujets
,, historiques, celles du portrait, le paysage, les
,, fleurs, la miniature, & les autres genres des-
,, dits arts qui sont susceptibles d'un degré de
,, talent capable de mériter à celui qui le pos-
,, sède, l'admission à l'académie royale de Peinture
,, & de sculpture.

,, 3. A l'égard de ceux qui, indépendamment
,, de l'exercice de ces arts, ou sans les exercer
,, personnellement, voudront tenir boutique ou-
,, verte, faire commerce de tableaux, dessins,
,, sculptures, qui ne seroient pas leur ouvrage;
,, débiter des couleurs, dorures & autres acces-
,, soires des arts de Peinture & de sculpture;
,, qui s'immisceroient enfin, soit directement,

» foit indirectement dans l'entreprife de Peinture
» ou fculpture de bâtimens ou d'autres ouvrages
» de ce genre, fufceptibles d'être appréciés &
» payés au toifé, ils feront tenus de fe faire re-
» cevoir dans la communauté des peintres-fculp-
» teurs, établie par notre édit du mois d'août
» 1776, & de fe conformer aux difpofitions de
» cet édit.

» 4. Dans la vûe de donner à notre académie
» de Peinture & de fculpture établie à Paris, une
» marque fpéciale de notre protection, nous or-
» donnons qu'à l'avenir, & dans toute l'étendue
» de notre royaume, elle foit diftinguée de toute
» autre académie des mêmes arts, qui pourra
» être dorénavant établie, tant par l'honneur
» d'être fous notre protection immédiate, que par
» le titre d'académie royale de Peinture & de
» fculpture première & principale. Voulons qu'elle
» foit regardée comme la mère & l'appui de
» toutes celles qui feront dans la fuite établies
» pour l'exercice des Peinture, fculpture & arts
» en dépendans, & qu'elle foit leur guide en
» tout ce qui concernera la culture & l'enfeigne-
» ment defdits arts.

» 5. Les peintres & fculpteurs admis dans
» notre académie royale de Peinture & de fculp-
» ture établie à Paris, pourront feuls prendre
» le titre de Peintres & fculpteurs du roi ; défen-
» dons à tout autre artifte de fe donner la fufdite
» qualité.

» 6. Renouvelons, en tant que befoin, les
» difpofitions des lettres-patentes du mois de no-
» vembre 1676, concernant l'établiffement des
» académies de Peinture & de fculpture dans les
» principales villes de notre royaume ; voulons

» en conféquence, que le directeur & ordonnateur
» général de nos bâtimens, jardins, arts, acadé-
» mies & manufactures royales, comme chargé
» fpécialement par nous du foin, de veiller au
» progrès defdits arts, foit le chef & le pro-
» tecteur unique des académies qui, feront à
» l'avenir établies dans notre royaume pour pra-
» tiquer & enfeigner les arts de Peinture & de
» fculpture, & autres en dépendans ; qu'il leur
» donne, autorife ou confirme leurs ftatuts &
» réglemens, fans qu'il foit befoin à cet effet d'au-
» tre acte de notre volonté.

» 7. Comme le moyen le plus fûr de faire
» profpérer lefdits arts, eft l'unité & la commu-
» nication des principes, lefquels doivent être
» plus fûrs, plus connus & plus fixes dans notre
» académie royale, première & principale de Pein-
» ture & de fculpture, que par-tout ailleurs,
» foit à caufe de la tradition des lumières des
» artiftes célèbres qu'elle a produits, foit à caufe
» de l'avantage qu'ont la plupart de ceux qui la
» compofent, d'avoir été, fous nos aufpices, for-
» mer leur goût par l'étude des beaux monu-
» mens de l'Italie, & d'être plus fréquemment
» employés à de grands ouvrages, nous avons fait
» & faifons expreffes inhibitions & défenfes à
» toutes perfonnes de quelque qualité & con-
» dition qu'elles foient, d'établir des exercices
» publics defdits arts de Peinture & de fculpture,
» de pofer le modèle, faire montre ou donner
» des leçons en public, touchant le fait defdits
» arts, qu'en ladite académie royale ou dans
» les lieux par elle choifis & accordés, & fous
» fa conduite ou avec fa permiffion.

» 8. La réputation & la gloire méritées par
» d'excellens

» d'excellens ouvrages, étant le but principal
» que doivent se propofer les artiftes de notre
» académie royale, afin de prévenir le tort qu'ils
» recevroient, fi l'on faifoit paroître fous leur
» nom des ouvrages qui n'en feroient pas, ou
» fi l'on défiguroit à leur infçu ceux qui en fe-
» roient, nous avons jugé à propos de renouveler
» les défenfes faites à cet égard à tous graveurs
» & autres de faire paroître aucune eftampe
» fous le nom d'aucun des membres de ladite
» académie, fans fa permiffion, ou, à fon dé-
» faut, celle de l'académie ; comme auffi dé-
» fendons à tous graveurs, de graver ou contre-
» faire les ouvrages des graveurs de ladite aca-
» démie, & d'en vendre des exemplaires contre-
» faits, en telle manière & fous tel prétexte que
» ce puiffe être, à peine, contre chacun des con-
» trevenans, d'amende telle qu'il fera vu appar-
» tenir, & de confifcation, tant des exemplaires
» contrefaits, que des planches gravées & autres
» uftenfiles qui auront fervi à les contrefaire
» & imprimer, ainfi que de tous dépens, dom-
» mages & intérêts ; faifons pareillement, & fous
» les mêmes peines, très-expreffes inhibitions &
» défenfes à tous fculpteurs, & autres de quel-
» que qualité & condition, & fous quelque pré-
» texte que ce puiffe être, de mouler, expofer
» en vente, ni donner au public aucun des ou-
» vrages des fculpteurs de notre académie royale
» de Peinture & de fculpture, ni copie d'iceux,
» fans la permiffion de leur auteur, ou, à fon
» défaut, celle de l'académie.

» 9. Notre intention étant de mettre notre-
» dite académie royale, première & principale,
» de Peinture & de fculpture de Paris, en état

» de subvenir aux frais qu'entraîne nécessairement
» l'entretien de son école, nous lui avons fait &
» faisons don de la somme de dix mille livres
» par chacun an, pour être lesdits deniers em-
» ployés au payement des honoraires des pro-
» fesseurs qui vaqueront à enseigner lesdits arts
» de Peinture & de sculpture, & des officiers qui
» la desservent, à celui des modèles & autres frais
» qu'il conviendra faire pour l'augmentation &
» entretien de ladite académie ; de laquelle
» somme de dix mille livres emploi sera fait
» annuellement dans l'état de nos bâtimens.

» 10. Pour que ceux qui composent ladite
» académie royale aient moyen de vaquer à leurs
» fonctions d'enseignement avec toute l'attention &
» l'assiduité possibles, nous les déchargeons à
» présent & pour l'avenir, jusqu'au nombre de
» trente, de toute tutelle, curatelle, guet &
» garde ; savoir, le directeur, le chancelier, les
» quatre recteurs, les douze professeurs, les huit
» conseillers, le trésorier, le secrétaire & les deux
» qui rempliront les principales places de ladite
» acédémie, selon leur rang d'ancienneté ; comme
» aussi nous avons accordé & accordons auxdits
» trente le droit de *committimus* pardevant les
» maîtres des requêtes ordinaires de notre hôtel
» or aux requêtes du palais à Paris, à leur choix,
» tout ainsi qu'en jouissent ceux de notre acadé-
» mie françoise & les officiers commensaux de
» notre maison.

» 11. Afin que ceux qui se vouent à étudier
» les arts de Peinture & de sculpture, sous la
» direction de ladite académie royale, jouissent
» de la tranquillité nécessaire pour cultiver leurs
» dispositions, nous les avons exemptés & exemp-

» tons à l'avenir de toute milice & enrôlement
» pendant le temps qu'ils feront étudians à ladite
» académie, & comme tels infcrits fur la lifte
» qu'elle tient de fes élèves.

» 12. Pour donner enfin à notre académie
» royale de Peinture & de fculpture une forme
» plus ftable & plus conforme aux vûes de fon
» établiffement, nous nous fommes fait repré-
» fenter fes divers réglemens & ftatuts, defquels
» nous avons fait former un réglement général
» en quarante articles (*), lequel nous avons

(*) *Voici ce réglement :*

ARTICLE 1. L'académie royale de Peinture & de fculpture
étant deftinée à raffembler dans fon fein les artiftes qui,
par les talens les plus diftingués, mériteront d'y être admis, fera la feule à laquelle fa majefté accordera à l'avenir
fa protection immédiate. Elle aura feule le droit de fe qualifier *Académie royale principale & première*, & elle
recevra les ordres du roi par le directeur & ordonnateur
général de fes bâtimens, jardins, arts, académies & manufactures royales.

2. Le nombre des fujets qui compoferont l'académie,
fera illimité, & leur adoption dépendra toujours du vœu
de l'académie, déterminé par le jugement qu'elle fera dans
le cas de porter fur les talens des fujets qui fe préfenteront ; mais fon adminiftration fera repréfentée par un directeur, un chancelier, quatre recteurs, deux adjoints à
recteurs, feize honoraires, dont huit amateurs & huit
affociés libres, douze profeffeurs de Peinture & de fculpture,
fix adjoints à profeffeurs, un profeffeur de Géométrie pour
donner des leçons d'architecture & de perfpective, un
profeffeur d'anatomie, huit confeillers, un tréforier, & un
fecrétaire hiftoriographe. Tous ces différens titres & grades,
à l'exception des feize honoraires & des profeffeurs de
géométrie & d'anatomie, ne pourront être conférés qu'à
des fujets déjà membres de l'académie, & par voie d'élection.

3. Les titres d'honoraires, tant amateurs qu'affociés libres,

» arrêté & fait attacher fous le contre-fcel de la

---

font deftinés & feront conférés , par voie d'élection , à
dès perfonnes qui , fans exercer les arts comme les académiciens proprement dits, feront diftinguées par leurs con-
noiffances dans la théorie des arts & de leurs parties acce-
foires, par leur goût pour ces mêmes arts , & leur amour
pour leur progrès , enfin , par une intelligence en matière
d'affaires , qui puiffe rendre leur furveillance utile pour le
maintien & la confervation des droits & des intérêts de
l'académie. La voix délibérative , conjointement avec les
officiers de l'académie (hors les cas où elle fera commune
à tous les académiciens , comme au jugement des grands
prix , ou dans des objets de délibération pour lefquels l'académie a coutume ou jugeroit à propos d'admettre leur
voix) , n'appartiendra néanmoins qu'aux huit honoraires
amateurs ; mais nul ne pourra parvenir à ce titre qu'après
avoir paffé par la claffe des honoraires affociés libres , &
ce fera toujours le plus ancien de cette claffe qui paffera
de plein droit , & fans qu'il foit befoin d'élection , à celle
d'honoraire amateur, quand il y aura une place vacante.
A l'égard des profeffeurs de géométrie & d'anatomie , ils
feront à la nomination du directeur & ordonnateur général
de nos bâtimens.

4. Il ne pourra être pourvu à tous les titres , grades
& emplois compofant l'adminiftration de l'académie , que
dans une affemblée générale de ladite adminiftration , à la
pluralité des fuffrages recueillis par fcrutins. Pour procéder
à ces élections , il fera fait une convocation générale de
ladite adminiftration , d'après laquelle l'affemblée fera formée de ceux de fes membres qui auront pu s'y rendre,
& pour le moins au nombre de quatorze.

5. Les élections , même de fimples académiciens , étant
faites , l'académie les fera connoître au directeur & ordonnateur général de nos bâtimens, afin qu'il nous en faffe
fon rapport, que nous les confirmions , & que , par ce
moyen , nous connoiffions tous les artiftes qui compofent
notre académie ; & ces élections ne pourront avoir leur
effet qu'après notre confirmation.

6. Le directeur fera changé tous les trois ans , à moins
que l'académie ne juge convenable de le continuer pour

» préfente déclaration , & fuivant lequel nous

trois autres années feulement ; & , à chaque mutation, il nous en fera fait rapport par le directeur & ordonnateur général de nos bâtimens , pour avoir notre confirmation. Dans le cas cependant où le directeur de l'académie fe trouveroit être notre premier Peintre , l'académie pourra le continuer tant & auffi long-temps qu'elle le jugera à propos.

7. Nul ne pourra être chancelier qu'il n'ait été recteur, afin qu'il foit connu être capable de ladite charge ; il aura la garde des fceaux de l'académie, pour en fceller les actes, mettre le *vifa* fur les expéditions , & la place fera à vie.

8. Le fceau de l'académie aura d'un côté l'image du roi, & de l'autre les nouvelles armes que nous accordons à notre académie ; favoir, *Minerve*, & pour exergue : *Libertas artibus reftituta*.

9. Il y aura quatre recteurs perpétuels ; choifis d'entre les profeffeurs, l'un defquels préfidera par quartier en l'abfence du directeur, & fera obferver l'ordre dans l'académie. En cas de décès de l'un defdits recteurs, la place fera remplie par un des deux adjoints à recteurs, fuivant fon rang. Le recteur de quartier fera obligé de fe trouver tous les famedis en ladite académie , pour, conjointement avec le profeffeur en mois, pourvoir à toutes les affaires d'icelle, vaquer à la correction des élèves , & rendre compte à la dernière affemblée du mois , des affaires furvenues & de la conduite des élèves. En cas d'abfence du recteur, fon adjoint, qui aura fait les fonctions, recevra les honoraires dudit recteur pour le temps où il aura fait les fonctions de recteur.

10. Le directeur & les recteurs jugeront tous les différends qui furviendront touchant la connoiffance des arts de Peinture & de fculpture, & feront arbitres des ouvrages defdits arts, dans toutes les conteftations qui furviendroient entre les membres de l'académie.

11. Les profeffeurs ferviront chacun un mois de l'année, & fe trouveront tous les jours à l'heure prefcrite pour faire l'ouverture de l'école, pofer le modèle, le deffiner ou modeler, afin que leur ouvrage ferve d'exemple aux

» entendons que ladite académie se régisse à l'a-

étudians ; ils auront soin de les instruire, les corriger, les maintenir dans l'ordre & l'attention qu'exige l'étude pendant les heures de ces exercices, & de remplir toutes les fonctions de leurs charges. En cas d'absence ou maladie du professeur, l'adjoint, qui aura fait sa fonction, recevra les gages & la rétribution dudit professeur, relativement au temps qu'il en aura rempli les fonctions ; &, lorsqu'il arrivera changement ou décès d'aucun desdits professeurs, la place sera remplie par celui d'entre les adjoints qu'il plaira à l'académie de choisir.

12. Nul ne sera reçu en ladite charge de professeur qu'il n'ait été nommé adjoint, & nul ne sera nommé adjoint qu'il n'ait fait connoître sa capacité à dessiner la figure & à composer l'histoire, ou en Peinture, ou en sculpture, & qu'il n'ait remis à l'académie le tableau d'histoire ou l'ouvrage qui lui aura été ordonné.

13. Les professeurs qui auront servi assidument en cette qualité pendant dix années révolues, & qui demanderont la vétérance, l'obtiendront si l'académie le juge convenable. Ils prendront alors le rang de professeurs anciens. L'académie pourra conférer ce titre d'ancien professeur, ou même des grades plus élevés, à ceux de ses officiers qui se feront distingués à la tête de l'école royale académique de Rome ou dans la cour de quelque souverain, avec l'agrément de sa majesté.

14. Le secrétaire historiographe sera à vie, à moins qu'il ne se démette par raison de santé, d'âge ou autre cause aussi favorable ; dans lequel cas il aura qualité, fonction & séance de conseiller de l'académie, quand même les huit places de conseillers seroient remplies au moment de sa démission. Ses fonctions, pendant son exercice, seront de proposer les objets de délibérations, suivant ce qui est ci-après réglé par l'article 22, de tenir registre-journal de toutes les délibérations qui seront prises dans les assemblées de l'académie, des expéditions qui en résulteront ; toutes les feuilles seront signées des directeurs, chancelier, recteurs, professeurs & autres membres de l'administration qui se trouveront présens. Le secrétaire aura aussi la garde de tous les titres & papiers de l'académie ; & , en cas

à venir; dérogeant à toute autre difposition con-

de mort du chancelier, ou d'abfence prolongée & permife
par le roi, la garde des fceaux fera confiée au fecrétaire,
à la charge néanmoins de ne pouvoir en ufer, pour
quelque caufe que ce foit, qu'en préfence de l'académie
affemblée.

15. Les expéditions, tant des délibérations que des provifions pour admettre dans le corps de ladite académie
ceux qui en feront jugés dignes, feront purement émanées
& intitulées de l'académie, fignées du directeur, du chancelier, du recteur en quartier & du profeffeur en mois,
fcellées du fcel de l'académie, & contrefignées par le fecrétaire; dans lefdites provifions feront énoncés & fpécifiés
les ouvrages préfentés par les afpirans lors de leur réception, afin qu'on fache à quel titre ils ont été admis à
l'académie. Celui qui fe trouvera préfider leur fera prêter
ferment de garder & obferver religieufement les ftatuts &
réglemens en préfence de l'affemblée; & nul ne fera cenfé
du corps de ladite académie, qu'il n'ait fa lettre de provifion, laquelle ne lui fera délivrée qu'après qu'il aura donné
fon tableau ou ouvrage de fculpture pour demeurer à
l'académie.

16. Pour faire la recette & la dépenfe des deniers communs de ladite académie, elle nommera celui des officiers-
artiftes qui fera trouvé le plus propre pour cet emploi,
en qualité de tréforier, & il aura la direction & principale garde des tableaux, fculptures, meubles, uftenfiles
de l'académie, dont il rendra compte tous les ans en préfence de ceux qui auront été nommés pour cet effet; & ledit
tréforier pourra être changé ou continué tous les trois ans,
ainfi que l'académie l'eftimera à propos. Ledit tréforier
pourra, de fon côté, remercier & quitter fa place, fi des
raifons perfonnelles l'y déterminent.

17. Dans le cas où l'académie croira devoir foulager
ou fuppléer le profeffeur de géométrie ou celui d'anatomie, il lui fera permis de choifir à chacun des deux un adjoint. Elle pourra auffi nommer un adjoint au fecrétaire,
pour le foulager ou le fuppléer en cas de maladie ou d'abfence; & ces adjoints n'auront pas de voix.

18. Il n'y aura qu'un feul lieu deftiné aux affemblées

» traire, & confirmant au furplus toutes autres

de l'académie royale première & principale. Dans ce lieu fe décideront tous les différends qui pourroient furvenir relativement à la peinture & à la fculpture, & aux autres arts qui y ont rapport. On y procédera aux élections des officiers, aux réceptions des académiciens, & à la diftribution des grands prix qui feront propofés aux étudians. Il fera libre cependant à ladite académie de deftiner, lorf-qu'elle le jugera convenable, des lieux particuliers pour y faire les études du modèle, fous les ordres & la conduite des officiers qu'elle nommera, & qui rendront compte à cet égard aux affemblées de l'académie ; aucune autre affemblée de Peinture & de fculpture ne pourra s'établir en cette ville & pofer le modèle, pour inftruction publique, fans le confentement de l'académie royale première & principale. Les contrevenans feront avertis & contraints de fe conformer, à cet égard, aux difpofitions du préfent article.

19. Le lieu où l'académie tiendra fes affemblées, étant confacré à la vertu & à l'étude, doit être en vénération à tous ceux qui s'y raffemblent ; en conféquence, on ne parlera dans lefdites affemblées académiques que des arts de Peinture, de fculpture, & de ce qui y a rapport, fans qu'il foit permis d'y traiter d'aucune autre matière ; & s'il arrivoit que quelqu'un de ceux qui compofent ladite affemblée bleffât la religion, les mœurs ou l'état, il fera exclus de ladite académie, & déchu de la grâce qu'il avoit plu à fa majefté de lui accorder en l'y admettant.

20. Tous les jours de la femaine, excepté les dimanches & fêtes, l'académie fera ouverte aux élèves, pour y deffiner & modeler l'efpace de deux heures après le modèle, & profiter des leçons du profeffeur qui le mettra en attitude, pour recevoir du profeffeur de perfpective les leçons de géométrie, de perfpective & d'architecture, & de celui d'anatomie, celles de cette fcience qui conviennent aux arts de Peinture & de fculpture. Le profeffeur de perfpective donnera fes leçons au moins une fois par femaine, & le profeffeur d'anatomie en donnera un cours tous les ans.

21. L'académie s'affemblera tous les premiers & derniers

» lettres-patentes, arrêts & réglemens donnés

samedis du mois, pour s'entretenir & s'exercer par des conférences sur les Peintures, sculptures & autres arts de leur dépendance, & pour délibérer sur les affaires qui la concernent.

22. Les propositions feront ouvertes par le secrétaire ; & l'on délibérera sur ce qu'elles contiendront, avec ordre, avec décence, sans partialité, sans passion, sans brigue, sans sortir de sa place & sans s'interrompre mutuellement.

23. Dans les assemblées qui auront pour objet, soit des élections d'officiers, soit les affaires de l'administration intérieure, économique & de police de l'académie, soit le jugement des ouvrages présentés pour être agréés ou pour être admis comme académicien, la voix délibérative n'appartiendra qu'au corps de l'administration, tel qu'il est désigné par l'article 2, en exceptant néanmoins les associés libres. Il suffira, pour que les délibérations sur les objets du présent article soient valables, qu'elles aient été arrêtées entre quatorze délibérans, dont le directeur, le secrétaire & douze autres membres du corps de l'administration, ayant voix délibérative ; & les délibérations ainsi formées feront consignées dans les registres de l'académie, pour être exécutées, sauf néanmoins l'approbation du roi, quant à celles qui auront eu pour objet des élections à quelque place ou titre, suivant la disposition de l'article 5. Au surplus, les huit honoraires associés libres & les simples académiciens auront la liberté d'assister auxdites assemblées; mais ils n'y jouiront que de la voix consultative, & même ne pourront l'énoncer que par la communication qu'ils en donneront à un des officiers de l'administration jouissant de la voix délibérative,

24. Lorsque quelqu'un des officiers de l'académie, ayant donné sa démission par quelqu'un des motifs énoncés dans les articles 13 & 14, aura obtenu le titre de vétéran, il jouira de la voix délibérative, quand même le nombre des titulaires fixé par l'article 2 feroit complet ; il fera, comme tel, compris dans les convocations faites pour les objets de l'article précédent, & jouira des mêmes droits & prérogatives que les titulaires actuels.

25. Nul ne pourra être admis au titre d'académicien, sans

» en fa faveur, en ce qui ne fe trouvera point

avoir, au préalable, obtenu celui d'agréé ; & il ne fera
délibéré fur l'admiffion à l'un ou à l'autre titre, que dans
une affemblée générale du corps de l'adminiftration de
l'académie, convoquée pour cet effet, & tenue fuivant la
forme prefcrite par les deux articles précédens ; nul afpirant à l'un ou à l'autre de ces titres ne l'obtiendra qu'en
réuniffant les deux tiers au moins des voix qui feront prifes
par fcrutin, fans que, pour aucun prétexte que ce foit,
on puiffe éluder la rigueur de cette loi.

26. Dans le cas où un afpirant au titre d'agréé aura été
refufé, il lui reftera la faculté de fe repréfenter de nouveau pour obtenir ce titre fur d'autres ouvrages ; mais lorfqu'un artifte déjà admis au titre d'agréé, & afpirant à celui
d'académicien, aura été refufé, il demeurera privé même
du titre & des avantages d'agréé, jufqu'à ce que, par de
nouveaux efforts préfentés à l'académie, il ait obtenu d'être
réintégré dans cette claffe.

27. Et comme ce titre, une fois obtenu, pourroit conduire quelques fujets à un relâchement auffi préjudiciable
à eux-mêmes qu'aux arts, tout agréé peintre fera tenu,
dans les trois ans de fon admiffion, de fe préfenter pour
être reçu académicien, fous peine de perdre même le titre
& les avantages d'agréé, & de ne pouvoir le recouvrer
que fur de nouveaux ouvrages & nouvel examen de l'académie affemblée, comme s'il fe préfentoit pour la première fois. A l'égard des agréés fculpteurs ou graveurs,
comme les ouvrages demandés pour leur réception font
ordinairement difpendieux & de longue exécution, l'académie pourra, fur la confidération de la nature & de l'étendue de ces morceaux, proroger de quelques années le
terme ci-deffus fixé.

28. Nul ne pourra remplir une place d'académicien, s'il
n'eft de bonnes mœurs & de probité reconnue ; & pour
que l'académie n'admette pas dans fon fein des artiftes fur
les mœurs defquels il y auroit de l'incertitude, chaque
afpirant fe procurera un préfentateur, qui fera toujours un
des officiers de l'académie, lequel préviendra la compagnie,
dans une affemblée précédente, fur les mœurs de l'afpirant &
fur le genre de fon talent, après quoi il fera procédé par

» contraire à la préfente déclaration. Si donnons
» en mandement , &c. «.

---

la voix du fcrutin à fon agrément ; & , s'il eft agréé, le
nom du préfentateur fera infcrit fur les regiftres. Le jour
du fcrutin, les ouvrages de l'afpirant feront placés dans les
falles, pour être jugés par tous les officiers ayant voix ; &
dans le cas d'abfence ou de mort du préfentateur pendant
l'intervalle de l'agrément à la réception, l'académie en
nommera un d'office, en fe conformant fur le refte à ce
qui eft dit ci-deffus dans l'article précédent.

29. Les ouvrages que les académiciens auront donnés à
l'académie pour leur réception, y demeureront, fans qu'on
puiffe en difpofer ou en fubftituer d'autres fous quelque
prétexte que ce foit, fi ce n'eft par délibération générale
faite dans une affemblée indiquée fur les billets d'invitation
pour cet effet.

30. Les agréés jouiront, ainfi qu'ils ont joui, de tous
les privilèges accordés à la qualité d'académicien, à l'exception de l'admiffion aux affemblées & autres avantages
intérieurs, qui feront à la difpofition de l'académie, &
fur lefquels elle fuivra les ufages établis.

31. Pour prévenir tout fujet de différend & de jaloufie
à l'occafion des rangs & des féances, le directeur aura la
place d'honneur en l'abfence du directeur & ordonnateur
général des bâtimens du roi ; à fa droite feront le chancelier, le recteur en quartier, les anciens directeurs, les
recteurs, les adjoints à recteur, les profeffeurs, tréforier
& adjoints ; & à la gauche dudit préfident feront le profeffeur en exercice, les honoraires amateurs & affociés
libres, les anciens profeffeurs, les profeffeurs d'anatomie
& de perfpective, les confeillers de l'académie, & les adjoints aux profeffeurs d'anatomie & de perfpective, s'il y
en a ; le fecrétaire fera placé comme à l'ordinaire, & de
la manière qui fera jugée la plus convenable pour l'exercice de fes fonctions.

32. Il fera fait tous les ans une affemblée générale le
premier famedi de juillet, auquel fera faite l'élection des
officiers, pour remplir les places vacantes ; & lorfque ces
places regarderont le fervice de l'école, les académiciens
qui afpireront au titre d'adjoint, apporteront de leurs ou-

: PÉLERINAGE. C'eft le voyage que quelqu'un entreprend par dévotion pour aller prier la vierge, un faint, &c.

---

vrages à l'affemblée, & les adjoints qui afpireront au professorat, feront tenus d'y apporter auffi des ouvrages.

33. L'académie choifira deux huiffiers qui auront la charge du nettoyement & entretenement des logemens de Peinture & de fculpture, meubles & uftenfiles, d'ouvrir & fermer la porte, & de fervir aux autres befoins & affaires de ladite académie.

34. Tout artifte, membre de l'académie, qui fera commerce de tableaux, deffins, matières & meubles deftinés à la mécanique des arts, ou fe mettra en fociété avec des marchands brocanteurs, fera exclus de l'académie.

35. Si aucun de ceux qui compofent ladite académie, ou qui feront reçus ci-après, fe permettoient des difcours défobligeans & infultans pour leurs confrères, ils feront avertis, pour la première fois, d'être plus circonfpects; &, en cas de récidive, ils feront privés de l'entrée aux affemblées, auffi long-temps qu'il fera déterminé par l'académie, d'après les circonftances.

36. Dans le cas où quelque officier des académies provinciales, affiliées à l'académie royale, fe trouveroit à Paris, il jouira du privilége d'affifter aux affemblées de l'académie royale première & principale, mais placé hors de rang, & fans avoir de voix aux ficrutins; il pourra feulement rendre compte des progrès de fon école & des objets de difcuffion qui pourroient s'élever dans ces académies provinciales, au fujet des arts qui y font pratiqués & enfeignés.

37. Le concours pour les grands prix fera ouvert au commencement du mois d'avril de chaque année. L'académie, généralement convoquée, jugera du degré de capacité nécessaire, fur les efquiffes peintes ou deffinées pour la claffe de la Peinture, ainfi que fur celles deffinées ou modelées pour celle de la fculpture, qui auront été faites dans l'académie & en préfence du profeffeur du mois. Les élèves qui auront été admis, feront leur tableau ou bas-relief fur le fujet tiré de l'hiftoire qui leur aura été donné

·· Le Pélérinage le plus célèbre parmi les chrétiens, étoit autrefois celui de la Terre-Sainte. Il
donna naissance aux croisades. Le voyage de Rome
eut ensuite la vogue. Il fut un temps où l'on ne
croyoit pas pouvoir être sauvé, si l'on n'alloit
dans cette capitale du monde chrétien visiter les
tombeaux des apôtres. Les pères racontoient à

---

par le professeur en exercice, dans les loges préparées à
cet effet dans l'académie, & seront exclus du concours,
s'ils employent aucun secours étranger & frauduleux. Leurs
ouvrages seront examinés par l'académie avant que d'être
exposés en public, & seront jugés dans une assemblée générale de l'académie spécialement convoquée pour ce jugement, le dernier samedi du mois de juin.

38. La distribution des prix de Peinture & de sculpture
sera faite par le directeur & ordonnateur général de nos
bâtimens, dans une assemblée de l'académie indiquée par
lui, & que, suivant les circonstances, il pourra rendre
publique.

39. Les présens statuts & réglemens seront lus, chaque
année une fois, dans une des assemblées générales de l'académie, afin que personne n'en ignore ; &, dans le cas où
il y seroit contrevenu en quelque partie, le directeur en
informera le directeur & ordonnateur général de nos bâtimens, afin qu'il prenne nos ordres sur ce qu'il conviendra
statuer, suivant l'exigence du cas, ainsi que s'il se pré-
sentoit quelque cas non prévu par le présent réglement.

40. Quoique les statuts & réglemens ci-dessus doivent
avoir leur exécution, à compter de l'instant de leur publication dans l'académie, cependant il ne sera rien innové, jusqu'au moment des prochaines élections, dans l'état
où ladite académie se trouve actuellement. Tous les membres
qui la composent, en quelque grade & quelque qualité
que ce soit, conserveront respectivement leurs état, droits
& fonctions ; mais, de cet instant, ceux qui ne tiennent
à l'académie que par le titre d'agréé, demeureront soumis,
pour obtenir celui d'académicien, aux dispositions de l'article 27 ci-dessus.

leurs enfans les aventures de leurs voyages, & leur inspiroient le désir de les imiter. Les femmes quittoient leurs maris, les moines leurs couvens, pour faire cette pieuse caravane. Il est probable qu'ils n'en revenoient pas meilleurs ; & les abus visibles de ces courses donnèrent lieu au proverbe : *On ne s'amende pas pour aller à Rome.*

Aujourd'hui les plus fameux Pélérinages sont celui de saint Jacques en Galice & celui de Notre-Dame de Lorette.

Pour obvier aux abus dont les Pélerinages hors du royaume sont susceptibles, nos rois ont publié différentes loix, dont la dernière est la déclaration du premier août 1738, enregistrée au parlement le 5 décembre de la même année (*).

(*) *Cette déclaration est ainsi conçue :*

Louis, &c. Salut. Le feu roi notre très-honoré seigneur & bisaïeul voulant réprimer les abus qui se commettoient sous le prétexte spécieux de dévotion & de Pélerinage, régla, par sa déclaration du mois d'août 1671, les formalités qui devoient être observées par ceux qui voudroient aller en Pélerinage à Saint-Jacques en Galice, à Notre-Dame de Lorette, & aux autres lieux saints hors du royaume, & ordonna que les contrevenans seroient arrêtés & punis, pour la première fois, du carcan ; pour la seconde, du fouet par manière de castigation ; & que, pour la troisième, ils seroient condamnés aux galères, comme vagabonds & gens sans aveu. Mais ceux que l'oisiveté & la débauche déterminoient à entreprendre ces sortes de voyages, ayant trouvé le moyen de se soustraire à l'observation des formalités qui leur étoient prescrites, & aux peines dues à leurs contraventions, le feu roi jugea à propos d'y pourvoir de nouveau ; &, par sa déclaration du 7 janvier 1686, il fit défenses à tous ses sujets d'aller en Pélerinage hors du royaume sans sa permission expresse, signée par l'un de ses secrétaires d'état & de ses comman-

Suivant cette loi, aucun François ne peut aller
en Pélerinage hors du royaume, fans une permiffion expreffe du roi, fignée d'un fecrétaire d'état,
en conféquence de l'approbation de l'évêque diocéfain, à peine des galères à perpétuité contre
les hommes, & de telle peine afflictive que

demens, fur l'approbation des évêques diocéfains, à peine
des galères à perpétuité contre les hommes, & de telle
peine afflictive contre les femmes, qui feroit eftimée convenable par les juges. Quoiqu'une loi fi fage dût faire
ceffer entiérement ces abus, nous fommes cependant informés qu'ils ont repris leur cours, & que plufieurs femmes, enfans de famille, artifans, apprentis, & autres
perfonnes, abandonnent leurs familles & leurs profeffions,
pour mener une vie errante & licencieufe, & pour fortir
de notre royaume fous prétexte de Pélerinage. Et voulant
maintenir une loi fi conforme à la pureté de la religion
& à l'intérêt public, nous avons jugé à propos d'en ordonner de nouveau l'exécution. A ces caufes, &c. voulons
& nous plaît : Qu'aucuns de nos fujets ne puiffent aller en
Pélerinage à Saint-Jacques en Galice, à Notre-Dame de
Lorette, & autres lieux hors de notre royaume, fans une
permiffion expreffe de nous, fignée par l'un des fecré-
taires d'état & de nos commandemens, fur l'approbation
de l'évêque diocéfain, à peine des galères à perpétuité
contre les hommes, & de telle peine afflictive contre les
femmes, qui fera eftimée convenable par nos juges. Enjoignons pour cet effet à tous juges, magiftrats, prévôts
des maréchaux, vice-fénéchaux, leurs lieutenans, exempts,
& autres officiers, maires, confuls, échevins, jurats, ca-
pitouls & fyndics des villes & bourgs de nos frontières
dans lefquelles pafferoient lefdits Pélerins, un mois après
la publication de ces préfentes, de les arrêter & conduire
dans les prifons defdites villes & bourgs, ou, s'ils font arrêtés à la campagne, dans celles de la ville la plus pro-
chaine, pour leur être le procès fait & parfait comme à
gens vagabonds & fans aveu, par les juges des lieux où
ils auront été pris en première inftance, & par appel en
nos cours de parlemens. Si donnons en mandement, &c.

les juges auront trouvée convenable, contre les femmes.

PELLAGE. C'eſt un droit ſingulier apparte‑ nant aux ſeigneurs qui ont des terres & ports le long de la ſeine, dans les bailliages de Mante & de Meulan ; il conſiſte à percevoir quelques deniers ſur chaque muid de vin chargé ou dé‑ chargé dans leurs ports.

PÉNITENCERIE. C'eſt un tribunal ou con‑ ſeil de la cour de Rome, dans lequel s'exami‑ nent & ſe délivrent les bulles, brefs ou grâces, & diſpenſes ſecrètes qui regardent les fautes cachées, & par rapport au for intérieur de la conſcience, ſoit pour l'abſolution des cas réſervés au pape, ſoit pour les cenſures, ſoit pour lever les empêchemens de mariages contractés ſans diſpenſe.

Les expéditions de la Pénitencerie ſe font au nom du pape ; elles ſont ſcellées en cire rouge, & s'envoyent cachetées à un docteur en théolo‑ gie, approuvé par l'évêque pour entendre les confeſſions, mais ſans en déſigner aucun ſpé‑ cialement, ſoit par ſon nom, ſoit par ſon emploi.

Le grand Pénitencier de Rome, au nom du‑ quel le bref eſt expédié, enjoint au confeſſeur d'abſoudre du cas exprimé, après avoir entendu la confeſſion ſacramentelle de celui qui a obtenu le bref, en cas que le crime ou l'empêchement du mariage ſoit ſecret. Il eſt enſuite ordonné au confeſſeur de déchirer le bref auſſi‑tôt après la confeſſion, ſous peine d'excommunication

ſan

fans qu'il lui foit permis de le rendre à la partie.

Les abfolutions obtenues & les difpenfes accordées en vertu des lettres de la Pénitencerie, ne peuvent jamais fervir dans le for extérieur ; ce qui doit fur tout s'obferver en France, où les tribunaux, tant eccléfiaftiques que féculiers, ne reconnoiffent point ce qui eft émané de la Pénitencerie.

. Le grand pénitencier de Rome eft ordinairement un cardinal : il a fous lui un régent de la Pénitencerie , & vingt-quatre procureurs ou défenfeurs de la facrée pénitence ; il eft auffi le chef de plufieurs autres prêtres pénitenciers, établis dans les égliges patriarchales de Rome, qui vont le confulter fur les cas difficiles.

Les expéditions de la Pénitencerie fe font toutes *gratis*, & l'on peut fe les procurer par toutes fortes de voies, fans aucune obligation de recourir pour cet effet au miniftère des banquiers expéditionnaires en cour de Rome.

PÉNITENCERIE fe dit auffi, en France, du titre ou bénéfice de celui qui a le pouvoir d'abfoudre des cas réfervés dans un diocèfe. Voyez PÉNITENCIER.

. Par une déclaration du 13 mars 1780, enregiftrée au parlement le 14 avril fuivant, le roi a ordonné qu'à l'avenir la Pénitencerie du diocéfe de Beauvais demeureroit affranchie de toute expectative royale ou non royale, & qu'elle ne pourroit être impétrée en cour de Rome par prévention, ni tranfmife par réfignation ou permutation , à peine de nullité des provifions, mais que la difpofition en refteroit à l'évêque diocéfain fur tous les genres de vacance, à la charge qu'il ne pourroit la conférer qu'à un prêtre âgé au moins de quarante ans.

PÉNITENCIER. C'est un prêtre établi dans un diocèse pour absoudre des cas réservés.

Dans l'origine, on donnoit le titre de Pénitencier à tous les prêtres qui étoient chargés d'entendre les confessions : mais les évêques ayant dans la suite établi dans leurs églises cathédrales un Pénitencier en titre pour absoudre des cas réservés, on lui donna le titre de *grand-Penitencier*, pour le distinguer des autres confesseurs qui étoient appelés Pénitenciers.

Quelques-uns font remonter l'institution des grands Pénitenciers au pontificat du pape Corneille, qui siégeoit en 251. Mais Gomez prétend que cet office ne fut établi que sous le pontificat de Benoit II, qui fut élu pape en 684.

Quoi qu'il en soit, le grand Pénitencier est le vicaire de l'évêque pour les cas réservés. Il est ordinairement établi en dignité dans la cathédrale ; mais il n'a point de juridiction dans le chœur, ni en dehors, ni dans le diocèse. Il a sous lui un ou plusieurs sous-Pénitenciers ; mais ceux-ci ne font pas en titre de dignité ni de bénéfice; ils n'ont qu'une simple commission verbale du grand Pénitencier, laquelle est révocable *ad nutum.*

La fonction de Pénitencier a toujours été regardée comme si importante, que le concile de Trente & plusieurs conciles provinciaux du royaume ont ordonné que la première prébende vacante seroit affectée au Pénitencier, & que cette place seroit remplie par un personnage doué de toutes les qualités nécessaires, docteur ou licencié en théologie ou en droit canon, & âgé de quarante ans, ou le plus idoine que l'on pourra trouver.

Ce décret du concile de Trente a été renouvelé par l'affemblée de Melun en 1579, par les conciles de Bordeaux & de Tours en 1583, par ceux de Bourges en 1584, d'Aix en 1585, de Bordeaux en 1624, & par le premier concile de Milan, fous faint Charles.

L'ufage du royaume eft que dans l'églife où la Pénitencerie eft un titre de bénéfice, il faut être gradué en théologie ou en droit canon, pour la poffeder, quand même ce bénéfice n'auroit pas titre de dignité.

Le Pénitencier eft obligé à réfidence, c'eft pourquoi il ne peut poffeder en même temps un bénéfice cure; auffi le concile de Trente veut-il qu'il foit tenu préfent au chœur quand il vaquera à fon miniftère; & fi l'on en décidoit autrement, il y auroit abus.

La fonction d'official & celle de promoteur font incompatibles avec celle de Pénitencier.

Le concordat comprend la pénitencerie dans les bénéfices qu'il affujettit à l'expectative des gradués.

Mais, fuivant l'ordonnance de 1606, les dignités des églifes cathédrales en font exceptées, & conféquemment la pénitencerie, dans les églifes où elle eft érigée en dignité.

Un eccléfiaftique peut être pourvu de la Pénitencerie par réfignation en faveur, ou par d'autres voies qui en rendent la collation néceffaire.

Voyez Fevret, traité de l'abus; les mémoires du clergé; le traité de l'expectative des gradués; les loix eccléfiaftiques de France, &c. Voyez auffi

D d ij

les articles Confesseur, Confession, Dispense, Collation, Gradué, &c.

PENSION. C'eſt une ſomme d'argent qu'on donne pour être logé & nourri.

A Paris, il eſt d'uſage qu'un penſionnaire paye ſa Penſion par quartier, quand on n'a ſtipulé aucun terme pour faire ce payement.

Et par arrêt du 30 juillet 1766, le parlement de Paris a maintenu les maîtres-ès-arts & de Penſion de l'univerſité de Paris, dans le droit & poſſeſſion d'être payés de la totalité du quartier commencé, pendant le cours duquel un écolier ou penſionnaire s'eſt retiré de chez eux volontairement.

La même cour a rendu un arrêt ſemblable le 17 octobre 1769, en faveur du ſieur de Bras, maître de Penſion, contre le ſieur Hardy de Levare.

Par un autre arrêt du 6 août 1779, la même cour a ordonné que dans les villes de ſon reſſort où il y a des collèges, les maîtres de Penſion, même ceux qui ſont maîtres-ès-arts, ſe borneroient à faire lire & écrire leurs penſionnaires, & à leur enſeigner les premiers élémens de la langue latine, pour les mettre en état d'entrer en cinquième : mais l'arrêt leur a permis de faire répéter à leurs penſionnaires & à tout autre écolier fréquentant le collège, les leçons de leurs profeſſeurs : il a en même temps été ordonné que les maîtres de Penſion ſeroient tenus de mener ou envoyer par des perſonnes ſûres, aux collèges établis dans les villes de leur réſidence, tous leurs penſionnaires étudiant en langue la-

tine, qui feroient en état de fréquenter la cinquième.

PENSION, fe dit aufli de ce qui eft donné ou
légué à quelqu'un pour fa fubfiftance.

Nous parlerons ici des Penfions accordées par
le roi, & de celles qui font établies fur les bénéfices eccléfiaftiques.

Des Penfions accordées par le roi.

Par une ordonnance du 22 décembre 1776,
le roi a réglé que les demandes des Penfions &
autres grades pécuniaires ne pourroient à l'avenir
être préfentées à fa majefté que dans le mois
de décembre de chaque année.

Cette difpofition a été confirmée par les lettres-patentes du 8 novembre 1778, portant établiffement d'un nouvel ordre pour le payement
des Penfions.

Cette dernière loi a d'ailleurs ordonné qu'aucune Penfion, gratification annuelle ou autre
grâce viagère, fous quelque dénomination que
ce fût, ne feroit plus payée à l'avenir que par
le garde du tréfor royal, que fa majefté auroit
choifi à cet effet (*). En conféquence, il a été
défendu à la chambre des comptes de paffer en
dépenfe, fous quelque prétexte que ce fût, dans
les comptes de tout autre comptable, que ceux
de ce garde du tréfor royal, aucun payement de
Penfions ou autres grâces viagères (**).

(*) C'eft M. Savalète qui eft aujourd'hui chargé de
ces fonctions.

(**) *Obfervez que ces règles reçoivent différentes ex-*

P E N S I O N.

« L'article 6 des mêmes lettres-patentes a réglé qu'à l'avenir les pensionnaires pourroient recevoir leurs Pensions sur leurs simples quittances, sans être obligés de solliciter chaque année une ordonnance, en joignant toutefois à leur quittance un certificat de vie, dans la forme usitée pour les rentes sur l'hôtel-de-ville.

Les Pensions qui n'ont-point été réclamées pendant trois années consécutives, sont censées

ceptions énoncées dans l'article 2 des lettres-patentes dont il s'agit, & l'article 17 de la déclaration du 7 janvier 1779. Ce dernier article est ainsi conçu :

Conformément aux exceptions portées par nos lettres-patentes du 8 novembre 1778, nous n'entendons pas comprendre dans les dispositions de notre présente déclaration, les soldes & demi soldes, & récompenses militaires accordées pour retraites aux soldats & bas-officiers invalides, ainsi que les Pensions ou gratifications annuelles, attachées invariablement à différentes charges ; les supplémens d'appointemens fixés lors de la nouvelle composition des troupes en 1776, aux mestres-de-camp de cavalerie, de hussards, de dragons, & à quelques colonels-commandans, colonels en second des régimens d'infanterie, & autres officiers en activité, pour les indemniser de partie d'appointemens qu'ils ont perdus en passant d'un grade à un autre ; lesquels supplémens d'appointemens s'éteindront lorsque lesdits officiers passeront à des grades supérieurs ou quitteront leur corps ; les retraites dont jouissent les officiers étrangers, ci-devant à notre service, retirés dans leur patrie, & qui sont payées par la voie de nos ambassadeurs ; & enfin, les Pensions ou retraites accordées, & qui le seront par la suite, aux officiers reçus à l'hôtel des invalides, pourvu toutefois qu'elles n'excèdent pas quatre cents livres par an. Le payement de toutes lesquelles grâces continuera d'être fait par le trésorier de la guerre, comme par le passé. Et nous voulons aussi que les Pensions assignées sur notre domaine de Versailles, & dont les fonds ont une destination particulière, continuent d'être payées sur ledit fonds.

éteintes, sauf néanmoins à les rétablir lorsque les pensionnaires justifient de leur existence & rapportent un certificat du secrétaire d'état dans le département duquel leur brevet a été expédié, pour constater qu'ils n'en ont point encouru la perte, conformément aux ordonnances. C'est ce qui résulte de l'article 11 de la déclaration du 7 janvier 1779.

L'article 12 veut que les appointemens, traitemens, gratifications annuelles & autres grâces dont jouissent quelques-uns des officiers ou sujets du roi, en attendant qu'ils aient obtenu d'autres grâces, places ou emplois, soient éteints lorsqu'ils ont obtenu ces grâces ou emplois; à l'effet de quoi les secrétaires d'état doivent donner, chacun dans leur département, à l'administrateur général des finances, avis de ces extinctions, à mesure qu'elles s'opèrent par l'effet de la grâce promise : la même loi défend expressément à ceux qui ont joui de ces grâces conditionnelles, d'en demander le payement à compter du jour où elles ont dû cesser.

Suivant l'article 13, les Pensions & grâces viagères ne peuvent être saisies ni cédées pour quelque cause & raison que ce soit, sauf aux créanciers d'un pensionnaire à exercer, après son décès, sur décompte de sa Pension, toutes les poursuites & diligences nécessaires pour la conservation de leurs droits & actions, & sans préjudice des ordres particuliers qui peuvent être donnés par les secrétaires d'état, pour arrêter le payement de quelques-unes de ces grâces, selon ce qui s'est pratiqué précédemment.

Les décomptes des Pensions & autres grâces des départemens de la guerre ou de la marine qui fe trouvent dus à la mort des penfionnaires, ne peuvent être payés aux veuves, enfans, héritiers ou créanciers de ces penfionnaires, qu'en rapportant par eux un certificat du fecrétaire d'état du département, qui conftate que les défunts font quittes envers le corps dans lequel ils ont fervi, & qu'il n'exifte aucune répétition a faire fur eux par les départemens de la guerre ou de la marine : & la chambre des comptes ne peut allouer les dépenfes de ces décomptes que fur ce certificat. Telles font les difpofitions de l'article 14.

Suivant la déclaration du 8 août 1779, enregiftrée à la chambre des comptes le 4 feptembre fuivant, les femmes mariées, les mineurs, les religieux & les autres perfonnes de même état qui ont obtenu des Penfions ou d'autres grâces du roi, font affranchis de l'obligation de fe faire autorifer par leurs maris, tuteurs ou fupérieurs, pour la validité des quittances qu'ils donnent eux-mêmes relativement à ces objets, & pour celle des procurations qu'ils paffent, à l'effet de recevoir pour eux.

Des Penfions établies fur les bénéfices eccléfiaftiques.

L'ufage de réferver des Penfions fur les bénéfices aux titulaires qui s'en démettent, eft fort ancien. On en a trois exemples dans le concile de Calcédoine, célébré en 451. L'un eft en faveur de Dommes, évêque d'Antioche, qui avoit été dépofé, & à la place duquel on avoit mis Maxime. Le fecond eft en faveur de deux prétendus évêques d'Ephèfe, à qui le concile réferva le titre d'é-

vêque & une penfion fur l'évêché, qui fut fixée
à deux cents fous d'or par les magiftrats im-
périaux. Le troifième exemple eft celui de la Penfion que ce concile adjugea à l'un des deux contendans à l'évêché de Pertha, en maintenant
l'autre contendant en poffeffion de l'évêché.

Jean Diacre dit que le pape faint Grégoire,
mort en 604, qui étoit fort zélé pour l'obfervation
de la difcipline eccléfiaftique, vouloit qu'on
donnât des Penfions aux évêques, lorfque leurs
infirmités les mettroient hors d'état de remplir
leurs fonctions, & les obligeoient de demander
des fucceffeurs. Ce pontife vouloit auffi qu'on
envoyât dans des monaftères, pour y faire pénitence, les clercs qui avoient mérité cette peine,
mais à condition que l'églife dont on avoit été
obligé de les faire fortir, payeroit leur Penfion.

M. Fleury & le père Thomaffin rapportent
que faint Perpétue, évêque de Tours, défendit
par fon teftament de rétablir deux curés qu'il avoit
dépofés; mais il ajouta, qu'il falloit que l'églife
les affiftât dans leur indigence.

A l'exception de ces cas extraordinaires, on
regardoit les Penfions comme des contraventions
manifeftes aux règles de l'églife, fuivant lefquelles
celui qui deffert un bénéfice doit en percevoir
tous les fruits. Mais dans la fuite on multiplia le
nombre des cas où les réferves de Penfion furent
cenfées légitimes. Le pape Alexandre III approuva
ces réferves pour le bien de la paix & pour terminer les conteftations élevées entre des eccléfiaftiques qui prétendoient avoir droit fur un
même bénéfice. On autorifa auffi les réferves de
Penfion dans le cas de permutation, lorfqu'il y
avoit beaucoup d'inégalité entre les revenus des

bénéfices permutés : elles furent encore permifes pour les réfignations en faveur.

Les ambaſſadeurs de France demandèrent au concile de Trente, que l'on condamnât toutes les Penſions ſur les bénéfices : mais leurs remontrances ſur ce ſujet ne furent point écoutées.

Indépendamment des Penſions avec cauſe, dont on vient de parler, il y a encore les Penſions ſans cauſe, c'eſt-à-dire, celles qu'on accorde ſur un bénéfice à ceux qui n'en ont jamais été titulaires, & qui n'y ont eu aucun droit. Elles doivent leur origine à ce que les papes s'étant regardés comme les maîtres de tous les revenus eccléſiaſtiques, jugèrent à propos d'en réſerver quelques-uns, pour gratifier leurs domeſtiques & ceux des cardinaux, ou les cardinaux eux-mêmes. Cet uſage de la cour de Rome donna lieu à nos rois, quand ils eurent obtenu la nomination des bénéfices conſiſtoriaux, de réſerver des Penſions par les brevets. Mais l'ordonnance de 1629 porte, *qu'elles ne ſeront accordées que pour grandes conſidérations & en faveur des perſonnes eccléſiaſtiques ſeulement.*

Comme les Penſions ſur les bénéfices contiennent une contravention à la juriſprudence eccléſiaſtique, ſuivant laquelle le titulaire d'un bénéfice doit jouir de tout le revenu qui y eſt attaché, on ne les reconnoît légitimes parmi nous, que quand elles ſont autoriſées par le pape, qui diſpenſe en ce cas de la ſévérité des canons.

Cette règle reçoit néanmoins quelques exceptions. 1°. Le collateur ordinaire peut valablement conſtituer une Penſion en faveur du réſignant, quand la réſignation n'a eu lieu que pour parvenir à l'union d'un bénéfice à quelque autre.

2°. Divers auteurs prétendent que le roi, en conférant en régale sur une résignation en faveur, peut admettre les Pensions ; mais il est d'usage que sa majesté, après avoir conféré le bénéfice au résignataire, renvoie en cour de Rome pour l'homologation de la Pension.

3°. Boniface rapporte un arrêt du 19 décembre 1658, par lequel il a été jugé au parlement de Provence, que le vice-légat d'Avignon pouvoit admettre une démission pure & simple entre ses mains, avec la clause de la réserve d'une Pension, quand les facultés du légat, dûment enregistrées, lui donnoient ce pouvoir.

4°. Par arrêt du 22 mars 1728, le parlement de Flandres a maintenu l'évêque de Tournai dans le droit, autorité & possession de créer des Pensions réelles sur les cures & sur les autres bénéfices de son diocèse, pour cause légitime & canonique. Cet arrêt est fondé sur ce qu'autrefois, comme l'a démontré le père Thomassin, on constituoit des Pensions sur les bénéfices, sans avoir recours au pape, & que depuis il n'y a eu aucune loi qui ait réservé au souverain pontife le droit de créer des Pensions ; d'où l'on a conclu, que la plupart des évêques n'ayant perdu ce droit que pour n'en avoir point usé, il falloit le conserver à ceux qui s'étoient maintenus dans la possession de l'exercer.

Au reste, les causes ordinaires pour lesquelles une Pension peut être établie valablement sur un bénéfice parmi nous, sont réduites à trois : la première, que l'on qualifie *pro bono pacis*, ou *gratiâ concordiæ*, ou *propter concordiam*, a lieu quand, pour le bien de la paix, l'un des contendans à un bénéfice renonce à tout le droit qu'il prétendoit fur ce bénéfice, à la charge que celui qui refte paifible poffeffeur lui fera une certaine Penfion.

Cette caufe paroît avoir été réprouvée par le pape Alexandre III, qui, confulté fur la queftion de favoir s'il étoit permis de tranfiger fur le titre d'un bénéfice qui étoit en litige, répondit qu'une tranfaction *fuper re facrâ & litigiofâ*, qui fe feroit *aliquo dato vel retento feu promiffo*, ne feroit pas exempte de fimonie : mais cette même caufe fe trouve autorifée par Innocent III, qui a approuvé la voie qu'avoient prife des arbitres, en donnant à l'un le titre du bénéfice, & à l'autre une Penfion.

Pour qu'une Penfion *pro bono pacis* foit admife parmi nous, il faut le concours de deux conditions : l'une, que celui qui fe réferve la Penfion paroiffe avoir droit au bénéfice fur lequel elle eft impofée ; ce qui fignifie qu'il doit avoir été pourvu du bénéfice, & que le titre qu'il en a obtenu doit être au moins coloré : la feconde, que le litige qui s'eft élevé ou qui eft fur le point de s'élever entre les deux pourvus, foit férieux, c'eft-à-dire exempt de fraude & de collufion.

On a agité la queftion de favoir fi, depuis l'édit de juin 1671, on peut fe réferver des Penfions *pro bono pacis*, fur les cures & fur les prébendes, fans avoir deffervi les bénéfices pendant le temps fixé par cet édit ? Brillon rapporte, tome 1, page 801, un arrêt du 9 juillet 1711, qui a jugé l'affirmative, contre l'avis de M. l'avocat général Lamoignon : mais, malgré ce préjugé, M. Piales conseille de se pourvoir, en cas pareil, au roi, pour obtenir de sa majesté des lettres dérogatoires à l'édit, quand ce ne seroit que pour rendre la Pension réelle contre le successeur *per obitum*.

La seconde cause pour laquelle la réserve de Pension peut avoir lieu, est appelée, *causa resignationis*, ou *propter expressam intentionem resignantis*. On a considéré qu'il étoit juste qu'un bénéficier auquel son grand âge ou ses infirmités ne permettoient plus de desservir son bénéfice, pût, en le résignant, se réserver une Pension pour subsister selon son état.

La troisième cause, appelée *causa permutationis*, a lieu dans le cas d'une permutation, quand l'un des bénéfices permutés a plus de revenus que l'autre. On permet en ce cas, que celui qui se trouve pourvu du bénéfice le plus considérable, fasse une Pension à son copermutant, pour établir l'égalité qui doit se trouver dans un échange.

On admet encore deux sortes de Pensions sans cause sur les bénéfices : l'une, quand un titulaire pacifique consent à la création d'une Pension sur son bénéfice, sans qu'il y ait eu ni permutation ni résignation en faveur : l'autre, quand le roi charge, par son brevet, d'une ou de plusieurs Pensions, celui qu'il nomme à un bénéfice consistorial.

Pour la validité de la première de ces deux espèces de Pensions, il ne suffit pas qu'elle soit autorisée par le pape, il faut encore des lettres-patentes homologuées au parlement, qui dérogent sur cet objet aux libertés de l'église gallicane.

Les Penfions créées fur les bénéfices confiftoriaux ne doivent fe payer que du jour de l'homologation en cour de Rome, à moins qu'il
n'en foit autrement ordonné par le brevet du
roi. C'eft ce qui réfulte d'un arrêt de réglement
rendu au confeil d'état le 17 juillet 1679. Cependant le même confeil d'état a rendu un arrêt
contraire le 9 feptembre 1718, dans l'efpèce fuivante.

Le roi nomma à l'archevêché de Cambrai M.
l'abbé d'Eftrées, à condition qu'il payeroit vingt
mille livres de Penfion viagère à différens particuliers. M. l'abbé d'Eftrées étant mort fans avoir
eu de bulles, M. le cardinal de la Tremoille fut
pourvu du même archevêché ; à la charge des
Penfions que M. l'abbé d'Eftrées devoit payer.
Les penfionnaires demandèrent au nouvel archevêque les arrérages de leur Penfion, à compter
du jour de leur brevet : ils fe fondèrent non
feulement fur les termes de ce brevet, mais encore fur un certificat du fecrétaire d'état du roi
d'Efpagne, donné le 19 novembre 1638, qui
porte que les abbés de Saint-Vaaft, Saint-Amand,
Vigogne, &c. ont payé les Penfions affignées
fur le temporel de leurs maifons, quoique le
pape ne les eût pas confirmées ; & fur la lettre
de l'archiducheffe Ifabelle du 31 octobre 1623,
qui marque à l'abbé d'Anchin de payer les Penfions affignées fur fon abbaye, quoique les penfionnaires n'euffent point obtenu des lettres de
confirmation. M. de la Tremoille, qui prétendoit ne devoir payer les Penfions que du jour
qu'elles avoient été admifes à Rome, alléguoit
l'arrêt de 1679, qui établit une efpèce de droit
commun fur cette matière. Mais l'arrêt qui in-

tervint au conseil du roi, ordonna que les pensionnaires seroient payés par M. de la Tremoille, & par ses successeurs, depuis le 21 janvier 1716, date de leur brevet pour la Pension sur l'archevêché de Cambrai. On avoit réglé la même chose au conseil le 10 septembre 1714 & le 29 juillet 1717, pour les Pensions assignées sur les abbayes de Saint-Paul de Verdun & de Vigogne. Ces arrêts sont fondés sur l'usage particulier des provinces dans lesquelles sont situés les bénéfices pour lesquels ils ont été rendus, & sur les clauses du brevet confirmées par le pape, qui a dérogé, conjointement avec le roi, aux règles générales.

Le grand conseil rendit au contraire, le 17 août 1730, contre le titulaire de l'archevêché de Narbonne, & un curé pensionnaire sur cet archevêché, un arrêt par lequel il régla que la Pension ne devoit se payer que du jour de l'homologation du brevet en cour de Rome; qu'elle étoit payable à Narbonne, lieu du bénéfice, & que le pensionnaire n'étoit pas obligé d'attendre les délais que le bénéficier donnoit à ses fermiers.

Par un autre arrêt du 18 janvier 1731, rendu entre le sieur Capet, pensionnaire de douze cents livres sur l'abbaye de Saint-Jean en vallée de Chartres, & le sieur Duprat, titulaire de cette abbaye, le même tribunal a jugé que la Pension dont il s'agit devoit se payer du jour du brevet, quoique le brevet ne le portât pas : mais, le 24 novembre 1730, le sieur Capet avoit obtenu du conseil d'état, un mois après l'assignation, un arrêt qui portoit que la Pension seroit payée du jour du brevet.

Pour établir une Penfion fondée fur les caufes ordinaires, on doit obtenir, en cour de Rome une fignature différente de celle qui admet la réfignation ou permutation : fi celui qui eft pourvu du bénéfice chargé de la Penfion, ou fon procureur, confent à cette Penfion, on étend le confentement au dos de la fignature : mais lorfque le pourvu n'a pas confenti à la Penfion, il faut obtenir du pape une difpenfe de ce confentement (*). On obferve les mêmes formalités pour les Penfions fans caufe.

Lorfqu'un bénéfice eft chargé d'une Penfion, on ne peut plus le charger d'une nouvelle, fans faire mention expreffe de la première dans la fupplique qu'on préfente au pape pour obtenir la fignature.

Il arrive quelquefois que celui qui réfigne en

(*) Il y a une règle de chancellerie, appelée *de præstando confensu in penfionibus*, qui veut qu'on n'expédie aucune lettre de création & réfervation de Penfion, fi ce n'eft avec le confentement du debiteur de la Penfion ; c'eft pourquoi il en faut demander la dérogation, quand le réfignataire n'a pas été préfent à la procuration & n'a pas confenti à la Penfion. En ce cas, la fignature de Penfion eft expédiée avec cette reftriction : *Et cum derogatione regulæ de præstando confensu in penfionibus, attentò quòd resignatio fit in favorem absentis, & orator qui verè, realiter & pacificè possidet, aliter resignare non interdicit.* Cette dérogation ne fouffre jamais de difficulté quand le réfignant eft paifible poffeffeur ; il n'en eft pas de même quand c'eft une ceffion de droits ; la raifon en eft fenfible : car, fuppofé que le bénéfice foit litigieux, & que le titulaire veuille céder fon droit à un autre moyennant une Penfion, il faut que le ceffionnaire y confente, attendu qu'on ne peut le charger d'un procès & d'une Penfion fans fon confentement.

faveur

faveur d'un tiers un bénéfice chargé d'une Pension, se réserve une Pension égale à la première, mais pour n'en jouir qu'après le décès du premier pensionnaire. Dans le style de la cour de Rome, on appelle cette sorte de Pension *eventitia*. On qualifie de même, mais par une raison contraire, la Pension qu'un des copermutans retient sur le bénéfice qu'il a permuté, jusqu'à ce que son copermutant lui ait fait conférer un bénéfice dont le revenu soit égal à la Pension stipulée par la permutation.

Comme aucune résignation en faveur, ou permutation, ne peut être admise sans le consentement du patron laïque, de même il ne peut point être créé de Pension sans son consentement.

Si la présentation appartient alternativement à un patron laïque & à un patron ecclésiastique, & que le bénéfice ayant vaqué dans le tour de celui-ci, ait été chargé d'une Pension par le pape, cette Pension s'éteint quand le bénéfice vient à vaquer dans le tour du Patron laïque.

Suivant l'ancienne jurisprudence du royaume, on ne pouvoit point constituer de Pensions sur les bénéfices à charge d'ames; mais cette règle n'étoit pas si générale, qu'on ne s'en écartât quelquefois, comme le prouvent les arrêts rapportés par Tourner. Pour établir de l'uniformité sur cette matière, Louis XIV donna l'édit du mois de juin 1661 (*). Cette loi a autorisé les

_____

(*) *Voici cet édit :*

Louis, &c. Salut. Bien que la création des Pensions sur

titulaires pourvus de cures ou de prébendes ordinaires ou théologales , tant dans les églifes ca-

les bénéfices, cures & prébendes qui requièrent une réfidence & un fervice actuel & continuel, foit contraire à
l'ancienne difcipline de l'églife & à la pureté des canons,
& qu'elles n'aient été tolérées dans la fuite des temps que
pour de très-juftes confidérations, particuliérement à caufe
du grand âge & de l'infirmité de ceux qui avoient deffervi
long-temps leurs bénéfices, & ne fe trouvoient plus en état
d'en faire les fonctions. Néanmoins cet ufage, favorable en
fon origine, a depuis dégénéré en de grands abus par l'ouverture qu'il a donné à une efpèce de commerce des cures
& prébendes, en les faifant paffer en différentes mains,
avec rétention de Penfions exceffives, & beaucoup au delà
d'une légitime proportion ; ce qui a mis les titulaires hors
d'état de les fervir avec l'affiduité & la décence qu'ils doivent, & donné lieu à plufieurs conteftations fuivies de différens arrêts, tant de notre confeil que des autres compagnies de notre royaume ; ce qui étant directement contraire à l'efprit des canons, des conciles & des décrétales,
comme auffi aux libertés de l'églife gallicane, nous avons
eftimé néceffaire de retrancher les abus qui s'y font gliffés, en renouvelant les difpofitions faites par les canons.
A ces caufes, & autres confidérations à ce nous mouvant,
de l'avis de notre confeil, & de notre certaine fcience,
pleine puiffance & autorité royale, nous avons dit, ftatué
& ordonné, & par ces préfentes fignées de notre main,
difons, ftatuons & ordonnons, voulons & nous plaît, que
ci-après les titulaires pourvus de cures, de prébendes ordinaires ou théologales dans les églifes cathédrales ou collégiales, ne pourront les réfigner avec réferve de Penfions,
qu'après les avoir actuel'ement deffervies pendant le temps
& efpace de quinze années entières, fi ce n'eft pour caufe
de maladie ou d'infirmité connue & approuvée de l'ordinaire, qui les mette hors d'état, le refte de leurs jours, de
pouvoir continuer de faire leurs fonctions & deffervir leurs
bénéfices, & fans néanmoins qu'audit cas les Penfions que
les réfignans retiendront puiffent excéder le tiers du revenu
defdites cures & prébendes, le tout fans diminution ni

thédrales que collégiales, à les réfigner avec réferve de Penfion, pourvu qu'ils les euffent deffervies durant l'efpace de quinze années, ou que des maladies ou infirmités connues de l'ordinaire, les euffent mis hors d'état de continuer leurs fonctions.

Le parlement de Paris a néanmoins jugé postérieurement, qu'une Penfion pouvoit être réfervée fur une cure après fept années & demie de defferte : l'affaire fur laquelle cet arêt a été rendu, eft ainfi rapportée dans la collection de jurifprudence.

» Le fieur Serpe, en permutant la cure de » Cauvigny, dont il étoit titulaire, contre un » canonicat de faint Michel de Beauvais, fe ré- » ferva une Penfion de deux cent trente livres, » exempte de toutes charges fur la cure.

---

retranchement de la fomme de trois cents livres, qui demeurera aux titulaires defdites cures & prébendes pour leur fubfiftance par chacun an, franche & quitte de toutes charges, fans comprendre en ladite fomme le cafuel & le creux de l'églife, qui appartiendra pareillement aux curés, enfemble les diftributions manuelles qui appartiendront aux chanoines. Et quant aux Penfions qui fe trouveront avoir été ci-devant créées fur les cures & fur les chanoines & prébendes des églifes cathédrales ou collégiales en faveur des réfignans, nous voulons & ordonnons qu'elles foient réduites au tiers, fans diminution defdites trois cents livres, ainfi qu'il eft exprimé ci-deffus, nonobftant tous traités & concordats pour caufe de procès, réfignations, permutations, demandes en regrès, faute de payement defdites Penfions, & tous cautionnemens, defquels nous avons déchargé & déchargeons les obligés. Si donnons en mandement, &c.

. » La création de Pension fut admife à Rome,
» où le fieur Serpe obtint une fignature conte-
∞ nant la claufe ordinaire, *liberèque tranfeat ad*
» *fucceffores*, fur laquelle le roi accorda des let-
» tres-patentes le 23 janvier 1716, contenant dé-
» rogation à l'exécution de l'édit de 1671, qui
» furent enregiftrées le 17 août fuivant.

  » La Penfion fut exactement payée par le
» copermutant du fieur Serpe : mais ce coper-
» mutant étant mort, & la cure de Cauvigny
» ayant été conférée au fieur de Dampierre,
» comme gradué, celui-ci refufa de payer cette
» Penfion, & prétendit qu'elle avoit dû ceffer
∞ par la mort de fon prédéceffeur, qui l'avoit con-
» fentie.

  » Le fieur de Dampierre difoit, d'après une
» confultation de Me. de Blaru, avocat, qu'une
» Penfion fur une cure étoit incompatible avec
» un canonicat qui exige réfidence : il ajoutoit,
» d'après une confultation de Me. Fuet, que le
» fieur Serpe ne pouvoit conferver fa Penfion, au
» moyen de ce que, depuis qu'elle étoit créée,
» il avoit été pourvu de bénéfices qui lui pro-
» curoient largement les aifances de la vie ; les
» caufes de la Penfion étoient ceffées, felon le
» nouveau curé, & il en concluoit qu'il étoit bien
» fondé à refufer de la continuer.

  » Le fieur Serpe répondoit qu'il étoit en règle,
» que fa Penfion étoit admife à Rome, qu'elle
» étoit autorifée par lettres-patentes enregiftrées
» contradictoirement ; qu'il n'y avoit, ni canon,
» ni loi, ni ordonnance, ni même aucun arrêt
» qui déclarât éteinte une Penfion fur une cure,
» par la raifon que le penfionnaire avoit été de-
» puis revêtu de bénéfices fimples.

» Cete affaire avoit d'abord été portée devant
» les juges de Beauvais : mais comme il s'agiſſoit
» de l'oppoſition à un arrêt d'enregiſtrement de
» lettres-patentes, ils renvoyèrent les parties en
» la cour, & par arrêt du 11 mars 1733, le
» ſieur de Dampierre a été débouté de ſon oppo-
» ſition & demande, & condamné à continuer la
» Penſion, avec dépens «.

Les diſpoſitions de l'édit de 1671 doivent
avoir lieu, non ſeulement pour les cures & les
prébendes ordinaires & théologales, mais encore
pour toutes les autres dignités, perſonats, ſemi-
prébendes, vicairies, chapelles & autres bénéfices
des égliſes cathédrales & collégiales qui requièrent
réſidence, de quelque qualité & dénomination
qu'ils puiſſent être. C'eſt ce qui réſulte de la déclaration du 9 décembre 1673.

Obſervez que la Penſion reſervée ſur les bénéfices énoncés dans les loix dont on vient de
parler, ne doit point excéder le tiers des revenus
du bénéfice. Il faut d'ailleurs qu'il reſte au titulaire, après la Penſion payée, trois cents livres
franches & quittes de toutes charges, pour ſa
ſubſiſtance : on ne comprend pas dans cette
ſomme le caſuel & le creux de l'égliſe pour
les curés, ni les diſtributions manuelles pour
les chanoines; mais les diſtributions qui ſe gagnent
par mois ou par année, en aſſiſtant aux offices,
ſe comptent pour remplir les trois cents livres,
parce qu'il ne tient au titulaire que d'en profiter, en ſe rendant exact au ſervice de ſon
égliſe. Le parlement de Paris a rendu un arrêt
conforme à ces règles, le 22 mai 1674, entre
le ſieur Charles de Couleurs & le ſieur Jacques

Proft, au fujet d'un canonicat que le premier avoit refigné au fecond (*).

(*) *Cet arrêt eft rapporté au journal du palais, tome* I, *page* 567. *En voici le difpofitif :*

Notredite cour, par fon jugement & arrêt, a mis & met l'appellation & fentence de laquelle il a été appelé au néant, émendant, fans s'arrêter aux offres dudit Proft, le condamne de payer audit de Couleurs le refte des arrérages de la Penfion de trois cents livres qu'il s'eft réfervée fur la prébende & chanoinie dont eft queftion, échus jufqu'au jour de la demande du 5 août 1671, & encore du confentement dudit Proft les fommes de foixante-feize livres d'une part, & foixante livres d'autre, en affirmant par ledit de Couleurs, pardevant le confeiller-rapporteur, que lefdites fommes de foixante-feize livres d'une part, & foixante livres d'autre, lui font dues depuis ledit temps & jour; & pour l'avenir ordonne que ledit Proft aura & recevra par chacun an la fomme de trois cents livres fur les fruits & revenus de ladite prébende chanoinie, en ce non compris les diftributions extrordinaires, cafuelles & manuelles, qui fe font par chaque jour & heures canoniales, lefquelles appartiendront entiérement audit Proft, & le furplus des gros fruits, enfemble les diftributions certaines & ordinaires qui fe payent par table, par femaine, par mois & autre temps, baillés & délivrés audit de Couleurs jufqu'à concurrence & fur & tant moins de la Penfion de trois cents livres réfervée fur icelle; le reftant defquelles diftributions certaines & ordinaires appartiendra audit Proft, fi aucun y a, & à faute par lui de réfidence, faire les fonctions & affifter au fervice actuellement, s'il n'a empêchement légitime; ce qui fera rayé des diftributions certaines & ordinaires lui fera imputé fur ladite fomme de trois cents livres par an, à lui ordonnée par le préfent arrêt, fi mieux n'aime ledit Proft abandonner audit de Coleurs tous les gros fruits, diftributions certaines & ordinaires de ladite prébende, à la charge de la réfidence ci-deffus ordonnée; quoi faifant, de Couleurs fera tenu de payer audit Proft la fomme de trois cents livres, fuivant fes offres portées par fes griefs, & qu'il fera tenu d'opter quinzaine après la fignification du préfent arrêt, à perfonne ou domicile, autrement déchu en vertu d'icelui, tous dépens compenfés

On compte aussi dans l'évaluation du revenu d'un bénéfice pour fixer la Pension, le produit des obits, des fondations & des dîmes novales dont jouissent les curés, quoiqu'on n'y ait point d'égard lorsqu'il faut fixer la portion congrue.

Pour rendre une Pension réelle de manière que le successeur de celui qui l'a constituée en soit chargé, on exige au parlement de Paris, que la signature y ait été homologuée sur les conclusions du procureur général. Cette jurisprudence a lieu pour toutes les Pensions établies sur les cures, sur les canonicats & sur les autres bénéfices dont les titulaires sont obligés à la résidence. C'est en conformité de cette règle, que, par arrêt du 7 septembre 1697, il fut jugé que le successeur du résignataire d'un bénéfice cure, n'étoit point chargé de la Pension, quoique la signature qui l'avoit établie contînt la clause *ad successores*, parce que cette signature n'avoit point été homologuée au parlement. L'auteur des loix ecclésiastiques de France remarque que cet usage peut être fondé sur ce qu'autrefois le parlement ne permettoit pas que l'on chargeât les cures de Pension, & qu'il faut une espèce de dispense de cet usage, pour constituer valablement une Pension sur un bénéfice cure.

Nous avons dit que la Pension réservée sur les bénéfices dont parlent l'édit de 1671 & la déclaration de 1674, ne devoit point excéder le tiers des revenus de ces bénéfices; mais cette règle ne s'applique pas aux bénéfices consistoriaux qui sont à la nomination du roi : quelque fortes que soient les Pensions constituées par le brevet de nomination, on ne les réduit jamais; le titulaire ne peut même pas être admis à abandon-

ner tous les fruits du bénéfice aux penfionnaires ;
il faut qu'il acquitte les Penfions en entier, ou
qu'il remette le titre entre les mains de fa majefté.
Telle eft la jurifprudence qui s'obferve au grand
confeil. Elle eft établie par plufieurs arrêts, &
fondée fur ce que ces fortes de Penfions font
l'effet d'une volonté fuprême, à laquelle les
cours ne peuvent apporter ni changement ni modification.

On ne feroit pas admis à fe referver, au lieu
d'une Penfion, une partie des revenus du bénéfice, ni les collations qui en dépendent, parce
que, comme l'obferve Rebuffe, cela approche-
roit trop de la divifion du titre, qui, de fa
nature, eft indivifible. On ne pourroit pas non
plus céder le droit de collation d'un bénéfice,
moyennant une Penfion.

Obfervez que par une bulle d'Urbain VIII,
enregiftrée au parlement & au grand confeil, il a
été permis aux bénédictins de la congrégation
de faint Maur, de donner des Penfions égales
au revenu des bénéfices, aux religieux non ré-
formés & aux féculiers commendataires qui voudroient réfigner les bénéfices dépendans de leur
maifon, en faveur d'un des religieux de la congrégation. L'objet de cette grâce finguliere a été
de faire rentrer ces bénéfices entre les mains de
ceux à qui ils font naturellement deftinés, &
de mettre les maifons en état de jouir des fruits
qui en proviennent, fuivant la regle établie par
les bulles de leur fondation.

Les cures à portion congrue ne peuvent pas être
réfignées avec réferve de Penfion. C'eft ce que
le parlement de Paris a jugé par arrêt du 9 juin
1736, dans l'efpece fuivante.

Le sieur Colas, curé de Breteuil depuis quinze ans, résigna sa cure en 1724 en faveur du sieur Basin, à la charge d'une Pension de deux cent quatorze livres. Le pape n'ayant pas voulu se prêter à cette condition, & le résignataire ayant appelé comme d'abus de ce refus, la cour le renvoya pardevant l'évêque de Beauvais, qui lui accorda des provisions avec cette charge. Il les fit homologuer, & prit possession de la cure. Après avoir payé la Pension sept à huit ans, il obtint, en 1732, des lettres de rescision, & assigna le résignant au parlement, pour les voir entériner avec restitution des arrérages, sur le fondement que la cure étoit à portion congrue ; ce qu'il justifia par une transaction de 1690.

Il étoit prouvé que cette cure produisoit, année commune, au moins sept cents livres, par la nature des fruits indiqués au curé pour son gros.

M. l'avocat général Joly de Fleury observa que quoique la portion congrue se payât en fruits, qui augmentent ou diminuent selon les temps, & que l'acte de notoriété donné par les paroissiens de Breteuil portât que le produit de cette cure alloit, année commune, à sept cents livres, elle n'étoit pas moins à portion congrue, & que c'étoit à ce titre seul qu'il falloit s'arrêter. En conséquence, il conclut à ce qu'il fût ordonné que la Pension demeureroit éteinte & supprimée, & que les arrérages reçus depuis la demande seroient restitués au sieur Basin.

L'arrêt cité fut rendu conformément à ces conclusions, & le sieur Colas condamné aux dépens.

Cette décision doit s'appliquer à toute autre

réferve de Penfion fur des cures à portion congrue.

Il n'eft pas libre au pape d'admettre la réfignation en faveur, & d'accorder des provifions au réfignataire fans admettre la Penfion, parce que la Penfion eft une condition fans laquelle la réfignation n'auroit point eu lieu.

Le pape ne peut pas non plus admettre la permutation de deux cures, & rejeter la Penfion réfervée à l'un des copermutans. Le parlement de Paris l'a ainfi jugé par arrêt du premier mars 1696, qui déclara les provifions accordées au contraire de cette règle, nulles & abufives. Cette jurifprudence eft fondée fur ce que le pape eft regardé parmi nous comme un collateur forcé, qui ne peut pas divifer la réfignation ni la pemurtation, de la condition fous laquelle elles ont été propofées.

Au refte, quand la réfignation & la Penfion font admifes en cour de Rome, & que le réfignataire fait réduire la Penfion comme exceffive, le réfignant ne peut demander à rentrer dans le bénéfice, fur le fondement qu'on n'exécute point dans toute fon étendue la condition fous laquelle il avoit fait fa réfignation.

Suivant l'article 50 des libertés de l'églife gallicane, le pape ne peut fans abus transférer à d'autres la Penfion, qui a été créée fur un bénéfice en faveur de quelqu'un, même du confentement du titulaire.

On ne peut pas non plus permuter une Penfion pour un bénéfice, parce qu'une Penfion n'eft qu'un revenu purement temporel, auquel il n'y a rien de fpirituel d'attaché.

Comme le droit de percevoir une Penfion

fur un bénéfice , forme une action personnelle
contre le titulaire, celui à qui elle est due peut
en demander 29 années à celui qui a joui ou
dû jouir des fruits : mais si le titulaire vient à
mourir, on ne doit demander à son succeffeur
que la dernière année de la Penfion , attendu
qu'il feroit injufte que le penfionnaire & le bénéficier puffent laiffer accumuler les arrérages au
préjudice de ce fucceffeur.

Au parlement de Paris & dans la plupart
des autres cours fouveraines du royaume , les
réfignataires font autorifés à accepter les cautions
que les réfignans leur fournissent pour fûreté du
payement des Penfions réfervées ; mais le grand
confeil & le parlement de Flandres ne reconnoiffent point ces fortes de cautions , fur le fondement que les conventions de cette nature pa-
roiffent trop approcher des biens profanes , les
Penfions dont les bénéfices font chargés.

Obfervez toutefois que , conformément à l'édit
de 1671 , les cautionnemens ne pourroient produire aucun effet dans aucun tribunal, fi les Penfions excédoient le tiers des fruits des bénéfices
à charge d'ames ou fujets à réfidence , ou
qu'il ne reftât pas trois cents livres de revenu au
réfignataire.

Lorfqu'une Penfion eft éteinte, même par le
défaut d'homologation , la caution ceffe d'être
obligée comme le principal débiteur.

La Penfion qui a été accordée fur un bénéfice,
avec les formalités ordinaires, à l'ancien titulaire,
empêche qu'il ne puiffe faire ufage de fes grades
pour requérir un autre bénéfice. Mais cette règle
ne s'applique pas aux Penfions que le roi accorde
aux gradués fur les bénéfices confiftoriaux : celles

ci ne mettent aucun obstacle à l'exercice du droit
des gradués ; le parlement de Paris l'a ainsi
jugé par arrêt du 17 août 1751.

Les causes qui font vaquer les bénéfices de
plein droit, comme le mariage, l'assassinat, la
mort civile, éteignent la Pension, parce que celui
que l'église juge indigne ou incapable de remplir
un bénéfice, ne doit recevoir aucune partie des
fruits qui en dépendent.

Il y a néanmoins une exception à cette règle
en faveur des chevaliers de saint Lazare. Des
bulles de Pie V & de Paul V, des années 1567
& 1607, enregistrées au grand conseil, en vertu
de lettres-patentes qui les ont confirmées, ont
autorisé ces chevaliers à posséder, sans être clercs,
une ou plusieurs Pensions sur des bénéfices consistoriaux ou autres, jusqu'à la valeur de cinq
cents ducats, de la chambre apostolique : de plus,
ils peuvent conserver ces Pensions lorsqu'ils se
marient, même en secondes noces ; mais ils en
seroient privés dans le cas d'un troisième mariage.

On accorde aussi quelquefois de semblables
dispenses à des particuliers qui ne sont pas de
l'ordre de saint Lazare : c'est ainsi que par des
lettres-patentes du mois de septembre 1668,
confirmatives d'un bref du pape du 11 août
précédent, il a été accordé dispense & permission à Henri de Bourbon, duc de Verneuil,
pour posséder cent mille livres de Pension sur
toutes sortes de bénéfices du royaume, & en
jouir, même en se mariant une ou plusieurs
fois.

Par d'autres lettres-patentes, confirmatives d'un
bref d'Innocent XI, il fut réservé sur l'évêché

de Cahórs une Penſion de dix mille livres de rente au comte de Marſan, pour en joüir ſa vie durant, même au cas qu'il épouſât une veuve & qu'il contractât ſucceſſivement pluſieurs mariages. L'évêque, ſucceſſeur de celui qui avoit conſenti la Penſion, interjeta appel comme d'abus du bref, & forma oppoſition à l'arrêt d'enregiſtrement des lettres-patentes; mais, par arrêt du 15 ſeptembre 1683, le grand conſeil maintint le comte de Marſan dans la joüiſſance de ſa Penſion. Cet arrêt ſe trouve au journal des audiences.

Quoique la promotion à l'épiſcopat faſſe vaquer de plein droit les bénéfices dont le nouvel évêque eſt pourvu, nos tribunaux jugent, contre la diſpoſition des bulles de Léon X & de Clément VII, que cette promotion n'éteint pas les Penſions ſur les autres bénéfices; la raiſon en eſt, qu'une Penſion n'eſt point regardée en France comme un bénéfice, attendu qu'on ne permet pas de la réſigner, comme cela ſe pratique en Italie.

C'eſt conformément à cette juriſprudence, que, par arrêt du 14 janvier 1661, le parlement de Paris a jugé que M. Tubeuf, évêque de ſaint Pons, étoit fondé à ſe faire payer de la Penſion qu'il s'étoit réſervée ſur la cure de ſaint Sulpice de Paris.

Obſervez néanmoins que la déclaration du 7 janvier 1681, concernant l'incompatibilité des bénéfices, a été ſuivie de pluſieurs arrêts des parlemens de Paris & de Rouen, qui ont privé de leurs Penſions les pourvus de bénéfices incompatibles avec ceux ſur leſquels ils avoient des Penſions, lorſque le bénéfice dont ils

jouiſſoient étoit reconnu ſuffiſant pour leur ſubſiſtance.

On a agité au grand conſeil la queſtion de
ſavoir ſi l'abbé général de Grandmont avoit pu
retenir la Penſion qu'il avoit ſur un prieuré de
ſon ordre, par lui reſigné ſous cette charge avant
d'être élu général. De la part du réſignataire
qui conteſtoit la Penſion, on diſoit, qu'aux
termes du chapitre *cùm ſingula, de prebendis &*
dignitatibus, in ſexto, un religieux ne peut avoir
de droit ſur pluſieurs bénéfices ; que l'abbé de
Grandmont étant en certains cas collateur des
prieurés de ſon ordre, il ne pouvoit avoir de
Penſion ſur ces bénéfices, ſans poſſéder en même
temps la mère & la fille. On répondoit, de la
part de l'abbé de Grandmont, que le chapitre
cùm ſingula défend aux religieux de tenir en
même temps pluſieurs bénéfices ſans diſpenſe ;
mais qu'il ne parle point de la Penſion des bénéfices ; qu'on ne doit point étendre la diſpoſition de ce chapitre d'un cas à un autre. On
raiſonnoit de la même manière ſur le ſecond
moyen, & on diſoit, que quand même on re-
garderoit l'abbé de Grandmont comme collateur
des prieurés de ſon ordre, parce qu'il diſpoſe
des quatre premiers qui vaquent après ſa promotion au généralat, on ne pourroit lui diſpu-
ter la Penſion qu'il s'eſt réſervée ſur un de ces
prieurés, parce que les loix qui défendent de
tenir deux bénéfices, dont l'un rend collateur de
l'autre, ne s'étendent point aux Penſions qui ne
doivent point être regardées comme des bénéfices.
L'arrêt qui intervint au grand conſeil ſur cette
conteſtation, au mois de juin 1682, conſerva
la Penſion au général de Grandmont. On avoit

déjà rendu au grand conseil un arrêt semblable en 1654, en faveur d'un autre général du même ordre.

Les Pensions peuvent s'éteindre par un rachat, de la manière suivante : le pensionnaire passe avec le bénéficier un concordat par lequel celui-ci s'engage à payer à l'autre cinq, six ou sept années de la Pension ; ce concordat s'envoie ensuite à Rome, & quand le pape l'a autorisé, la Pension s'éteint par le payement convenu.

L'édit du mois de décembre 1691 veut que les signatures de la cour de Rome pour la création ou pour l'extinction d'une Pension, & les procurations pour y consentir, soient insinuées au greffe des insinuations ecclésiastiques du diocèse où les bénéfices sont situés ; dans trois mois à compter du jour que les banquiers ont reçu les signatures.

Voyez Gigas, de Pension. Rebuffe sur le concordat ; Pinson, de Pension. Fevret, traité de l'abus ; les loix ecclésiastiques de France ; Chopin, de sacr. polit. Fuet, traité des matières bénéficiales ; le recueil de jurisprudence canonique ; Gohard, traité des bénéfices ; le journal des audiences & celui du palais ; Brodeau sur Louet ; les libertés de l'église gallicane ; les arrêts de Brillon ; les mémoires du clergé ; Dunoyer sur les définitions canoniques ; le traité des usages & pratiques de la cour de Rome ; Van Espen, jus eccles. univ. ; les œuvres de Duperray & celles de Piales ; bibliothèque canonique, &c. Voyez aussi les articles BÉNÉFICE, COLLATION, ÉVÊQUE, PAPE, INCOMPATIBILITÉ DE BÉNÉFICES, RÉSIGNATION, PERMUTATION, REGRÈS, &c.

PÉPINIÈRE. Plant de petits arbres.

Suivant l'article 516 de la coutume de Normandie, » les Pépinières, chefnotières, haif-
» trières, oulmières, & autres jeunes arbres pro-
» venus de plant ou de femence, & tenus en
» réfervoir pour être tranfplantés, fuivent le fonds.
» Néanmoins les vefves ufufruitières & autres
» héritiers prennent part aux Pépinières comme
» aux meubles; advenant la diffolution du ma-
» riage en l'année qu'elles doivent être levées «.

Et, fuivant l'article 517, les fermiers qui ont planté ces Pépinières ou jeunes arbres, peuvent les enlever après leur bail expiré, en en laiffant la moitié au propriétaire : mais il faut pour cela qu'elles aient été faites du confentement du propriétaire ou fix ans avant la fin du bail ; autrement le fermier ne pourroit répéter que fes frais de culture.

Pour affurer le fuccès & augmenter l'utilité des Pépinières établies dans quelques généralités du royaume, le feu roi rendit, le 9 février 1767, en fon confeil d'état, un arrêt qui contient les difpofitions fuivantes :

» ARTICLE 1. Il fera établi à la Rochette près
» Melun, une Pépinière de plants foreftiers,
» d'arbres fruitiers, d'arbres étrangers, d'arbres
» d'alignemens, lefquels feront diftribués gratui-
» tement ; favoir, les arbres fruitiers principale-
» ment aux gens de la campagne, & toutes les
» autres efpèces d'arbres, à ceux qui fe propo-
» feront de faire des plantations. Cette Pépinière
» fera cultivée par cinquante enfans trouvés, choi-
» fis dans le nombre de ceux de l'hôpital général
» de Paris, & dont l'infpecteur de ladite Pépi-
» nière,

» nière, ci-après nommé, fournira sa reconnoif-
» sance pour la décharge des sieurs administrateurs
» dudit hôpital.

'. » 2. Lesdits enfans - trouvés seront instruits
» dans la culture de toutes espèces de plants, &
» seront tirés de ladite Pépinière pour cultiver
» ensuite les autres Pépinières que sa majesté se
» propose d'établir dans différentes provinces du
» royaume.

» 3. Pour parvenir à former lesdites Pépinières,
» l'inspecteur dressera des mémoires qui seront
» remis aux commissaires départis pour l'exécu-
» tion des ordres de sa majesté dans lesdites gé-
» néralités, pour donner leur avis, & être en-
» suite lesdits mémoires envoyés au sieur con-
» trôleur général des finances, pour être par sa
» majesté statué ce qu'il appartiendra.

» 4. Il sera établi dans les Pépinières qui vont
» être formées en exécution du présent arrêt, un
» maître pépinier qui sera présenté par l'inspec-
» teur, & agréé, s'il y a lieu, par le commis-
» saire départi pour l'exécution des ordres de sa
» majesté dans chaque généralité, & il sera fourni
» audit pépinier, par ledit inspecteur, quatre
» enfans-trouvés, de l'âge de douze à quinze
» ans, pour être lesdits enfans nourris & entre-
» tenus par ledit pépinier, conformément aux
» réglemens dudit hôpital général, & être par
» lui employés aux travaux de sa Pépinière,
» jusqu'à ce qu'ils aient atteint l'âge de vingt-
» cinq ans.

» 5. Ceux qui seront nommés par la suite
» maîtres pépiniers, seront choisis de préférence
» parmi les élèves de la Pépinière établie à la
» Rochette ; à l'effet de quoi l'inspecteur for-

» mera chaque année un état des sujets qu'il
» jugera propres audit emploi, lequel état sera
» remis au sieur contrôleur général des finances,
» pour être par lui pourvu aux demandes que
» pourront en faire les commissaires départis pour
» l'exécution des ordres de sa majesté.

» 6. S'il y a lieu de changer ou de remplacer
» lesdits pépiniers, il y sera pourvu par le sieur
» contrôleur général des finances, sur l'avis des
» commissaires départis; & lesdits maîtres pépi-
» niers ne pourront renvoyer les enfans qui tra-
» vailleront dans leurs Pépinières, qu'après en
» avoir préalablement averti lesdits commissaires
» départis, & sur leurs ordonnances, que lesdits
» pépiniers seront tenus de faire passer à l'ins-
» pecteur, qui les remplacera aussi-tôt par de nou-
» veaux sujets.

» 7. Lesdits enfans employés aux Pépinières,
» ne seront libres d'en sortir qu'à l'âge de vingt-
» cinq ans, auquel temps & sur le compte qui
» sera rendu au sieur contrôleur général des fi-
» nances par lesdits commissaires départis, de
» leur capacité & bonne conduite, ou ils seront
» placés en qualité de pépiniers, ou, s'il y a lieu,
» il leur sera accordé une gratification de trois
» cents livres sur le fonds que sa majesté desti-
» nera à cet effet.

» 8. Le fonds de chaque Pépinière sera distri-
» bué par l'inspecteur, de façon qu'elle puisse
» fournir annuellement dix à douze mille pieds
» d'arbres, & cent cinquante milliers de plants
» forestiers, pour la culture & entretien de la-
» quelle il sera donné des gages au pépinier,
» qui sera tenu de nourrir & entretenir à ses frais
» les quatre enfans-trouvés attachés à la Pepi-
» nière.

» 9. Les gages du pépinier feront fixés à douze
» cents livres , & réduits à huit cents livres lorf-
» qu'il commencera à livrer des plants de la Pé-
» pinière ; & alors il lui fera payé , par les pèr-
» fonnes à qui il fera accordé des arbres ou plants,
» un fou pour arracher chaque pied d'arbre , &
» vingt-quatre fous pour arracher chaque millier
» de plants foreftiers.

» 10. Aucun pépinier ne pourra délivrer d'ar-
» bres ni de plants que fur les ordonnances des com-
» miffaires départis , lefquels fa majefté charge
» fpécialement de veiller, à ce que par chaque
» pépinier il foit fait un fonds de mille arbres
» fruitiers par an , pour être lefdits arbres frui-
» tiers délivrés gratuitement, & par préférence aux
» gens de la campagne.

» 11. Chaque pépinier enverra tous les ans ,
» au mois d'août , à l'infpecteur , un état de toutes
» les fournitures qu'il pourra faire , de leurs
» qualité & quantité ; & fera tenu de remettre
» un pareil état au commiffaire départi , qui l'en-
» verra avec fon avis au fieur contrôleur général
» des finances , pour être chaque fourniture fixée
» & arrêtée , & ledit état renvoyé enfuite au com-
» miffaire départi , pour qu'il délivre des ordon-
» nances en conféquence.

» 12. Chaque pépinier pourra cultiver pour fon
» compte jufqu'à la concurrence de trente perches
» de Pépinière d'arbres fruitiers ou étrangers,
» qu'il pourra vendre à fon profit , toutefois
» après la fourniture arrêtée du fonds de mille pieds
» d'arbres porté par l'article 10 ci-deffus; il lui
» fera libre auffi de cultiver deux arpens de terre,
» à la mefure de vingt pieds pour perche , &
» cent perches pour arpent, pour enfemencer èn

» blé ou légumes pour fa nourriture, à la charge
» d'en payer le loyer à fes frais; mais aucun pé-
» pinier ne pourra faire valoir d'autres fonds,
» foit en propriété, foit à ferme, loyer ou au-
» trement.

» 13. N'entend fa majefté comprendre dans les
» difpofitions du prefent arrêt, les Pépinières de
» mûriers blancs, fur lefquelles il fera particu-
» liérement ftatué par la fuite, ni les Pépinières
» royales de la généralité de Paris & autres, qui
» continueront d'être adminiftrées ainfi que par le
» paffé «.

PERCEPTION DE FRUITS. Les manières
d'acquérir felon le droit des gens, entendu à la
manière de Juftinien, §. 1, *inftitutes de jure
naturali gentium & civili*, font *originaires* ou
dérivées. Les premières font celles qui donnent
la propriété, fans qu'elle ait auparavant appartenu à
un autre : les fecondes font celles qui donnent
la propriété tranfmife par un propriétaire anté-
rieur. La Perception de fruits eft une manière
d'acquérir felon le droit des gens, tantôt *ori-
naire* & tantôt *dérivée*. Elle eft *originaire* dans
la perfonne du poffeffeur de bonne foi; elle eft
dérivée dans celles de l'ufufruitier & du fermier; ce qu'un lecteur attentif découvrira par la
fuite.

Comme les principes de cette matière font pofés dans les inftitutes de Juftinien, au titre *de
rerum divifione & acquirendo ipfarum dominio*, il
fera utile de repréfenter la loi telle qu'elle y eft
confignée aux paragraphes 35, 36, 37, 38.

» Si quelqu'un achète de bonne foi ou reçoit,
» à caufe de donation ou d'un autre jufte titre

» un terrein des mains de celui qui n'en étoit pas
» propriétaire, & qu'il croyoit propriétaire, la
» raison naturelle a fait décider que les fruits
» qu'il a recueillis font à lui, à caufe de la cul-
» ture & du foin. C'eſt pourquoi ſi le maître
» furvient après & revendique le terrein, il ne
» peut redemander les fruits que le poffeffeur a
» confommés. Le même droit n'eſt pas donné à
» celui qui poffède de mauvaife foi le terrein
» d'autrui. Ainſi il eſt tenu de rendre avec le
» terrein les fruits même confommés. Celui à
» qui l'ufufruit du terrein appartient, ne devient
» le propriétaire des fruits, que ſi lui-même les
» a perçus. C'eſt pourquoi s'il meurt les fruits
» étant mûrs, mais non perçus, ils n'appartien-
» nent pas à fes héritiers; mais ils font acquis
» au maître de la propriété. On peut dire à peu
» près la même chofe du fermier «.

On voit que la Perception de fruits eſt une
manière d'acquérir pour trois efpèces de perfonnes, le poffeffeur de bonne foi, l'ufufruitier, &
le fermier.

La Perception de fruits eſt un acte par lequel
les fruits naturels fimplement, ou naturels in-
duſtriaux, font détachés du fonds qui les a produits; ou par lequel les fruits civils font fuppo-
fés féparés du fonds qui les a engendrés par
fiction. On peut donner pour exemple de la première Perception, l'action confommée de couper
du foin, de cueillir du raifin; en un mot de faire
que le fruit ne tienne plus au fol. Il n'eſt pas
néceffaire que le foin foit mis en meule, que le
jus foit exprimé du raifin, &c.; il fuffit que
l'adhérence au fol foit détruite. Un poiffon dans
un étang eſt fuppofé faire partie de l'étang, qui

eſt le fonds d'où il eſt né; s'il eſt fruit, il eſt ſuppoſé perçu quand il eſt hors de l'eau, & au pouvoir de celui l'a pêché. La Perception de fruits civils s'opère dans une rente, dans un loyer de maiſon, quand ces redevances ſon échues, quoi-qu'on ne les ait pas reçues; la fiction les fait re-garder comme perçues.

La Perception de fruits, conſidérée, non pas phiſiquement, mais en droit, comme une ma-nière d'acquérir, ſuppoſe intention de percevoir. La propriété ne peut ſubſiſter ſans l'intention de propriétaire. *Loi 25, ff. de acq. rerum dom.* Si donc celui qui eſt interdit pour cauſe de démence, celui qui a manifeſté une intention contraire à l'eſprit de propriété, au moins ſur les fruits, les a perçus; il n'a pas acquis la propriété de ces fruits. C'eſt pour cela que les loix ont réſervé l'effet de la Perception de fruits à trois eſpèces de perſonnes, au poſſeſſeur de bonne foi, à l'uſufruitier, & au fermier.

Le poſſeſſeur eſt celui qui tient véritablement ou par fiction une choſe quelconque, dans l'in-tention de l'avoir pour lui. On l'appelle poſſeſ-ſeur civil; & en cela il eſt diſtinct du poſſeſ-ſeur naturel, tel qu'un eſclave qui n'eſt pas ſuppoſé avoir d'intention qui dirige à ſon pro-fit ſon acte de détention. *Loi 38, parag. 7, ff. de verb. oblig.* Ce poſſeſſeur civil eſt injuſte, quand il a un titre vicieux, tel que celui de vol; il eſt juſte, quand il a un titre approuvé par la loi, tel que le prêt à uſage, la donation. Il n'y a que la ſeconde eſpèce de poſſeſſion juſte civile qui profite pour acquérir par Perception; car il faut, ſelon le §. 35, *inſtit. de rerum diviſ.* que le poſſeſſeur ſoit de bonne foi.

Dans la loi 109, ff. *de verb. sign.* le possesseur de bonne foi est défini celui qui ignore que la chose qu'il possède appartient à un autre, ou qui pense que celui qui a aliéné en sa faveur, avoit le droit d'aliéner, comme étant propriétaire, ou procureur, ou tuteur.

Il faut, dit le §. 35 des institutes, *de rerum divisione*, que le possesseur de bonne foi *ait recueilli*. Est il nécessaire que la récolte ait été faite par lui-même? Le possesseur de bonne foi est traité plus favorablement que tous ceux qui acquièrent par Perception ; il gagne les fruits, non seulement ceux qu'il a perçus par lui-même ou par d'autres recueillant en son nom, mais aussi ceux qui, par un moyen quelconque, sont séparés du terrein, *quoquo modo à solo separati fuerint*, dit la loi 25, parag. 1, ff. *de usuris*. On voit donc que le possesseur de bonne foi a encore une manière de gagner les fruits, qui est distincte de la Perception ; c'est la séparation d'avec le sol : ce qui ne suppose aucun acte de la part du possesseur de bonne foi : il suffit qu'il ait l'intention habituelle d'acquérir.

Le titre en vertu duquel il détient la chose dont il gagne les fruits, doit être translatif de propriété, tel que l'achat, la donation, l'échange, afin qu'il puisse se croire propriétaire. Il n'est pas nécessaire que, par la nature du titre, cette propriété soit incommutable ; il suffit qu'à l'instant que les fruits sont séparés du sol, elle soit supposée appartenir à celui qui en veut profiter. Ainsi, la constitution de dot suffit au mari : il est vrai qu'après la dissolution du mariage il sera obligé de rendre la dot ; mais, tant que dure le mariage, il en a la propriété fictive, dont le

premier effet eſt de lui en acquérir les fruits
même non perçus, ſi la dot eût été conſtituée
par le véritable propriétaire, & dont l'effet actuel, dans la ſuppoſition contraire, eſt de lui
acquérir les fruits ſéparés du fonds qui les a
produits. Tout autre titre qui ne feroit pas tranſ-
latif de propriété, ne pourroit pas faire admettre
la fiction de propriété dans le poſſeſſeur.

Pour que cette poſſeſſion profite, il faut qu'elle
ſoit accompagnée de bonne foi, qui n'eſt autre
choſe que la croyance du poſſeſſeur, que la choſe
qu'il tient lui appartient à titre de propriété : cette
croyance doit avoir un fondement apparent. En
effet, elle eſt un ſentiment qui ne peut avoir
d'effet légitime, que s'il eſt préſumé & prouvé.
Pour établir cette préſomption, il eſt néceſſaire
d'abord qu'il n'y ait aucune preuve au contraire;
& comme il feroit aiſé à tous les poſſeſſeurs de
ſe prétendre en bonne foi, on exige qu'ils aient
un titre par lequel ils puiſſent montrer qu'ils
ont été juſtement induits en erreur. Celui qui
diroit s'être trompé ſur l'exiſtence du titre, ne
pourroit pas acquérir par Perception ou ſépara-
tion du ſol, parce qu'en ce genre l'erreur feroit
groſſière, parag. 11, *inſtit. de uſucap.* On doit
dire la même choſe de celui qui prétendroit s'être
trompé ſur l'effet du titre, ſi l'erreur étoit de
droit ; telle que dans celui qui diroit avoir cru
qu'une vente ne devant être conſommée que
ſous condition, transféreroit la propriété avant l'é-
vénement de la condition. La ſeule erreur qui
ne détruiſe pas ſa bonne foi, eſt l'erreur de
fait ſur la validité du titre, en ce qu'on a cru
que l'auteur duquel on a acquis avoit le pouvoir
de transférer la propriété. C'eſt cette croyance

qui a mérité au possesseur de bonne foi de le faire jouir des avantages du propriétaire.

Le §. 35 , *instit. de rerum divisione , &c.* , semble exiger , outre la bonne foi , une autre condition , pour que le possesseur gagne les fruits , *ejus esse pro culturâ & curâ* ; ils lui appartiennent pour la culture · & le soin. Mais il faut tenir pour certain que la bonne foi suffit & que le possesseur de bonne foi gagne non seulement les fruits industriaux ; mais encore les naturels. Voyez *Noodt , probabilium juris civilis , lib.* 2 *, cap.* 7. Cette clause *pro culturâ & curâ* , signifie simplement à raison du soin quelconque , de la sollicitude qu'a eue le possesseur de bonne foi pour posséder la chose & faire la récolte. Si l'on prétendoit que ce passage signifiât que les seuls fruits industriaux appartiennent au possesseur de bonne foi , à l'exclusion des fruits purement naturels , on feroit dire à Justinien une contradiction. En effet , on remarquera que ce paragraphe a deux parties : celle où est *pro culturâ & curâ* , regarde le temps qui précède l'arrivée du propriétaire. Or , avant ce temps , le possesseur de bonne foi gagne envers tous les autres les fruits même naturels, Loi 48 , ff. *de acq. rerum dominio.*

Si , en forçant le sens de ce paragraphe , on appliquoit cette condition , *pro culturâ & curâ* , au temps que le propriétaire est revenu , ce seroit une erreur que de croire qu'il gagne tous les fruits industriaux ; car il est obligé , comme on va le dire , de rendre les fruits , s'ils existent en nature. Il suit , que cette condition *pro culturâ & curâ* , l'identifie naturellement avec la possession de bonne foi , qui ne peut pas se concevoir sans l'intention & le soin naturel à un propriétaire.

On oppofe la loi 47 , ff. *de ufuris* , pour prouver que le poffeffeur de bonne foi ne gagne que
les fruits induftriaux. Tels font les mots de la
loi- *fi maritus ex re donatá fylvam cædit , fruclus
non fit ejus ficuti nec bonæ fidei poffefforis , quia
non ex faclo ejus fruclus nafcitur.* Ces mots.
ficuti nec bonæ fidei poffefforis , ne fignifient pas,
que l'on compare le mari au poffeffeur de bonne
foi ; car, au contraire, le mari qui a reçu de fa.
femme fait une erreur de droit , & par cela.
même eft réputé en mauvaife foi : mais ces mots.
ejus ficuti nec bonæ fidei poffefforis , difent au
contraire qu'il eft en mauvaife foi, & ils équivalent à ceux-ci , *ejus , quafi non conftituti in boná
fide.*

D'ailleurs le mari, même poffeffeur de mauvaife foi, ne doit pas être comparé aux autres
poffeffeurs de mauvaife foi ; car le mari , dans
l'efpèce précédente, gagne les fruits même non
confommés, loi 15 , §. 1 , *de donat. inter vir.
& uxor.* ; ce qui eft le contraire à l'égard d'un
poffeffeur de mauvaife foi qui ne feroit pas donataire par la libéralité de fa femme.

Quand une fois le propriétaire eft revenu , tous
les fruits exiftans , même induftriaux , doivent
lui être rendus , *& ideò fi poftcà dominus fuper-
venerit & fruclus vindicet , de fruclibus ab eo con-
fumptis agere non poteft.* Si une fois le propriétaire revendique la chofe & les fruits , même
ceux qui ont été perçus, il le peut , parce que
la propriété qui a paffé au poffeffeur de bonne
foi , n'eft qu'une propriété éventuelle, qui dépend de cette condition , fi le maître ne la revendique pas. S'il la redemande , ce qu'il peut
faire par action réelle, il pourra fe faire rendre

compte, par le possesseur de bonne foi, de tous les fruits existans : il n'y a que les fruits consommés qu'il gagne irrévocablement. Toutes les loix qui parlent de l'perception de fruits par le possesseur de bonne foi, sont sur ce point d'un parfait accord. On peut voir sur-tout la loi 22, *cod. de rei vindic.* ; la loi 4, parag. 2, ff. *fin. regund. instit. p. 2, de officio judicis.*

Les loix font grâce au possesseur de bonne foi, des fruits consommés, parce qu'il a usé du bien d'un autre, comme si c'eût été le sien propre ; & sans son erreur, il ne se feroit probablement pas permis une si grande dépense. On n'examine pas si cette consommation l'a enrichi.

Le titre au digeste sur *la pétition d'hérédité*, semble présenter une objection. La loi 40, §. 1, *de hæred. pet.* déclare que le possesseur de bonne foi est tenu de rendre tout ce dont il s'est enrichi ; mais on remarque que *la pétition d'hérédité* est une action mixte, qui poursuit des prestations personnelles, c'est-à-dire des dédommagemens auxquels s'est obligé le possesseur même de bonne foi, en compensation des dommages & des dégradations que lui-même il aura causés & dont il ne sera pas tenu, si, en possédant l'hérédité, il en a usé de bonne foi, comme d'une chose qui lui fût propre.

De plus, *la pétition d'hérédité* est une action universelle, c'est-à-dire qui poursuit l'universalité de la succession : or, cette universalité renferme les fruits, même consommés, parce que, même étant séparés du sol, ils étoient héréditaires, & n'ont pas cessé d'être partie de la succession, pour avoir été consommés ; leur

eftimation prend, dans l'univerfalité, la place
de la chofe. Cependant on doit ajouter qu'en
France l'ufage eft de ne pas inquiéter le poffeffeur de bonne foi d'une hérédité, à raifon
des fruits confommés avant la conteftation en
caufe.

Celui au contraire qui poffède de mauvaife
foi le fonds d'autrui, eft obligé de rendre tous
les fruits, même ceux qui font confommés.
Parag. 35, *inft. de rerum divif.* Les fruits exiftans lui font redemandés par action réelle, appelée revendication, parce que la Perception,
c'eft-à-dire la féparation d'avec le fol, n'a pas
changé le droit du propriétaire, qui conferve
toujours le domaine fur la chofe. Ce droit réel
n'eft pas fufpendu un feul inftant: on n'admet
pas ici la fiction introduite pour le poffeffeur de
bonne foi, qui, en attendant que le maître re-
vienne, gagne les fruits d'une manière irrévocable envers tout le monde, & qui les gagne envers le maître conditionnellement, fi le maître
ne revendique pas, ou abfolument s'il a fini la
prefcription.

Les fruits confommés font redemandés au
poffeffeur de mauvaife foi par action perfonnelle.
La raifon eft, qu'il n'exifte rien de ces fruits,
autre chofe que l'obligation impofée aux injuftes
détenteurs d'en rendre l'eftimation; ce qui eft
une preftation perfonnelle. On pourroit auffi
les pourfuivre par action réelle, felon cette
maxime, que celui qui, pour commettre une
fraude, a ceffé de poffeder, eft réputé poffeffeur.
On doit regarder comme étant de mauvaife foi,
tous les poffeffeurs après la conteftation en caufe.
Ils devoient, à cette époque, fe défier du droit

qu'ils croyoient avoir, & ils n'ont pas dû risquer, par la consomption des fruits, une dépense qui pouvoit leur devenir onéreuse.

Ils sont contraints de rendre les fruits, même ceux qu'ils n'ont pas perçus, mais qu'un bon père de famille auroit pu percevoir. *Loi* 25, *p.* 4, *ff. de hæred. petit.*

On a vu que le possesseur de bonne foi gagne, au moins en attendant le maître, tous les fruits qui sont séparés du sol par un moyen quelconque, quand même il ne les auroit pas perçus. Le droit est différent pour l'usufruitier. Le paragraphe 36 des instituts *de rerum divisione*, prononce ainsi : *Celui à qui appartient l'usufruit d'un fonds, ne devient le maître des fruits que si lui même les a perçus. Ainsi quand il meurt, s'il n'a pas encore recueilli les fruits, quoiqu'ils soient mûrs, ils ne passent pas à ses héritiers, mais ils demeurent au maître de la propriété.*

En effet, l'usufruitier n'a que le droit de jouir, qui est une servitude personnelle, c'est-à-dire, inhérente à la personne. La jouissance demande un acte de la part de celui à qui cette faculté appartient, pour manifester qu'il a voulu user de cette faculté. Il ne suffit pas que l'usufruitier indique son intention d'une manière quelconque. Il s'agit d'acquérir ; or, selon ce que Justinien appelle le droit des géns, la propriété des choses corporelles ne s'acquiert qu'avec le concours de l'intention & du corps. Il faut qu'il y ait une envie d'acquérir, & de plus une tradition ou vraie ou feinte. Avant la Perception des fruits, le propriétaire du fonds, retenant le fonds, retient les fruits qui en sont partie ; il a encore les fruits dans sa main par la convention de laisser l'usufruit à un autre ; il est supposé avoir l'intention de livrer. L'usufruitier, de son côté, est cru dans la disposition de profiter de la tradition ; mais pour que cette tradition soit effectuée, il mettra réellement ou par fiction sa main sur les fruits qu'on lui livre, &, les séparant du fonds qui les produit, il opérera le déplacement par lequel il acquiert la propriété des objets perçus. Si donc les fruits sont en état d'être recueillis, ils ne cessent pas pour cela de faire partie du fonds. Pour qu'ils appartiennent à l'usufruitier, ils doivent être détachés du fonds par celui qui a droit de recueillir. La convention constitutive de l'usufruit est que cette faculté est attachée à l'usufruitier. Il suit nécessairement qu'elle finit avec sa personne, & qu'elle ne passe pas à ses héritiers. *Loi* 13, *ff. quibusmodis ususfructus, &c.*

Les fruits civils devroient appartenir à l'usufruitier, au prorata du temps qui s'est écoulé pendant la jouissance, parce qu'ils sont dus chaque jour, qu'ils sont supposés recueillis chaque jour. Mais on n'a égard qu'aux différens termes auxquels ces fruits civils sont dus. Ils ne commencent à appartenir au propriétaire que du jour que l'usufruitier a perdu le droit de jouir. Tout les payemens aux termes qui précèdent, regardent l'usufruitier, à l'exclusion du propriétaire, & peuvent être demandés par les héritiers.

Les fruits naturels sont quelquefois, par une convention, changés en civils, quand ils sont affermés. Si la mort de l'usufruitier arrive après la récolte faite par le fermier & avant le terme du payement, on demande ce que pourront prétendre les héritiers. *La loi romaine* 58, *ff. de ufufructu*, fait en France la décifion ; voici fes termes : *Un ufufruitier meurt au mois de décembre ; les fermiers avoient receuilli dès le mois d'octobre tous les fruits qui naiffoient dans ces terres.* On a demandé fi l'héritier de l'ufufruitier devoit toucher l'argent du fermier, quoique l'ufufruitière fût morte avant les kalendes de mars, temps auquel les fermiers ont coutume de payer ; ou fi ce payement doit être partagé entre l'héritier de l'ufufruitière & la république à qui la propriété eft leguée. J'ai répondu que la république n'avoit aucune action contre le fermier, & que l'héritier de l'ufufruitière, fuivant cet expofé, recevroit le payement entier à l'échéance. Tel eft donc le fens de la loi ; fi la récolte a été faite par le fermier de l'ufufruitier, du vivant de celui-ci, le prix appartient à fes héritiers. La raifon eft, que s'il ne l'eût pas donné à ferme, il eût receuilli ; ou, ce qui eft plus direct, qu'il a receuilli par l'interpofition de fon fermier. Si au contraire la mort de l'ufufruitier eft précédée du terme auquel le fermier doit payer, & fuivie de la récolte, les héritiers de l'ufufruitier n'ont rien à prétendre. Ainfi jugé au parlement de Paris.

On ne peut pas tirer contre cette théorie une objection de l'article 48 *de la coutume de Paris.* Il ne s'agit pas là d'ufufruit par rapport au feigneur féodal, mais feulement d'un revenu annuel, qui, entre autres différences, préfente celle-ci très-confidérable, que l'ufufruit d'une année peut fe perdre chaque jour de l'année ; au lieu que le droit de relief eft dû tout entier à l'inftant qu'il eft ouvert, quoique dans certains cas il ne puiffe fe percevoir qu'à mefure.

Les bénéficiers, quoiqu'ils ne foient qu'ufagers, font cependant regardés comme ufufruitiers. Mais dans le partage des fruits entre leurs héritiers & leurs fucceffeurs au bénéfice, on ne fuit pas la règle des fruits pendans & perçus ; mais on partage le produit total, eu égard au temps que le défunt a poffédé. Si donc des fruits n'ont pas été receuillis du vivant du dernier titulaire, les héritiers pourront quelquefois partager avec le fucceffeur. La raifon eft, qu'il n'y a pas concours entre l'ufufruitier & le propriétaire, mais entre deux ufufruitiers, & que l'ufufruitier défunt a fon ufufruit à titre onéreux, pour fervice rendu à l'églife.

Les fruits s'eftiment fuivant *l'article* 104 *de l'ordonnance de Villers-Cotterets*, & l'année commence au mois de janvier.

Quoique l'ufufruitier ne puiffe pas tranfmettre par fucceffion ce droit perfonnel, il a cependant la poffibilité de faire ceuillir par un autre, qui, dans ce cas, ne fait qu'agir par fes ordres & lui prêter le miniftère corporel ; & de même que l'on peut acquérir par un autre une poffeffion, on peut auffi opérer une perception ; & l'ufufruitier eft fuppofé avoir recueilli par lui-même.

Il eft plus difficile de déterminer fi le ceffionnaire d'un ufufruit peut exercer le droit du cédant. *Juftinien dans fes inftitutes*, *au titre* de ufufructu, *paragr.* 3, dit, en parlant des manières de finir l'ufufruit ; *cedendo extraneo nihil agitur* : en cédant à un autre, la ceffion eft fans effet. Cela veut-il dire que l'on ne puiffe point céder à un autre que le propriétaire, le droit que l'on a de jouir au moins aux mêmes conditions qu'il appartient

partient au cédant ? Ce feroit contraire à la jurifprudence. Il eft conftant que tout ufufruitier peut
céder à un tiers fon droit tel qu'il l'a lui même,
c'eft-à-dire inhérent à fa perfonne ; de manière
que, par le changement d'état ou la mort du cédant, il périffe pour le ceffionnaire. Le nouvel
acquéreur fuccède au droit de fon auteur, mais
fans nuire en aucune manière au propriétaire. Il
pourra recueillir ; & tous les fruits perçus feront
acquis à fon profit.

Le fermier, a prefque les mêmes droits que
l'ufufruitier, dit *Juftinien*, *parag.* 36, *ff. de rerum
divif.* Il y a cette différence notable, que, règle
générale, l'ufufruitier perd fon ufufruit par la
mort, & que le droit de ceuillir ne paffe pas
à fes héritiers ; au lieu que le droit du fermier
eft tranfmis, avec fa fucceffion, à celui qui le
repréfente à titre univerfel. *Parag.* 6, *inftit. de
locatione conductione.* Loi 10, *cod.* même titre
où il eft dit, *pendant tout le temps du bail le
contrat regarde l'héritier.*

L'ufufruitier & le fermier différent du poffeffeur de bonne foi, en ce que l'ufufruitier &
le fermier ne gagnent les fruits perçus dans le
fens expofé plus haut, que s'ils les ont perçus eux-
mêmes ou par leurs prépofés ; au lieu que le
poffeffeur de bonne foi les gagne de quelque
manière qu'ils aient été féparés du fonds qui le
produit, même quand un autre les auroit receuillis afin d'en profiter & d'en dépouiller le
poffeffeur de bonne foi. Cette affertion fe trouve
implicitement *dans la loi* 60, *parag.* 5, *ff. locati
conducti.*

. (Cet article eft de M. BERTHELOT, avocat

au parlement , & docteur agrégé de la faculté
des droits de Paris.)

PÈRE. C'est celui qui a un ou plusieurs
enfans.

Les Pères & les mères doivent des alimens à
leurs enfans , soit naturels, soit légitimes , du
moins jusqu'à ce qu'ils soient en état de gagner
leur vie.

Les enfans doivent aussi des alimens à leur
Père & à leur mère , au cas que ceux-ci tombent dans l'indigence.

Chez les Romains, le pouvoir des Pères sur
leurs enfans étoit extrêmement étendu ; ils
devoient tuer ceux qui leur naissoient avec des
difformités considérables , ils avoient aussi droit
de vie & de mort sur ceux mêmes qui étoient bien
constitués, & ils pouvoient les vendre ; ils pouvoient aussi les exposer & leur faire souffrir toutes
sortes de supplices.

Les Gaulois & plusieurs autres nations pratiquoient la même chose ; mais ce pouvoir trop
rigoureux fut restreint par Justinien , & présente-
ment les Pères n'ont plus sur leurs enfans qu'un
droit de correction modérée.

Les enfans doivent porter honneur & respect
à leur Père & à leur mère.

Les Pères sont obligés de doter leurs enfans ,
& singuliérement leurs filles ; mais cette obligation naturelle ne produit point d'action civile.

Le Père & le fils sont censés une même personne, soit par rapport à leur suffrage ou témoignage , soit en matière de donations.

La succession des meubles & acquêts des enfans décédés fans enfans, appartient au Père & à la mére, comme plus proches parens.

En matière criminelle, le Père eſt reſponſable civilement du délit de ſon fils mineur.

L'article 251 de la coutume d'Anjou eſt ainſi conçu : » Si femme noble ſe fait dépuceler hors
» mariage avant l'âge de vingt-quatre ans, &
» en ſoit atteinte, elle pourra être privée par
» le Père & mère, aïeul ou aïeule, de leurs ſuc-
» ceſſions «.

L'article 269 de la coutume du Maine ne diffère du précédent, qu'en ce que l'âge de vingt-quatre ans ſpécifié par celui-là, eſt fixé à vingt ans par celui-ci.

PÉREMPTION. C'eſt une eſpèce de preſcription qui annulle les procédures des affaires civiles, quand il y a eu diſcontinuation de pourſuite pendant trois ans.

La Péremption tire ſon origine de la loi *properandum*, au code *de judiciis*, ſuivant laquelle tous les procès criminels devoient être terminés dans deux ans, & les procès civils dans trois ans, à compter de la conteſtation en cauſe.

Cette loi a toujours été ſuivie en France, comme le prouve l'ancien ſtyle du parlement de Paris, mais avec cette différence, qu'anciennement la Péremption avoit lieu par une diſcontinuation de procédure pendant un an, à moins que l'on n'eût obtenu des lettres de relief contre le laps d'une année.

Dans la ſuite, la Péremption ne fut acquiſe qu'au bout de trois ans.

Suivant l'article 110 de l'ordonnance de 1539,

il ne devoit point être expédié de *lettres de relèvement de la Péremption d'inftance*.

Et l'article 15 de l'ordonnance de Charles IX, de l'an 1563, porte, que *l'inftance intentée, encore qu'elle foit conteftée, fi par le laps de trois ans elle eft difcontinuée, n'aura aucun effet de perpétuer ou proroger l'action ; mais aura la prefcription fon cours, comme fi ladite inftance n'avoit été formée ni introduite, & fans qu'on puiffe prétendre ladite prefcription avoir été interrompue.*

L'article 91 de l'ordonnance de 1629 a ordonné que la loi que nous venons de rapporter feroit exécutée dans tout le royaume. Mais comme l'ordonnance de Charles IX n'a point été enregiftrée au parlement de Grenoble, la Péremption d'inftance par le laps de trois ans n'y a pas lieu. C'eft ce qu'atteftent Baffet & Expilly.

La Péremption d'inftance n'a pareillement pas lieu en Franche-Comté, fi ce n'eft après trente ans, felon le témoignage de Dunod dans fon traité des prefcriptions.

La Péremption de trois ans n'a pas lieu non plus en Artois, comme le prouve un acte de notoriété du confeil provincial d'Artois du 24 novembre 1691. Cet ufage de l'Artois a été confirmé par un arrêt de la grand'chambre du parlement de Paris, du 5 janvier 1734 : mais il y a dans cette province l'interruption annale, qui équivaut à la Péremption. Ainfi lorfqu'on a laiffé écouler un an fans faire de procédures dans une affaire commencée par commiffion, ou par exploit, & qui n'eft pas appointée, on regarde la procédure comme non avenue.

Aux parlemens de Bretagne & de Normandie,

on n'admet la Péremption que quand elle emporte la prescription entière de l'action. C'est ce qu'attestent Meneler dans son traité des Péremptions, parag. 6, & Hevin sur Frain, dans l'annotation sur le chapitre 83, nomb. 20.

Dans une dissertation faite par M. Nudpied sur les Péremptions, & insérée au tome 5 du journal des audiences, on lit qu'en Bretagne la Péremption d'un appel ne s'admet que quand l'action est prescrite ; cela est néanmoins contraire à l'ordonnance de 1667, qui fait passer en force de chose jugée la sentence dont l'appel est périmé.

Au parlement de Bordeaux, un simple exploit non suivi de procédure, tombe en Péremption par le laps d'un an. C'est ce qu'a remarqué Boucheul sur l'article 372 de la coutume de Poitou.

Au parlement de Toulouse, les arrêts interlocutoires étant regardés comme des actes d'instruction, en exécution desquels il dépend des parties d'agir, ils sont sujets à la Péremption : mais si l'arrêt contient quelque chef qui soit jugé définitivement, ce chef proroge pendant trente ans le temps de l'interlocution. Cet usage est fondé, selon Graverol, sur ce que l'arrêt interlocutoire qui juge définitivement quelque chef, est un acte indivisible à l'égard de la prescription.

Albert rapporte un arrêt du 9 février 1645, par lequel cette cour a jugé qu'un arrêt qui ordonnoit le séquestre, étoit un acte d'instruction, & que par conséquent il étoit sujet à la Péremption.

Suivant la jurisprudence du même parlement,

une inftance n'eft pas fujette à la Péremption de trois ans, mais feulement à la prefcription de trente ans, lorfque la caufe a été mife au rôle, ou que le procès eft remis entre les mains du rapporteur.

Obfervez toutefois qu'il en feroit différemment fi l'inftance étoit pendante aux requêtes du palais; la Péremption y a lieu quand même le procès eft entre les mains du rapporteur.

Il eft auffi d'ufage dans la même cour, que le décès d'une des parties ou d'un des procureurs, avant que la Péremption foit acquife, fuffit pour interrompre cette forte de prefcription.

Par arrêt du 6 mai 1730, il a été jugé au même parlement, que la Péremption pouvoit être oppofée par la partie même dont le procureur avoit le procès en communication, attendu qu'on ne l'avoit pas mis en demeure de le rendre.

Il eft encore d'ufage dans ce parlement, que les clameurs, les lettres de rigueur, les committimus & les commandemens de payer, tombent en Péremption par le laps d'un an, quoique les faifies & les affignations fubfiftent pendant trois ans.

Dans le même parlement, les faifies d'héritages, quoique fuivies d'établiffement de fequeftres, font affujetties à la Péremption de trois ans; mais, au parlement de Paris, le feul établiffement de commiffaire empêche la Péremption.

Tous ces ufages du parlement de Touloufe font atteftés par Vedel, Catelan, & Graverol.

On trouve dans le recueil des édits & déclarations concernant l'ordre judiciaire de ce parlement, un arrêt de réglement sur les Péremptions, pour faire cesser les différens usages qui s'obser-voient dans certaines chambres de cette cour. Ce réglement porte, qu'*une instance arrêtée, con-clue & distribuée, & dont la sommation à produire aura été faite, ne tombera pas en Péremption par la cessation des poursuites pendant trois ans, & que les causes mises au rôle ne seront pas su-jettes à Péremption pendant le temps qu'elles y seront; mais que, quand elles en seront tirées ou qu'elles seront appointées, elles suivront le sort des autres procès conclus.*

Par arrêt du 28 mars 1692, le parlement de Paris fit sur les Péremptions d'instance un ré-glement, portant, 1°. » que les instances intentées, » bien qu'elles ne soient contestées, ni les assi-» gnations suivies de constitution & de présenta-» tion de procureur par aucune des parties, se-» ront déclarées péries, en cas que l'on ait cessé » & discontinué les procédures pendant trois » ans, & n'auront aucun effet de perpétuer ni » de proroger l'action, ni d'interrompre la pres-» cription.

» 2°. Que les appellations tomberont en Pé-» remption, & emporteront de plein droit la con-» firmation des sentences, si ce n'est qu'en la » cour les appellations soient conclues ou appoin-» tées au conseil.

» 3°. Que les saisies réelles & les instances de » criées, héritages & autres immeubles, ne tom-» beront en Péremption, lorsqu'il y aura établis-» sement de commissaire & baux faits en con-» séquence,

» 4°. Que la Péremption n'aura lieu dans les » affaires qui y sont sujettes, si la partie qui a

» acquis la Péremption reprend l'instance, si elle
» forme quelque demande, fournit des défenses,
» ou si elle fait quelque autre procédure, où s'il
» intervient quelque appointement ou arrêt in-
» terlocutoire ou définitif, pourvu que lesdites
» procédures soient connues de la partie & faites
» par son ordre «.

La disposition de ce réglement, suivant laquelle
les appellations tombent en Péremption & emportent de plein droit la confirmation de la
sentence, n'est point observée au parlement de
Bordeaux, où l'on est reçu à appeler de nouveau
pendant trente ans, en refondant les dépens.

On juge pareillement à Toulouse que la Péremption d'appel n'emporte point la confirmation
de la sentence. On y est admis à appeler de nouveau, pourvu qu'on soit encore dans les dix ans.

Les parlemens de Paris & de Bretagne tiennent pour maxime, comme celui de Toulouse,
que le décès d'une des parties ou de son procureur empêche le cours de la prescription.

L'article 4 du réglement du parlement de Paris,
suivant lequel la Péremption est couverte lorsqu'il intervient quelque appointement ou arrêt
interlocutoire, est opposé à la jurisprudence qu'observe le parlement de Rouen ; cette cour juge
que tout interlocutoire, même par arrêt, est
sujet à Péremption. C'est ce qu'atteste Basnage
sur l'article 547 de la coutume de Normandie.

On a vu précédemment que le parlement
de Toulouse jugeoit à cet égard comme celui de
Rouen.

Par arrêt du 19 mars 1742, le parlement de
Paris a jugé que quand l'appelant n'a pas relevé
l'appel, & que l'intimé l'a anticipé, cet appel ne

laiſſe pas de périr par une diſcontinuation de procédure pendant trois ans, quoiqu'il n'y ait eu
aucune préſentation ſur l'aſſignation, de la part
d'aucune des parties. Cette juriſprudence eſt
fondée ſur ce que l'intimé qui relève l'appel, ne
le fait que par une eſpèce de ſubrogation, &
que c'eſt par conſéquent à l'appelant à veiller à
ce que ſon appel ne tombe pas en Péremption.

La même cour avoit jugé précédemment par
arrêt du 2 avril 1727, que la Péremption d'une
procédure s'étendoit non ſeulement à l'oppoſition formée dans la huitaine à une ſentence
obtenue par défaut, mais encore à cette ſentence, qui devoit être regardée comme non
avenue.

La Péremption a lieu contre les mineurs, ſauf
leur recours contre leurs tuteurs ou curateurs ;
mais elle ne s'acquiert point dans les cauſes &
procès qui concernent le domaine du roi. La
raiſon qu'en donne Chopin, eſt que l'action do-
maniale eſt perpétuelle a cauſe de l'impreſcrip-
tibilité du domaine. Ainſi on peut toujours reprendre ces ſortes d'inſtances, en quelques tribunaux qu'elles ſoient pendantes, ſoit ſous le nom
des receveurs ou adminiſtrateurs du domaine qui
les ont intentées, ſoit ſous le nom de leurs ſucceſſeurs, par un ſimple acte de repriſe.

C'eſt en conformité de cette règle, que, par
arrêt du 29 août 1754, le conſeil a réformé une
ordonnance de l'intendant de Languedoc, par
laquelle il avoit jugé la Péremption acquiſe pour
les droits d'un teſtament, faute par le fermier
d'avoir ſuivi l'exécution d'une contrainte ſignifiée
en 1730, & a jugé, en conſéquence, que ces droits
étoient dus.

La Péremption ne s'acquiert pas non plus dans les caufes de régale, les appellations comme d'abus, & toutes celles qui concernent le roi, le public, la police ou l'état des perfonnes.

La Péremption n'a pareillement pas lieu en matière criminelle, même lorfqu'il ne s'agit que d'injures, & de tout ce qu'on nomme petit criminel. Le parlement de Paris l'a ainfi jugé par arrêt du 4 mai 1759, dans une affaire où il ne s'agiffoit que d'injures verbales. Mais il en feroit différemment fi l'affaire avoit été civilifée ; elle feroit alors fujette à la Péremption. Tel eft l'avis de Louet & de Rouffeau de Lacombe.

Le parlement de Bordeaux & celui de Provence jugent que la Péremption n'a pas lieu contre l'églife. C'eft ce qu'atteftent la Peirère & Boniface. Duperrier penfe que la Péremption ne court contre les hôpitaux, que dans le cas où ils peuvent avoir leur recours contre les adminiftrateurs.

Au parlement de Paris, on penfe que la Péremption peut s'acquérir contre l'églife, quand il n'eft queftion que des fruits qui concernent l'intérêt d'un bénéficier ; mais qu'elle ne peut avoir lieu lorfqu'il s'agit de la perte d'un fonds. Brodeau fur Louet rapporte deux arrêts de cette cour des 13 avril 1518 & 23 décembre 1630, qui l'ont ainfi jugé au profit de l'hôtel-dieu de Paris & des marguilliers d'une églife paroiffiale de la même ville.

La Péremption ne s'acquiert pas de plein droit, il faut la demander ; & avant cette demande, la moindre procédure couvre la Péremption & fait fubfifter l'inftance. C'eft ce qui réfulte de divers arrêts du parlement de Paris, & particuliérement de celui que cette cour a rendu le 12 août 1737, entre les sieurs de Barbençon & Chardon de Chaume Blanche.

Au parlement de Lorraine, on suit, en matière de Péremption d'instance, les règles établies par le titre 11 de l'ordonnance du duc Léopold de Lorraine, du mois de novembre 1707 ; voici ce qu'il porte :

» ARTICLE 1. La Péremption d'instance aura lieu » dorénavant dans tous les tribunaux de nos états, » & en conséquence l'instance qui sera disconti- » nuée par défaut de poursuite, pendant l'espace » de trois ans continus, demeurera périmée & » éteinte, sans que les procédures puissent servir » pour interrompre la prescription, les actes pro- » batoires néanmoins demeurant dans leur force » & vertu, pour la preuve qui en pourroit résul- » ter, telle que de droit.

» 2. La Péremption d'instance sera interrompue » par la mort de l'une des parties, soit principales, » soit intervenantes, ou par celle de l'un de leurs » procureurs.

» 3. Si l'une des parties révoque son procu- » reur, la révocation ne sera valable, & pourra » la procédure être continuée contre le procureur » révoqué, s'il n'y a constitution de nouveau pro- » cureur par le même acte.

» 4. Les instances ou procès qui seront en état » de juger dans nos compagnies souveraines, ne » seront sujettes à la Péremption, non plus que les » causes qui seront mises au rôle.

» 5. La Péremption d'instance n'aura lieu contre » les mineurs ni contre les absens, pour cause » publique ; & elle cessera de courir contre une » fille majeure qui se sera mariée, ou une veuve

» remariée, s'il n'y a reprise d'instance avec leurs
» maris.

» 6. L'instance étant périmée, il en pourra
» être commencé une nouvelle, si l'action n'est
» point prescrite ; mais l'appel étant périmé, un
» second appel ne pourra être reçu.

» 7. Les procédures criminelles seront sujettes
» à Péremption, sinon à l'égard de nos procu-
» reurs ou ceux des seigneurs, pour l'intérêt
» public.

» 8. Les exploits de saisie & commandement
» de payer, ainsi que la saisie réelle, seront actes
» valablement interruptifs de prescription, à l'é-
» gard du débiteur, pourvu qu'ils lui aient été
» signifiés, quand même l'instance ou les criées
» qui s'en feroient ensuivies seroient demeurées
» périmées.

» 9. Ès actions annales, l'instance intentée ne
» pourra durer au delà de l'action, si elle n'est
» contestée ; mais si elle est contestée, elle durera
» l'espace de trois ans, ainsi que les autres instances.

» 10. L'instance sera censée contestée par le pre-
» mier réglement ou appointement qui sera rendu
» entre les parties.

» 11. La Péremption d'instance pourra être
» opposée par voie d'action ou par exception «.

Suivant une déclaration du 20 janvier 1699,
les instances formées contre les fermiers du roi
sont sujettes à la Péremption comme les autres.

Par arrêt du 5 mars 1725, le parlement de
Paris a jugé que la Péremption n'avoit pu s'acquérir dans une affaire sur laquelle les parties
convenoient avoir compromis verbalement.

La même cour a jugé, par un autre arrêt du
15 mars 1737, que de simples lettres missives

avoient suffi pour interrompre le cours de la Péremption.

Divers auteurs ont établi, que quand une cause est évoquée aux requêtes du palais ou dans une autre juridiction, le cours de la Péremption ne commence que quand il est intervenu un jugement de rétention, attendu qu'auparavant la juridiction n'est pas réglée. En effet, on peut contester l'évocation, & alors le juge est incertain ; d'où il suit que, n'y ayant ni juge ni instance, il ne peut pas y avoir lieu à la Péremption.

Cet avis a prévalu au grand conseil dans l'espèce suivante, que rapporte ainsi l'auteur de la collection de jurisprudence.

» Dom Dupuis, prieur de Suffet, ayant, par
» exploit du 4 novembre 1747, évoqué au grand
» conseil une contestation pendante dans un autre
» tribunal, entre lui & le sieur Boirot, ne fit
» point de poursuites pendant plus de six ans ;
» en conséquence, le sieur Boirot demanda, le
» 21 juin 1754, que, conformément à l'article
» 15 de l'ordonnance de Roussillon, la demande
» de dom Dupuis fût déclarée périe.

» Dom Dupuis soutint que la Péremption ne
» pouvoit pas avoir lieu, au moyen de ce que
» la cause n'avoit pas été retenue. Il cita Brillon,
» Duplessis, &c. Enfin, par arrêt du 14 mai
» 1755, sans s'arrêter à la requête en Péremp-
» tion, le grand conseil a retenu la cause, &c. «

La Péremption n'a pas lieu dans les instances pendantes au conseil du roi, ni même pour les procès portés devant les intendans de province. C'est ce qu'observe Menelet dans son traité des Péremptions.

Voyez l'ordonnance de 1539, celle de Rous-

fillon & celle de 1629 ; le traité des prefcrip-
tions par Dunod , & celui des Péremptions par
Menelet ; Hevin fur Frain ; les notes fur Dupleffis,
trdité des prefcriptions ; les arrêts de Papon ;
les queftions alphabétique de Bretonnier ; le jour-
nal des audiences & celui du palais ; les arrêts
de Baffet , d'Expilly , de Catelan & de Boni-
face ; Brodeau fur Louet ; Chopin fur la cou-
tume de Paris , & Boucheul fur celle de Poitou ;
la jurifprudence civile de Lucombe ; le praticien
françois , &c. Voyez auffi les articles ACTION ,
PRESCRIPTION , RETRAIT , &c.

ADDITION à l'article PÉREMPTION

La Péremption n'a pas lieu au grand confeil
de Malines ; dès qu'une inftance eft commencée
en cette cour, elle s'y perpétue, & ne périt par aucun laps de temps : M. Dulaury en rapporte un
arrêt du 3 décembre 1622 , qui adjuge à un plai-
deur les intérêts de fa demande depuis la requête
introductive, quoique le procès eût demeuré fans
pourfuite pendant plus de cinquante ans. Ce magiftrat ajoute : » La pratique eft notoire au grand
» confeil , que la Péremption d'inftance n'a pas
» lieu ; & ainfi j'ai vu réfumer des caufes qui
» avoient été impourfuivies plus de quatre-vingts
» ans ; j'ai vu auffi une enquête turbière , en la-
» quelle tous nos avocats & praticiens avoient
» dépofé que la Péremption d'inftance eft incon-
» nue au même grand confeil , & qu'elle n'y a
» jamais été admife, quelque efpace de temps
» que la pourfuite de la caufe ait été interrom-
» pue «. Deghewiet , en fes inftitutions au droit
belgique , parle auffi de cette enquête par turbes ;
& la date du 23. janvier 1699.

Le parlement de Flandres ayant été fubrogé
au grand confeil de Malines pour les Pays-Bas
françois, ne pouvoit manquer d'adopter, fur la
matière des Péremptions, les mêmes principes
que ce tribunal : il ne les a pourtant pas portés auffi loin, car il admet, non pas une Péremption proprement dite, mais une prefcription d'inftance qui s'encourt par le laps du temps
qu'exige la coutume pour prefcrire l'objet litigieux : « de forte, dit Deghewiet, que fi une
» caufe entre particuliers y avoit ceffé d'être pour-
» fuivie pendant trente ans, l'action feroit éteinte,
» à titre, non de Péremption, mais de prefcrip-
» tion ; il en a été ainfi décidé au rapport de
» M. de la Verdure, par arrêt du 24 juillet
» 1702, entre le fieur d'Ogimont & le fieur de
» Jumelles «. Par la même raifon, fi un procès
concernant une communauté eccléfiaftique eft
demeuré quarante ans fans pourfuires, il eft regardé comme prefcrit, parce que le droit commun fixe à ce terme la prefcription contre l'églife.
» Il en a été ainfi décidé, dit Deghewiet, le 7
» décembre 1691, au rapport de M. Cordouan,
» entre le chapitre de Saint-Omer & les habi-
» tans de Bambeque, châtellenie de Berghes-Saint-
» Winock «.

Le principe qui fait réfulter la prefcription
d'inftance du laps du temps requis par la coutume pour prefcrire la chofe litigieufe, eft fi
conftant au parlement de Flandres, qu'il a même
été fuivi, dit Deghewiet, » contre une majeure de
» coutume, quoique mineure de droit, parce
» qu'ayant, comme majeure de coutume, été
» habile à faire des pourfuites en juftice, la
» prefcription d'inftance avoit été par elle encou-

» rue. L'arrêt eft du 24 janvier 1724, au rap-
» port de M. Vifart de Ponanges, entre Fran-
» çois Hoffon & le fieur d'Aouft de Francières «.

La pratique des tribunaux de la province de
Hainaut diffère entiérement fur la matière des
Péremptions, de l'ufage obfervé au parlement
de Douai. Voici ce que porte l'article 21 du cha-
pître 107 des chartres générales de cette province :
» Dorénavant, en notredit pays, Péremption
» aura lieu, fi comme pour matière criminelle ;
» par le terme de deux ans ; & pour la civile,
» de quatre ans, tant pour les matières enta-
» mées qu'à entamer après la publication des or-
» donnances préfentes «.

. On a demandé fi cette difpofition pouvoit
avoir lieu pour les caufes portées au parlement
de Flandres par appel des juges de Hainaut.
» Et comme il s'agiffoit, dit M. Pollet, d'éta-
» blir une règle, il a été délibéré, les cham-
» bres affemblées, & il a paffé à l'avis de fuivre
» le ftyle de la cour, par la raifon qu'en ce qui
» concerne l'inftruction, l'on doit fuivre le ftyle
» du lieu où l'on plaide. L'arrêt a été rendu au
» rapport de M. Bruneau le 27 mai 1693 «.

Quelques praticiens ont été plus loin, & ont
foutenu que la Péremption d'inftance ne devoit
avoir lieu dans aucun des tribunaux de la partie
françoife du Hainaut. Ils fe fondoient fur une
déclaration du 17 novembre 1714, qui ordonne,
article 3, que l'inftruction des procès civils, dans
tous les bailliages, prévôtés & fiéges de cette province, fe réglera à l'avenir fur le ftyle du parlement de Flandres.

Mais ce ftyle ne contient rien de relatif à la
Péremption ; ce n'eft point d'après ce réglement
qu'elle

qu'elle a été rejetée au parlement de Flandres, mais sur le fondement de certains principes que cette cour a trouvé à propos d'adopter, sans jamais les ériger en loi. Le style dont il s'agit n'abroge donc pas l'article 21 du chapitre 107 des chartres générales, &, par une conséquence nécessaire, cet article doit encore subsister dans toute sa force : cela résulte de la maxime qui défend d'étendre les abrogations au delà de leurs termes précis, & plus encore de les suppléer dans les cas où il n'en est pas question. D'ailleurs, l'article 3 de la déclaration de 1714 est tombé dans une espèce de désuétude, ou du moins il est plus ordinaire de voir alléguer dans les siéges de Hainaut les textes des chartres générales qui concernent l'ordre de la procédure, que le style du parlement de Flandres.

Aussi a-t-il été jugé par plusieurs arrêts de cette cour, que la Péremption d'instance a encore lieu dans les juridictions du Hainaut. M. Delattre de Portionville, chevalier du Saint-Empire, & colonel au service d'Espagne, avoit, par acte du 6 juillet 1741, vendu au sieur Preseau, procureur du roi en la prévôté de Maubeuge, la terre de Manege, située dans le territoire de ce siége, avec la clause de reméré pour l'espace de deux ans. Le 4 juillet 1742, c'est-à-dire avant que le terme convenu ne fût expiré, le vendeur donna requête à la prévôté de Maubeuge, pour faire condamner le sieur Preseau à lui recéder le bien. Le sieur Preseau défendit à cette demande, & la cause demeura sans poursuites jusqu'au 19 juillet 1752. En ce moment, le seigneur de Walhain, frère & héritier du vendeur, reprit l'instance par un placet de *fournissement*. Le sieur Prescau opposa la Péremption, & obtint sur ce fondement une sentence qui déclara le seigneur de Walhain non recevable en sa reprise. Celui ci en interjeta appel au parlement ; mais par arrêt rendu en 1759, au rapport de M. Gouillart de la Feuillie, la cour mit l'appellation au néant.

La question s'est représentée depuis peu dans les circonstances les plus défavorables en apparence à la Péremption. Les nommés Descamps de Solesme, étoient demandeurs en reprise d'instance contre la veuve Riché. Celle-ci leur opposoit la Péremption ; ils répondoient : 1°. que la Péremption ne s'encourt pas de plein droit, & que tant qu'elle n'a pas été décrétée par le juge, elle peut être couverte par les poursuites de la partie qui a intérêt de l'écarter : 2°. qu'il étoit intervenu dans la cause dont il s'agissoit, une sentence interlocutoire, qui devoit, suivant l'opinion des auteurs françois, empêcher la Péremption : 3°. que l'une des parties étoit décédée avant que le temps requis pour donner lieu à la Péremption, ne fût écoulé ; circonstance qui, d'après les maximes des tribunaux de l'intérieur du royaume, devoit encore écarter toute idée de Péremption. Mais ces raisons n'ont produit aucun effet : par arrêt du 23 décembre 1774, rendu au rapport de M. de Warenghien de Flory, la cour a déclaré l'instance périmée, & par-là elle a confirmé le sentiment des meilleurs praticiens du Hainaut, qui tiennent que la Péremption s'acquiert en cette province de plein droit, nonobstant un interlocutoire & la mort d'une des parties ou de son procureur.

Voyez les articles INTERRUPTION D'INSTANCE, COMPARUTION, DOUAI, HAINAUT, &c.

(Article de M. MERLIN , avocat au parlement de Flandres.)

PERINDÈ VALERE. On appelle ainſi un reſcrit du pape , dont l'effet eſt de valider une proviſion qui auroit pu être attaquée pour quelque défaut qu'elle renfermoit.

Cette ſorte de reſcrit ne s'obtient que quand les proviſions ont été expédiées par bulles ; car quand elles ont été expédiées par ſimple ſignature, on les ratifie par une autre ſignature , appelée *cui priùs* , à laquelle on met la même date qu'à la première. Il en eſt autrement des proviſions qui contiennent la clauſe *Perindè valere* ; elles n'ont d'effet que du jour de la date : c'eſt pourquoi, ſi entre les premières proviſions & les nouvelles, quelqu'un en avoit obtenu de régulières , elles prévaudroient.

Obſervez avec Rebuffe , ſur le reſcrit *Perindè valere* , 1°. que le pape ne peut jamais ſuppléer les défauts naturels , faire, par exemple, qu'un fou ſoit réputé ſage.

2°. Que dans la nouvelle ſupplique on doit exprimer généralement tous les défauts qui ont rendu la première grâce invalide.

PERMUTATION. Échange. Il ſe dit particuliérement en parlant de l'échange d'un bénéfice contre un autre.

Avant le douzième ſiècle, les Permutations n'étoient proprement que des tranſlations des bénéfices d'une égliſe à une autre , ſelon que l'utilité de l'une de ces égliſes , exactement reconnue par l'évêque, pouvoit l'exiger. On étoit alors bien éloigné de penser que deux bénéficiers pussent s'entendre entre eux, de manière que l'évêque fût obligé de consentir à ce que l'un passât dans l'église de l'autre, sans prendre aucune connoissance de ce changement, comme la chose est arrivée dans la suite.

On prétend que le concile de Tours, tenu l'an 1163, où présidoit le pape Alexandre III, est le premier qui ait autorisé les Permutations ordinaires, en défendant la division des prébendes & la Permutation des dignités. Aujourd'hui les collateurs sont obligés de conférer les bénéfices permutés, aux copermutans.

La démission contient toujours qu'elle est faite pour cause de Permutation, avec la clause *non aliàs, non aliter, non alio modo.*

Ceux qui peuvent admettre les Permutations, sont le pape, le légat, le vice-légat, dans l'étendue de sa légation, & le collateur ordinaire.

Quand le bénéfice ne dépend point de l'évêque, on s'adresse ordinairement au pape.

Quoique le collateur auquel on s'adresse ne puisse pas conférer le bénéfice à un autre, il peut cependant examiner s'il n'y a point de fraude ni de paction simoniaque, ou autre vice qui doive empêcher l'effet de la Permutation.

Si le collateur ordinaire refusoit des provisions sur la Permutation, on pourroit s'adresser au supérieur ecclésiastique, pour en obtenir de lui. Le parlement de Paris l'a ainsi jugé par arrêt du 27 juin 1631, contre le chapitre de saint Pierre de Soissons, sur les conclusions de M. l'avocat général Talon.

Lorfque les bénéfices qu'on veut permuter dépendent de différens collateurs, chacun d'eux confère, fur la démiffion pour caufe de Permutation, le bénéfice dont il a droit de difpofer; ou l'un des collateurs donne à l'autre le pouvoir de donner les provifions des deux bénéfices.

L'auteur des obfervations inférées dans le dixième volume des nouveaux mémoires du clergé, a prétendu que les évêques ayant eu feuls autrefois le droit d'admettre les Permutations dans leurs diocèfes, ce droit avoir été étendu aux autres collateurs, fans en dépouiller les évêques; d'où il fuit qu'on pourroit, fuivant cet auteur, s'adreffer pour les Permutations à l'évêque ou au collateur ordinaire : mais cette opinion n'eft pas reçue ; on penfe au contraire que ce n'eft point à l'évêque à donner les provifions d'un bénéfice qui n'eft pas à fa difpofition, lorfqu'il s'agit d'un genre de vacance fur lequel le collateur ordinaire eft autorifé à difpenfer de la rigueur des canons.

Quand la régale eft ouverte, il n'y a que le roi qui puiffe admettre la Permutation des bénéfices non cures ; & il peut en tout temps admettre la Permutation des bénéfices qui font de collation royale. Cette règle s'applique auffi aux autres collateurs laïques.

Quoiqu'on ne foit pas obligé pour les Permutations d'obtenir ni même de demander le confentement du patron eccléfiaftique, il en eft différemment du patron laïque ; le confentement de celui-ci eft néceffaire avant la prife de poffeffion, fous peine de nullité de tout ce qui pourroit être fait au préjudice de ce patron. C'eft ce qui réfulte d'une déclaration de Louis XIV du mois de février 1678 (*).

Il y a des Permutations qui font illicites, notamment celle qu'on appelle triangulaire. Elle a lieu, quand un titulaire réfigne fon bénéfice à un autre eccléfiaftique, à condition que celui-ci réfignera à un tiers le bénéfice dont il eft pourvu ; aucune difpenfe ne peut autorifer une telle convention.

Boniface rapporte un arrêt du dernier juin 1666, par lequel le parlement de Provence a condamné une Permutation de cette efpèce.

Il n'eft pas permis de ftipuler que l'un des copermutans fera chargé de faire faire les réparations des bâtimens dépendans du bénéfice, quoique ces réparations foient du temps du copermutant ; il y auroit fimonie dans cette claufe.

Il en feroit de même de celle qui obligeroit le copermutant à entretenir les baux faits par fon prédéceffeur.

Mais, fuivant l'ufage commun, le copermutant peut faire dreffer un procès-verbal de l'état des lieux dépendans du bénéfice qu'on lui a réfigné, & obliger fon réfignant de faire les réparations qui feront eftimées néceffaires.

_____

(*) Voulons & nous plaît, *porte cette loi*, que dorénavant tous les concordats de Permutation de bénéfices étant en patronage laïque, & les réfignations & actes paffés en conféquence, demeurent nuls & abufifs ; fi les patrons laïques n'ont accordé leur préfentation, ou donné leur confentement par écrit avant la prife de poffeffion, quoique lefdits patrons en aient été requis & fommés ; lefquelles réquifitions & fommations nous déclarons de nul effet & valeur.

Obfervez néanmoins que notre jurifprudence, permet de ftipuler que l'un & l'autre copermutans feront chargés, chacun de fon côté, de faire faire les réparations des bâtimens dependans du bénéfice dont ils refteront titulaires ; mais il faut pour cela que les frais qu'exigent ces réparations foient à peu près égaux de part & d'autre. Une telle ftipulation ne pourroit pas avoir lieu dans le cas de réfignation en faveur. . . . . up

- Rien n'empêche de permuter un bénéfice contre plufieurs autres ; mais on regarde comme fimo-niaque la Permutation d'un titre fpirituel contre un droit temporel. Ainfi on ne permet pas de permuter un bénéfice avec une penfion fur un autre bénéfice, ni un office de la chapelle du roi, qui eft une charge vénale, avec un bénéfice. On ne permet pareillement pas de permuter un bénéfice contre un droit de patronage, parce que ce droit eft regardé comme un bien profane, quoique l'exercice en foit fpirituel. . . . .

- La Permutation des bénéfices peut avoir lieu fans difficulté au préjudice du droit des indul-taires, des gradués, & des autres expectans. C'eft ce qu'a décidé Boniface VIII, *cap. unic. de rer, permut. in fexto.* : . . . .

Toute procuration à l'effet de permuter, doit être paffée conformément aux règles prefcrites par la déclaration du 14. février 1737, enre-giftrée au parlement le 23 mars fuivant. Voyez les articles PROCURATION & RÉSIGNATION. . .

, Quand une Permutation fe fait en cour de Rome, les procurations pour permuter doivent être infinuées au greffe du diocèfe dans lequel les notaires les ont reçués, avant d'être envoyées

en cette cour. C'est ce qui résulte de l'article
11 de l'édit du mois de décembre 1691.

Tandis que le collateur n'a point donné de
provisions sur la Permutation, chaque copermutant a le droit de révoquer sa procuration pour
permuter, en faisant signifier sa révocation à celui
qui doit conférer.

Si la révocation se fait en cour de Rome &
qu'un permutant veuille révoquer sa procuration,
il doit faire signifier sa procuration au copermutant, avant que la date soit retenue.

Cette signification doit être faite par un notaire apostolique, à l'exclusion de tout autre officier. C'est ce qui résulte de l'article premier de
l'édit de création des notaires royaux & apostó-
liques, du mois de décembre 1691.

La jurisprudence du parlement de Paris diffère de celle du grand conseil, sur la question
de savoir quand les Permutations doivent être
censées effectuées.

Autrefois le grand conseil jugeoit qu'une Permutation étoit effectuée, quand chacun des copermutans avoit passé procuration pour résigner,
quoique le collateur n'eût point admis les résignations. L'article 23 de l'édit du mois de novembre 1637, ayant paru porter atteinte à cet
usage, en ce qu'il *déclaroit nulles les provisions
par Permutation, si celui qui vouloit s'en servir
n'avoit fait tout ce qui étoit en son pouvoir pour
que son copermutant fût pourvu du bénéfice à lui
résigné ;* & le grand conseil ayant craint que ces
termes, *n'avoit fait tout ce qui étoit en son pouvoir,* ne s'interprétassent dans un sens contraire
à la jurisprudence de ses arrêts, il mit sur cet

objet, dans l'enregiftrement de l'édit, la modification fuivante : *à la charge que les Permutations feront cenfées effectuées après que chacun des
copermutans aura paffé procuration pour réfigner
refpectivement.*

Cette modification n'étant pas entièrement conforme à l'intention du légiflateur, le roi donna
des lettres-patentes, le 25 août 1638, par lefquelles
il ordonna que *les Permutations feroient cenfées effectuées & exécutées aux fins contenues en
l'article 21 de l'édit de 1637, lorfque l'un des
copermutans auroit été pourvu du bénéfice à lui
réfigné; & que de fa part il auroit paffé la
Procuration néceffaire pour la Permutation.*

Ces lettres furent enregiftrées au grand confeil le 4 feptembre fuivant; &, depuis cette
époque, on y a conftamment jugé que les Permutations étoient accomplies, lorfque l'un des
copermutans avoit obtenu les provifions du bénéfice qui lui avoit été donné en échange, &
qu'il avoit paffé procuration pour réfigner le fien.

Mais au parlement de Paris & dans la plupart
des autres cours, ce n'eft pas affez pour rendre
accomplie une Permutation, que l'un des permutans ait obtenu des provifions & qu'il ait paffé
procuration pour réfigner le bénéfice qu'il donne
en échange; il faut que de part & d'autre
les collateurs aient accordé la grâce, & que
chacun des copermutans ait un droit acquis au
bénéfice qui lui a été donné en échange. Cette
jurifprudence eft fondée, tant fur l'article 14 de
la déclaration du mois d'octobre 1646, que fur
la déclaration du 11 mai 1684. (*)

(*) *Voici ces loix :*
Pour retrancher un notable abus qui s'eft gliffé dans

Autrefois quand l'un des permutans venoit à
décéder fans avoir pris poffeffion du bénéfice
qui lui avoit été conféré en vertu de la Permu-

quelques provinces de notre royaume, en ce qu'on tient
les Permutations bonnes & valables, bien qu'elles n'aient
été effectuées ni accomplies par l'une des parties, ce qui
eft contre la nature & forme effentielle des Permutations ;
nous, fans rien déroger à la règle *de publicandis*, & en
cas que l'un des permutans meure après le temps de ladite
règle, fans avoir pris poffeffion du bénéfice permuté,
voulons & ordonnons que le furvivant defdits permutans
demeure entiérement privé du bénéfice par lui baillé, &
du droit qu'il avoit en icelui, & qu'il n'y puiffe rentrer
fans nouvelles provifions, foit que ladite Permutation ait
été faite en maladie ou autrement ; que les Permutations
foient effectuées de part & d'autre, & les provifions, au
refus des ordinaires ; expédiées auparavant le décès de l'un
des permutans, s'il arrive. Comme auffi tous réfignataires
feront tenus de prendre poffeffion, au plus tard dans trois
ans après la date des provifions expédiées en cour de
Rome du vivant du réfignant ; & après ledit temps, elles
demeureront de nul effet & valeur. *Article 14 de la déclaration de 1646.*

Voulons qu'en cas que ci-après, dans les Permutations
des bénéfices, l'un des permutans vienne à décéder après
le temps porté par la règle *de publicandis*, fans avoir pris
poffeffion du bénéfice permuté, le furvivant defdits permutans demeure entiérement privé du bénéfice par lui
baillé, & du droit qu'il avoit en icelui; & qu'il n'y puiffe
rentrer fans nouvelles provifions, foit que ladite Permutation ait été faite en maladie ou autrement. Voulons pareillement que les Permutations foient effectuées de part &
d'autre ; & que pour cet effet les provifions fur icelles
foient expédiées, ou par les ordinaires, ou par les fupérieurs fur leur refus, s'il y échet, auparavant le décès de
l'un des permutans ; à faute de quoi, fi ledit décès arrive,
lefdites Permutations demeureront nulles & fans effet.
Déclaration du 11 *mai* 1634, *adreffée au parlement de
Bordeaux.*

tation, le survivant conservoit les deux bénéfices, & cet événement s'appeloit une bonne fortune : mais l'article 21 de l'édit de novembre 1637, a aboli cet abus.

La dix-huitième règle de chancellerie porte, que quand un bénéficier malade résigne ou permute son bénéfice, & qu'il décède de la même maladie dans les vingt jours, à compter du jour du consentement qu'il a donné aux provisions accordées à son résignataire ou copermutant, les provisions sont nulles & le bénéfice est censé vaquer par la mort du résignant. Cette règle a été établie en faveur des ordinaires, afin qu'ils ne soient pas si souvent frustrés du droit de conférer. Nos ordonnances, & particulièrement l'article 3 de la déclaration du mois d'octobre 1646, l'ont mise au rang des loix ecclésiastiques du royaume ; mais le pape peut y déroger, & même cette dérogation est tellement de style, que si elle ne se trouvoit pas dans une signature, on la suppléeroit de plein droit. Il y a néanmoins des collateurs, tels que le roi, les cardinaux & les collateurs de Bretagne, au préjudice desquels le pape ne peut pas déroger à la règle des vingt jours.

Les provisions obtenues sur les Permutations sont nulles, quand elles n'ont pas été insinuées deux jours francs avant la mort de l'un des permutans, non compris le jour de l'insinuation & celui de la mort. Cependant si le premier décédé de deux copermutans n'avoit pas fait insinuer ses provisions deux jours francs avant sa mort, & que le survivant eût rempli toutes les formalités prescrites pour la validité des Permutations, ses provisions ne seroient pas nulles.

C'eft ainfi qu'on juge au parlement de Paris, comme le juftifie l'arrêt rendu par cette cour le 9 février 1713.

Mais au grand confeil on fuit à la rigueur la difpofition de l'édit du mois de novembre 1637, qui veut que fi les deux permutans ayant laiffé paffer le temps de la règle *de publicandis*, fans y avoir fatisfait, l'un des deux vient à décéder avant d'avoir pris poffeffion, ou d'avoir fait infinuer l'acte de prife de poffeffion deux jours francs avant fa mort, les deux bénéfices, tant celui du permutant qui a fatisfait à toutes les formalités de la règle, que celui du copermutant qui a négligé d'y fatisfaire, demeurent vacans.

Quand on n'a pas pu obtenir le confentement du patron laïque d'un des bénéfices permutés, ou que l'un des collateurs a refufé de donner des provifions, la Permutation demeure fans effet, & chacun des titulaires conferve tout le droit qu'il avoit fur fon bénéfice.

Lorfqu'un des permutans ne peut poffèder le bénéfice que la Permutation lui a attribué, foit à caufe du défaut de confentement du patron laïque, foit parce qu'un tiers l'évince de ce bénéfice, ou parce que le même bénéfice eft chargé d'une penfion dont il n'a pas été fait mention dans l'acte de Permutation, il rentre dans le bénéfice qu'il avoit donné en échange, en vertu d'un fimple jugement, & fans qu'il foit obligé d'obtenir de nouvelles provifions. Cela eft fondé fur ce qu'une Permutation eft toujours conditionnelle, comme le parlement de Paris l'a jugé par arrêt du 31 janvier 1714, entre le curé de faint Symphorien du Vieil-Baugé, & le curé de Drocourt.

M. Fuet dit dans fon traité des matières bénéficiales, qu'il a vu juger, en 1720, qu'une Permutation étoit nulle, fur le fondement que l'un des permutans, avoit fauffement déclaré que fon bénéfice n'étoit chargé que d'une penfion de cent cinquante livres, tandis qu'elle étoit de deux cents livres.

La Permutation des bénéfices confiftoriaux ne peut fe faire qu'entre les mains du roi, qui donne des brevets aux permutans pour obtenir des bulles du pape, conformément au concordat.

Il faut obferver à ce fujet, que quoique celui qui a été pourvu d'un bénéfice confiftorial, n'en foit proprement dépouillé que quand fa démiffion pour caufe de Permutation a été admife, & que les bulles en font expédiées, on juge au grand confeil, qu'auffi-tôt que le roi a agréé la Permutation & fait expédier les brevets de nomination, l'un des permutans ne peut plus révoquer fa procuration, tant parce qu'une telle révocation feroit injurieufe au roi, qu'à caufe que fa majefté, tenant la place des électeurs, ne peut pas varier dans fa nomination.

Remarquez cependant que la règle fuivant laquelle le roi ne peut pas varier dans fa nomination, reçoit exception pour le cas où un fecond brevet de nomination contient une révocation expreffe du premier.

Le droit de contrôle des actes de Permutation eft fixé à cinq livres en principal par l'article premier du tarif du 29 feptembre 1722.

On n'eft pas fondé à exiger deux droits de contrôle d'un acte de Permutation, fous prétexte qu'il renferme les démiffions de deux titulaires, parce que ces deux démiffions réciproques font néceffaires pour former la Permutation, & que le légiflateur n'a affujetti cette Permutation qu'à un feul droit, fixé à cinq livres, de même qu'il n'a affujetti l'échange de biens temporels qu'à un feul droit de contrôle, quoiqu'il s'y trouve deux aliénations. Il paroît néanmoins que la prétention d'un double droit a été formée ; mais elle a été condamnée par une décifion du confeil du 28 mars 1733, qui, en jugeant qu'il n'eft dû qu'un droit de contrôle pour les Permutations, a ordonné la reftitution de ce qui pouvoit avoir été perçu de plus.

Voyez les mémoires du clergé ; Fuet, traité des matières bénéficiales ; les loix eccléfiaftiques de France ; Fevret, traité de l'abus ; Dumoulin fur les règles de publicand. refignat. & de infirmis refignant. ; le recueil de jurifprudence canonique ; Rebuffe fur le concordat ; les arrêts de Boniface ; le recueil de Bardet ; le journal du palais & celui des audiences ; les œuvres de M. Piales ; les moyens canoniques de Duperray ; Brodeau fur Louet ; Gohard, traité des bénéfices, &c. Voyez auffi les articles RÉSIGNATION, POSSESSION, NOMINATION ROYALE, PATRON, PENSION, REGRÈS, &c.

PERPRENDRE, PERPRISE, PERPRISION.

Ces mots nous viennent de la baffe latinité ; *Perprendere, perprehenfio, perprenfio, perprifio, perprifum, proprifa.*

Ces mots répondoient à ceux-ci, acquérir, s'emparer, ufurper, s'approprier de fon autorité.

Ils fignifioient plus fpécialement, clore un terrein de murs, de haies ou de foffés.

Et c'eft de là que nous eft venu le mot *pour-*

pris, que plusieurs coutumes emploient pour désigner un enclos, un terrein entouré de murs, de haies ou de fossés.

Perprendre, user de *perprise* ou de *perprision*, c'est, dans la coutume de Dax, prendre, de sa propre autorité, des terres communes, sans congé du seigneur, sans lui payer des lods & ventes, mais seulement à la charge de payer sa quotité de la *quête* ou rente. *Cout. de Dax*, tit. 9, art. 18.

Ce droit de *perprise* ou de *perprision* n'est pas usité dans toute la sénéchaussée de Dax ; il n'a lieu que dans les terres que la coutume appelle terres de *quête*. Telles sont la vicomté de *Marempnes*, les baronnies de *Marensin*, d'*Herbe Saveyre*, de *Lafarie*, de *Majesc*, de *Sabres* & de *Cap Breton*, & les fiefs du seigneur de *Poylhoaut*.

Il y a même quelques terres de *quête* dans cette sénéchaussée, qui ne pratiquent plus le droit de *perprise* : ce sont les baronnies de *Gosse*, de *Senhans* & de *Saubusse*. Les habitans de ces trois terres renoncèrent au droit de *perprise*, lors de la rédaction de la coutume de Dax.

Il ne faut pas confondre les terres de *quête* de la coutume de Dax, avec les terres de *quête* dont parlent quelques coutumes de mainmorte.

La coutume de Dax appelle terres de *quête*, celles dans lesquelles la rente seigneuriale est uniforme & générale, payée en commun pour raison de toute une paroisse ; ou de tous les tenemens & terres d'une baronnie, & où chaque habitant contribue au payement de la *quête* ou rente en proportion de la quantité des terres qu'il

a prifes ou qu'il poffède. *Cout. de Dax, tit.* 9.
art. 15.

C'eft dans ces terres, où la rente eft générale, uniforme & impofée en commun, que le droit de *perprife* a lieu.

Et ces terres reffemblent fi peu aux terres de main-morte, que la coutume appelle celles fur lefquelles le droit de *perprife* s'exerce, terres communes & *franches*.

Quelle eft l'origine, quelle eft la nature de ce droit de *perprife* ? quels en font les avantages & les inconvéniens ? C'eft ce que je vais examiner.

Origine du droit de perprife.

S'il eft vrai, comme quelques obfervateurs ont prétendu le prouver, que les communes forment au moins la dixième partie des terres du royaume, il eft bien étonnant que la légiflation n'ait commencé que dans le feizième fiécle à s'occuper d'un objet auffi intéreffant pour l'état, & que nous n'ayons, depuis cette époque, qu'un très - petit nombre de loix, toutes très-imparfaites fur cette matière.

Même oubli, même imperfection dans ce nombre prodigieux de coutumes qui gouvernent la France; la plupart gardent un filence abfolu fur les terres communes, & celles qui en parlent ne règlent que la manière dont on doit en jouir & les adminiftrer : je n'en connois qu'une, outre celle de Dax, qui ait porté fes vûes plus loin; c'eft la coutume de Lorraine.

Elle dit que les communautés ayant bois,

pafquis,

pâſquis, terres & autres choſes communes, ne peuvent, 1°. les aliéner à quelque titre que ce ſoit; 2°. ni changer leur nature ſans l'aveu & conſentement du ſeigneur haut-juſticier.

Ce n'eſt donc ni aux ordonnances de nos rois ni aux coutumes que nous devons cè principe reçu depuis long-temps en France, que les membres d'une communauté ne peuvent ni partager entre eux les communes, ni en intervertir & changer l'uſage : c'eſt la juriprudence des cours qui a conſacré ce principe ; M. le Bret paroît en avoir donné la première idée.

» *Ab initio*, diſoit ce magiſtrat, *hæc fuit* » *dicta lex agro compaſcuo, ut communiter paſ-* » *ceretur, & ſub uno ejuſdem univerſitatis dominio :* » or, c'eſt une maxime tirée de la loi, qu'il » n'eſt pas permis d'intervertir ni de changer » l'uſage établi de tout temps, comme il eſt » traité en la loi *ambitioſa ff. de decretis ab* » *ordine faciendis :* & de plus, ces communes » faiſant part de la république, il importe qu'elles » ſoient éternellement en même état «.

Tel eſt le droit commun du royaume ſur cette matière. La propriété des terres communes appartient à la communauté ; les membres de la communauté n'en ont que l'uſage, & elles doivent reſter à jamais indiviſes, parce qu'elles ont été deſtinées dès le commencement à l'uſage commun.

Mais ce principe ni les motifs ſur leſquels il eſt fondé, ne peuvent pas s'appliquer aux communes des terres de *quête* dans la ſénéchauſ-ſée de Dax. Là, les ſeigneurs ont fait la con-ceſſion des communes, non pour qu'elles reſtaſfent à jamais en pâturage, indivifes & confacrées à l'ufage commun, mais pour qu'elles fuffent employées au plus grand avantage de chacun des membres de la communauté. Là, *ab initio lex non fuit dicta agro compafcuo, ut communiter pafceretur*; on n'y a envifagé d'abord que la plus grande utilité de chaque habitant; on a voulu laiffer le champ libre à l'induftrie du cultivateur, que chaque habitant mît en valeur tout ce qu'il voudroit, tout ce qu'il pourroit cultiver, & qu'il ne reftât pour l'ufage commun, que ce qui ne trouveroit pas de cultivateur.

Nature du droit de perprife.

Ce droit n'a lieu, dans chaque communauté, qu'entre les habitans, membres de la communauté; les étrangers en font exclus.

Chaque habitant a la faculté de prendre, de clore & de cultiver à fon profit telle partie des terres communes qu'il juge à propos.

Il les prend de fa propre autorité, fans le confentement du feigneur, fans être affujetti à aucune formalité, & même fans être obligé de demander le confentement des autres habitans.

La baronnie de *Cap Breton* eft la feule où le droit de *perprife* ne peut s'exercer que du confentement du juge & des habitans.

Ce n'eft que fur les terres vraiment vacantes qu'on peut exercer ce droit. La coutume dit qu'on ne pourra *Perprendre terre connue d'autre voifin*, c'eft-à-dire la terre qui eft connue pour appartenir à un autre membre de la communauté; car tel eft le fens du mot *voifin* dans la

coutume de Dax & dans celles de Bayonne &
de Saint-Sever.

La coutume dit auſſi qu'on ne pourra, par
le droit de *perpriſe*, empêcher chemin public ni
privé, ni chemin de bétails.

Celui qui s'empare, par droit de *perpriſe*,
d'une portion de terre commune, n'eſt obligé de
payer aucuns lods & ventes.

Il eſt ſeulement obligé, tant qu'il poſſède la
terre *perpriſe*, de contribuer au payement de la
quête ou rente générale, en proportion de ce qu'il
poſſède.

Ce droit de *perpriſe* n'anéantit point la propriété de la communauté ſur la terre *perpriſe*,
& cependant il procure à l'habitant qui *perprend*,
à peu près tous les avantages de la pleine
propriété.

Cet habitant emploie la terre *perpriſe* à telle
eſpèce de culture & de production qu'il juge à
propos, en perçoit les fruits, en uſe & en diſpoſe comme de ſa choſe propre, la tranſmet à
ſes héritiers, peut la donner ou la vendre,
pourvu que l'héritier, le donataire ou l'acquéreur ſoit auſſi membre de la communauté.

Mais il ne peut la tranſmettre, la donner, ni
la vendre à un étranger.

S'il l'abandonne, ou qu'il meure ſans laiſſer
d'héritiers membres de la communauté, la terre
perpriſe rentre dans la communauté primitive,
redevient ſoumiſe à l'uſage commun de tous les
habitans, juſqu'à ce qu'elle ſoit de nouveau *perpriſe* par quelque autre habitant.

Avantages & inconvéniens du droit de perprife.

On convient affez généralement aujourd'hui, que les communaux font inutiles, nuifibles même aux progrès de l'agriculture. De là, ces écrits fur la néceffité de partager les communaux, pour les mettre en valeur; de là, ces projets de partage qui fe font multipliés depuis quelques années, & dont plufieurs ont été exécutés; de là, cette loi qui a permis aux habitans de la province des trois évéchés, de partager leurs communaux; de là, enfin, cette difpofition du gouvernement à encourager, à favorifer tous les projets qui tendront à mettre les communaux en culture.

Ce n'eft pas que le partage abfolu des communaux n'ait auffi fes inconvéniens. Rien de plus fage, rien de mieux combiné que la loi qui a été faite pour les trois évéchés; elle a pris d'excellentes précautions pour empêcher l'aliénation des lots qui feroient échus à chaque habitant dans le partage, pour exclure à jamais tout étranger de la jouiffance de ces portions de communaux, pour rendre impoffible la réunion de plufieurs de ces portions dans une feule main, pour que les portions qui deviendroient vacantes tournaffent au profit de la communauté, ou fuffent diftribuées à d'autres habitans qui n'en auroient pas encore reçu.

Mais voici des vices inféparables de tout partage abfolu & univerfel des communaux, auxquels par conféquent la loi qui autorifoit ce partage univerfel ne pouvoir pas remédier.

Toutes les terres communes étant partagées

entre les habitans actuels, & chaque portion devant être à jamais indivisible dans les générations futures, toujours transmise à un seul enfant; il est évident qu'il ne restera rien à donner aux étrangers qui viendront dans la suite former de nouveaux ménages dans la seigneurie ou dans la paroisse; il arrivera même très-fréquemment, que les enfans d'un habitant, habitans eux mêmes, n'auront cependant aucune portion des terres communes.

De là, résultera nécessairement une injustice ou un obstacle à l'accroissement de la population, & peut-être l'un & l'autre à la fois.

Par la destination primitive des communes, tout-membre de la communauté devoir y avoir à jamais un droit égal à celui de tous les autres habitans. Par le partage, vous enlevez l'usage commun à toutes les générations futures; vous déterminez le nombre de vos portions sur le nombre des ménages qui existent lors du partage; vous déclarez donc, ou que vous ne voulez pas un ménage au delà du nombre déterminé par celui des portions, ou que vous excluez tout ménage surnuméraire, de tout droit, de tout espoir de propriété & de jouissance sur les terres communes.

Dire qu'il y aura des portions vacantes, soit par l'émigration de quelques habitans, soit parce que d'autres habitans mourront sans postérité; c'est d'abord compter sur un futur contingent, qui peut très-bien ne pas arriver; d'un autre côté, c'est limiter irrévocablement votre population au nombre des ménages qui existoient lors du partage, c'est repousser les étrangers qui voudroient venir s'établir parmi vous, c'est inviter même

vos enfans, vos habitans furnuméraires à s'expa-
trier; c'eft dire aux uns & aux autres : » Soyez,
» fi vous le voulez, membres de notre commu-
» nauté, mais vous n'aurez aucune part à nos
» biens communs «.

» Quel eft donc le meilleur fyftème d'économie
politique concernant les terres communes ? Je
ne crains point de le dire, c'eft le droit de
perprife. Le mot eft barbare, à la bonne heure,
je l'abandonne; c'eft la chofe que j'examine : je
ne dis point que ce droit de *perprife*, tel qu'on
le pratique dans la coutume de Dax, foit le
plus parfait de tous les fyftèmes poffibles ; mais
je crois que c'eft celui qui approche le plus de
la perfection, que c'eft le plus fimple & le plus
utile de tous ceux qui ont été imaginés jufqu'à
préfent.

Cette communauté, qui eft établie dans les
terres de *quête* de la fénéchauffée de Dax,
nous retrace l'image de la communauté primitive que la nature avoit établie entre tous les
hommes.

Les terres communes n'y font point condam-
nées à une éternelle ftérilité ; elles s'offrent au
premier cultivateur qui voudra les féconder. On
ne confacre à l'ufage commun que celles qui n'ont
pas trouvé de cultivateur, ou dont on a abandonné la culture.

L'inégalité des fortunes eft un mal inévitable
dans nos inftitutions fociales, & ce n'eft pas
dans nos fociétés modernes de l'europe qu'il faut
efpérer de voir rétablir l'égalité : on ne peut
entreprendre qu'avec des nations neuves, ce que
Lycurgue fit à Sparte, ce que les jéfuites ont fait
au Paraguay.

Mais la nature a prefcrit à cette inégalité, des bornes qu'aucune inſtitution ſociale ne peut franchir. C'eſt de la nature que l'homme a reçu le droit, c'eſt elle qui lui a impoſé l'obligation de pourvoir à ſa conſervation : puiſqu'il eſt né, il faut qu'il vive ; il a donc le droit d'uſer de toutes les choſes qui ſont néceſſaires à ſa ſubſiſtance. Dans l'état de ſociété, il ne faut pas ſans doute que chaque individu puiſſe régler à ſon gré la quantité & la qualité des choſes néceſſaires à ſa ſubſiſtance, ni choiſir les moyens de ſe les procurer ; c'eſt la ſociété, la nation elle-même qui doit y pourvoir : elle doit ſe faire de manière à aſſurer à tous les individus qui la compoſent, la plus grande ſomme de bonheur poſſible, en excitant leur travail & leur induſtrie, pour obtenir de chacun d'eux la plus forte contribution poſſible à la félicité publique.

Une nation qui auroit des terres en réſerve pour en donner à ceux qui n'en ont pas ; qui ne feroit ſervir à l'uſage commun que le ſuperflu de ces terres, c'eſt-à-dire celles qui n'auroient pas trouvé de cultivateur ; qui feroit rentrer dans la communauté générale, ou diſtribueroit à de nouveaux cultivateurs celles dont la culture auroit été abandonnée ; cette nation ſeroit celle qui auroit le mieux rempli le premier de ſes devoirs envers ſes membres & envers elle-même, qui auroit pourvu le plus ſûrement au bonheur des individus & à la propriété nationale.

Telle devroit être la deſtination de cette immenſité de communaux qui ſont répandus dans le royaume. Telle eſt en effet leur deſtination dans les lieux où le droit de *perpriſe* s'exerce.

» Ces terres communes demeureront donc in-
» cultes, en attendant qu'elles trouvent un cul-
» tivateur? Et si les cultivateurs se multiplient
» au point de mettre enfin toutes ces terres com-
» munes en valeur, quelle ressource aurez - vous
» pour la subsistance des surnuméraires « ?

Voilà les objections, voici les réponses.

Les terres communes demeureront incultes! Le
font-elles moins dans votre système d'inaliénabi-
lité & d'indivisibilité des communaux? Dans votre
système, elles seront à jamais incultes. Celui du
droit de *perprise* tend nécessairement à les mettre
tôt ou tard en valeur.

Elles demeureront incultes en attendant qu'elles
trouvent un cultivateur? Vraiment oui, dans tous
les systèmes possibles, il faut bien qu'elles demeurent incultes jusqu'à ce qu'il y ait des bras
pour les cultiver. Le meilleur de tous est donc
celui qui tend le plus promptement & le plus
efficacement à multiplier les bras.

Or, que peut produire à cet égard le partage
universel & absolu des communaux? Il donnera
de nouvelles terres à cultiver à l'habitant qui en
a déjà; il fixera à jamais le nombre des cultivateurs, & les surchargera d'une nouvelle
culture.

Au lieu que le droit de *perprise* donne des
terres à celui qui n'en a pas, il donne de nouveaux cultivateurs à la terre; il doit donc multiplier les cultivateurs.

» Mais la population pourra devenir excessive,
» il pourra ne plus rester de terres incultes & com-
» munes à défricher «.

Cette époque est loin encore : il y a encore
bien plus de terres incultes, que d'hommes ca-

pables de cultiver, qui n'aient pas de terres; & de plus, la masse commune sera perpétuellement recomposée des terres dont la culture aura été abandonnée, & de celles dont le cultivateur n'aura laissé, en mourant, aucun héritier membre de la communauté.

Je suppose (& puisse cette supposition se réaliser un jour!) qu'enfin toutes les terres du royaume soient cultivées, qu'il n'y reste plus aucune friche; alors nous aurons atteint le plus haut degré de population & de richesse nationale, & l'on conviendra sans doute que cette perspective n'est pas faite pour effrayer un bon administrateur. Je ne dirai point qu'alors la nation sera dégagée de l'obligation de pourvoir à la subsistance des individus qui n'ont point de terres; mais je dirai qu'alors elle aura beaucoup plus de ressources que de besoins, qu'alors elle pourra, sans danger, étendre & multiplier à l'infini son commerce, sa navigation, ses travaux publics, ses manufactures & ses colonies; qu'elle pourra employer utilement tous les hommes superflus dont l'agriculture n'aura pas besoin; qu'en leur procurant ainsi des moyens de subsistance, elle ouvrira des sources inépuisables de nouvelles richesses, soit pour elle-même, soit pour les cultivateurs des terres.

Voilà les avantages que je crois voir dans le plan de législation dont le droit de *perprise* m'a donné l'idée. Mais je ne suis pas esclave de mon modèle, au point de m'aveugler sur ses imperfections.

1°. Dans tous les lieux où le droit de *perprise* s'exerce (à l'exception de la baronnie de *Cap Breton*), chaque habitant s'empare de la terre

commune, *de fa propre autorité*. C'eft bien là
le droit du premier occupant dans toute fa pureté, tel qu'il étoit établi par la loi de nature
dans l'état de communauté primitive. Mais dans
des fociétés bien ordonnées il n'eft pas poffible
de tolérer ces invafions d'autorité privée.

Pourquoi dans l'état de nature l'acte d'occu-
pation a-t-il dû fuffire pour donner la propriété?
Parce que l'ufage exclufif de la terre vacante
n'appartenoit encore à perfonne; parce qu'il étoit
impoffible d'affembler l'univerfalité des hommes
qui avoient droit de communauté fur la terre
vacante, pour obtenir d'eux une conceffion; qu'on
ne pouvoit par conféquent exiger qu'une conceffion tacite de leur part, & que cette conceffion tacite devoit être préfumée, par cela feul
qu'aucun d'eux ne s'étoit oppofé à l'acte d'oc-
cupation.

Au lieu que chaque nation, chaque communauté eft véritablement propriétaire, a véritablement l'ufage exclufif des terres communes; qu'elle
feule en peut faire la conceffion; que nos petites communautés d'habitans peuvent s'affembler
facilement; que les nations qui ne s'affemblent
plus, & les grandes communautés qui font trop
nombreufes pour s'affembler fréquemment, ont
des repréfentans auxquels on peut s'adreffer pour
obtenir la conceffion.

2°, Cette liberté que la coutume de Dax
donne à chaque habitant de *Perprendre de fa
propre autorité*, entraîne d'autant plus d'inconvéniens, qu'elle eft abfolument illimitée. Ce n'eft
pas feulement à l'habitant qui n'a pas de terres
que la coutume donne le droit de *Perprendre*,
elle le donne à tous les habitans indiftinctement,

elle ne borne pas le droit de *Perprendre* à la quantité de terres que chaque habitant pourra cultiver ; elle le donne sans restriction & sans limites.

Ainsi l'habitant qui a déjà beaucoup de terres, pourra prendre tout ce qui sera à sa bienséance, agrandir des possessions déjà trop étendues, enlever à celui qui n'a rien, la seule ressource que les terres communes lui offroient pour sa subsistance : & quel sera le dernier résultat du droit de *perprise* ? Le pauvre ne sera pas soulagé, & les terres communes ne cesseront d'être incultes que pour être mal cultivées.

Le droit de *perprise* sur les terres communes ne sera donc vraiment utile & juste, que lorsque l'exercice en sera subordonné à l'autorité publique, comme il l'est dans la baronnie de *Cap Breton* ; lorsqu'on ne donnera des terres communes qu'à celui qui n'en a pas, ou qui n'en a pas assez pour se procurer un bien-être ; lorsqu'on ne lui donnera que la quantité qu'il peut cultiver ; lorsque dans chaque ménage on proportionnera la concession au nombre des enfans qui consomment & qui travaillent ; lorsqu'on excitera l'émulation entre les cultivateurs, par de petites concessions qui seront le prix de la meilleure culture, &c.

Voilà en peu de mots tout le secret de mon système économique sur les communes. Peut-être trouvera-t-on mauvais que j'aie proposé le plan d'une législation nouvelle dans un ouvrage de jurisprudence, & sur un mot qui n'étoit presque pas connu dans la jurisprudence ; mais c'est parce qu'il étoit peu connu, que j'ai dû le faire connoître ; & je ne me croirois pas digne de traiter de la jurisprudence, si je me contentois de dire ce qui est, sans indiquer ce qui devroit ne pas être, ou ce qui pourroit être mieux.

(*Article de M. de* POLVEREL , *avocat au parlement*).

PERQUIRATUR. Terme de chancellerie romaine, par lequel on désigne la commission que donne le dataire, pour connoître si dans les registres il n'a pas été retenu telle ou telle date dans un tel temps (*).

Un préventionnaire feroit inutilement usage du *Perquiratur* pour prouver une rétention de date : on n'admet parmi nous d'autres preuves à cet égard, que le registre du banquier expéditionnaire chargé de la commission. Voyez DATE.

PERRUQUIER. C'est celui qui fait des perruques.

Lorsque la fabrique des perruques s'établit en France, le débit en fut si peu considérable, qu'il ne parut d'abord pas nécessaire de mettre les ouvriers qui les fabriquoient, en maîtrise ou en communauté. Quand l'usage des perruques aug-

---

(*) *Formule d'un* Perquiratur.

Perquiratur in libris eminentissimi domini prodatarii, *si le dataire est cardinal*, & illustrissimi datarii, *quand il ne l'est pas*, à die ..... usque & per totum mensem, vel per totum annum ..... qui & quot sint impetrantes canonicatum, & prebendum ecclesiæ N., per resignationem sive per obitum N., aut alio quovismodo vacantis, & annotentur nomina & cognomina impetrantium genera vacationum modi & datæ.

menta, on créa quarante-huit barbiers-baigneurs-étuvistes-Perruquiers suivant la cour.

En 1656, le roi Louis XIV créa, par édit du mois de décembre, un corps & une communauté de deux cents barbiers - Perruquiers, baigneurs & étuvistes, pour la ville & fauxbourgs de Paris; mais l'édit n'eut point d'exécution. Enfin, par un autre édit du mois de mars 1673, il s'en fit une nouvelle création, & c'est cette communauté qui subsiste encore aujourd'hui.

Les statuts de ce corps ont été dressés au conseil le 14 mars 1674. Ils ont ensuite été renouvelés, augmentés & enregistrés au parlement le 7 septembre 1718. Ils contiennent 69 articles.

Les places ou maîtrises de barbiers-Perruquiers sont réputées immeubles; on peut par conséquent les hypothéquer & les vendre par décret.

En exécution de l'édit du mois de février 1771, & de l'arrêt du conseil du 18 mars 1774, les propriétaires de charges ou places de barbiers-Perruquiers des différentes villes du royaume, ont été obligés de faire l'évaluation de leurs charges dans une assemblée de leur communauté, par une délibération prise & arrêtée à la pluralité des voix. C'est en conséquence de cette évaluation, que chaque maître Perruquier doit payer annuellement le centième denier auquel l'édit de février 1771 a assujetti les propriétaires de charges ou offices.

L'article 5 de l'arrêt qu'on vient de citer, a réglé qu'au cas que les propriétaires des charges ou places de maîtres Perruquiers, ou leurs veuves & héritiers, viendroient à vendre ces places après en avoir acquitté le centième denier, le droit de

mutation ne feroit payé que fur le pied de quatre
deniers pour livre ou du foixantième de l'évaluation, au lieu du vingt-quatrième porté par l'article 19 de l'édit de février 1771, auquel le roi
a dérogé à cet égard feulement, & fans préjudice du double & du triple droit, dans les cas
prévus par les réglemens des revenus cafuels.

A l'égard des propriétaires qui n'ont pas ac-
quité le centième denier, ils ne peuvent difpofer de leurs charges ou places par vente ou autrement, qu'en payant le trentième de l'évaluation, au lieu du foixantième dont on vient de
parler.

Les acquéreurs de ces charges ne font pas
tenus d'obtenir des provifions, comme celui qui
acquiert un office de judicature ou autre : la
quittance du droit de mutation qu'on leur délivre, & les lettres de maîtrife qui, pour la
première fois, s'expédient au grand fceau, paffent entre les mains de ceux qui fuccèdent à
ces places. Il fuffit que ceux-ci faffent enregiftrer
leurs titres de propriété au bureau de la communauté, & qu'ils prêtent ferment entre les mains
des lieutenans du premier chirurgien du roi,
pour être autorifés à ouvrir boutique & à travailler ou faire travailler du métier de Perruquier.

Obfervez toutefois qu'il eft défendu aux lieutenans du premier chirurgien & à tous autres,
de procéder à aucune réception de maître Perruquier, qu'il ne leur ait apparu du payement
du droit de mutation, à peine de nulliré de la
réception & de trois cents livres d'amende.

*Voyez à ce fujet les edits de mars 1673,
juillet 1746, mai 1760, & février 1771, &*

PERRUQUIER. 511

l'arrêt du conseil du 18 mars 1774; voyez aussi l'article OFFICE.

Les Perruquiers de Paris s'étant plaints des abus qui s'étoient introduits à leur préjudice, relativement à la coiffure des femmes, ils obtinrent, le 22 juillet 1771, des lettres-patentes portant interprétation de l'article 58 de leurs statuts. Le roi y dit que les mots, *toutes sortes d'ouvrages de cheveux, tant pour hommes que pour femmes,* énoncés en cet article 58, comprennent la frisure & l'accommodage des cheveux naturels & artificiels des hommes & des femmes, & que cette frisure & accommodage appartient aux maîtres Perruquiers, privativement à tous autres, à l'exception néanmoins des coiffeurs de femme, au nombre de cent six, inscrits en cette qualité au bureau de la communauté des maîtres Perruquiers, en vertu des arrêts du parlement des 27 juillet 1768 & 7 janvier 1769 (*).

(*) *Outre ces cent six coiffeurs, la déclaration du roi du 18 août 1777 a agrégé à la communauté des maîtres barbiers-Perruquiers de Paris six cents autres coiffeurs de femme. Voici cette loi :*

Louis, &c. Salut. Par l'article 4 de notre édit du mois d'août dernier, nous avons ordonné qu'il ne seroit rien innové en ce qui concerne la communauté des maîtres barbiers-Perruquiers-baigneurs & étuvistes, jusqu'à ce qu'il en fût par nous autrement ordonné; nous avons permis, par le même article, aux coiffeuses de femmes d'exercer librement leur profession : mais un grand nombre de particuliers exerçant ladite profession, nous ayant représenté que ce genre de travail qu'ils avoient entrepris depuis long-temps, étoit la seule ressource qui pût les faire subsister, & nous ayant fait supplier de leur faciliter les moyens de le continuer, à telles conditions qu'il nous plai-

Ces lettres-patentes contiennent aussi une exception en faveur des femmes ou filles qui s'oc-

roit, nous avons crû devoir venir à leurs secours, en les agrégeant à la communauté des maîtres barbiers-Perruquiers-baigneurs & étuvistes, à la charge par eux de payer une modique finance, au moyen de laquelle ils pourront exercer librement, sous l'inspection de ladite communauté, la profession de coiffeurs de femmes ; & par cette agrégation, nous préviendrons une multitude de contraventions qui se commettent journellement, & qu'il est nécessaire de réprimer par des voies moins rigoureuses & moins susceptibles d'inconvéniens. A ces causes, & autres à ce nous mouvant, de l'avis de notre conseil, & de notre certaine science, pleine puissance & autorité royale, nous avons, par ces présentes signées de notre main, dit, déclaré & ordonné, disons, déclarons & ordonnons, voulons & nous plaît ce qui suit.

ARTICLE I. Les particuliers qui voudront exercer à l'avenir la profession de coiffeurs de femmes, seront tenus d'en faire leur déclaration au sieur lieutenant général de police, laquelle sera inscrite sur un registre à ce destiné ; dont il leur sera délivré un extrait, sur le vu duquel ils seront agrégés, au nombre de six cents seulement, à la communauté des barbiers-Perruquiers-baigneurs & étuvistes ; à la charge de payer par chacun d'eux la somme de six cents livres, dont les trois quarts seront perçus à notre profit par le trésorier de nos parties casuelles, & l'autre quart au profit de ladite communauté.

Par arrêt du conseil du 9 avril 1778, cette finance a été réduite à trois cents livres, & il a été réglé que les coiffeurs qui payeroient les six cents livres énoncées dans l'article premier de la déclaration, seroient propriétaires de deux places & auroient la faculté d'avoir un garçon pour les aider ou remplacer en cas d'absence ou de maladie.

2. Sur le quart revenant à la communauté, il sera prélevé une somme de quarante-cinq livres ; savoir, douze livres pour notre premier chirurgien, six livres à son lieutenant, quatre livres à chacun des six syndics en charge, & trois livres au greffier : le surplus sera employé aux

cupent

cupent de la frifure ou coiffure des perſonnes de leur ſexe ; elles font autoriſées à continuer cette profeſſion, nonobſtant le droit excluſif des Perruquiers ; mais il leur eſt défendu, ſous peine de punition, de faire ou compoſer des boucles, tours de cheveux ou chignons artificiels, & de tenir école de coiffure, à peine de ſaiſie. Elles font d'ailleurs tenues de ſe faire inſcrire ſur le regiſtre du bureau de la communauté des maîtres Perruquiers, & d'indiquer leur nouvelle demeure trois jours après leur changement.

Les mêmes lettres-patentes font défenſe aux garçons Perruquiers de s'aſſocier, s'aſſembler ou attrouper ſous quelque prétexte que ce ſoit. Elles veulent que ceux qui travaillent à Paris ne puiſſent entrer chez les maîtres Perruquiers

---

frais ordinaires de l'adminiſtration & aux charges dont les offices des maîtres barbiers-Perruquiers-baigneurs & étuviſtes font tenus envers nous.

3. Au moyen de la repréſentation des quitrances deſdits payemens & de l'extrait de la déclaration faite à la police, leſdits particuliers ſeront inſcrits, ſans autres frais ni formalités, à la ſuite du tableau de la communauté, pour jouir de la faculté d'exercer ladite profeſſion de coiffeurs de femmes, ſans pouvoir participer aux droits ni à l'adminiſtration de la communauté, & ſans pouvoir, ſous aucun prétexte, s'immiſcer dans la coiffure des hommes, faire aucuns ouvrages de cheveux, de quelque eſpèce qu'ils ſoient, tenir école de coiffure, ni avoir de compagnons, à peine de ſaiſie, confiſcation & amende, même de privation de ladite profeſſion en cas de récidive.

4. N'entendons comprendre dans ledit nombre de ſix cents coiffeurs, ceux qui ſe font fait inſcrire ſur les regiſtres de la communauté, en exécution des arrêts de notre cour de parlement, des 27 juillet 1768 & 7 janvier 1769, leſquelles continueront d'exercer leur profeſſion juſqu'à leur entière extinction. Si donnons en mandement, &c.

fans repréfenter le certificat de ceux qu'ils ont quittés, conformément à l'article 56 des ftatuts de la communauté des maîtres Perruquiers; & que les garçons Perruquiers qui arrivent des provinces à Paris, fe faffent enregiftrer au bureau de cette communauté, fous peine d'être emprifonnés à la réquifition des fyndics Perruquiers. Le certificat d'enregiftrement de ces garçons doit leur être délivré fans frais, & il eft défendu à chaque maître, fous peine de cinquante livres d'amende, de les occuper avant qu'ils aient repréfenté ce certificat.

Les difpofitions qu'on vient de rappeler ont été rendues communes aux communautés de Perruquiers des provinces du royaume, par d'autres lettres-patentes du 12 décembre 1772 (*).

─────────────

(*) *Ces lettres-patentes font ainfi conçues :*

Louis, &c. Salut. Les abus qui fe font introduits depuis quelques années au préjudice des droits & priviléges des maîtres barbiers-Perruquiers, touchant la coiffure des femmes, que l'on a voulu faire envifager comme une branche indépendante de la profeffion defdits maîtres Perruquiers, ayant donné lieu à Paris à plufieurs conteftations fur lefquelles il étoit de notre prévoyance de ftatuer, nous avons, entre autres chofes, déclaré par arrêt de notre confeil d'état du 9 juillet 1771, fur lequel ont été expédiées des lettres-patentes le 22 du même mois, enregiftrées au parlement le 14 août fuivant, que par ces mots, *toutes fortes d'ouvrages de cheveux, tant pour hommes que pour femmes*, énoncés en l'article 58 des ftatuts de la communauté des maîtres barbiers-Perruquiers-baigneurs-étuviftes de ladite ville, nous entendions que la frifure & l'accommodage des cheveux naturels & artificiels des hommes & des femmes, y fuffent compris, en forte que les maîtres Perruquiers de Paris en euffent le droit exclufif, fauf les modifications que nous avons jugé à propos d'y apporter:

Par arrêt du conseil du 30 juillet 1774, il
a été ordonné que toutes les assemblées, tant

---

pareillement, pour prévenir les troubles & les désordres
qu'occasionnoit la licence des garçons Perruquiers, nous
leur avons, par le même arrêt de notre conseil d'état, fait
défenses de s'associer, s'assembler ou attrouper, sous
quelque prétexte que ce fût, à peine de prison. Mais les
mêmes abus s'étant également multipliés dans les provinces;
& les communautés de Perruquiers qui y sont établies
nous ayant fait instamment représenter qu'elles étoient con-
tinuellement lésées dans leurs droits par un nombre considérable de particuliers, qui, sous le prétexte de ne s'occuper que de la coiffure des femmes, s'immisçoient indistinctement dans toutes les fonctions de leur profession, au
grand détriment des maîtres dudit métier, & qu'elles n'é-
toient pas moins troublées par la conduite irrégulière de
la plupart de leurs garçons : nous avons jugé à propos de
rendre communes auxdites communautés de Perruquiers des
provinces de notre royaume, auxquelles nous devons une
égale protection, les dispositions dudit arrêt de notre
conseil du 9 juillet 1771, afin d'établir dans toutes ces
communautés une discipline uniforme, & qu'il n'y ait
qu'une seule loi sur cette matière. A ces causes, de l'avis
de notre conseil, & de notre certaine science, pleine puissance & autorité royale, nous avons dit, déclaré & ordonné par ces présentes signées de notre main, disons,
déclarons, ordonnons, voulons & nous plaît, que dans
toutes les villes & lieux de notre royaume, la frisure &
l'accommodage des cheveux naturels & artificiels des hommes & des femmes, comme aussi l'exercice de la barberie, appartiennent, sans aucune exception ni distinction,
aux seuls maîtres Perruquiers, à titre exclusif & privativement à toutes personnes quelconques, sans préjudice toutefois du droit dont sont en possession les chirurgiens de nos
provinces qui n'ont pas renoncé à la barberie, d'en continuer l'exercice comme par le passé, à la charge de s'y
renfermer, sans s'entremettre dans aucune des autres fonctions dépendantes de l'état de Perruquier; & néanmoins,
pour procurer aux femmes & filles qui s'occupent actuellement, & qui s'occuperont par la suite de la frisure & de

ordinaires qu'extraordinaires des communautés
de Perruquiers du royaume, ne pourroient être

---

la coiffure des femmes, les moyens de subsister, voulons
qu'elles puissent continuer ledit exercice, nonobstant le
droit exclusif attribué auxdits maîtres Perruquiers, à la
charge, par elles & sous peine de punition, de ne pouvoir
faire ni composer des boucles, tours de cheveux ou chignons artificiels, tenir école de coiffure ni de faire des
apprenties, à peine de saisie; & en outre, de faire inscrire dans le mois leurs noms, surnoms & demeures sur
le registre du bureau de la communauté des maîtres Perruquiers, en payant par chacune d'elles, lors de la première inscription seulement, savoir, trois livres au lieutenant de notre premier chirurgien, trois livres pour les
prévôts en charge en tel nombre qu'ils soient, & quarante
rante sous au greffier, qui sera tenu de leur délivrer gratuitement un extrait en forme de cet enregistrement, pour
qu'elles puissent le représenter auxdits prévôts-syndics,
lors des visites qu'ils seront autorisés à faire chez elles,
sans que pour raison desdites visites elles soient tenues de
payer aucuns droits ni frais; & à la charge encore par
elles, conformément aux arrêts de notre cour de parlement
de Paris des 27 juillet 1768 & 7 janvier 1769, de faire
inscrire sur lesdits registres leurs nouvelles demeures trois
jours après leur changement; & ce sous les mêmes peines.
Et quant aux garçons Perruquiers, leur faisons défenses
de s'associer, s'assembler ou attrouper, sous quelque prétexte que ce soit, à peine de prison. Voulons qu'ils ne
puissent entrer chez les maîtres Perruquiers, sans représenter le certificat de ceux qu'ils auront quittés, & que
lesdits garçons, en arrivant dans les villes, se fassent enregistrer au bureau de la communauté desdits lieux, où il
leur sera délivré sans frais un certificat de cet enregistrement, sous peine pareillement d'être emprisonnés à la requête des syndics des Perruquiers. Faisons défenses aux
maîtres Perruquiers de les occuper, que lesdits garçons
n'aient représenté ce certificat, à peine contre chaque
maître de cinquante livres d'amende. Confirmons au surplus les dispositions de nos lettres-patentes du 6 février
1725, portant réglement pour toutes les communautés de

convoquées que' fur les mandemens des lieutenans du premier chirurgien du roi (*).

Perruquiers de nos provinces Voulons qu'elles continuent
d'être exécutées & obfervées felon leur forme & teneur. Si
mandons, &c.

(*) *Voici cet arrêt :*

Le roi étant informé qu'au préjudice des droits & priviléges attribués aux lieutenans de fon premier chirurgien,
les prévôts-fyndics de plufieurs communautés de Perruquiers,
notamment ceux de Bordeaux, prétendent s'arroger le
droit de convoquer des affemblées de leur communauté,
fous le prétexte que l'article 2 de l'arrêt de fon confeil du
18 mars dernier, en prefcrivant l'évaluation des charges
de Perruquiers, ordonne qu'il fera procédé aux déclarations
qui en feront faites, dans une affemblée qui fera convoquée
par les prévôts-fyndics ; mais fa majefté ayant feulement
voulu, fous cette dénomination de prévôts - fyndics, dé-
figner ceux a qui il appartenoit d'affembler leurs communautés, & ce droit étant attribué exclufivement aux lieutenans de fon premier chirurgien, aux priviléges defquels
fa majefté n'a pas eu intention de donner atteinte par ledit arrêt ; voulant au contraire les y maintenir, & faire
ceffer les entreprifes qui pourroient y être contraires, &
prévenir en même temps les difficultés que pourroient faire
naître les termes trop généraux de l'article 5 du même
arrêt du 18 mars dernier, où fa majefté, en faifant défenfes aux juges de police & aufdits prévôts-fyndics de
procéder à aucune réception ou inftallation de maître,
qu'il ne leur fût apparu du payement du centième denier,
fembleroit infinuer que ledit droit d'inftallation pourroit
regarder lefdits officiers de police, ou lefdits prévôts-fyndics,
au préjudice des mêmes droits defdits lieutenans du premier
chirurgien. Ouï le rapport du fieur abbé Terray,, confeiller ordinaire au confeil royal, contrôleur général des finances ; le roi étant en fon confeil, a ordonné & ordonne
que les édits, arrêts, ftatuts & réglemens donnés pour les
communautés de Perruquiers du royaume ; les droits, priviléges & prérogatives attribués fur icelles à fon premier
chirurgien, fes lieutenans, greffiers & commis, en fa qua-

- Les coiffeurs de femmes s'étant pourvus au conseil d'état du roi pour être erigés en communauté particulière, distincte & séparée de celle des Perruquiers, sous le titre & qualification de *maîtres coiffeurs de femmes*, avec le droit exclusif de friser & coiffer les femmes, sans que d'autres qu'eux, & notamment les Perruquiers, pussent s'immiscer à faire ces coiffures, &c. il est intervenu, le 25 janvier 1780, un arrêt qui, en les déboutant de leur demande (*),

_____

lité d'inspecteur général de la barberie & de la profession de Perruquier, seront gardés, maintenus & observés ; en conséquence, veut sa majesté que toutes les assemblées ordinaires ou extraordinaires desdites communautés, pour les affaires communes, élection de prévôts-syndics, reddition de comptes, réception des maîtres, & autres généralement quelconques, ne puissent être convoquées que sur les mandemens ou billets des lieutenans de son premier chirurgien, dans les communautés, qui auront seuls le droit d'y recevoir le serment des maîtres après leur réception. Fait sa majesté expresses défenses & inhibitions, tant aux prévôts-syndics qu'à tous autres, de convoquer aucune assemblée de leur autorité, comme aussi de procéder à la réception d'aucun maître ou de recevoir leur serment : casse & annulle sa majesté les assemblées convoquées au préjudice des dispositions ci-dessus par les prévôts syndics de la communauté des Perruquiers de Bordeaux, ainsi que tout ce qui s'en est ensuivi ; leur fait défenses de récidiver, sous telle peine qu'il appartiendra ; ordonne au surplus sa majesté l'exécution dudit arrêt du 18 mars dernier. Fait, &c.

(*) *Voici le dispositif de cet arrêt :*

Le roi en son conseil, sans s'arrêter à la demande des coiffeurs de femmes, tendante à être érigés en corps de communauté distincte & séparée de celle des maîtres Perruquiers, dont ils sont déboutés, ordonne que la déclaration du 18 août 1777, registrée au parlement le 2 septembre suivant, & l'arrêt du conseil du 9 avril 1778 ; sea ordonné, entre autres chofes, l'exécution de la déclaration de 1777, & de l'article 28 des

ront exécutées felon leur forme, & teneur, & qu'en conféquence le nombre des coiffeurs de femmes demeurera fixé à fix cents, lefquels continueront d'être agrégés à la communauté des barbiers-Perruquiers, fans qu'ils puiffent s'entremettre à aucuns des ouvrages réfervés aux Perruquiers, faire des apprentis, & s'affembler; ordonne pareillement fa majefté que les ftatuts des maîtres Perruquiers du 7 feptembre 1718, & notamment l'article 28, feront exécutés felon leur forme & teneur; en conféquence, fait fa majefté défenfes à tous maîtres Perruquiers d'avoir & de faire plus d'un apprenti tous les trois ans, & de faire enregiftrer au bureau comme compagnons aucuns garçons qui ne feront pas domiciliés chez eux, à peine de cent livres d'amende, & de plus forte en cas de récidive; défend pareillement, tant auxdits maîtres Perruquiers qu'aux coiffeurs de femmes, de tenir claffes & écoles publiques de coiffure, & de mettre dans leurs enfeignes : *Académie de coiffure*, à peine de pareille fomme de cent livres d'amende contre chaque contrevenant. En ce qui concerne les coiffeufes de femmes, dont la profeffion a été déclarée libre par l'édit du mois d'août 1776, ordonne fa majefté que les filles, femmes & veuves qui voudront dorénavant exercer ladite profeffion, feront tenues de fe conformer à l'arrêt du confeil du 29 octobre 1776 : veut & entend fa majefté, que les veuves ou filles non mariées, qui s'occupent actuellement, ou qui s'occuperont par la fuite de la frifure & de la coiffure des femmes, & qui, en vertu de l'édit d'août 1776, & conformément à la déclaration du 19 décembre fuivant, fe font fait ou fe feront infcrire fur les livres de la police, & fur ceux de la communauté des Perruquiers, jouiront feules, exclufivement à tous autres, du droit de tenir claffes & écoles publiques pour apprendre aux filles ou femmes à coiffer, fans toutefois que lefdites coiffeufes puiffent faire des apprenties, ni s'immifcer à faire & vendre des boucles, tours de cheveux & chignons artificiels, à peine de faifie, confifcation & amende; & pour empêcher tous procès & conteftations entre les Perruquiers & les coiffeurs de femmes, ordonne fa majefté

ftatuts des Perruquiers, & en conféquence a fixé le nombre des coiffeurs à fix cents; a fait défenfe aux Perruquiers de faire plus d'un apprenti tous les trois ans, & leur a défendu, ainfi qu'aux coiffeurs, de tenir claffe & école de coiffure, & de mettre dans leurs enfeignes: *Académie de coiffure*, à peine de cent livres d'amende.

PERSONNAT. C'eft une forte de bénéfice qui donne à celui qui en eft revêtu, quelque prérogative ou prééminence dans une églife ou dans un chapitre, mais fans juridiction. Le Perfonnat diffère donc de la dignité qui donne préféance & juridiction. Dans plufieurs textes du droit canonique néanmoins, les dignités & les Perfonnats font regardés comme fynonymes.

Il n'y a aucune règle générale pour connoître la nature des bénéfices auxquels la dignité ou le Perfonnat eft attaché; cela dépend de l'ufage, qui eft différent dans les églifes.

Par arrêt du 15 avril 1725, le grand confeil a jugé que la prévôté de faint Caprai d'Agen, étoit un Perfonnat, & non une dignité, attendu qu'il n'y avoit aucune juridiction attachée à ce

que, par le fieur lieutenant général de police de la ville de Paris, il fera annuellement nommé deux coiffeurs brévetés, pour accompagner les fyndics Perruquiers dans les vifites qu'ils continueront de faire, conformément aux anciens réglemens de leur communauté, tant chez leurs maîtres & agrégés, que chez les ouvriers fans qualité; enjoint au fieur lieutenant général de police de tenir la main à l'exécution du préfent arrêt, qui fera imprimé & affiché par-tout où befoin fera. Fait, &c.

bénéfice, dont le titulaire étoit cependant à la tête du chapitre.

PERTURBATEUR. Le Perturbateur est l'homme qui trouble le repos & la sécurité publique, qui porte atteinte à l'ordre, & rompt l'harmonie d'où résulte le bonheur & la paix des individus qui vivent en société.

Le Perturbateur se montre sous des aspects si différens, le mal qu'il occasionne à des mesures si distantes l'une de l'autre, qu'il est difficile de fixer d'une manière précise ce qui le caractérise essentiellement, & la peine qui doit lui être infligée. C'est-là, il faut en convenir, un des inconvéniens des mots qui présentent une idée trop vague, parce qu'on court le risque, en se rendant trop esclave de la lettre, d'appliquer à une action peu importante, à un délit léger, un sens plus grave, & par conséquent une peine plus rigoureuse qu'elle ne le mérite.

Il ne faut pas confondre le séditieux avec le Perturbateur. Le séditieux ne trouble pas seulement par lui-même le repos public, il excite encore les autres à le troubler. Le Perturbateur n'est dangereux que par le mal qu'il fait; le séditieux est punissable par le mal qu'il veut faire commettre.

Celui qui cherche à répandre l'effroi, pour dominer dans les assemblées, pour se faire rendre des honneurs qui ne lui sont pas dus, pour troubler les jeux, les spectacles, est un Perturbateur. Il mérite ce nom, lorsqu'abusant de la foiblesse des femmes ou de la timidité du citadin paisible, auquel son air menaçant en impose, il blesse ouvertement la pudeur, offense les mœurs publiques, ou excite, par une conduite bruyante, injuste, vexatoire, un murmure général contre lui. On peut regarder aussi comme Perturbateurs, ceux qui interrompent les cérémonies religieuses, qui empêchent les ministres de la justice de remplir leurs fonctions. Mais il faut convenir qu'il y a une grande distance entre ces délits, qui ne, sont pour ainsi dire que des importunités, & ceux d'un seigneur qui contraindroit ses habitans à faire des corvées qu'il n'auroit pas droit d'exiger.

Ou d'un audacieux qui escaladeroit les maisons pendant la nuit, & s'y introduiroit, soit pour satisfaire ses passions, soit pour jeter l'épouvante.

Les premiers ne méritent que d'être contenus, tandis que les autres au contraire, doivent être punis sévérement. Jousse met au rang des Perturbateurs, les prédicateurs qui, dans leurs sermons, *usent de paroles scandaleuses & qui tendent à émouvoir le peuple.*

» Ceux qui ont pour objet d'établir un schisme » dans l'état, sous prétexte de réforme, ou » qui, par un concert injuste, veulent se séparer » de la communion de certaines personnes, soit en » refusant de communiquer avec eux, soit en leur » refusant publiquement les sacremens auxquels » ils ont droit de prétendre, ou des prières pu- » bliques qui leur sont demandées pour eux, » ou la sépulture ecclésiastique. Ceux qui com- » posent ou sèment des écrits qui peuvent » troubler la tranquillité de l'état & corrompre » les mœurs «.

Suivant la loi finale, *de re militari*, le Perturbateur devoit être *puni de mort*; c'est aussi la disposition des articles 1 & 2 de l'édit du mois de juillet 1561. Mais comme il étoit contraire à toute justice d'envelopper dans la même punition, des délits d'une conséquence plus ou moins dangereuse, émanés d'un principe plus ou moins criminel, des ordonnances postérieures ont apporté de sages modifications à cette décision trop générale & beaucoup trop sévère ; elles ont même adouci la peine prononcée contre quelques-uns de ces délits désignés particuliérement. Ainsi quoique l'édit de 1561 prononce la peine de mort contre les prédicateurs séditieux, la déclaration du 22 septembre 1595 les condamne *au bannissement & à avoir la langue percée*. La douceur de nos mœurs actuelles ne permettroit pas que l'on infligeât cette dernière peine à un prédicateur, quelque audacieux qu'il eût été, à moins que ses discours n'eussent eu l'effet le plus funeste.

A l'égard des ecclésiastiques qui, par un accord injuste, refusent publiquement la sépulture ecclésiastique, ou les sacremens & les prières à ceux qui ont droit d'y participer, plusieurs arrêts rendus depuis 1752, ont prononcé contre les coupables la peine du bannissement à temps ou à perpétuité hors du royaume.

Quant à ceux qui sont convaincus d'avoir composé & fait imprimer des ouvrages tendans à troubler la tranquillité de l'état, & qui, par cette raison, peuvent être regardés comme des Perturbateurs du repos public, la déclaration du 11 mai 1728 les condamne pour la première fois *au bannissement à temps*, & en cas de récidive, *à perpétuité* hors du royaume.

C'est en faisant une très-fausse application de cette déclaration à un ouvrage (qui avoit reçu

l'approbation d'un censeur royal) , que les juges
du châtelet condamnèrent, il y a quelques années,
au bannissement , un homme de lettres très-
estimé & dont la captivité excita en sa faveur
un intérêt presque universel. Aussi leur sentence
fut-elle infirmée par le parlement, trop éclairé
pour ne pas sentir qu'une pareille sévérité por-
teroit la crainte & le découragement dans l'ame
de tous les écrivains distingués, qui peuvent em-
brasser un faux système, sans être criminel &
sans avoir eu l'intention de jeter le trouble dans
la société , sur laquelle ils ne se proposent
au contraire que de répandre la lumière de la
vérité.

En supposant que Jean-Baptiste Rousseau ,
dont la versification riche & harmonieuse a tant
fait d'honneur à la poésie françoise, fût, comme
l'arrêt qui l'a banni hors du royaume nous autorise à le croire, véritablement l'auteur des couplets qu'on lui attribua , il étoit certainement
plus coupable qu'un écrivain emporté par le feu
de son imagination dans un système opposé à
celui qu'une raison éclairée nous a fait adopter ;
le premier n'eut certainement pour objet que de
calomnier, que de diffamer ceux contre lesquels il avoit composé ces couplets, & il leur
fit un mal réel ; l'autre , au contraire , peut être
de bonne foi dans ses erreurs , & il ne fait souvent qu'exciter la pitié pour ses écarts. Ce n'est
donc , en général , qu'aux auteurs des libelles
diffamatoires , ou des ouvrages qui peuvent
véritablement jeter le trouble dans la société ,
que l'on doit appliquer la sévérité de l'article
4 de la déclaration du 11 mai 1728. Les articles
23 & 10 de la même déclaration condamnent

ceux qui les ont imprimés & colportés, pour la première fois, au carcan, & en cas de récidive, aux galères pour cinq ans.

Ceci mérite encore, de la part des juges, une grande attention, car ils n'ignorent pas que souvent l'imprimeur à multiplié machinalement & par le secours de mains étrangères, les copies du manuscrit qui lui a été apporté & qu'il n'a souvent pas lu. Il est lui même tout étonné, après l'impression, que l'ouvrage dont on lui cite quelques fragmens soit sorti de ses presses : certainement il y auroit une rigueur excessive à punir cet homme comme un Perturbateur, & à le deshonorer lui & toute sa famille par une condamnation aussi flétrissante que celle du carcan. Une interdiction plus ou moins longue, suivant la nature du libelle qu'il a eu l'imprudence d'imprimer, est ordinairement la peine dont on punit son infraction aux réglemens de la librairie. Cette peine est d'autant plus sage, qu'elle porte sur la véritable cause du délit, qui est le désir aveugle du gain.

Il en est de même du colporteur ignorant que le besoin détermine à se charger des exemplaires qu'on lui confie, pour les présenter à ceux chez lesquels son commerce l'introduit ; aussi arrive-t-il rarement qu'on condamne au carcan ou aux galères ces prétendus Perturbateurs, à moins que l'ouvrage qu'ils ont débité n'offense la majesté royale, & qu'il ne soit nécessaire d'en arrêter la distribution par un exemple de sévérité capable d'épouvanter le besoin & la cupidité

L'ordonnance de Blois, article 280, prononce contre les gentilshommes & autres nobles du royaume ∞ qui auroient vexé leurs habitans

« par des contributions injuftes de deniers ou
» grains, corvées ou autres exactions indues «, la
peine *d'être déclarés ignobles & roturiers, & privé*
à jamais de tous les droits qu'ils auroient à exer-
cer légitimement. On n'a pas befoin d'obferver
que pour qu'un gentilhomme ou un feigneur de
terre encoure cette peine, il faut qu'il foit démontré qu'il eft de mauvaife foi dans fes per-
ceptions. Car s'il étoit induit en erreur par une
poffeffion ancienne, par de fauffes déclarations
ou de faux titres, certainement il ne mériteroit
pas d'être dégradé, par la raifon qu'il auroit
exigé d'injuftes contributions.

L'article 192 de l'ordonnance de Blois, pour
éviter les troubles qui naiffent fouvent de la
force & de la fupériorité des armes, veut » que
» les hauts-jufticiers qui fouffriront les ports
» d'armes, &. qu'il foit fait des violences en
» leurs terres, foient privés de leurs juftices,
» & les officiers, en cas de connivence, privés de
» leur état «.

Malgré cette fage difpofition, on ne rencontre
dans les villes, dans les villages, que trop
d'hommes armés, auxquels le libertinage, la cha-
leur des difputes, les fumées du vin, font commettre des meurtres qui n'euffent point troublé
l'ordre de la fociété, fi l'on en eût ôté les moyens
aux coupables.

Tous les criminaliftes s'élèvent avec force
contre ceux qui efcaladent de nuit les maifons
des particuliers, *five amoris caufâ*, foit pour d'autres motifs, quand même ce ne feroit pas pour
y commettre des vols, parce que ces Perturba-
teurs-violent l'afile le plus facré, & dans le
temps où le citoyen doit repofer tranquille fous
la protection des loix.

Comme les délits du Perturbateur attaquent la société, ils font mis au nombre de ceux défignés fous le titre de *cas royaux*, & que l'article 11 de l'ordonnance de 1670 déclare » devoir » être connus & jugés, privativement aux autres » juges & à ceux des feigneurs, par les baillis, » fénéchaux & juges préfidiaux «.

Si par un effet de fon crédit ou de la terreur que fon courage, que fa force, infpirent, ou enfin par l'éloignement que l'on a pour les fuites d'une accufation criminelle, pas un des offenfés ne rend plainte contre le Perturbateur, le miniftère public, en fa qualité de protecteur de l'ordre, doit le pourfuivre à fa requête fur les faits qui lui ont été dénoncés, ou que la renommée a portés jufqu'à lui; d'après l'information qui eft fuivie de décrets plus ou moins févères, les juges ayant enfuire égard à la gravité du trouble, prononcent contre l'accufé, ou une injonction, ou une admonition, ou une forte amende, ou même le blame.

L'auteur d'un nouvel ouvrage qui a pour titre *effai fur les réformes à faire dans notre légiflation criminelle*, propofe de punir, principalement par un temps de prifon plus ou moins long, fuivant la gravité des circonftances, » les Pertur-» bateurs du repos public, ceux qui cherchent » querelle dans les rues, injurient, & battent » les autres; ceux qui, par efprit d'infubordina-» tion, refufent d'obéir aux officiers de police dans » leurs fonctions & leur manquent de refpect; » ceux qui commettent du fcandale dans les » églifes & affemblées publiques; ceux qui au-» ront gêné la liberté des autres, en les tenant » en chartre privée, ou qui auront furpris du

» gouvernement, fur un faux expofé, des ordres
» pour faire renfermer un citoyen «. .

L'auteur, avant d'indiquer la prifon pour peine
de ces délits, avoit obfervé avec raifon, que dans
l'ordre judiciaire, tel qu'il exifte, parmi-nous,
» la prifon n'eft point une peine; cependant,
» ajoute-t-il, il femble que l'homme eft affez
» jaloux de fa liberté, pour que la peine de
» prifon trouve fa place parmi celles qu'il eft
» permis de lui infliger. Dans l'état focial, il ne
» joüit que d'une liberté reftreinte, cette liberté
» eft fubordonné à fes devoirs; elle dégénère en
» licence s'il les enfreint. Cette licence, dans
» tous les cas qui n'ont trait ni à vol ni à
» affaffinat, & qui ne préfentent qu'un trouble
» paffager, peut être juftement punie par un temps
» de prifon : une telle peine contrafte même par-
» faitement avec l'efprit d'indépendance qui
» porte l'homme à de pareils écarts; elle eft donc
» efficacement réprimante pour cette nature de
» délits «.

Ces réflexions nous ont paru dictées dans
un efprit de modération & d'équité; au furplus, elles ont été en partie d'avance adoptées; car dans les villes où il y a un juge de
police établi, fur-tout pour arrêter le trouble, contenir l'audace & veiller à la tranquillité
publique, il arrive rarement que la juftice des
tribunaux ordinaires foit dans le cas de juger
les Perturbateurs, qui font pour l'ordinaire punis
miniftériellement, c'eft à dire, condamnés à fubir
une captivité plus ou moins longue, plus ou
moins humiliante, en raifon de leurs délits &
de la confidération attachée à leur nom, à leur
fortune, & à leur profeffion.

On

On fent bien que nous ne comprenons pas dans cet article l'action de ceux qui portent le dommage aux habitations, aux héritages, & qui, par cette raison, s'expofent à être pour-fuivis, foit au civil, foit au criminel, & à être condamnés en des réparations & des indemnités proportionnées au tort réel qu'ils ont occafionné, & aux moyens qu'ils ont employés pour nuire. Ces fortes d'attentats, qui offenfent plus les particuliers que la fociété, font compris fous la dénomination de *trouble*, qui fait le fujet d'un autre article.

(Cet article eft de M. DE LA CROIX, avocat au parlement.)

Fin du tome quarante-cinquième.

ADDITIONS ET CORRECTIONS.

Page 149, après l'article ASSURANCE, lisez ce qui suit :

ADDITION à l'article ASSURANCE.

L'ordonnance du mois d'août 1681, dont la sagesse a été universellement reconnue, n'ayant rien statué sur des faits qui n'étoient point encore connus quand elle a été rendue, le roi a donné sur la matière des Assurances, le 17 août 1779, une déclaration que le parlement de Paris a enregistrée le 6 septembre de la même année, & qui contient les dispositions suivantes :

» ARTICLE I. Aucun navire marchand ne pourra
» prendre charge dans tous les ports de notre
» domination, avant qu'il ait été constaté que
» ledit navire est en bon état de navigation,
» suffisamment armé & muni des pièces de re-
» change nécessaires ; eu égard à la qualité du
» navire & à la longueur du voyage ; à l'effet
» de quoi sera dressé procès-verbal du tout, en
» présence des deux principaux officiers du na-
» vire, par trois experts, dont un sera capitaine
» ou officier de navire, l'autre constructeur, &
» le troisième charpentier du port du départ, ou,
» à leur défaut, par trois autres experts, tous
» lesquels experts seront nommés d'office par les
» officiers de l'amirauté ; lequel procès-verbal,
» présenté devant un des officiers de l'amirauté,
» & affirmé, tant par lesdits officiers de navire

» que par les experts, demeurera annexé comme
» pièce de bord ou congé ordonné par l'article
» premier du titre des congés de l'ordonnance
» de 1681 ; lequel congé ne pourra être délivré
» que sur le vu dudit procès-verbal.

» 2. Seront tenus lesdits officiers de navire &
» experts nommés par le juge, de travailler sans
» délai à la rédaction dudit procès-verbal : leur
» enjoignons d'y procéder avec exactitude & fidé-
» lité, sous peine d'interdiction pour deux ans,
» & même de déchéance totale, s'il y échet,
» contre lesdits officiers, & de trois cents livres
» d'amende contre chacun des experts, sauf à
» prendre la voie extraordinaire, si le cas le
» requiert.

» 3. Lorsque le navire sera prêt à recevoir
» son chargement de retour, il sera procédé à
» une nouvelle visite dans la même forme & par
» les personnes du même état que celles ci-dessus
» dénommées ; lors duquel procès - verbal les
» officiers du navire seront tenus de représenter
» le procès-verbal de visite fait dans le lieu du
» départ, pour être récolé, & à l'effet de consta-
» tater les avaries qui pourront être survenues
» pendant le cours du voyage, par fortune de
» mer ou par le vice propre dudit navire ; & à
» l'égard des navires faisant le cabotage, & de
» ceux qui font la caravane dans l'Archipel &
» dans les Echelles du levant, les propriétaires,
» capitaines ou maîtres ne seront tenus de faire
» procéder audit second procès-verbal, qu'un an
» & jour après la date du premier.

» 4. Dans le cas où le navire, par fortune de
» mer, auroit été mis hors d'état de continuer
» sa navigation, & auroit été condamné en con-

» féquence, les affurés pourront faire délaiffement
» à leurs affureurs du corps & quille, agrêts &
» apparaux dudit navire ; en fe conformant aux
» difpofitions de l'ordonnance du mois d'août
» 1681, fur les délaiffemens ; ne feront toute-
» fois les affurés admis à faire ledit délaiffe-
» ment ; qu'en repréfentant les procès-verbaux
» de vifite du navire, ordonnés par les articles
» premier & 3 de la préfente declaration.

» 5. Ne pourront auffi les affurés être admis
» à faire le délaiffement du navire qui aura
» échoué, fi ledit navire relevé, foit par les
» forces de fon équipage, foit par des fecours
» empruntés, a continué fa route jufqu'au lieu
» de fa deftination, fauf à eux à fe pourvoir
» ainfi qu'il appartiendra, tant pour les frais
» dudit échouement, que pour les avaries, foit
» du navire, foit des marchandifes.

» 6. Le fret acquis pourra être affuré & ne
» pourra faire partie du délaiffement du navire,
» s'il n'eft expreffément compris dans la police d'Af-
» furance ; mais le fret à faire appartiendra aux af-
» fureurs, comme faifant partie du délaiffement,
» s'il n'y a claufe contraire dans la police d'Af-
» furance, fans préjudice toutefois des loyers
» des matelots & des contrats à groffe aventure,
» à l'égard defquels les difpofitions de l'ordon-
» nance du mois d'août 1681, feront exécutées
» fuivant leur forme & teneur.

» 7. Lorfque le navire aura été condamné
» comme étant hors d'état de continuer fa navi-
» gation, les affurés fur les marchandifes feront
» tenus de le faire inceffamment fignifier aux af-
» fureurs, lefquels, ainfi que les affurés, feront
» leurs diligences pour trouver un autre navire,

» fur lequel lefdites marchandifes feront char-
» gées, à l'effet de les tranfporter à leur defti-
» nation.

» 8. Dans le cas où il ne fe feroit pas trouvé
» de navire pour charger lefdites marchandifes
» & les conduire au lieu de leur deftination dans
» les délais portés par les articles 49 & 50 du
» titre des Affurances de l'ordonnance du mois
» d'août 1681, les affurés pourront en faire le
» délaiffement, en fe conformant aux difpofitions
» de ladite ordonnance fur les délaiffemens.

» 9. Dans le cas où lefdites marchandifes au-
» roient été chargées fur un nouveau navire, les
» affureurs courront les rifques fur lefdites mar-
» chandifes jufqu'à leur débarquement dans le
» lieu de leur deftination, & feront en outre
» tenus de fupporter, à la décharge des affurés,
» les avaries des marchandifes, les frais de fau-
» vetage, de chargement, magafinage & rem-
» barquement, enfemble les droits qui pour-
» roient avoir été payés, & le furcroît du fret,
» s'il y en a.

» 10. Dans le cas où le navire & fon char-
» gement feront affurés par la même police
» d'Affurance, & pour une feule fomme, ladite
» fomme affurée fera répartie entre le navire &
» fon chargement, par proportion aux évaluations
» de l'un & de l'autre, fi elles ont été portées
» dans la police d'Affurance; finon la valeur du
» navire fera fixée par experts, d'après lefdits
» procès-verbaux de vifite du navire, & le compte
» de mife hors de l'armateur, & la valeur des
» marchandifes, fuivant les difpofitions de l'or-
» donnance de 1681, concernant l'évaluation du
» chargement.

» 11. Tout effet dont le prix sera porté dans
» la police d'Assurance en monnoie étrangère ou
» autres que celles qui ont cours dans l'intérieur
» de notre royaume, & dont la valeur numé-
» raire est fixée par nos édits, sera évalué au
» prix que la monnoie stipulée pourra valoir en
» livres tournois. Faisons très-expresses inhibitions
» & défenses de faire aucune stipulation à ce con-
» traire, à peine de nullité.

» 12. Seront au-surplus nos ordonnances, édits,
» déclarations, lettres-patentes, arrêts & régle-
» mens, exécutés en tout ce qui n'est pas con-
» traire aux dispositions de la présente declaration.
» Si donnons en mandement &c. «

TOME VIII.

Page 209, ligne 3, ainsi pas, *lisez* ainsi dire, pas.

TOME XXXIX.

Page 431, ligne 4, & non Mendians, *lisez* ou non Mendians.

Fin des additions & corrections.

www.ingramcontent.com/pod-product-compliance
Lightning Source LLC
Chambersburg PA
CBHW052056230326
41599CB00054B/2897